KOREAN

한국어 수업을 위한

문법활동집

구본관, 박성원, 이지욱, 이창용, 이향 공저

한글파크

한국어 수업을 위한 **문법활동집** - 초급

초판발행 2009년 11월 30일
초판 10쇄 2021년 6월 10일

저자 구본관, 박성원, 이지욱, 이창용, 이향
책임편집 권이준, 양승주
펴낸이 엄태상
콘텐츠 제작 김선웅, 김현이
마케팅 이승욱, 전한나, 왕성석, 노원준, 조인선, 조성민
경영기획 마정인, 조성근, 최성훈, 정다운, 김다미, 오희연
물류 정종진, 윤덕현, 양희은, 신승진

펴낸곳 한글파크
주소 서울시 종로구 자하문로 300 시사빌딩
주문 및 교재 문의 1588-1582
팩스 0502-989-9592
홈페이지 www.sisabooks.com
이메일 book_korean@sisadream.com
등록일자 2000년 8월 17일
등록번호 제1-2718호

ISBN 978-89-5518-820-2 13710

* 한글파크는 랭기지플러스의 임프린트사이며, 한국어 전문 서적 출판 브랜드입니다.

* 잘못된 책은 구입하신 서점에서 교환해 드립니다.
* 정가는 표지에 표시되어 있습니다.

서문

"여러분들은 외국어를 배워 본 적이 있습니까? 여러분이 경험한 성공적인 외국어 수업은 어떤 것이었습니까?" 여러분에게 이와 같은 질문을 한다면 어떤 경험을 이야기하겠습니까? 다양한 경험들이 나오겠지만 대부분은 결국 배운 문법과 어휘를 사용하여 자신에 대한 이야기 혹은 자신의 생각을 이야기했던 수업들을 떠올릴 것입니다. 문법 설명을 자세히 잘하는 교사의 수업이나 잘 조직된 연습문제를 풀었던 수업들을 떠올리는 분들은 거의 없을 것입니다. 외국어를 배운다는 것은 결국 자신에 대하여 혹은 자신의 의견이나 생각을 외국어로 표현하기 위한 것입니다. 그러므로 학생들은 끊임없이 자신이 배운 문법과 어휘로 자신에 대하여 표현할 기회를 가져야 할 것입니다.

요즘 한국어 교육계에서는 다양한 교재들, 특히 좋은 문법책들이 여럿 나와 현장의 교사들에게 많은 도움을 주고 있습니다. 하지만 유의미한 상황에서 새로 배운 문법 항목을 사용하여 자신에 대한 이야기나 생각을 표현하는데 초점을 둔 책은 아직 미흡한 것이 현실입니다. 학습이 아닌 자연스러운 습득을 유도하기 위해서는 다양하고 유의미한 활동들이 필요합니다.

그래서 실제 한국어를 가르치면서 고민했던 문제들이나 의견들을 모으고, 실제 수업 시간에 효과적으로 사용했던 활동들로 교재를 만들었습니다. 교재에 구성된 대부분의 활동들은 실제 초급 교실에서 직접 사용해 보고 여러 번 수정하여 만든 것들입니다. 본 교재는 각 활동을 수업에 사용하는 방법에 대한 상세한 설명을 적은 '교사 지침서'와 교사들이 실제 교실 환경에서 바로 사용할 수 있도록 구성한 '활동지'로 구성되어 있습니다. 또한 활동들은 초급 문형을 중심으로 그 문형이 자주 사용되는 실제 상황을 접목하여 구성하였습니다.

기존의 한국어 문법 교재들이 문법에 대한 설명과 기계적인 문형 연습에 초점을 두고 있다면, 이 책은 실생활의 맥락과 상황, 기능에 충실한 교실 활동에 역점을 두었습니다. 그러면서 두 가지를 염두에 두었습니다. 첫째로 흥미로운 학습 환경을 제공하여 학습자들이 주체가 되어 수업에 참여할 수 있도록 하였습니다. 둘째로는 말하기 활동에 중점을 두되 필요에 따라 쓰기, 듣기, 읽기 기능까지 포함시켜서 자칫 지루해질 수 있는 한국어 수업을 좀 더 다양하게 꾸밀 수 있도록 하였습니다.

한국어는 가르치는 교사의 방법에 따라 세계에서 배우기 가장 어려운 언어가 될 수도 있고, 또 배우기 쉽고 흥미로운 언어가 될 수도 있습니다. 한국어를 가르치는 길에 막 발을 디딘 초보 교사들에서부터 늘 끊임없이 노력하고 고민하는, 경력 있는 한국어 교사들에게까지 이 책이 조금이나마 도움이 되기를 바랍니다. 아울러 학습자들이 한국어 의사소통 능력을 향상시키는 데에도 힘이 되었으면 합니다.

이 책이 나오기까지는 손도영 삽화가님과 이혜은 씨의 도움이 컸습니다. 손 삽화가님은 간결하고 정확한 삽화를 그려 주셨습니다. 편집부의 이혜은 씨는 복잡한 원고를 정리하여 아름다운 책으로 엮어 주셨습니다. 두 분께 깊은 고마움을 전합니다. 그리고 이 책이 출판되기까지 애써주신 랭기지플러스 엄태상 이사님과 한국어 편집부 모두에게도 고마움을 전합니다.

2009년 겨울에

구본관, 박성원, 이지욱, 이창용, 이향

일러두기

❖ 이 책의 특징

1. 초보 교사도 사용할 수 있도록 한국어 문법을 정리하여 제시하고 있다.

이 책은 외국어로서 한국어를 배우고자 하는 학습자 중 한국어 자모를 읽는 방법을 배운 학습자로 중급으로 넘어가기 전 단계의 학습자를 그 대상으로 한다. 이 책에서 제시하고 있는 문법 항목은 서울대학교 출판사, 이화여자대학교 출판사, 건국대학교 출판사, 연세대학교 출판사의 '한국어교재1, 2'에 공통적으로 제시되어 있는 문법 항목을 바탕으로 구성되어 있다.

각각의 문법 항목에 대한 간단한 설명과 예문을 제시함으로써 한국어 문법에 대한 이해를 도왔다. 한국어를 처음 가르치는 초보 교사도 이해할 수 있을 정도로 가급적 쉬운 말과 용어로 설명해 놓았다.

2. 문법에 주의를 기울이며 말하기, 듣기, 읽기, 쓰기를 할 수 있도록 해 준다.

교실에서 문법을 설명하고 기계적인 연습문제 풀이를 한 후에 그 문법을 바탕으로 교실에서 진행할 수 있는 활동들을 위주로 구성하였으며 순수한 말하기 활동뿐만 아니라 필요에 따라서는 쓰기 혹은 읽기, 듣기와 접목한 활동들도 제시되어 있다.

학습자들은 문법 활동을 통하여 머릿속의 이해에서 그치는 기존의 문법 학습과는 달리 말하기나 쓰기 혹은 읽기나 듣기 과정에서도 자연스럽게 자신이 배운 문법에 주의를 기울이는 훈련을 할 수 있다. 이는 학생들이 교실에서 선생님을 떠나 밖에서 혼자 한국어로 의사소통 할 때에도 무의식적으로 문법에 주의를 기울이며 이야기할 수 있도록 하는 데 도움을 준다.

3. 문법이 사용되는 정확한 상황을 이해할 수 있도록 해 준다.

문법이라는 것은 그 형태를 이해하는 것도 중요하지만 그 문법을 어떤 상황에서 어떻게 사용해야하는가에 대한 이해도 중요하다. 이 책에서 제시된 문법 활동을 통하여 구체적으로 문법에 대한 화용적 용법을 이해하는 데에도 도움을 줄 수 있다.

4. 수업을 재미있고 흥미롭게 만들어 준다.

학생들이 문법 활동을 통하여 문법을 재미있는 것으로 느끼게 해주고 문법이 말하기에서도 필요한 것임을 알 수 있도록 해 줄 수 있다. 문법을 사용하여 어떤 주제에 대한 활동을 하고 교실의 다른 학생들과 상호작용하면서 문법이 한국어를 배우기 위해서 뿐 아니라 친구에 대하여 혹은 한국에 대하여 이해를 하는데 중요한 요소임을 자연스럽게 깨닫게 해 줌으로써 문법을 배우는 것에 대한 동기를 유발할 수 있다. 또한 다양한 아이디어로 구성된 활동으로 문법 자체와 한국어 학습 전반에 대한 흥미를 유발시킬 수 있다.

❖ 이 책의 사용법

1. 문법 활동 준비하기

1) 제시할 문법 항목 찾기

이 책의 앞부분에 제시된 목차를 활용하여 수업에 제시하고자 하는 문법 항목을 찾습니다.

지침서			활동지				
	문법 항목	쪽	활동	시간	구성	난이도	준비
1.	간접인용	15	1. 문장 바꾸어 말하기	50분	짝	하	〈10쪽〉×1, ✂
		16	2. 포스터 완성하기	50분	짝	하	〈11, 12쪽〉×학생수/2
		17	3. 만화 보고 내용 전달하기	50분	짝	중	〈13, 14쪽〉×학생수/2
		18	4. 그림 보고 이야기 만들기	50분	짝	중	〈15쪽〉×학생수

2) 제시할 문법의 용법 확인하기

각각의 문법 항목에는 '수업 전에 꼭 알아두세요!' 라고 하는 문법 설명 부분이 있습니다. 이곳에 내가 가르치고자 하는 문법의 용법과 수업 전에 교사가 꼭 알아야할 문법 설명이 예문과 함께 간략하게 제시되어 있습니다. 이곳에 제시되어 있지 않은 용법은 대부분의 한국어 초급 단계에서 제시되지 않는 용법으로 이 책의 활동지의 목표 문법이 아닙니다.

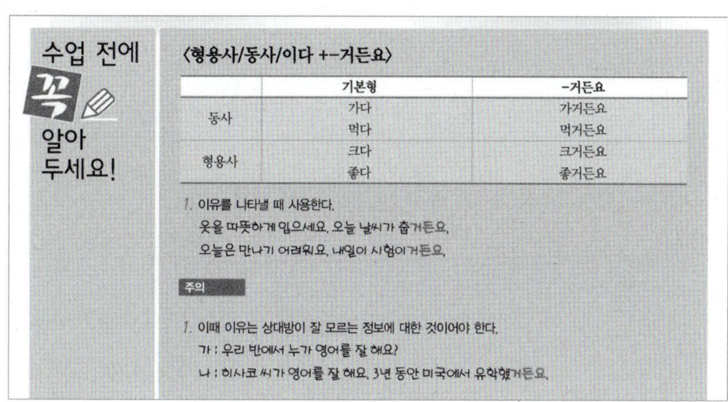
수업 전에 꼭 알아두세요!

〈형용사/동사/이다 +-거든요〉

	기본형	-거든요
동사	가다	가거든요
	먹다	먹거든요
형용사	크다	크거든요
	좋다	좋거든요

1. 이유를 나타낼 때 사용한다.
옷을 따뜻하게 입으세요. 오늘 날씨가 춥거든요.
오늘은 만나기 어려워요. 내일이 시험이거든요.

주의

1. 이때 이유는 상대방이 잘 모르는 정보에 대한 것이어야 한다.
가 : 우리 반에서 누가 영어를 잘 해요?
나 : 히사코 씨가 영어를 잘 해요. 3년 동안 미국에서 유학했거든요.

3) 문법 활동 방법 확인하기

문법 활동에 들어가기 전에 교사가 알고 있어야 할 문법에 대한 설명을 확인했다면 구체적인 활동을 선택합니다. 각각의 활동은 다음과 같은 순서로 제시되어 있습니다.

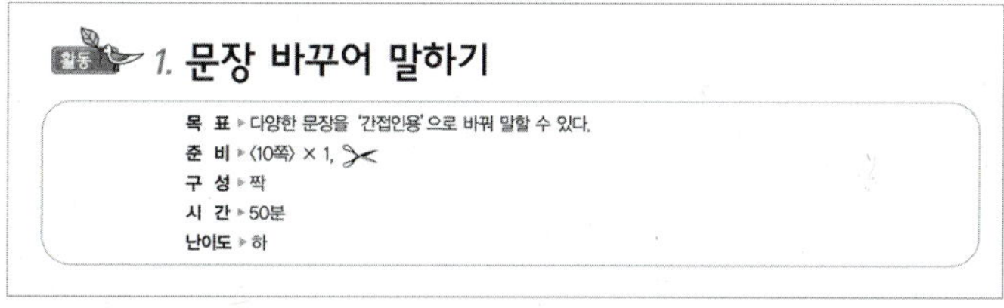
활동 1. 문장 바꾸어 말하기

목 표 ▸ 다양한 문장을 '간접인용'으로 바꿔 말할 수 있다.
준 비 ▸ 〈10쪽〉 × 1, ✂
구 성 ▸ 짝
시 간 ▸ 50분
난이도 ▸ 하

목 표 ▸ 이곳에서는 그 활동을 통하여 문법의 어떤 용법을 학습할 수 있고 어떤 기능을 수행할 수 있게 되는지에 관한 문법 활동의 목표가 제시되어 있습니다.

준 비 ▸ 활동을 하기 위한 〈활동지〉의 페이지와 활동지를 활용하기 전에 교사가 어떤 준비를 해야 하는지를 제시해 줍니다.

〈 쪽〉	학생 수	학생 수/2	학생수/3~4	✂
활동지가 있는 쪽	학생 수 만큼 복사하십시오.	2명의 짝끼리 한 장만 필요한 경우입니다. 전체 학생 수의 반만 복사 하십시오.	3~4명으로 구성된 그룹에 한 장만 필요하므로 그룹 수 만큼만 복사하십시오.	교실에 들어가기 전에 활동지에 ✂ 표시된 부분은 자르십시오.

예) 〈30쪽〉 × 학생 수, ✂ : 30쪽에 있는 활동지를 학생 수 만큼 복사한 후 절취선이 있는 부분을 잘라서 수업에 들어가야 합니다.
〈25쪽, 26쪽〉 × 학생 수/2 : 25쪽과 26쪽에 있는 활동지를 전체 학생 수의 반만 복사하여 수업에 들어 가야 합니다.
〈32쪽〉 × 학생 수/3~4, ✂ : 32쪽에 있는 활동지를 그룹 수만큼 복사한 후 절취선이 있는 부분을 잘라서 수업에 들어가야 합니다.

구 성 ▸ 활동을 할 때 학생을 어떻게 구성해야 하는지를 제시해 줍니다.

개인	짝	그룹	전체
학생 개개인이 하는 활동	2명씩 짝을 이루어 하는 활동	2명 이상의 그룹으로 하는 활동	교실 전체가 함께하는 활동

시 간 ▸ 대략적인 활동 시간을 말합니다. 여기서 제시된 활동 시간은 소규모(14명 이하)의 교실에서 교사가 원활한 수업 진행을 했을 때를 가정한 시간입니다. 제시된 시간을 바탕으로 자신의 교실 상황과 비교하여 추측하여 활동을 준비하실 수 있습니다.

난이도 ▸ 상, 중, 하로 구성되어 있으며 문법의 난이도가 아닌 활동의 난이도를 제시한 것입니다. 자신의 학생들의 수준을 고려하여 교사가 선택하여 사용하거나 개인적으로 난이도를 조절하여 사용할 수 있습니다.

이야기로 활동 열기 본격적인 수업에 들어가기 전에 이야기를 통하여 활동을 자연스럽게 제시하기 위한 아이디어를 제시하였습니다. 학생들이 긴장을 풀고 이야기로 활동을 하기 위한 자유롭고 편한 분위기를 조성하는 데 도움을 줄 수 있습니다. 절대적인 것은 아니며 자신의 교실 상황과 학생들의 특성에 따라 자유롭게 변형하는 것이 좋습니다.

순서 구체적인 활동 순서를 번호를 붙여 제시하고 있습니다. 교실에 들어가서 학생들을 어떤 단위로 어떻게 앉히는 것이 좋은지, 어떤 순서로 활동을 진행할지에 대한 구체적인 방법을 제시하고 있습니다. 제시된 예문은 교실 상황이나 자신의 학생들의 특성에 따라 자유롭게 변형할 수 있습니다.

주의점 ▸ 활동을 진행하기 전, 활동을 진행하는 과정 혹은 활동을 진행한 후에 주의해야 할 점입니다.

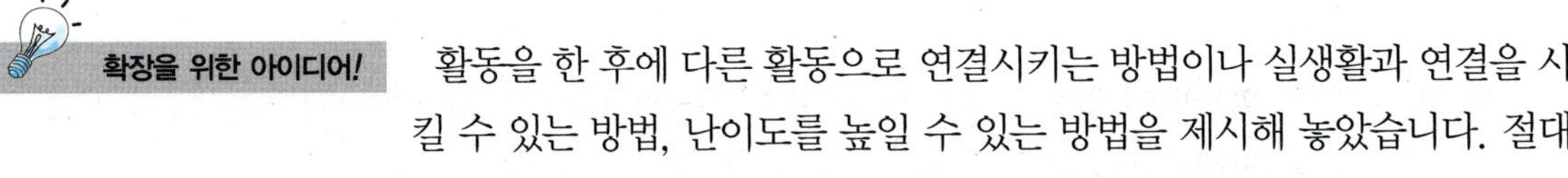

확장을 위한 아이디어! 활동을 한 후에 다른 활동으로 연결시키는 방법이나 실생활과 연결을 시킬 수 있는 방법, 난이도를 높일 수 있는 방법을 제시해 놓았습니다. 절대적인 것은 아니므로 교사가 자유롭게 선택할 수 있습니다.

2. 교실에서 문법 활동 진행하기

1) 〈활동지〉 준비하기

지침에 제시된 바에 따라 활동지의 장수를 맞추어 복사하고 잘라야 할 것은 잘라서 교실에 들어갑니다. 교실에 들어가서 자르거나 하면서 시간을 낭비하지 말아야 합니다.

2) 활용 방법에 따라 교실 바꾸기

이 책에 제시된 활동은 개인으로 하는 활동, 짝 혹은 그룹으로 그리고 교실 전체가 같이 하는 활동들로 이루어져 있습니다. 교사는 문법 활동 시간 만큼은 교실의 자리가 자유롭게 이동할 수 있다는 것을 학생들에게 인식시킬 필요가 있습니다. 같은 짝 활동이라고 해도 매번 다른 친구와 짝으로 앉을 수 있도록 자리를 바꿔 주고, 필요에 따라 잘하는 학생과 못하는 학생끼리(물론 학생은 모르게) 앉히거나, 잘하는 학생은 잘하는 학생끼리, 천천히 하는 학생은 천천히 하는 학생끼리 앉히는 등 다양한 방법으로 매 시간 다른 교실 분위기를 연출할 수 있어야 합니다. 만약 짝 활동으로 제시된 활동인데 교실의 학생 수가 홀수라면 한 팀 정도는 3명으로 구성할 수도 있습니다. 교실의 분위기는 항상 자유롭게 이야기할 수 있도록 조성해 주고, 다양한 친구들과 이야기할 수 있는 기회를 제공해 줄 수 있어야 합니다. 교사는 자신이 하기로 한 활동에 맞게 교실을 역동적으로 바꿔 갈 수 있어야 합니다.

3) 활동 방법 제시하기

교사는 학생들에게 어떤 활동을 어떻게 해야 하는지를 명확히 전달할 수 있어야 합니다. 활동 방법 제시의 시작은 교사용 지침에 제시된 '이야기로 활동 열기'를 활용하여 이야기를 시작하여도 좋으나, 자신의 교실 상황에 맞고 활동의 주제와 문법 형태에 맞게 이야기를 시작하면 됩니다. 시작을 자연스럽게 하면서 오늘의 활동에 자연스럽게 집중할 수 있게 하여 구체적인 활동 방법을 설명해야 합니다. 학생 수준에 맞는 어휘와 문법, 문형을 사용하여 활동의 방법을 설명해도 좋고, 활동의 예를 시범으로 보여주어도 좋습니다.

4) 활동에서의 교사의 역할

학생들이 활동을 하는 동안에 교사는 학생들의 의사소통을 촉진시키며 자극을 주는 역할을 해야 합니다. 교실을 돌아다니며 각각의 그룹에 잠깐 동안 멈춰 가면서 활동이 잘 진행되고 있는지, 초점이 되는 문법에 오류는 없는지 확인해야 합니다. 학생들이 도움을 요청하면 도와주고 소극적인 학생들에게는 활동에 적극적으로 참여할 수 있는 용기를 줄 수 있어야 합니다. 만약 어떤 학생이 오늘 학습하는 중요한 문법에 대한 오류를 반복적으로 범하고 있다면 즉각적인 수정을 해 주어야 합니다.
교실을 돌아다니는 동안 작은 메모지나 수첩을 가지고 학생들이 범하는 오류들(초점 문법이 아니지만 잘못된 문장, 잘못된 어휘 사용 등)을 메모하여 활동이 끝난 후에 교실 전체가 같이 오류를 수정해 보는 시간을 가져 보는 것도 좋습니다.

5) 피드백과 과제

모든 활동은 피드백이 있어야 합니다. 학생들이 범한 중요한 문법적 오류가 있다면 다시 한번 지적해 주고, 오늘 진행된 문법 활동이 어떤 문법을 활용한 활동이었는지 명확히 해 주어야 합니다. 오늘 학생들이 한 활동에 대한 전체적인 평가의 말을 해 줄 수도 있습니다. 또한 과제를 내 줄 수도 있는데 오늘 진행된 활동 대화를 노트에 써 오거나 실제 생활에서 오늘 한 활동을 적용한 과제를 내 줄 수도 있습니다.

목차

교사 지침서		활동지				
문법 항목	쪽	활동	시간	구성	난이도	준비
13. 높임말(존댓말) -(으)세요	52	1. 사진 보고 이야기 만들기	50분	짝	하	〈50, 51쪽〉×학생수/2
-(으)시	53	2. 어머니 소개하기	30분	전체	하	〈52쪽〉×학생수
조사/어휘	54	3. 문장 바꾸어 말하기	40분	짝	중	〈53, 54쪽〉×학생수/2, ✂
주다/드리다/주시다	55	4. 기억에 남는 선물 이야기하기	40분	짝	중	〈55쪽〉×학생수
14. -ㄴ/는/다	57	1. 일기 쓰기	50분	개인	상	〈56쪽〉×학생수
15. -ㄴ/는/(으)ㄴ/(으)ㄹ 것	58	1. 문장 완성하여 말하기	40분	짝	하	〈57쪽〉×학생수/2, ✂
	60	2. 내가 좋아하는 일과 싫어하는 일 말하기	40분	짝	하	〈58쪽〉×학생수
	61	3. 물건 이름 알아맞히기	50분	그룹	중	〈59, 60쪽〉×1, 봉투 1장
	62	4. 내가 좋아하는 것 이야기하기	50분	전체	상	〈61쪽〉×학생수
16. -는/(으)ㄴ/(으)ㄹ 것 같다	64	1. 그림보고 추측하여 말하기	30분	짝	하	〈62쪽〉×학생수
17. -는/(으)ㄴ데	66	1. 과거의 경험에 대한 느낌 말하기	30분	짝	하	〈63, 64쪽〉×학생수/2
	67	2. 불평하기	30분	짝	하	〈65쪽〉×학생수
	68	3. 대처 방안 이야기하기	50분	짝	하	〈66쪽〉×학생수
	69	4. 상황에 맞게 문장 만들기	40분	짝	중	〈67쪽〉×학생수/2, ✂
	70	5. 한국과 고향 대조하기	40분	짝	상	〈68쪽〉×학생수
18. -는/(으)ㄴ데다가 -(도)	72	1. 반 친구들 칭찬하기	40분	전체	하	〈69쪽〉×학생수
	73	2. 같은 의미의 다른 문장 말하기	30분	짝	중	〈70쪽〉×학생수
	74	3. 나의 장·단점 말하기	40분	짝	상	〈71쪽〉×학생수
19. -는/(으)ㄴ/(으)ㄹ 모양이다	76	1. 그림 보고 추측하여 이야기 만들기	40분	짝	하	〈72쪽〉×학생수
	77	2. 다른 사람 추측에 반박하기	40분	짝	중	〈72쪽〉×학생수
	78	3. 길거리 사람들 보고 추측하기	30분	짝	상	〈73쪽〉×학생수
20. 동사 + -는/(으)ㄴ/(으)ㄹ	80	1. 나의 과거, 현재, 미래 말하기	30분	짝	하	〈74쪽〉×학생수, ✂
	81	2. 빙고 게임	40분	전체	하	〈75쪽〉×학생수
	82	3. 친구 찾기	50분	전체	중	〈76, 77쪽〉×학생수/2
	83	4. 한 문장으로 말하기	30분	짝	중	〈78쪽〉×학생수/2, ✂
21. -는/(으)ㄴ/(으)ㄹ지 알다/모르다	84	1. 나에 대한 관심 테스트하기	30분	짝	하	〈79쪽〉×학생수
22. 능력 -(으)ㄹ 수 있다/없다/못	87	1. 친구 찾기	30분	전체	하	〈80쪽〉×학생수
	88	2. 친구의 능력 확인하기	40분	전체	하	〈81쪽〉×학생수
잘/잘 못/전혀	89	3. 능력 있는 친구 찾아내기	50분	짝	중	〈82쪽〉×학생수
23. -도록 하다	91	1. 상황 듣고 조언하기	40분	짝	하	〈83쪽〉×학생수/2, ✂
	92	2. 연인 간의 서약서 쓰기	40분	전체	중	〈84쪽〉×학생수
	93	3. 적합한 방법 선택하기	40분	짝	상	〈85쪽〉×학생수

교사 지침서		활동지				
문법 항목	쪽	활동	시간	구성	난이도	준비
24. 반말	95	1. 역할극하기	40분	짝	중	〈86쪽〉×학생수/2, ✂
	96	2. 사랑하는 사람에게 편지 쓰기	40분	전체	중	〈87쪽〉×학생수
25. 보다 (더)	97	1. 고향과 한국 비교하여 말하기	50분	짝	하	〈88쪽〉×학생수
	98	2. 비교하여 이야기하기	50분	그룹	중	〈89쪽〉×학생수/2~4
	99	3. 판매할 과자를 비교하여 선택하기	50분	그룹	상	〈90쪽〉×학생수/2~4, 과자 3종류, 접시
26. 불규칙 변화	102	1. 한국 생활에 대한 의견 조사하고 발표하기	40분	전체	하	〈91쪽〉×학생수
	102	2. 불규칙 카드 게임	50분	전체	중	〈92, 93, 94쪽〉×1(확대복사), ✂
	104	3. 이야기 사슬 게임	50분	전체	중	〈92, 93, 94쪽〉×1(확대복사), ✂
27. 숫자 전화번호	106	1. 전화번호 빙고게임	40분	전체	하	〈95쪽〉×학생수, ✂
	107	2. 전화번호 말하기	40분	짝	하	〈96, 97쪽〉×학생수/2
날짜	108	3. 생일 말하기	40분	전체	하	〈98쪽〉×학생수
	109	4. 달력 보고 이야기하기	40분	짝	중	〈99쪽〉×학생수/2, ✂, 달력×학생수/2
가격	110	5. 가격 말하기	40분	짝	하	〈100쪽〉×학생수/2, ✂
	111	6. 물건 사기	50분	짝	중	〈101쪽〉×학생수/2, ✂
시간	112	7. 시간 빙고게임 (1)	30분	전체	하	〈102, 103쪽〉×학생수/11, ✂
	112	8. 시간 빙고게임 (2)	30분	전체	하	〈104쪽〉×학생수, ✂
나이	113	9. 나이 말하기	40분	전체	하	〈105쪽〉×학생수
	114	10. 가족의 나이 말하기	40분	짝	중	〈106, 107쪽〉×학생수/2
28. -(스)ㅂ니다	116	1. 나의 주말 활동 이야기하기	40분	짝	하	〈108쪽〉×학생수
	117	2. 질문 만들기	40분	전체	중	〈109쪽〉×학생수
29. 씩	118	1. 생활 습관 말하기	50분	짝	하	〈110쪽〉×학생수
30. -아/어 놓다	119	1. 행사 준비 여부 확인하기	50분	짝	중	〈111, 112, 113쪽〉×학생수/2
31. -아/어도 되다	121	1. 각 나라 예절에 대하여 이야기하기	50분	짝	하	〈114쪽〉×학생수
-(으)면 안 되다	122	2. 금지 여부 말하기	40분	짝	하	〈115쪽〉×학생수
32. -아/어 보다	123	1. 자신의 경험 말하고 추천하기	40분	짝	하	〈116쪽〉×학생수
	124	2. 특별한 경험 이야기하기	40분	짝	하	〈117쪽〉×학생수
	125	3. 고향 여행지 추천하기	50분	짝	중	〈118쪽〉×학생수
33. -아/어 보이다	127	1. 감정 추측하여 말하기	30분	짝	하	〈119쪽〉×학생수
	128	2. 옷차림 조언하기	40분	짝	중	〈120, 121쪽〉×학생수/2
	129	3. 친구의 첫인상에 대하여 말하기	30분	전체	상	A4용지×학생수
34. -아/어서 이유	131	1. 변명하기	50분	짝	하	〈122쪽〉×학생수
	131	2. 문장 완성하기	40분	짝	하	〈123쪽〉×학생수/2, ✂
	132	3. 오류 수정하기 게임	40분	전체	중	〈124쪽〉×학생수

교사 지침서			활동지				
문법 항목		쪽	활동	시간	구성	난이도	준비
34.	-아/어서 계기	133	1. 나만의 습관	40분	짝	하	〈125쪽〉×학생수
		134	2. 그림 보고 이야기 만들기	40분	짝	중	〈126쪽〉×학생수
35.	-아/어야 하다	136	1. 준비해야 하는 것 말하기	30분	짝	하	〈127쪽〉×학생수
		137	2. 건강한 생활 수칙 정하기	50분	짝	하	〈128쪽〉×학생수
36.	-아/어요	139	1. 친구에 대해 알아보기	30분	짝	하	〈129쪽〉×학생수/2, ✂
		140	2. 빈도 말하기	40분	짝	중	〈130쪽〉×학생수
		141	3. 질문 만들기	40분	짝	상	〈131쪽〉×학생수
37.	-아/어 있다	143	1. 교실 묘사하기	30분	전체	하	없음
		144	2. 다른 그림 찾기	50분	짝	중	〈132, 133쪽〉×학생수/2
		145	3. 방 묘사하기	50분	짝	상	〈134쪽〉×학생수
38.	-아/어 주다	147	1. 정중하게 부탁하기	40분	짝	하	〈135쪽〉×학생수/2, ✂
		148	2. 친구 도와주기	50분	전체	하	〈136쪽〉×학생수
		149	3. 비밀 친구(마니또) 게임	일주일	전체	중	〈137쪽〉×학생수, 메모지×학생수
39.	-아/어지다	151	1. 그림보고 이야기하기	30분	짝	하	〈138쪽〉×학생수
		152	2. 나만의 방법 이야기하기	40분	짝	중	〈139쪽〉×학생수
40.	안 + 동사/형용사	154	1. '아니요' 게임	30분	그룹	하	없음
	동사/형용사 + -지 않다	155	2. 건강한 친구 찾기	50분	짝	하	〈140쪽〉×학생수
		156	3. '스무고개' 게임	40분	그룹	중	메모지
41.	-았/었-	158	1. 지난 일 말하기	30분	짝	하	〈141, 142쪽〉×학생수/2
		159	2. 사진 보고 상상하여 이야기하기 (1)	50분	짝	중	〈143, 144쪽〉×학생수/2
		160	3. 사진 보고 상상하여 이야기하기 (2)	50분	짝	중	〈145, 146쪽〉×학생수/2
42.	에	162	1. 목적지 말하기	40분	짝	하	〈147쪽〉×학생수/2, ✂
		163	2. 친구의 하루 일과	40분	짝	하	〈148쪽〉×학생수
		164	3. 틀린 문장 찾기	40분	전체	중	〈149쪽〉×학생수
43.	에서	165	1. 하루 일과 이야기하기	30분	짝	하	〈150, 151쪽〉×학생수/2, ✂
		166	2. 걸리는 시간 말하기	40분	짝	하	A4용지×학생수
		167	3. 장소 말하기	40분	짝	하	〈152쪽〉×학생수
44.	형용사 + -(으)ㄴ	168	1. 빙고 게임	30분	전체	하	〈153쪽〉×학생수
		169	2. 내가 꿈꾸는 러브스토리 이야기하기	40분	짝	중	〈154쪽〉×학생수
		170	3. 친구 묘사하기	50분	전체	상	〈155쪽〉×학생수
45.	-(으)ㄴ 적이 있다/없다	171	1. 경험해 본 친구 찾기	50분	전체	중	〈156, 157쪽〉×학생수/2
		172	2. 공통 경험 찾기	40분	짝	중	〈158쪽〉×학생수/2, ✂
46.	-(으)ㄴ 지 (시간)이/가 되다	174	1. 나의 인생에 대하여 이야기하기	30분	짝	하	〈159쪽〉×학생수
		175	2. 세계적인 사건에 대하여 이야기하기	40분	짝	중	〈160쪽〉×학생수/2, ✂
		176	3. 자기 나라 역사 이야기하기	1일	전체	상	없음

교사 지침서			활동지				
문법 항목		쪽	활동	시간	구성	난이도	준비
47.	-(으)니까	178	1. 이유 이야기하기	30분	짝	하	〈161, 162쪽〉×학생수/2
48.	-(으)ㄹ 거예요	179	1. 문장 만들기	40분	짝	하	〈163쪽〉×학생수/2, ✂
		180	2. 두 사람의 주간 계획 말하기	40분	짝	중	〈164, 165쪽〉×학생수/2
		181	3. 100년 후의 우리 생활 이야기하기	50분	전체	상	〈166쪽〉×학생수
49.	-(으)ㄹ게요	183	1. 약속하기	30분	짝	하	〈167쪽〉×학생수
		184	2. 대화 만들기	30분	짝	중	〈168쪽〉×학생수/2, ✂
50.	-(으)ㄹ까요? / -(으)ㅂ시다	186	1. 쉬는 날 약속 정하기	30분	짝	중	〈169, 170쪽〉×학생수/2
	-(으)ㄹ까요? / -(으)ㄹ 거예요	187	2. 상상하여 이야기하기	50분	짝	중	〈171쪽〉×학생수/2
51.	-(으)ㄹ 때	189	1. 상황에 따른 감정 말하기	40분	짝	하	〈172쪽〉×학생수
		190	2. 생활 용품 용도 말하기	40분	짝	중	〈173쪽〉×학생수
		191	3. 물건들의 사용 용도 말하기	30분	짝	중	〈174쪽〉×학생수
52.	-(으)ㄹ 줄 알다/모르다	192	1. 재능 많은 친구 찾기	40분	짝	하	〈175쪽〉×학생수
53.	-(으)ㄹ지 모르겠다	195	1. 상황에 맞는 대화 만들기	30분	짝	하	〈176쪽〉×학생수/2
		196	2. 역할극하기	50분	그룹	중	〈177쪽〉×학생수/3, ✂
54.	-(으)ㄹ 테니까	198	1. 깜짝 파티 준비하기	30분	짝	하	〈178쪽〉×학생수
		199	2. 문장 바르게 완성하기	30분	짝	중	〈179쪽〉×학생수
		200	3. 친구 격려하기	40분	전체	중	〈180쪽〉×학생수/2, ✂
55.	-(으)ㄹ 텐데	202	1. 도움이 필요한지 묻기	50분	짝	하	〈181쪽〉×학생수
		203	2. 걱정하는 마음 말하기	50분	전체	중	〈182, 183쪽〉×학생수/2
		204	3. 오류 수정하기 게임	40분	짝	상	〈184쪽〉×학생수
56.	-(으)려고	206	1. 빈칸 채워 문장 완성하기	30분	짝	하	〈185쪽〉×학생수
		207	2. 오류 수정하기 게임	40분	짝	상	〈186쪽〉×학생수
57.	-(으)려고 하다	208	1. 인생 계획 발표하기	40분	전체	하	〈187쪽〉×학생수
58.	-(으)려면	210	1. 조언 구하기	40분	짝	하	〈188쪽〉×학생수
		211	2. 질문 만들기	40분	짝	상	〈189쪽〉×학생수
59.	-(으)로	213	1. 질문에 답하기	40분	짝	하	〈190쪽〉×학생수
		214	2. 생활 수단 말하기	30분	짝	중	〈191쪽〉×학생수/2, ✂
60.	-(으)면	217	1. 인터뷰하기	40분	짝	하	〈192쪽〉×학생수
		217	2. 문장 완성하기	50분	짝	중	〈193, 194쪽〉×학생수/2
		218	3. 희망 사항 말하기	40분	그룹	중	〈195, 196쪽〉×학생수/6, ✂
61.	-(으)면서	220	1. 그림 보고 이야기하기	30분	짝	하	〈197쪽〉×학생수
		221	2. 두 가지 행동 동시에 하기	40분	짝	하	〈198쪽〉×학생수/2, ✂
		222	3. 인터뷰하기	50분	짝	하	〈199쪽〉×학생수

교사 지침서			활동지				
	문법 항목	쪽	활동	시간	구성	난이도	준비
62.	-(으)세요/-지 마세요	223	1. 표지 읽기	30분	짝	하	〈200쪽〉×학생수
		224	2. 명령하기	40분	짝	중	〈201, 202쪽〉×학생수/2
		225	3. 조언하기	40분	전체	상	〈203쪽〉×학생수
63.	의	226	1. 소지품 주인 말하기	40분	짝	하	교사, 학생의 소지품 20개 정도
		227	2. 가계도 그리고 소개하기	40분	개인	중	〈204쪽〉×학생수
		228	3. 가계도 완성하기	40분	짝	상	〈205쪽〉×학생수/2
64.	의문사	229	1. 질문하여 다른 그림 찾기	30분	짝	하	〈206쪽〉×학생수/2, ✂
		230	2. 신상 확인하기	40분	짝	하	〈207쪽〉×학생수/2, ✂
		231	3. 반 친구들 연락처 만들기	50분	전체	하	〈208쪽〉×학생수
		232	4. 친구의 취향 확인하기	30분	짝	하	〈209쪽〉×학생수
65.	이/가 있다, 없다	233	1. 기억력 테스트	30분	짝	하	〈210, 211쪽〉×학생수/2
		234	2. 다른 것 찾기	30분	짝	하	〈212쪽〉×학생수/2, ✂
		235	3. 하숙집 정보 묻기	30분	짝	중	〈213, 214쪽〉×학생수/2
66.	이/가 형용사	236	1. '어때요?' 게임	30분	그룹	하	없음
		237	2. 틀린 문장 찾기	50분	짝	중	〈215쪽〉×학생수
		238	3. 의견 말하기	50분	짝	상	〈216쪽〉×학생수
67.	이, 그, 저	239	1. 물건 이름 말하기	50분	짝	하	메모지
68.	전에/후에	241	1. 카드 보고 이야기 만들기	50분	짝	하	〈217쪽〉×학생수/2, ✂
		242	2. 하루 일과 이야기하기	50분	짝	중	〈218쪽〉×학생수, ✂
		243	3. 여행 일정 이야기하기	40분	짝	상	〈219, 220쪽〉×학생수/2
69.	접속사: 그리고/그래서/그렇지만/그러면/그런데/그러니까	244	1. 두 문장 연결하기	40분	짝	하	〈221, 222쪽〉×학생수/2, ✂
		245	2. 문장 이어 말하기	40분	전체	중	없음
70.	중	247	1. 마임	40분	전체	하	〈223쪽〉×1, ✂
		248	2. 알림 문패 만들기	30분	개인	하	〈224쪽〉×학생수, 고리, 펀치, 가위
71.	-중에서 제일/가장	249	1. 친구 취향 알아내기	30분	개인	하	〈225쪽〉×학생수
		250	2. 퀴즈	30분	그룹	중	〈226쪽〉×학생수/3~4, 세계 지도
		251	3. 기네스북 읽고 문장 완성하기	30분	짝	중	〈227, 228, 229쪽〉×학생수
72.	-지만	253	1. 문장 만들기	40분	짝	하	〈230쪽〉×학생수/2, ✂
		254	2. 한국 생활 이야기하기	50분	짝	하	〈231쪽〉×학생수
73.	-지요?	256	1. 기억 확인하기	40분	전체	하	〈232쪽〉×학생수

간접인용

수업 전에 꼭 알아 두세요!

〈간접인용〉

종류	평서문		
시제	과거	현재	미래
동사	**-았/었다고 하다** 갔다고 하다 먹었다고 하다	**는/ㄴ다고 하다** 간다고 하다 먹는다고 하다	**-(으)ㄹ 거라고 하다** 갈 거라고 하다 먹을 거라고 하다
형용사	**-았/었다고 하다** 쌌다고 하다 좋았다고 하다	**-다고 하다** 싸다고 하다 좋다고 하다	**-(으)ㄹ 거라고 하다** 쌀 거라고 하다 좋을 거라고 하다
명사	**-였/이었다고 하다** 친구였다고 하다 학생이었다고 하다	**-(이)라고 하다** 친구라고 하다 학생이라고 하다	**-일 거라고 하다** 친구일 거라고 하다 학생일 거라고 하다

종류	의문문		
시제	과거	현재	미래
동사	**-았/었냐고 하다** 갔냐고 하다 먹었냐고 하다	**-느냐고 하다** 가느냐고 하다 먹느냐고 하다	**-(으)ㄹ 거냐고 하다** 갈 거냐고 하다 먹을 거냐고 하다
형용사	**-았/었냐고 하다** 쌌냐고 하다 좋았냐고 하다	**-(으)냐고 하다** 싸냐고 하다 좋으냐고	**-(으)ㄹ 거냐고 하다** 쌀 거냐고 하다 좋을 거냐고 하다
명사	**-였/이었냐고 하다** 친구였냐고 하다 학생이었냐고 하다	**-(이)냐고 하다** 친구냐고 하다 학생이냐고 하다	**-일 거냐고 하다** 친구일 거냐고 하다 학생일 거냐고 하다

	청유문	명령문
긍정문	동사 + -자고 하다 만나자고 하다	동사 + -(으)라고 하다 만나라고 하다
부정문	동사 + -지 말자고 하다 만나지 말자고 하다	동사 + -지 말라고 하다 만나지 말라고 하다

1. 다른 사람이 말한 것이나 알고 있는 정보를 남에게 전달할 때 사용한다.
   병준: (사라에게) 지금 은행에 가고 있어요.
   → 사라: 병준 씨가 지금 은행에 가고 있다고 했어요.
   요린: (사라에게) 어제 제인 씨랑 영화를 봤어요?
   → 사라: 요린 씨가 어제 제인 씨랑 영화를 봤냐고 했어요.

(<외국인 한국어 말하기 대회>가 1월 1일에 있다는 포스터를 보고 지영 씨에게 전달할 경우)
→ 1월 1일에 한국어 말하기 대회가 있다고 해요.

주의

1. 간접인용에서는 직접인용에서 쓰이는 따옴표(",")를 쓰지 않으며, 인칭 표현, 높임 표현, 시간 표현 등이 말을 전하는 사람의 입장으로 바뀐다.
상훈 : 저의 어머니께서는 선생님이세요.
→ 상훈 씨가 자기 어머님께서는 선생님이시라고 했어요.
히사코: 우리 학교에는 예쁜 나무들이 많아요.
→ 히사코 씨가 자기 학교에는 예쁜 나무들이 많다고 했어요.

1. 문장 바꾸어 말하기

목 표 ▸ 다양한 문장을 '간접인용'으로 바꿔 말할 수 있다.
준 비 ▸ 〈10쪽〉 × 1, ✂
구 성 ▸ 짝
시 간 ▸ 50분
난이도 ▸ 하

이야기로 활동 열기 간접인용의 형태를 칠판에 붙여 놓고 학생들이 다 이해하고 있는지 확인한다. 문장 카드의 문장과 유사한 문장으로 활동을 시작할 수 있다.

교 사 : 오늘 배운 간접인용을 연습해 봅시다.
(문장카드로 준비)「수미: 저는 대학생입니다.」
학생1 : 저는 대학생이라고 했어요.
교 사 : '저는' 맞아요? 어떻게 바꿔야 해요?
학생1 : 아, 수미 씨가 대학생이라고 했어요.
교 사 : 네, 오늘은 이렇게 다양한 문장을 간접인용으로 바꿔 봅시다.

순 서

1. 학생들을 2명씩 앉도록 한다.
2. 준비된 문장 카드를 짝끼리 한 세트씩 나누어 준다.
3. 둘 사이에 문장 카드를 엎어 놓는다.
4. 한 문장씩 번갈아 가며 카드를 뒤집으면서 그 문장을 간접인용으로 바꾼다.
(문장이 '토미:오늘 날씨가 덥지요?' 인 경우)
학생1 : 토미 씨가 오늘 날씨가 덥냐고 했어요.

5. 간접인용으로 말한 학생은 다른 학생들에게 자신의 문장 카드를 보여 준다.
6. 다 같이 문장 카드를 보면서 간접인용으로 말한 문장이 맞는지 틀린지 확인한다.
7. 짝활동이 끝나면 교사와 함께 확인한다.

◑ **제 안** — 학생의 수나 수준, 학습 시간에 따라 교사는 문장 카드를 추가로 더 만들어 활동을 할 수 있다.

확장을 위한 아이디어!

옆에 앉아 있는 친구에게 귓속말로 반 친구들 중 한 명을 골라 그 사람에 대해 말해 보게 하세요. 그리고 들은 문장을 간접인용으로 바꾸어 그 친구에게 이야기해 보게 하세요.

메이가 : (귓속말로 히사코 씨에게) '명명 씨는 정말 똑똑한 것 같아요'

히사코 : (큰 소리로 명명 씨에게) "메이가 씨가 명명 씨는 정말 똑똑한 것 같다고 했어요."

활동 2. 포스터 완성하기

목 표 ▸ 포스터를 보고 간접인용을 사용하여 다른 사람에게 전달할 수 있다.
준 비 ▸ 〈11, 12쪽〉 × 학생수/2
구 성 ▸ 짝
시 간 ▸ 50분
난이도 ▸ 하

이야기로 활동 열기 실제 포스터를 여러 장 준비해서 칠판에 붙인다. 이때 포스터 안에 적혀 있는 장소, 일시, 연락처 등은 가려 둔다. 학생들은 마음에 드는 포스터의 정보를 교사에게 질문하고 교사는 간접인용으로 대답한다.

교 사 : (여러 가지 포스터-콘서트, 전시회, 말하기 대회 등-를 붙이고) 자, 왕명 씨, 여기 여러 포스터가 있는데요. 제일 가고 싶은 곳은 어디예요?
학생1 : 음... 저는 콘서트요!
교 사 : 제가 이 콘서트에 대해서 잘 알고 있어요. 그러니까 왕명 씨가 저에게 질문해 보세요.
학생1 : 선생님, 그 콘서트는 언제 해요?
교 사 : (콘서트 일정에 대해 가려둔 것을 보여 주며) 이 콘서트는 12월 24일과 25일에 한다고 해요.
학생1 : 네, 그런데 어디에서 해요?
교 사 : (콘서트 장소에 대해 가려둔 곳을 보여 주며) 세종문화회관에서 한다고 해요.
오늘은 이렇게 '간접인용'을 사용하여 포스터를 완성해 봅시다.

순 서

1. 학생들을 2명씩 앉도록 한다.
2. 〈활동지A〉와 〈활동지B〉를 각각의 학생에게 나누어 준다.
3. 각각의 활동지는 서로 다른 부분이 공백으로 되어 있는데, 학생들은 서로 대화를 통해 그 공백 부분을 채워 가야 한다. 이때, 교사는 학생들의 발화가 간접인용을 사용하고 있는지 확인하도록 한다.

학생 1 : 외국인 말하기 대회가 어디서 한다고 했어요?
학생 2 : 한국대학교 운동장에서 한다고 했어요.

4. 대화로 공백을 다 채운 학생들은 완성된 표를 서로 비교하게 한다.

◑ 제 안 — 활동이 끝나면 활동하는 동안 나눈 대화를 써 오는 것을 숙제로 내 줄 수 있다.

확장을 위한 아이디어! 학생들의 수준이 높다면 실제 포스터를 활용해서 확장할 수 있어요. 우리 주변에서 흔히 볼 수 있는 여러 포스터를 나눠 주고 그 포스터의 내용에 대해서 친구들에게 간접인용을 사용해 전달하는 연습을 하게 할 수 있어요.

3. 만화 보고 내용 전달하기

목 표 ▸ 만화를 보고 간접인용을 사용하여 그 이야기를 전달할 수 있다.
준 비 ▸ 〈13, 14쪽〉 × 학생수/2
구 성 ▸ 짝
시 간 ▸ 50분
난이도 ▸ 중

이야기로 활동 열기 활동지의 그림 중 몇 개를 크게 확대해서 준비한다. 학생들로 하여금 그림을 보고 이야기를 하게 하면서 활동을 시작한다.

교 사 : (해가 나오자 남자가 땀을 흘리는 장면을 보여 주며) 자, 이 남자는 뭐라고 했을까요?
학생들 : 날씨가 덥다고 했을 거예요.
교 사 : (바람이 불자 외투를 꼭 잡는 장면을 보여 주며) 자, 이 그림은요?
학 생1 : 춥다고 했을 거예요.
교 사 : (모든 그림을 붙이고) 지금부터 '해와 바람 이야기'를 간접인용으로 해 봅시다.

순 서

1. 학생들을 2명씩 앉도록 한다.
2. 학생들에게 각각〈활동지A〉와 〈활동지B〉를 나누어 준다.
3. 교사와 함께 중요한 어휘를 확인하도록 한다.
4. 짝에게 〈활동지 A〉의 ㉮ 만화를 보며 간접인용을 사용하여 이야기해 주도록 한다.
   학생 : 해는 자기가 세상에서 제일 힘이 세다고 했어요.
5. 이야기가 끝난 후에 이야기가 올바르게 전달됐는지 서로의 활동지를 보며 확인한다.
6. 같은 방법으로 다른 학생이 〈활동지 B〉의 ㉯ 만화를 보며 간접인용을 사용하여 이야기를 해 주도록 한다.
7. 이야기가 끝난 후에는 서로의 활동지를 비교하며 이야기가 올바르게 전달됐는지 확인한다.

확장을 위한 아이디어! 학생들이 알고 있는 자기 나라의 재미있는 이야기를 얘기해 보게 하는 것도 좋아요.

활동 4. 그림 보고 이야기 만들기

목 표 ▸ 자신이 꾸민 이야기를 간접인용을 사용하여 전달할 수 있다.
준 비 ▸ 〈15쪽〉 × 학생수
구 성 ▸ 짝
시 간 ▸ 50분
난이도 ▸ 중

이야기로 활동 열기 활동지의 그림 중 몇 개를 크게 확대해서 준비한다.

교 사 : (늑대가 물고기를 보는 그림을 보여 주며) 늑대가 뭐라고 해요?
학생들 : 맛있겠다고 해요.
교 사 : (늑대가 목을 아파하는 그림을 보여 주며) 자, 이 그림은요?
학 생1 : 배가 아프다고 해요.
교 사 : (모든 그림을 붙이고) 지금부터 친구와 이야기를 만들어 봅시다.

순 서

1. 학생들을 2명씩 앉도록 한다.
2. 학생들에게 〈활동지〉를 한 장씩 나누어 준다.
3. 교사와 함께 그림을 보며 중요한 어휘를 확인하도록 한다.
   늑대, 물고기, 가시에 걸리다, 두루미 등
4. 만화를 보며 학생들이 스스로 이야기를 꾸미도록 한다.
5. 이야기가 다 완성되면 다른 친구들에게 간접인용을 사용해서 자신이 만든 이야기를 발표해 보도록 한다.

확장을 위한 아이디어! 완성된 이야기를 써 오도록 해서 오류를 확인해 주세요.

-거든요

수업 전에

알아 두세요!

〈형용사/동사/이다 +-거든요〉

	기본형	-거든요
동사	가다	가거든요
	먹다	먹거든요
형용사	크다	크거든요
	좋다	좋거든요

1. 이유를 나타낼 때 사용한다.
   옷을 따뜻하게 입으세요. 오늘 날씨가 춥**거든요**.
   오늘은 만나기 어려워요. 내일이 시험이**거든요**.

주의

1. 이때 이유는 상대방이 잘 모르는 정보에 대한 것이어야 한다.
   가 : 우리 반에서 누가 영어를 잘 해요?
   나 : 히사코 씨가 영어를 잘 해요. 3년 동안 미국에서 유학했**거든요**.
2. 주로 구어에서 사용한다.

CHAPTER 02

1. 친구 찾기

목 표 ▸ 친구의 질문에 '-거든요'를 사용하여 이유를 답할 수 있다.
준 비 ▸ 〈16, 17쪽〉 × 학생수/2
구 성 ▸ 전체
시 간 ▸ 50분
난이도 ▸ 하

이야기로 활동 열기 학생들이 이유를 답할 수 있는 질문을 사용하여 활동을 시작할 수 있다.

교 사 : 히사코 씨, 오늘 피곤해 보여요. 무슨 일 있어요?
학생1 : 다음 주에 중요한 시험이 있어요.
교 사 : '중요한 시험이 있거든요.' 라고 말할 수 있어요.
오늘은 '-거든요'를 사용하여 이유를 말하는 연습을 해 봅시다.

순 서

1. 학생들을 2명씩 앉도록 한다.
2. 학생들에게 〈활동지A〉와 〈활동지B〉를 각각 나누어 준다.
3. 학생들에게 반 친구에게 인터뷰를 하여 활동지에 정보에 맞는 친구를 찾아보도록 한다.
   예를 들어 한국어를 배우는 친구를 찾기 위해서는 "한국어를 배워요?"라는 질문에 '네' 라는 대답을 하는 친구를 만날 때까지 질문한다.
   학생1 : 한국어를 배워요?
   학생2 : 아니요, 안 배워요.

   학생1 : 한국어를 배워요?
   학생3 : 네, 배워요.
4. 해당하는 학생을 찾으면 그 학생에게 이유를 물어 보도록 한다. 그리고 친구는 '-거든요'를 사용하여 그 이유를 답하도록 한다.
   예를 들어, 한국어를 배우는 친구를 찾은 후에는 "한국어를 왜 배워요?"라는 질문을 하게 한다.
   학생1: 한국어를 왜 배워요?
   학생3: 대학에 가야 하거든요.
5. 인터뷰를 발표한다. 발표를 할 때는 대화 형태로 발표해야 '-거든요'를 제대로 사용하고 있는지 확인할 수 있다.

◑ **제 안** — 인터뷰 할 때의 질문의 형태와 발표할 때의 문장 형식에 주의하도록 한다.

확장을 위한 아이디어! 학생들의 수준에 따라 질문 내용을 바꿔 보세요. 또는 인터뷰한 내용을 쓰기 숙제로 해 오게 한 뒤 학생들의 형태 오류를 확인하는 것도 좋겠지요?

2. 어울리는 사람 이야기하기

목 표 ▶ 어울리는 사람들을 이야기하고 '-거든요'를 사용하여 그 이유를 말할 수 있다.
준 비 ▶ 〈18쪽〉 × 학생수
구 성 ▶ 그룹
시 간 ▶ 50분
난이도 ▶ 중

이야기로 활동 열기

커플 매니저 활동이므로 '커플 매니저'라는 직업을 먼저 설명한다. 활동지에 나온 인물을 칠판에 붙이고, 우리 반 친구 중 누구와 잘 어울리는지 이야기하며 활동을 시작할 수 있다.

교 사 : (활동지의 남자 인물을 하나 붙이고) 이 남자의 성격이 어떤 것 같아요?
학생1 : 활동적일 거예요. 술을 좋아하거든요.
교 사 : 그럼 이 사람은 누구와 어울릴까요?
학생1 : 미카 씨요.
교 사 : 왜 미카 씨와 어울려요?
학생1 : 미카 씨도 술을 좋아하거든요.
교 사 : 그럼, 이제 누구와 누가 어울리는지 친구와 이야기해 봅시다. 그리고 '-거든요'를 사용하여 그 이유를 말해 봅시다.

순 서

1. 학생들을 2명씩 앉도록 한다.
2. 〈활동지〉를 한 장씩 나누어 준다.
3. 어떤 남자와 어떤 여자가 가장 잘 어울리는지, 또 어떤 남자와 어떤 여자가 가장 안 어울리는지 생각해서 이야기하도록 한다. 이때, 왜 그렇게 생각하는지 서로 물어 보며 '-거든요'의 문법을 사용하게 한다.

   학생 1 : 김상훈 씨는 누구와 어울리는 것 같아요?
   학생 2 : 최희영 씨와 어울리는 것 같아요.
   학생 1 : 왜요?
   학생 2 : 두 사람 모두 여행을 좋아하거든요.

4. 교사와 함께 팀 별로 가장 잘 어울리는 커플과 가장 어울리지 않는 커플을 말해 보도록 하고 '-거든요'를 사용하여 그 이유도 말해 보도록 한다.

◑ 제 안 — 활동 시작 전에 학급에서 잘 어울리는 사람과 잘 어울리지 않는 사람에 대해 말해 보면서 '어울리다'의 의미를 파악하고 활동을 시작하도록 한다.

확장을 위한 아이디어!

이 활동이 끝나면 자신의 친구 중 한 명을 반 친구에게 소개시켜 주게 할 수 있어요. 이 때 서로 얼마나 잘 어울리는지 이유를 묻고 답하며 대화를 할 수 있어요.

–게 되다

수업 전에 꼭 알아 두세요!

〈동사 + –게 되다〉

	기본형	–게 되다
동사	가다 먹다	가게 되다 먹게 되다

1. 이전과 비교해 변화된 사실을 말할 때 사용한다.
   매운 음식을 못 먹었는데 한국 친구 덕분에 잘 먹게 되었어요.
   내년부터 한국대학교에서 공부하게 되었어요.

주의

1. 이전과 비교해 변화된 사실을 나타낼 때 형용사인 경우에는 '–아/어지다'와 결합하고, 명사의 경우에는 '이/가 되다'와 결합한다.
   요즘 날씨가 정말 추워졌어요.
   다이어트를 해서 날씬해지고 싶어요.
   동생은 내년에 대학생이 돼요.
   유학생이 되니까 고향 음식이 너무 먹고 싶어요.

활동 1. 변화된 행동 이야기하기

목　표 ▸ '–게 되다'를 사용하여 변화된 행동에 대하여 이야기할 수 있다.
준　비 ▸ 〈19, 20쪽〉 × 학생수/2
구　성 ▸ 짝
시　간 ▸ 50분
난이도 ▸ 하

이야기로 활동 열기 학생들이 한국에 와서 무엇이 달라졌는지 질문하고 답함으로써 본 활동을 시작할 수 있다.

교 사 : 제임스 씨, 고향에서 한국 음식을 잘 먹었어요?
학생1 : 아니요. 한국에 와서 처음 먹었어요. 그렇지만 지금은 정말 좋아해요.
교 사 : 그래요? 제임스 씨는 한국에 와서 한국 음식을 잘 먹게 되었어요.
　　　오늘은 이렇게 자기의 행동이 무엇이 변했는지 '–게 되다'를 사용하여 이야기해 봅시다.

순 서

1. 학생들을 2명씩 앉도록 한다.
2. 짝끼리 〈활동지A〉와 〈활동지B〉를 각각 나누어 주도록 한다.
3. 그림을 보고 '–게 되다'를 사용하여 무엇이 달라졌는지 이야기해 보고 달라진 이유도 추측해 보도록 한다.
4. 자신이 추측한 내용을 써 보도록 한다.
5. 짝끼리 서로 이야기하며 비교해 보도록 한다.
   학생1: 한국어를 잘 못했어요. 하지만 한국 친구들을 자주 만나서 한국어를 잘하게 됐어요.
6. 교사는 발표시키고 오류를 수정해 준다.

확장을 위한 아이디어! 자신의 생활이 이전과 현재가 무엇이 달라졌는지 서로 이야기해 보는 것도 좋아요.

활동 2. 인터뷰하기

목 표 ▸ 질문에 '–게 되다'를 사용하여 질문하고 답할 수 있다.
준 비 ▸ 〈21쪽〉 × 학생수/2, ✂
구 성 ▸ 짝
시 간 ▸ 40분
난이도 ▸ 하

이야기로 활동 열기 한국에 와서 달라진 것이 무엇인지 학생들에게 질문을 하면서 시작할 수 있다.

교 사 : 히사코 씨, 고향에서 누구하고 살았어요?
학생1 : 가족하고 살았어요.
교 사 : 그럼, 한국에 와서 누구하고 살아요?
학생1 : 혼자 살아요.
교 사 : 히사코 씨는 한국에 와서 혼자 살게 되었어요.
우리 오늘은 친구들과 변화된 일들에 대하여 '–게 되다'를 사용하여 이야기해 봅시다.

순 서

1. 학생들은 2명씩 앉도록 한다.
2. 준비된 문장 카드를 학생들이 문장을 볼 수 없게 통에 넣어 두거나 책상에 엎어 둔다.
3. 학생들은 한 명씩 번갈아 가며 문장 카드를 뽑는다.
4. 문장 카드를 뽑은 학생은 카드의 내용대로 질문을 하도록 한다.

5. 질문을 받은 학생은 '-게 되다'를 넣어 대답을 완성하고 다른 문장 카드를 뽑아 친구에게 질문하도록 한다.

   학생1: 어떻게 한국말을 잘하게 됐어요?

   학생2: 선생님과 열심히 공부해서 잘하게 됐어요.

6. 한 문장씩 발표시키고 오류를 수정해 준다.

확장을 위한 아이디어! 오늘 활동한 문장 카드 내용을 참고하여 '나의 한국 생활'에 대해 '-게 되다'를 이용해서 작문을 해오도록 해도 좋아요.

활동 3. 변화된 생활 이야기하기

목 표 ▸ '-게 되다'를 사용하여 자신의 변화된 생활에 대하여 이야기할 수 있다.
준 비 ▸ 〈22, 23쪽〉 × 학생수/4,
구 성 ▸ 그룹
시 간 ▸ 40분
난이도 ▸ 중

이야기로 활동 열기 한국에 와서 달라진 것이 무엇인지 학생들에게 질문을 함으로써 본 활동을 전개할 수 있다.

교 사 : 바트수리 씨, 고향에서 김치 먹어 봤어요?
학생1 : 아니요, 고향에서는 김치를 못 먹어 봤어요.
교 사 : 처음 먹는 것이군요. 자주 먹나요?
학생1 : 네. 식사 할 때마다 먹어요.
교 사 : 바트수리 씨는 한국에 오기 전에는 김치를 못 먹어 봤지만 한국에 온 후에는 김치를 자주 먹게 되었어요.

순 서

1. 학생들을 4명씩 한 팀으로 나눠 앉도록 한다.
2. 학생들에게 준비해간 〈활동지〉를 4명에게 각각 나눠 주도록 한다. 각자 흥미로운 주제를 선택하도록 하는 것이 좋다.
3. '-게 되다'의 문형을 사용하여 활동지를 완성하도록 한다.
4. 활동지를 완성하면 팀원들에게 발표하게 한다.

   학생1: 한국에 오기 전에는 한국어를 못 했는데 한국에 온 후에 한국어를 잘하게 됐어요.

◑ **제 안 —** 활동지 주제를 '-게 되다'를 사용할 수 있는 상황으로 자신의 학생에 맞게 바꿔서 준비해도 좋다.

확장을 위한 아이디어! 자기가 선택한 주제에 대해 언제, 어떻게, 무엇 때문에 변화되었는지 좀 더 자세하게 써서 발표하게 할 수 있고, 자유롭게 질문을 하도록 해도 좋아요.

-겠-

수업 전에 꼭 알아 두세요!

〈동사/형용사/이다+-겠-〉

	기본형	-겠-
동사	오다 먹다	오겠어요 먹겠어요
형용사	바쁘다 좋다	바쁘겠어요 좋겠어요

1. 가까운 미래를 나타내는 의미로 사용한다.
   곧 도착하겠습니다.
   잠시 후 일기예보를 말씀드리겠습니다.

2. 추측의 의미로 판단의 근거가 강할 때 사용한다.
   구름이 많은 걸 보니 비가 오겠어요.
   내일이 시험이니까 오늘은 바쁘겠군요.

주의

1. 말하는 사람의 의지를 나타내는 '-겠-'의 용법과 구분해야 한다.
   오늘은 제가 점심을 사겠습니다. (의지)
   저는 꼭 훌륭한 배우가 되겠습니다. (의지)

2. '-겠-'과 비슷한 의미로 사용하는 것으로 '-(으)ㄹ 것이-'가 있다. '-(으)ㄹ 것이-'는 '-겠-'보다 판단의 근거가 더 약할 때 사용한다.
   내일은 비가 올 것입니다. (판단의 근거가 약함)
   내일은 비가 오겠습니다. (판단의 근거가 강함)

CHAPTER 04

활동 1. 일기예보 만들기

목 표 ▸ '-겠-'를 사용하여 일기예보를 할 수 있다.
준 비 ▸ 〈24, 25쪽〉 × 학생수/2
구 성 ▸ 짝
시 간 ▸ 40분
난이도 ▸ 하

이야기로 활동 열기 일기예보를 잠깐 들려주고 어떤 특징이 있는지 이야기한 후 기상 캐스터가 되어 이야기를 해보도록 하자고 하면서 이야기를 시작할 수 있다.

교 사 : (세계의 날씨 그림을 보며) 여러분, 기상 캐스터가 되어서 세계의 내일 날씨에 대해 말해 보도록 합시다. 미나 씨, 내일 북경의 날씨는 어때요?
학생1 : 내일 북경의 날씨는 덥겠습니다.
오전에 비가 오다가 오후에 맑겠습니다.
교 사 : 애니 씨, 내일 미국의 날씨는 어때요?
오늘을 여러분들이 일기예보를 만들고 기상 캐스터가 되어 이야기해 봅시다.

순 서

1. 학생들을 2명씩 앉도록 한다.
2. 짝끼리 〈활동지A〉와 〈활동지B〉를 각각 나누어 준다.
3. 학생들에게 각각의 〈활동지A〉를 받은 학생은 ㉮를 〈활동지B〉를 받은 학생은 ㉯의 일기예보를 만들어 보도록 한다.
4. 서로 자신이 만든 일기예보를 상대방에게 기상 캐스터가 되어 읽어 주도록 한다.
듣는 학생은 각자의 〈활동지〉의 빈 지도에 들은 내용대로 기상 아이콘을 사용하여 날씨를 표현해 보도록 한다.
학생1: 내일 서울은 오전에 비가 오겠습니다.
학생2: (〈활동지〉에 서울 옆에 '우산' 그림을 그린다.)
5. 활동이 끝나면 일기 예보의 내용과 그림이 맞는지 확인하게 한다.

확장을 위한 아이디어! 학생들의 수준이 높으면 실제 일기 예보를 듣고 그려 보게 하는 것도 좋아요.

2. 대화 완성하기

목 표 ▸ 다른 사람의 마음이나 감정을 '-겠-'을 사용하여 추측하여 말할 수 있다.
준 비 ▸ 〈26쪽〉 × 학생수
구 성 ▸ 짝
시 간 ▸ 40분
난이도 ▸ 하

이야기로 활동 열기 교사는 학생들에게 어제 무엇을 했는지 물어보고, 오늘 학생들의 상태를 추측하여 말하면서 활동을 시작할 수 있다.

교 사 : 유리 씨, 어제 뭐 했어요?
학생1 : 어제 이사했어요.
교 사 : 그럼, 오늘 피곤하겠어요.
오늘은 이렇게 다른 사람의 감정을 추측하여 '-겠-'을 사용하여 이야기해 봅시다.

순 서

1. 학생들을 2명씩 앉도록 한다.
2. 각자 〈활동지〉를 한 장씩 갖도록 한다.
3. 짝끼리 번갈아 가며 활동지의 대화를 완성해 보도록 한다.
   학생1 : 어제 이사했어요.
   학생2 : 피곤하겠어요.
4. 학생들을 발표시키고 오류를 수정해 준다.

확장을 위한 아이디어! 반 친구들을 모두 인터뷰하며 어제 했던 일들을 말해보도록 하고 '-겠-'을 사용하여 친구의 감정이나 마음을 추측해서 말해 보도록 해도 좋아요.

-고

수업 전에 꼭 알아 두세요!

〈동사/형용사/이다 +-고〉

	기본형	-고
동사	가다 먹다	가고 먹고
형용사	크다 좋다	크고 좋고

1. '그리고'로 연결되는 두 문장을 연결하여 한 문장이 되게 하는데 앞, 뒤 절이 서로 대등한 관계를 갖는다.
   오늘 친구를 만나요. 그리고 학교에 가요. → 오늘 친구를 만나고 학교에 가요.
   김 선생님은 친절해요. 그리고 재미있어요. → 김 선생님은 친절하고 재미있어요.

주의

1. 앞, 뒤 문장의 주어가 일치할 경우 시제에 주의한다.
   주말에 쇼핑을 했어요. 그리고 영화를 봤어요.
   → 주말에 쇼핑을 했고 영화를 봤어요. (×)
   → 주말에 쇼핑을 하고 영화를 봤어요. (○)
2. 구어에서는 [구]로 발음되기도 한다.
   주말에 쇼핑을 하고[하구] 영화를 봤어요.

1. 일주일 일과 말하기

목 표 ▸ '-고'를 사용하여 일주일 일과를 묻고 답할 수 있다.
준 비 ▸ 〈27쪽〉 × 학생수/2, ✂
구 성 ▸ 짝
시 간 ▸ 30분
난이도 ▸ 하

이야기로 활동 열기 교사는 아래와 같은 일주일 일과표를 준비하고, 일과에 대하여 대화하며 활동을 시작할 수 있다.

월	화	수	목	금	토	일
한국어수업 운동	아르바이트 도서관	한국어수업 태권도	아르바이트 도서관	한국어수업 쇼핑	빨래 청소	극장 외식

교 사 : 이걸 보세요. 마리 씨가 일주일 동안 하는 일이에요.
마리 씨는 월요일에 무엇을 해요?
학생 1 : 한국어를 배우고 운동을 해요.
교 사 : 오늘은 이렇게 일과표를 보고 언제 무엇을 어디에서 하는지 친구들과 이야기해 봅시다.

순 서

1. 학생을 2명씩 앉도록 한다.
2. 짝끼리 각각 〈활동지A〉와 〈활동지B〉를 나누어 준다.
3. 각자 활동지를 보면서 수진 씨의 일주일 간의 일과를 질문하고 답하면서 빈 부분을 채워 보도록 한다.
   예) 학생1 : 수진 씨는 월요일 오전에 무엇을 합니까?
   학생2 : 수진 씨는 학교에 가고 영화를 봅니다. 오후에 무엇을 합니까?
   학생1 : 수진 씨는 월요일 오후에 도서관에 가고 운동을 합니다.
4. 모두 완성한 후에 서로의 활동지를 보면서 비교해 답을 확인하게 한다.
5. 교사는 몇 개의 조를 발표시킨 후 오류를 수정해 준다.

◑ **제 안 —** 서로의 활동지를 보지 않도록 주의 시킨다.

확장을 위한 아이디어! 자신의 일주일 일과에 대해 서로 말하게 할 수 있어요. 이때, 각각의 요일에 하는 일을 두 가지 이상 자세히 쓰도록 하세요.

-고 나서

수업 전에 꼭 알아 두세요!

〈동사+-고 나서〉

	기본형	-고 나서
동사	공부하다	공부하고 나서
	읽다	읽고 나서

1. 앞의 행동이 끝나고 난 후에 뒤의 행동이 진행될 때 사용한다.
   공부하고 나서 컴퓨터 게임을 했어요.
   샤워하고 나서 맥주를 마셨어요.

주의

1. 단순하게 사건들을 나열시키는 '-고'의 의미와 구분해야 한다.
   어제 시장도 가고 학교도 갔어요. (시장에 간 것과 학교에 간 것에 대한 선·후 관계를 분명하게 알 수 없다.)
   어제 시장에 가고 나서 학교에 갔어요. (시장에 간 후에 학교 간 것을 분명하게 알 수 있다.)

1. 하루 일과 말하기

목 표 ▸ '-고 나서'를 이용해서 하루 일과를 말할 수 있다.
준 비 ▸ 〈28쪽〉 × 학생수
구 성 ▸ 짝
시 간 ▸ 30분
난이도 ▸ 하

이야기로 활동 열기 그림 카드(교재의 그림을 확대 복사하여 준비하는 것이 좋다)를 보여 주며 사람들이 무엇을 하고 있는지 질문하고, 그것을 하고 나서 학생들은 보통 무엇을 하는지 질문한다.

교 사 : (숙제를 하는 그림을 보여 주며) 지금 뭐하고 있어요?
학생1 : 숙제를 하고 있어요.
교 사 : 방화 씨는 숙제를 하고 나서 뭘 해요?
학생1 : 숙제를 하고 나서 피곤하면 낮잠을 자요.
교 사 : 우리 오늘은 이렇게 자신의 하루일과를 '-고 나서'를 사용하여 이야기해 봅시다.

순 서

1. 학생들을 2명씩 앉도록 한다.
2. 학생들에게 〈활동지〉를 한 장씩 나누어 준다.
3. 학생들은 그림 중에서 자신의 일과에 대한 그림을 취사선택하여 순서를 쓰도록 한다.
4. 짝에게 순서에 맞춰 '-고 나서' 문형을 이용하여 자신의 일과를 이야기해 주도록 한다.
   학생1 : 아침에 식사를 하고 나서 학교에서 한국어를 공부합니다.
   한국어를 공부하고 나서 밥을 먹습니다.
5. 다른 친구들에게 자신의 하루 일과 순서를 보여 주면서 발표하도록 한다.

제 안 —
- 사전 학습된 '-고'와 '그리고', '-고 나서'를 적절히 사용하여 자연스러운 발표가 되게 하는 것도 좋다.
- 기본 동사로 나열 하는 것보다 '어디에서', '누구와 같이', '무엇을'에 대하여 자세히 말하도록 유도하는 것이 좋다.

확장을 위한 아이디어! 단순하게 사건들을 시간적 순서에 의해서 나열하지 말고, 그 사건을 누구와 언제 무엇을 어떻게 왜 하게 되었는지 육하원칙에 의해 더 자세하게 말해 보게 하세요.

활동 2. 친구 찾기

목 표 ▸ '-고 나서'를 사용해서 친구의 하루 일과를 묻고 자신의 하루 일과를 말할 수 있다.
준 비 ▸〈29쪽〉× 학생수
구 성 ▸전체
시 간 ▸50분
난이도 ▸중

이야기로 활동 열기 교사는 어제 어떤 특별한 행동을 한 친구를 찾는 질문을 하면서 이야기를 시작할 수 있다.

교 사 : 어제 누가 숙제를 하고 나서 잠을 잤어요?
학생1 : 저요!
교 사 : 미카 씨가 숙제를 하고 나서 잠을 잤어요?
우리 오늘은 이렇게 '-고 나서'를 사용하여 어떤 행동을 한 친구들을 찾아봅시다.

순 서

1. 학생들에게 〈활동지〉를 한 장씩 나눠 준다.
2. 20개의 예문을 보고 해당되는 친구를 찾을 때까지 반 학생들에게 질문을 하게 한다.
   예를 들면, 어제 수업이 끝나고 나서 도서관에 간 친구를 찾는다면 '학생3' 처럼 '네' 라고 대답한 친구를 찾을 때까지 친구들에게 질문한다.
   학생1 : 어제 수업이 끝나고 나서 도서관에 갔어요?
   학생 2 : 아니요, 도서관에 가지 않았어요.

   학생1 : 어제 수업이 끝나고 나서 도서관에 갔어요?
   학생 3 : 네, 도서관에 갔어요.
3. 질문에 해당되는 친구를 찾았으면 활동지 아래에 있는 표에 친구의 이름을 쓰게 한다.
   예를 들면, 위의 '학생3' 에 해당하는 친구의 이름을 쓴다.
4. 활동이 끝났으면 발표를 시킨다. 이때 학생들은 예문에 해당하는 친구가 누구인지 '-고 나서' 의 문형으로 말하도록 한다.
   (발표)_____씨는 어제 수업이 끝나고 나서 도서관에 갔어요.
5. 교사는 오류를 확인해 주고 조사 결과가 맞는지 확인해 준다.

확장을 위한 아이디어! 활동지에 있는 예문의 주인공이 누구인지 추측해서 먼저 이름을 쓰고 맞는지 확인하는 활동으로도 할 수도 있어요.

3. 나만의 요리 방법 발표하기

목 표 ▸ '-고 나서'를 사용해서 요리하는 방법을 설명할 수 있다.
준 비 ▸ 〈30, 31쪽〉 × 학생수
구 성 ▸ 전체
시 간 ▸ 50분
난이도 ▸ 상

이야기로 활동 열기 학생들이 좋아하는 한국 음식을 보여 주며 어떻게 만드는지 간단하게 설명한다. 이때 '-고 나서' 문법을 사용해서 요리 방법에 대해 설명하면서 활동을 시작할 수 있다.

교 사 : (김치전 사진을 보여 주며) 여러분 김치전을 만들 줄 알아요?
학생1 : 아니요.
교 사 : 지금부터 그림을 보며 같이 이야기해 봅시다. 먼저 무엇을 해야 해요?
학생1 : ('썰다'에 해당하는 그림을 보여 주며) 김치를 썰어요.
교 사 : 네, 맞아요. 김치를 썰고 나서 뭐 해야 할까요?
학생1 : 밀가루와 섞어요.
교 사 : 네, ('섞다'에 해당하는 그림을 보여 주며) 김치를 썰고 나서 밀가루하고 섞어요.
우리 오늘은 이렇게 자신이 좋아하는 요리를 소개하고 그것을 어떻게 만드는지 '-고 나서'를 사용하여 이야기해 봅시다.

순 서

1. 학생들에게 〈활동지〉를 한 장씩 나누어 준다.
2. 먼저 요리에 대한 단어(조리 도구나 조리 방법에 대한 어휘)를 〈활동지〉로 확인한다.
3. 학생들의 고향에서 제일 유명한 음식이나 학생들이 제일 잘하는 음식을 어떻게 만드는지 '-고 나서'를 사용하여 〈활동지〉에 요리법을 적어 보도록 한다.
   (쓰기) 김치와 밀가루를 준비합니다.
   재료를 준비하고 나서 김치를 썰어요.
4. 그림과 함께 친구들 앞에서 발표하도록 한다.
5. 발표가 끝나면 오류를 수정해 준다.

제 안 —
- 요리에 대한 어휘를 모른다면 어려운 활동이므로 반드시 학생들과 요리에 대한 어휘를 선수 학습하도록 한다.
- 사전을 사용하도록 허용해 주는 것이 좋다.
- 요리의 순서를 자연스럽게 말하기 위해 나열하는 표현을 알려 주고 시작해도 좋다.
  제일 먼저, 그 다음에, 다음에는, 마지막으로 등

확장을 위한 아이디어! 요리 사진을 보고 요리 방법을 써 보게 하거나 간단한 샌드위치 같은 것을 준비해 들어가 음식을 보면서 요리법을 써 보고 다 같이 먹는 시간을 가져 보는 것도 좋아요.

-고 싶다

수업 전에 꼭 알아 두세요!

〈동사+-고 싶다〉

	기본형	-고 싶다
동사	가다	가고 싶다
	먹다	먹고 싶다

1. 말하는 사람의 희망이나 바람을 나타낼 때 사용한다.
   이번 방학 때 태권도를 배우고 싶어요.
   한국 노래를 부르고 싶어요.
   머리를 자르고 싶어요.

주의

1. 주로 주어가 1인칭일 때 사용하고 주어가 2인칭일 경우에는 의문문에서만 사용한다.
2. 주어가 3인칭일 경우 '-고 싶어하다'를 사용한다.
   제 동생이 한국에 오고 싶어해요.
   미영 씨는 꽃을 받고 싶어할 거예요.
3. '형용사'와는 결합할 수 없다.
   멋있고 싶어요. (×)

1. 하고 싶은 것 말하기

목 표 ▸ 그림을 보고 각 상황에 맞게 '-고 싶다'를 사용하여 자신의 바람을 말할 수 있다.
준 비 ▸ 〈32쪽〉 × 학생수
구 성 ▸ 짝
시 간 ▸ 30분
난이도 ▸ 하

이야기로 활동 열기 교사는 활동과 관련된 그림 카드를 몇 장 준비해 상황을 보여 주며 이야기를 시작할 수 있다.

교 사 : 저는 운동을 많이 했어요. 목이 말라요.
(목 말라 하는 그림을 보여 주며) 그래서 무엇을 하고 싶어요?
학생1 : 물을 마시고 싶어요.
교 사 : 오늘은 이렇게 그림을 보고 무엇을 하고 싶을지 '-고 싶다'를 사용하여 이야기해 봅시다.

순 서

1. 학생들을 2명씩 앉도록 한다.
2. 학생들에게 〈활동지〉를 한 장씩 나누어 준다.
3. 학생들이 활동지 그림 안에 있는 사람들이 되어 각 상황에서 무엇을 하고 싶은지 '-고 싶다'를 사용하여 각자 추측해 보도록 한다.
4. 짝끼리 자신이 추측한 내용을 이야기해 보도록 한다.
   학생1: (땀을 흘리는 그림을 보며) 물이 마시고 싶어요.
   학생2: (땀을 흘리는 그림을 보며) 쉬고 싶어요.
5. 교사와 같이 그림을 한 개씩 보면서 발표해 보도록 한다.

◑ **제 안** — 정해진 짝뿐만 아니라 파트너를 바꿔 가며 다른 친구들과도 이야기해 보도록 하면서 말하기 기회를 더 많이 주어도 좋아요.

확장을 위한 아이디어! 주어를 3인칭으로 바꿔 '-고 싶어 하다'의 형태로 바꾸는 활동으로 확장할 수 있어요.

 2. 다른 사람의 생각 이야기하기

목 표 ▸ 나와 다른 사람의 의견이 어떻게 다른지 '-고 싶다'와 '-고 싶어하다'를 사용하여 말할 수 있다.
준 비 ▸ 〈33쪽〉 × 학생수
구 성 ▸ 짝
시 간 ▸ 40분
난이도 ▸ 하

이야기로 활동 열기 활동지와 유사한 표를 준비해 학생들에게 설명하고, '-고 싶다'와 '-고 싶어하다'가 어떻게 다른지 추측하게 하면서 활동을 시작할 수 있다.

교 사 : 저는 친구와 함께 살아요. 가끔 친구와 내 생각이 달라요.
('나: 아침 식사(빵), 청소 (주1회), 친구: 아침 식사(밥) 청소 (매일)' 라고 쓴 카드를 보여주며)
자, 보세요. 어떻게 달라요?
교 사 : 나는 아침 식사로 빵을 먹고 싶어요. 하지만 친구는 밥을 먹고 싶어 해요.
그리고 청소에 대한 생각도 달라요. 어떻게 달라요?
학생들: 나는 일주일에 한 번 청소하고 싶어요.
친구는 매일 청소하고 싶어 해요.
교 사 : 오늘은 이렇게 나와 다른 사람의 생각이 어떻게 다른지 '-고 싶다'와 '-고 싶어하다'를 사용하여 이야기해 봅시다.

순 서

1. 학생들을 2명씩 앉도록 한다.
2. 학생들에게 〈활동지〉를 한 장씩 나눠 준다.
3. 각자 〈활동지〉를 보며 번갈아 가면서 하나씩 이야기를 만들어 보도록 한다.
   학생1 : 나는 아침에 빵을 먹고 싶어요. 하지만 친구는 밥을 먹고 싶어해요.
4. 학생들의 활동이 끝나면 한 명씩 돌아가며 발표하도록 하고 교사는 오류를 수정해 준다.

확장을 위한 아이디어! 나와 친구의 생각이 다른 것들의 목록을 자유롭게 만들고 발표해 보도록 해도 좋아요.

3. 나의 바람 이야기하기

목 표 ▸ 각 상황에 따라 자신의 바람을 '-고 싶다'를 사용하여 말할 수 있다.
준 비 ▸ 〈34쪽〉 × 학생수
구 성 ▸ 짝
시 간 ▸ 50분
난이도 ▸ 중

이야기로 활동 열기 학생들에게 어떤 특정한 상황에서의 희망 사항에 대한 질문을 하면서 이야기를 시작할 수 있다.

교 사 : 여러분, 돈이 많이 있으면 무엇을 하고 싶어요?
학생1 : 차를 사고 싶어요.
학생2 : 세계 여행을 하고 싶어요.
교 사 : 우리 오늘은 이렇게 어떤 상황에서 무엇을 하고 싶은지 '-고 싶다'를 사용하여 이야기해 봅시다.

순 서

1. 〈활동지〉를 한 장씩 나누어 준다.
2. 친구에게 다음과 같은 상황에서 무엇을 하고 싶은지 인터뷰를 하도록 한다.
   학생1: 부자가 되면 무엇을 하고 싶어요?
   학생2: 저는 부자가 되면 세계 여행을 하고 싶어요.
3. 활동이 끝나면 교사는 한 명씩 발표시킨다.
   단, 결과를 발표하면 "수진 씨는 부자가 되면 세계 여행을 하고 싶어 해요"로 '-고 싶어하다'를 사용하게 되므로 특별히 '-고 싶어하다'를 연습할 목적이 아니라면 대화로 발표하도록 한다.
   학생1: 부자가 되면 무엇을 하고 싶어요?
   학생2: 저는 부자가 되면 세계 여행을 하고 싶어요.
4. 교사는 오류를 수정해 준다.

◑ **제 안** — 인터뷰 결과를 발표할 때 '-고 싶어하다'를 사용하도록 해서 '고 싶다'와 '-고 싶어하다'를 모두 연습시킬 수 있다.

확장을 위한 아이디어! 하나의 상황에 학생들이 돌아가면서 자신의 바람을 이야기하면, 그 다음 학생이 앞 학생이 말한 것을 기억해 말하는 게임('-고 싶어하다' 사용)으로 확장할 수 있어요.

수진 : 저는 수영장에 가고 싶어요.
철수 : 수진 씨는 수영장에 가고 싶어해요. 저는 지금 밥을 먹고 싶어요.
지나 : 철수 씨는 밥을 먹고 싶어해요. 저는 집에 빨리 가고 싶어요.

CHAPTER 08

-고 있다

수업 전에 꼭 알아 두세요!

〈동사+-고 있다〉

	기본형	-고 있다
동사	가다	가고 있다
	먹다	먹고 있다

1. 어떤 동작이 진행 중임을 나타낼 때 사용한다.
   집에서 텔레비전을 보고 있어요.
   학교에 가고 있어요.

주의

1. '입다, 벗다, 쓰다, 끼다, 메다' 등 부착동사와 결합할 경우에는 문맥에 따라 진행 중임을 나타낼 수 있고, 어떤 동작이 끝난 상황이 지속되고 있음을 나타낼 수도 있다.
   참 예쁜 반지를 끼고 있군요.
   빨간 모자를 쓰고 있는 사람이 우리 언니예요.
   사라는 지금 빨간 투피스를 입고 있다.
   → '진행 중'과 '상황의 지속' 두 가지 모두로 해석 된다.
2. '다니다, 살다'와 결합할 경우에는 지속적인 상태, 사실만을 의미한다.
   진수 씨는 요즘 한국 회사에 다니고 있어요.
   부산에서 살고 있어요.

1. 그림 보고 이야기하기(1)

목 표 ▸ '-고 있다'를 사용하여 그림을 묘사하고 다른 것을 찾을 수 있다.
준 비 ▸ 〈35, 36쪽〉 × 학생수/2
구 성 ▸ 짝
시 간 ▸ 40분
난이도 ▸ 하

이야기로 활동 열기 잡지나 인터넷에서 어떤 행동을 하고 있는 인물 사진을 찾아 무엇을 하고 있는지 질문을 하면서 이야기를 시작할 수 있다.

교 사 : (밥을 먹는 그림을 보여 주며) 뭐 하고 있어요?
학생 1 : 밥을 먹고 있어요.
교 사 : (학교에 가는 그림을 보여 주며) 뭐 하고 있어요?
우리 오늘은 이렇게 그림을 보고 무엇을 하고 있는지 '-고 있다'를 사용하여 이야기해 봅시다.

순 서

1. 학생들을 2명씩 앉도록 한다.
2. 학생들에게 〈활동지A〉와 〈활동지B〉를 각각 나누어 주도록 한다.
3. 학생들에게 그림을 보며 학생들이 '-고 있다'를 사용해서 그림을 묘사하도록 한다.
   다른 그림을 찾아보도록 한다.
   학생1 : 수진 씨는 무엇을 하고 있어요?
   학생2 : 수진 씨는 책을 읽고 있어요. 수진 씨는 무엇을 하고 있어요?
   학생1 : 신문을 읽고 있어요.
4. 학생들이 서로 다른 그림을 찾았는지 확인하고 함께 오류를 수정한다.

확장을 위한 아이디어! 잡지책의 그림이나 드라마나 영화의 행동이 있는 스틸 사진들을 보여 주며 사진 속의 인물들이 무엇을 하고 있는지 이야기해 보도록 해도 좋아요.

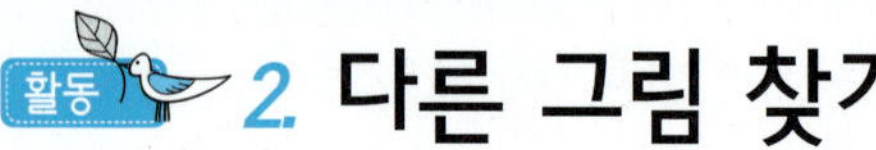

2. 다른 그림 찾기

목 표 ▸ 그림을 보고 사람들의 행동을 '-고 있다'를 사용하여 묘사할 수 있다.
준 비 ▸ 〈37쪽〉 × 학생수/2, ✂
구 성 ▸ 짝
시 간 ▸ 40분
난이도 ▸ 하

이야기로 활동 열기 학생들 중 특별한 행동을 하고 있는 학생을 지목하며 수업을 시작할 수 있다.

교 사 : 여러분, 지금 수미 씨가 뭐 하고 있어요?
학생들 : 과자를 먹고 있어요.
교 사 : 네, 수미 씨는 과자를 먹고 있어요.
오늘은 이렇게 사람들이 무엇을 하고 있는지 '-고 있다'를 사용하여 이야기해 봅시다.

순 서

1. 학생들을 2명씩 앉도록 한다.
2. 학생들에게 〈활동지A〉와 〈활동지B〉를 한 장씩 나누어 준다.
3. 학생들에게 활동지를 서로 보여 주지 않도록 한다.
4. 학생들에게 사진속의 인물들이 무엇을 하고 있는지 서로 질문하도록 한다.
5. 다른 행동을 하고 있는 사람들을 찾도록 한다.
   학생1 : 설렁거 씨는 무엇을 하고 있어요?
   학생2 : 설렁거 씨는 책을 보고 있어요.
   (상대방이 말한 것과 자신의 그림이 일치하는지 찾아보도록 한다.)
6. 모두 찾으면 서로 그림을 보고 확인해 보도록 한다.

확장을 위한 아이디어! 반을 두 팀으로 나누어서 그림에 대해서 '-고 있다'로 문장을 많이 만드는 팀이 우승하는 게임으로 확장할 수 있어요.

3. 그림 보고 이야기하기(2)

목 표 ▸ '-고 있다'를 사용하여 그림을 보고 이야기할 수 있다.
준 비 ▸ 〈38쪽〉 × 학생수, ✂
구 성 ▸ 짝
시 간 ▸ 50분
난이도 ▸ 중

이야기로 활동 열기 교사는 그림을 보지 않은 채 학생들에게만 보여 준다. 그리고 그림에 대해 학생들에게 질문을 함으로써 활동을 시작할 수 있다.

교　사 : (식당에서 요리하는 그림을 보여 주며) 이 사람이 뭘 하고 있어요?
학생들 : 요리하고 있어요.
교　사 : 어디에서 요리하고 있어요.
학생들 : 식당에서 요리하고 있어요.
교　사 : 우리 오늘은 이렇게 그림을 보면서 그림 속에 사람들이 어디에서 무엇을 하고 있는지 친구들에게 '-고 있다'를 사용하여 이야기해 봅시다.

순 서

1. 교사는 학생들을 2명씩 앉도록 한다.
2. 학생들에게 〈활동지 A〉와 〈활동지 B〉를 한 장씩 나누어 준다.
3. 학생들에게 활동지를 서로 보여 주지 않도록 한다.
4. 학생들에게 사진속의 인물들이 서로 무엇을 하고 있는지 서로 번갈아 이야기하며 상대의 이야기를 듣고 이름을 쓰도록 한다.
   학생 1 : 유리 씨는 지하철을 타고 있어요.
   학생 2 : (빈칸에 유리 씨를 찾아 이름을 쓴다.)
6. 모든 빈칸이 완성되면 서로 그림을 보며 확인하도록 한다.

◑ **제 안 —** 오른쪽에 제시된 어휘 부분은 가급적 접어 놓고 그림만 보고 이야기하도록 하는 것이 좋다.

확장을 위한 아이디어! 기억력 게임으로 일정 시간 동안 그림을 집중해서 보면서 기억하도록 한 후 그림을 상대방에게 주고 기억한 그림의 내용을 묘사하며 이야기해서 얼마나 많은 그림의 내용을 기억하고 있는지를 보는 게임의 형태로 진행해도 좋아요.

-기

수업 전에 꼭 알아 두세요!

〈동사 + -기〉

	동사	-기
동사	가다	가기
	먹다	먹기

1. 용언이 문장 안에서 명사처럼 주어, 목적어 등으로 쓰일 수 있다.
   눈이 내리**기** 시작했다.
   나는 음악 듣**기**를 좋아한다.

주의

1. 접미사 '-기'의 용법과 구별해야 한다. 접미사 '-기'의 경우는 단어를 만들어 사전에 오르게 되는데 그 예는 다음과 같다.
   객기 - 객쩍게 부리는 혈기나 용기
   시장기 - 배가 고픈 기운
   물기 - 축축한 물의 기운
   바람기 - 바람이 부는 기운, 이성과 함부로 사귀거나 관계를 맺는 경향이나 태도

활동 1. 일일 계획표 만들기

목 표 ▸ '-기'를 사용하여 일일계획표를 만들 수 있다.
준 비 ▸ 〈39쪽〉 × 학생수
구 성 ▸ 개인
시 간 ▸ 40분
난이도 ▸ 하

이야기로 활동 열기 먼저 '계획표'의 의미를 설명하고, 학생들이 계획표를 만들어 생활하고 있는지 묻고 답함으로써 본 활동을 시작할 수 있다. 일일계획표 샘플을 가지고 가는 것이 좋다.

교 사 : 미미 씨, 몇 시에 학교에 가요?
학생1 : 아침 8시에 가요.
교 사 : 그럼 한국어는 몇 시부터 몇 시까지 공부해요?
학생1 : 9시부터 1시까지 해요.
교 사 : 여러분은 '일일 계획표'가 있어요? 계획표에는 '8시 학교가기, 9시~1시 한국어 공부하기'라고 써요.
우리 오늘은 이렇게 자신의 '일일 계획표'를 '-기'를 사용하여 만들어 봅시다.

순 서

1. 학생들에게 〈활동지〉를 각각 한 장씩 나누어 준다.
2. 계획표 안에 자신의 일일 계획표를 '-기' 문형을 이용해서 만들도록 한다.
3. 활동지가 다 완성되면, 개인별 발표를 하게 한다.

확장을 위한 아이디어! 일일 계획표가 아니라 인생 목표를 적어 보는 것도 재미있어요. 계획표의 눈금을 하루 24시간이 아니라 인생을 100살까지로 써 놓고 각각의 연령대에 꼭 해야 하는 일을 '-기'로 적어 넣게 해 보세요.

2. 부모와 아이의 서약서 만들기

목 표 ▸ '-기'를 사용하여 부모와 아이의 서약서를 만들 수 있다.
준 비 ▸ 〈40쪽〉 × 학생수
구 성 ▸ 개인
시 간 ▸ 50분
난이도 ▸ 중

이야기로 활동 열기 부모님이 싫어하는 것이 있는지 물어 보면서 이야기를 시작할 수 있다. 또는 '서약서' 샘플을 하나 가지고 가서 보여 주며 이야기를 시작할 수도 있다.

교 사 : 수진 씨는 부모님께서 싫어하는 것을 한 적이 있어요? 부모님은 무엇을 싫어해요?
학생1 : 밤에 늦게 들어오는 것을 싫어해요.
교 사 : (서약서 샘플을 보여 주며) 이것은 무엇입니까? (서약서를 설명해 준다.)
오늘은 부모님과의 서약서를 '-기'를 사용하여 써 봅시다.

순 서

1. 학생들에게 〈활동지〉를 한 장씩 나눠 준다.
2. 학생들과 〈활동지〉의 그림을 보면서 아이가 어떤 문제가 있는지 이야기해 보도록 한다.
3. 만약 마이클의 부모라면 마이클과 어떤 서약을 하고 싶은지 이야기해 본다.
4. 아이와 하고 싶은 서약의 내용을 〈활동지〉에 적어 보도록 한다.
   아침에 일찍 일어나기
   부모님 말씀 잘 듣기
5. 교사는 학생들을 발표 시키고 오류를 수정해 준다.

확장을 위한 아이디어! 실제 자신들이 부모와 하는 서약서를 만들어 보도록 해도 좋아요.

–기가 + 형용사

수업 전에 꼭 알아 두세요!

〈동사 + –기가 + 형용사〉

	기본형	–기가 + 형용사
동사	타다 먹다	타기가 +형용사 먹기가 + 형용사

1. 어떤 일에 대해서 평가의 말을 할 때 사용한다. 주로 '쉽다/어렵다/힘들다/좋다/나쁘다/편하다/불편하다/재미있다/재미없다 등'과 같이 쓰인다.
퇴근 시간에는 택시 잡기가 어렵습니다.
집값이 비싸서 집을 구하기가 힘듭니다.

활동 1. 한국 생활에서 느낀 점 이야기하기

목 표 ▸ '–기가 + 형용사'를 사용하여 한국 생활에서의 느낀 점을 이야기할 수 있다.
준 비 ▸ 〈41쪽〉 × 학생수
구 성 ▸ 짝
시 간 ▸ 50분
난이도 ▸ 하

이야기로 활동 열기 학생들에게 한국 생활이 어떤지 물어 보며 이야기를 시작할 수 있다.

교 사 : 수미 씨 한국에서 버스 타기가 어때요? 편해요? 불편해요?
학생 1 : 편해요.
교 사 : 한국에서 버스 타기가 편해요.
오늘은 한국 생활이 어떤지 '–기가 + 형용사'를 사용하여 이야기해 봅시다.

순 서

1. 학생들에게 〈활동지〉를 한 장씩 나누어 준다.
2. 〈활동지〉의 주제에 대하여 인터뷰를 해 보도록 한다.
   학생1: 한국에서 버스 타기가 어때요?
   학생2: 한국에서 버스 타기가 편해요.
3. 활동지가 완성되면 발표를 통해 학습자의 오류를 확인한다.

확장을 위한 아이디어! 학생들의 답변을 이유와 함께 말하도록 해도 좋아요.
학생1 : 한국은 집값이 비싸서 집 구하기가 어려워요

–기로 하다

수업 전에 꼭 알아 두세요!

〈동사 + –기로 하다〉

	기본형	–기로 하다
동사	타다	타기로 하다
	먹다	먹기로 하다

1. 자신의 계획이나 결심을 나타낼 때 사용한다. '하다' 대신에 '결심하다, 결정하다' 등으로 바꿀 수 있다.
   저녁에는 밥 대신 과일을 먹기로 했다.
   매일 아침 운동하기로 했다.

2. 다른 사람과의 약속을 나타낼 때 사용한다. '하다' 대신에 '약속하다'로 바꿀 수 있다.
   수업이 끝나고 나서 식당에서 만나기로 했어요.
   휴가 때 제주도로 여행가기로 했어요.

주의

1. 보통 과거형 '–기로 했다'의 형태로 자주 사용한다.
   그렇지만, 계획이나 약속을 제안할 때 '–기로 하다'를 사용할 수도 있다.
   그럼, 9시에 만나기로 해요.

활동 1. 나의 결심 말하기

목 표 ▸ '–기로 하다'를 사용하여 나의 결심을 말할 수 있다.
준 비 ▸ 〈42쪽〉× 학생수
구 성 ▸ 짝
시 간 ▸ 40분
난이도 ▸ 하

이야기로 활동 열기 학생들에게 나쁜 생활 습관에 있는지 질문을 하면서 이야기를 시작한다.

교 사 : 여러분은 어떤 나쁜 습관이 있습니까?
학생 1 : 밤에 게임을 해요.
교 사 : 밤에 게임을 하기 때문에 숙제를 자주 못하는군요.
학생 1 : 네. 이제부터 밤에 게임을 안 할 거예요. 숙제도 열심히 하고요.
교 사 : 자, 미가 씨는 밤에 게임을 안 하기로 했어요.
우리 '–기로 하다'를 사용하여 나의 결심을 이야기해 봅시다.

CHAPTER 11

순 서

1. 학생들에게 <활동지>를 한 장씩 나누어 준다.
2. 학생들에게 자신의 생활 습관대로 <활동지>에 √표를 하도록 한다.
3. 친구에게 자신의 생활 습관에 대한 이야기를 하면서 조언을 구한다.
   학생 1 : 아침에 일찍 안 일어나요.
   학생 2 : 그러면 건강에 좋지 않아요. 저녁에 일찍 자 보세요.
   학생 1 : 네, 고마워요.
4. 짝이 된 사람은 조언을 해주고 '-기로 하다'를 사용하여 계획을 쓴다.
   저녁에 일찍 자기로 했어요.
5. 생활 습관에 대해 새로운 계획을 세운 것을 발표하게 한다.

확장을 위한 아이디어! 자신의 앞으로의 결심들을 작문으로 써 오도록 해도 좋아요.

길찾기

1. 길 알려주기

목 표 ▸ 사진을 보고 '-(으)세요'를 사용하여 추측하여 설명할 수 있다.
준 비 ▸ 〈43, 44쪽〉 × 학생수/2
구 성 ▸ 짝
시 간 ▸ 30분
난이도 ▸ 하

이야기로 활동 열기 학생들에게 화장실이 어디에 있는지 질문하면서 활동을 시작할 수 있다.

교 사 : 여러분 화장실이 어디에 있어요?
학생1 : 저기요.
교 사 : 화장실에 어떻게 가요?
학생1 : 앞으로, 옆으로요.
교 사 : 앞으로 가세요. 그리고 오른쪽으로 가세요. 그러면 어디에 있어요?
학생1 : 그러면, 앞에 있어요.
교 사 : 우리 오늘은 이렇게 무엇이 어디에 있는지 위치를 이야기해 봅시다.

순 서

1. 학생들을 2명씩 앉도록 한다.
2. 학생들에게 〈활동지A〉와 〈활동지B〉를 각각 나누어 준다.
3. 〈활동지〉에 없는 장소가 어디에 있는지 친구에게 묻고 답해 주도록 한다.
   학생1 : 꽃집이 어디에 있어요?
   학생2 : 앞으로 가세요, 그리고 첫번째 사거리에서 왼쪽으로 가세요, 그러면 오른쪽에 꽃집이 보여요,
4. 약도를 모두 완성하면 서로 〈활동지〉를 보며 맞는지 확인하게 한다.

확장을 위한 아이디어! 〈활동지〉의 그림을 활용하여 다양한 문법 활동을 할 수 있어요.
(택시에서) 우회전하세요, 그리고 좌회전해 주세요,

활동 2. 노선도 보고 이야기하기

목 표 ▸ '길 찾기'에 필요한 다양한 표현들을 사용해 길을 찾을 수 있다.
준 비 ▸ 〈45, 46쪽〉 × 학생수/2
구 성 ▸ 짝
시 간 ▸ 50분
난이도 ▸ 하

이야기로 활동 열기 지하철역에서 무료로 나누어 주는 노선도를 학생들에게 한 장씩 나누어 주며 활동을 시작할 수 있다.

교　사 : 여러분, 덕수궁에 가 보셨어요? 덕수궁에 어떻게 가야 해요?
학생들 : 네. 지하철을 타요. 4호선을 타요. 2호선을 타요. 시청역에서 내려요.
교　사 : 지하철 4호선을 타고 사당역에서 2호선으로 갈아타세요.
그리고 시청역에서 내리세요. 그리고 2번 출구로 나가면 덕수궁이 나와요.
우리 오늘은 이렇게 '지하철 노선도'를 보고 무엇이 어디에 있는지 질문하고 친구의 질문에 답해 봅시다.

순 서

1. 학생들을 2명씩 앉도록 한다.
2. 학생들에게 〈활동지A〉와 〈활동지B〉를 각각 나누어 준다.
3. 학생과 함께 가장 가까운 지하철 역으로 학생들의 기준 위치를 결정하거나, 임의로 결정하도록 한다.
4. 각자의 노선도를 보고 비어 있는 부분을 질문하고 친구의 질문에 답해 주도록 한다.
   학생1 : 동대문 시장에 어떻게 가야해요?
   학생2 : 4호선을 타고 동대문운동장역에서 내리세요.
5. 활동이 모두 끝나면 〈활동지〉를 함께 보면서 확인한다.

제 안 — • 다양한 연습을 위해 기준 위치(출발점)을 다르게 지정하고 연습할 수 있다.

확장을 위한 아이디어! 수준이 높은 학생들에게는 관광지도나 인터넷 자료를 주고 목적지에 가는 방법을 직접 찾게 할 수도 있어요.

3. 지도 그리기 게임

목 표 ▸ '-(으)면 이/가 나오다'를 사용하여 지도를 그릴 수 있다.
준 비 ▸ 〈47쪽〉 × 학생수
구 성 ▸ 짝
시 간 ▸ 30분
난이도 ▸ 하

이야기로 활동 열기 교사는 학생들에게 학교 안에서 쉽게 찾을 수 있는 건물의 위치를 물어 봄으로써 대답을 유도할 수 있다.

교 사 : 편지를 부치고 싶은데요. 학교에 우체국이 있어요?
학 생 : 네. 있어요.
교 사 : 우체국에 어떻게 가요?
학 생 : 교실에서 왼쪽으로 나가서 계단을 내려 가세요. 건물을 나가면 그 맞은편에 학생 회관이 있어요. 학생 회관 지하 1층으로 가면 우체국이 나와요.
교 사 : 우리 오늘은 이렇게 무엇이 어디에 있는지 찾아봅시다.

순 서

1. 학생들을 2명씩 앉도록 한다.
2. 학생들에게 〈활동지〉를 한 장씩 나누어 준다.
3. 교사는 게임 방법과 게임에 필요한 어휘를 설명해 준다.
   예) '칸'의 의미, '학교'에서 시작 등
4. 각자 밑의 지시문을 읽고, 맞는 자리에 장소 명칭을 쓰게 한다.
5. 활동이 끝나면 학생과 함께 답을 확인하게 한다.

◑ 제 안 —
- 활동 중에는 학생들이 되도록 사전을 찾지 않도록 한다.
- 교사는 학생들이 적극적으로 활동에 임할 수 있도록 끊임없이 격려하고, 모르는 단어의 의미를 설명해 줄 수 있다.

확장을 위한 아이디어! 학생들의 수준이 높다면 지시문을 직접 주지 않고 교사가 구두로 읽어 줄 수 있어요.

4. 위치 찾기

목 표 ▸ 다양한 '길찾기' 표현들을 사용하여 지도를 보며 위치를 설명할 수 있다.
준 비 ▸ 〈48, 49쪽〉 × 학생수/2
구 성 ▸ 짝
시 간 ▸ 40분
난이도 ▸ 상

이야기로 활동 열기 교사는 학생들에게 학교에서 집에 가는 방법을 질문하거나 미리 약도 위에 표시해 놓은 목적지에 어떻게 가야 하는지 묻고 답하는 연습을 통해 활동을 시작할 수 있다.

교 사 : 리나 씨가 저를 집에 초대했어요. 그런데 어떻게 가야 하는지 잘 모르겠어요.
학 생 : 먼저 학교 앞에서 8번 마을 버스를 타세요. 그리고 사당역에서 내리세요. 사당역 4번 출구로 나가면 큰 약국이 나와요. 약국 위층이 바로 저희 집이에요.
교 사 : 우리 오늘은 이렇게 지도를 보고 무엇이 어디에 있는지 길을 찾아 줍시다.

순 서

1. 학생들은 2명씩 앉도록 한다.
2. 학생들에게 〈활동지A〉와 〈활동지B〉를 각각 나누어 준다.
3. 활동지의 지도를 보고 원하는 위치를 상대에게 설명해 주도록 한다. 듣는 사람은 위치를 찾아 표시하게 한다.
   학생 1: (전화하는 흉내를 내며) 유명 식당이지요? 거기에 어떻게 가지요?
   학생2 : 쭉 가세요. 그리고 첫번째 사거리에서 왼쪽으로 가세요.
3. 활동이 모두 끝나면 학생들이 〈활동지A〉와 〈활동지B〉를 함께 보면서 활동을 성공적으로 수행했는지 확인하게 한다.
4. 교사는 몇 팀을 지적해 대화를 바르게 전개했는지 발표하게 한다.

◑ **제 안 —** 교사는 활동 중 학생들이 약도를 서로 맞춰 보며 말하지 않도록 주의 시킨다.

확장을 위한 아이디어! 이 활동이 끝나면 짝 활동으로 자신의 집의 위치에 대해 묻고 답하는 연습을 할 수 있어요. 이때 친구의 집 위치를 설명 들을 때는 간단하게 종이에 약도를 그려 보도록 할 수 있어요.

높임말(존댓말)

수업 전에

알아 두세요!

〈주체 높임〉

1. **동사/형용사/이다 +-(으)시-** : 문장의 주체를 높인다. 화자보다 주체가 나이가 많거나 사회적 지위가 높을 때 사용한다.

〈격식체〉

	기본형	-(으)십니다	-(으)십니까?
동사	가다	가십니다.	가십니까?
	읽다	읽으십니다.	읽으십니까?
형용사	바쁘다	바쁘십니다.	바쁘십니까?
	좋다	좋으십니다.	좋으십니까?

〈비격식체〉

	기본형	-(으)세요	-(으)세요?
동사	가다	가세요.	가세요?
	읽다	읽으세요.	읽으세요?
형용사	바쁘다	바쁘세요.	바쁘세요?
	좋다	좋으세요.	좋으세요?

2. **높임 어휘**

예삿말	높임말
자다	주무시다
먹다	드시다/잡수시다
마시다	드시다/잡수시다
있다	계시다
죽다	돌아가시다
아프다	편찮으시다

주의

1. 다음의 어휘들의 변화에 주의한다.

예삿말	높임말
말	말씀
나이	연세
밥	진지
병	병환
집	댁
사람	분

2. 문장 서술의 객체(목적어, 부사어)를 높이는 '객체 높임'으로 다음과 같은 것들이 있다.

예삿말	높임말
주다	드리다
묻다/말하다	여쭈다/여쭙다
보다	뵈다/뵙다
데리다	모시다
에게	께
에게서	께서

1. 사진 보고 이야기 만들기

목 표 ▸ 사진을 보고 '-(으)세요'를 사용하여 추측하여 설명할 수 있다.
준 비 ▸ 〈50, 51쪽〉 × 학생수/2
구 성 ▸ 짝
시 간 ▸ 50분
난이도 ▸ 하

이야기로 활동 열기 잡지책에서 나이가 많은 유명 모델이나 연예인의 사진을 가지고 들어가서 선생님의 가족인 것처럼 소개를 하면서 높임 표현을 자연스럽게 노출시킨다.

교 사 : (학생들에게 가족 사진을 보여 주며)
여러분, 이 분은 누구세요? 알아요?
학 생 : 선생님의 어머니인 것 같아요.
교 사 : 저의 어머니세요. 지금 연세가 60되셨어요.
오늘은 사진을 보고 '높임말'을 사용하여 소개해 봅시다.

순 서

1. 학생들을 2명씩 앉도록 한다.
2. 학생들에게 〈활동지A〉와 〈활동지B〉를 각각 나누어 준다.
3. 사진 속의 인물을 내가 아는 사람이라고 가정하고 이야기를 만들도록 한다.

4. 친구에게 번갈아가며 사진 속의 인물에 대하여 상상하며 소개하도록 한다. (이름, 직장, 취미, 가족 등) 친구의 사진을 보면서 〈활동지〉의 질문을 참고하여 자유롭게 질문하게 한다.

학생1 : 이 사람은 제 삼촌이세요.

학생2 : 무슨 일을 하세요?

선생님이세요.

학생1 : 연세가 어떻게 되셨습니까?

5. 짝끼리 이야기한 상상의 내용을 교실 전체 앞에서 발표하도록 한다.
6. 교사는 오류를 수정해 준다.

확장을 위한 아이디어! 반드시 〈활동지〉의 사진이 아니라 실제 연예인들의 사진을 가지고 들어가서 학생들에게 자신들이 아는 사람이라고 상상해서 소개하도록 하면 더 좋아요.

2. 어머니 소개하기

목 표 ▸ '-(으)시-'를 사용하여 어머니를 소개를 할 수 있다.
준 비 ▸ 〈52쪽〉 × 학생수
구 성 ▸ 전체
시 간 ▸ 30분
난이도 ▸ 하

이야기로 활동 열기 교사의 '가족사진'을 가지고 가서 교사의 부모님 소개로 이야기를 시작할 수 있다.

교 사 : 여러분 이것은 무엇입니까?
학생들 : 가족입니다. / 사진입니다.
교 사 : 네, 가족 사진입니다. 누구십니까?
학생들 : 선생님의 어머니입니다.
교 사 : 네, 제 어머니십니다. 선생님이십니다.
오늘은 '높임말'을 사용하여 나의 어머니를 소개해 봅시다.

순 서

1. 〈활동지〉를 학생들에게 한 장씩 나누어 주도록 한다.
2. 학생들에게 자신들의 어머니에 관하여 소개하는 문장을 완성하도록 한다.
   저희 어머니 성함은 이수진이십니다.
3. 앞에 나와 발표하도록 한다.

제 안 — • 전날 미리 가족사진이나 어머니 사진을 가져 오도록 하는 것이 좋다.
• 〈활동지〉에 적은 것을 칠판에 붙여서 서로 읽어 봐도 좋다.

확장을 위한 아이디어! 어머니가 아닌 다른 어른을 소개해 보거나, 소개하는 글을 써 오도록해 보세요.

3. 문장 바꾸어 말하기

목 표 ▸ 다양한 높임법을 적절히 사용하여 문장을 만들 수 있다.
준 비 ▸ 〈53, 54쪽〉 × 학생수/2, ✂
구 성 ▸ 짝
시 간 ▸ 40분
난이도 ▸ 중

이야기로 활동 열기 학생들에게 높임을 사용할 문장을 유도한 후 문장의 오류를 수정을 하면서 시작하면 좋다.

교 사 : 사카 씨 지금 몇 시입니까?
학생 1 : 지금 12시입니다.
교 사 : 어머니께서는 보통 12시에 중국에서 무엇을 하십니까?
학생 1 : 음식를 만듭니다.
교 사 : 수진 씨 어머니께서는 음식을 만드십니다.
오늘은 높임말을 사용하여 문장을 만들어 봅시다.

순 서

1. 학생들을 2명씩 앉도록 한다.
2. 짝끼리 〈활동지〉를 자른 문장을 나누어 준다.
3. 문장 자른 것을 엎어서 책상 위에 올려놓는다.
4. 한 명씩 번갈아가면서 한 문장씩 들추고 상대 친구는 그 문장의 주어를 어른(나이 많은 사람)으로 바꾸고 높임말로 바꾸도록 한다.
   학생1: (문장이 '나는 보통 12시에 밥을 먹습니다.'의 경우)
   학생2: 선생님께서는 보통 12시에 진지를 잡수십니다.
5. 활동이 끝나면 교사와 전체 학생이 같이 한 문장씩 확인한다.

확장을 위한 아이디어! 지금까지 배운 읽기 텍스트 중에서 한 개를 선택해서 주어를 바꿔서(어머니, 할머니 등) 높임법에 맞게 바꾸어 보는 활동을 해 봐도 좋아요.

4. 기억에 남는 선물 이야기하기

목 표 ▸ '주다/드리다/주시다' 를 적절히 사용하여 자신이 받거나 준 가장 기억에 남는 선물에 대하여 이야기할 수 있다.
준 비 ▸ 〈55쪽〉 × 학생수
구 성 ▸ 짝
시 간 ▸ 40분
난이도 ▸ 중

이야기로 활동 열기 지금까지의 자신이 주거나 받은 생일 선물에 관한 이야기로 시작할 수 있다. '주다/드리다/주시다' 를 사용할 수 있도록 유도한다.

교 사 : 에르카 씨 언제 생일이 가장 재미있었어요?
학 생 : 10살 때요.
교 사 : 왜요?
학 생 : 선물을 많이 받았어요.
교 사 : 무슨 선물을 받았어요?
학 생 : 로보트를 받았어요.
교 사 : 누가 줬어요?
학 생 : 아버지께서 로보트를 주셨어요.
교 사 : 그럼, 지금까지 준 선물 중 무엇이 가장 좋았어요? 누구에게 주었어요? 오늘은 여러분이 주거나 받은 선물 중에서 기억에 남는 선물에 대하여 높임말을 적절하게 사용하여 이야기해 봅시다.

순 서

1. 학생들에게 〈활동지〉를 한 장씩 나누어 준다.
2. 〈활동지〉에 자신이 받거나 준 가장 기억에 남는 선물 이름을 적게 한다.
3. 〈활동지〉를 보면서 짝에게 자신이 받거나 준 선물을 이야기해 보게 한다.
   학생1 : 제 생일에 부모님께서 저에게 책을 주셨습니다.
   학생2 : 무슨 책이었습니까?
   학생1 : '나무' 였는데 정말 재미있는 책이었습니다.
   학생2 : 참, 좋았겠군요!
4. 〈활동지〉에 자신들이 적은 선물 목록을 보면서 자유롭게 이야기해 보도록 한다.
5. 학생들을 발표하게 하고, 교사는 오류를 수정해 준다.

확장을 위한 아이디어! 각자의 나라에서 특별한 날에 주고받는 의미 있는 선물들에 대하여 이야기해 보아도 좋아요.

-ㄴ/는/다

수업 전에  알아 두세요!

〈동사/형용사/이다 +-ㄴ/는/(이)다, -았/었다, -(으)ㄹ 것이다〉

	과거	현재	미래
동사	-았/었다	-ㄴ/는다	-(으)ㄹ 것이다
	갔다	간다	갈 것이다
	먹었다	먹는다	먹을 것이다
형용사	-았/었다	-다	-(으)ㄹ 것이다
	쌌다	싸다	쌀 것이다
	좋았다	좋다	좋을 것이다
이다	-이었/였다	-(이)다	일 것이다
	책이었다	책이다	책일 것이다
	시계였다	시계다	시계일 것이다

1. 구어가 아닌 문어에서 사용되어 어떤 사실을 중립적으로 서술할 때 사용한다.
   (일기) 오늘은 학교에 갔다.
   (책) 우유를 많이 먹으면 몸에 좋다.
   (신문) 오늘은 추석이다.
   (잡지) 이번 여름에는 짧은 치마가 유행할 것이다.

주의

1. 구어에서 사용될 경우 어떤 행위를 현재형으로 서술할 때 사용한다.
   (구어) 나 지금 집에 간다.
   (구어) 어머니께서 지금 주무신다.

1. 일기 쓰기

목 표 ▸ '-ㄴ/는/다' 를 사용하여 일기를 쓸 수 있다.
준 비 ▸ 〈56쪽〉 × 학생수
구 성 ▸ 개인
시 간 ▸ 50분
난이도 ▸ 상

이야기로 활동 열기 학생들에게 무엇인지 물어 보고 일기를 쓰는 사람이 있는지 질문한다. 있으면 언제부터 썼는지 어디에 쓰는지 무슨 이야기를 쓰는지 질문하면서 활동을 시작할 수 있다.

교 사 : 여러분 이것은 무엇입니까?
학 생1 : 일기예요.
교 사 : 네, 이것은 '일기' 입니다. 여러분도 '일기' 를 씁니까?
학생들 : 아니요! / 써요.
교 사 : 그래요? 언제부터 썼어요?
자, 그러면 우리 오늘은 한국어로 '일기' 를 써 보도록 합시다.

순 서

1. 교사는 활동 전에 '일기' 가 무엇인지 소개한다. 이미 쓰여진 '일기' 샘플을 가지고 가서 보여주는 것도 좋다.
2. 지난 주 중 가장 재미있었던 하루를 정해서 '-ㄴ/는/다' 를 사용하여 일기를 써 보도록 한다.

◑ **제 안 —** 교사는 문형이나 어휘의 오류에 대한 수정과 함께 일기의 내용에 대해 조언이나 느낌을 적어줄 수 있다.

확장을 위한 아이디어! 학기가 많이 남았다면 학생들과 오늘부터 일기를 쓰도록 약속하고 앞으로 남은 학기동안 일주일에 한 번씩 일기 내용을 확인해 주면 학생들의 쓰기 연습으로 매우 좋아요.

-ㄴ/는/(으)ㄴ/(으)ㄹ 것

수업 전에 꼭 알아 두세요!

〈동사/형용사/이다 + -ㄴ/는, -(으)ㄴ, -(으)ㄹ 것〉

	과거	현재	미래
동사	-(으)ㄴ 것	-는 것	-(으)ㄹ 것
	간 것 먹은 것	가는 것 먹는 것	갈 것 먹을 것
형용사		-(으)ㄴ 것	
		싼 것 좋은 것	

1. 일반적인 행동이나 물건을 말한다.
   음식(물건) → 먹**는 것**　　책(물건) → 읽**는 것**　　쇼핑(행동) → 물건을 사**는 것**

활동 1. 문장 완성하여 말하기

목　표 ▸ '-는 것'을 사용하여 문장을 완성하여 말할 수 있다.
준　비 ▸ 〈57쪽〉 × 학생 수/2, ✂
구　성 ▸ 짝
시　간 ▸ 40분
난이도 ▸ 하

이야기로 활동 열기 활동지에 있는 주제들 중 학생들의 흥미를 끌만한 주제를 선택하여 이야기를 시작한다.

교 사 : 에르카 씨, 무엇을 가장 좋아합니까? 가장 좋아하는 것은 무엇입니까?
학 생 : 음... 커피입니다.
교 사 : 에르카 씨가 가장 좋아하는 것은 커피입니다.
　　　오늘은 '-는 것'을 사용하여 여러분의 이야기를 해 봅시다.

순 서

1. 학생들을 2명씩 앉도록 한다.
2. 〈활동지〉를 잘라 만든 카드를 짝끼리 한 세트씩 나누어 준다.
3. 카드를 책상 위에 엎어 놓도록 한다.
4. 한 명씩 카드를 한 장씩 뒤집으면서 문장을 완성하도록 한다.
   학생1 : 제가 지금 가장 마시고 싶은 것은 커피입니다.
5. 활동이 끝나면 발표시킨다.

확장을 위한 아이디어!

학생들의 수준이 높다면 수수께끼로 수업을 해 볼 수 있어요. '-는 것'의 형태가 사용된 다양한 수수께끼 문제를 주고 맞혀 보는 거예요. 미리 여러 개의 답들을 나열해 주고 그것들 중에 답을 찾도록 하면 난이도가 좀 쉬워질 수 있어요.

예) 젊을 때는 머리가 하얀 색이고 늙으면 검은색으로 되는 것은?	– 붓
젊을 때는 파란 옷을 입고 늙으면 빨간 옷을 입는 것은?	– 고추, 대추
자기가 말하고도 모르는 것은?	– 잠꼬대
내 것인데 다른 사람이 더 많이 사용하는 것은?	– 이름
집을 등에 업고 다니는 것은?	– 달팽이
날개 없이 나는 것은?	– 연기
남의 눈으로 먹고 사는 것은?	– 안과 의사
낮에 살고 밤에 죽는 것은?	– 해
눈을 떠도 안 보이는 것은?	– 사람의 마음
산이 있어도 산이 없고 강이 있어도 강이 없고 기찻길이 있어도 기차가 안 다니는 것은?	– 지도
술은 술인데 못 먹는 술은?	– 요술, 마술, 예술..
쓰기는 썼는데 읽을 수 없는 것은?	– 모자
칼로 잘라지지 않는 것은?	– 물

 2. 내가 좋아하는 일과 싫어하는 일 말하기

목 표 ▸ '-는 것(을 좋아하다/싫어하다)'을 사용하여 자신이 좋아하는 일과 싫어하는 일을 이야기할 수 있다.
준 비 ▸ 〈58쪽〉 × 학생수
구 성 ▸ 짝
시 간 ▸ 40분
난이도 ▸ 하

이야기로 활동 열기 학생들에게 하루 일과 중 좋아하는 일과 싫어하는 일이 무엇인지 질문을 하면서 이야기를 시작할 수 있다.

교 사 : 수진 씨 요리하는 것을 좋아해요?
학생1 : 아니요, 싫어해요.
교 사 : 요리하는 것을 싫어해요. 빨래하는 것은 좋아해요?
학생1 : 네, 빨래하는 것은 좋아해요.
교 사 : 오늘은 여러분들이 좋아하는 일과 싫어하는 일이 무엇인지 이야기해 봅시다.

순 서

1. 학생들에게 〈활동지〉를 한 장씩 나누어 준다.
2. 학생들이 좋아하는 것과 싫어하는 것의 번호를 적어 보도록 한다.
3. 친구들에게 질문을 하고 답의 번호를 적어 보도록 한다.
   학생1 : 수진 씨는 어떤 일을 좋아해요?
   학생2 : 저는 요리하는 것을 좋아해요. 그리고 청소하는 것을 좋아해요.
4. 활동이 끝나면 돌아가면서 인터뷰 결과를 발표해 보도록 한다.

확장을 위한 아이디어! 그림 속에 없는 일들 중에 좋아하는 일과 싫어하는 일이 무엇이 있는지 자유롭게 이야기해 보도록 해도 좋아요.

3. 물건 이름 알아맞히기

목 표 ▸ '-는/(으)ㄴ/(으)ㄹ 것이에요'를 사용하여 물건의 정의를 할 수 있다.
준 비 ▸ 〈59, 60쪽〉 × 1, 속이 보이지 않는 봉투 1장
구 성 ▸ 그룹
시 간 ▸ 50분
난이도 ▸ 중

이야기로 활동 열기 교실에 있는 물건 중 하나를 정의하여 알아 맞혀 보도록 하면서 이야기를 시작할 수 있다.

교 사 : 알아맞혀 보세요. 선생님이 매일 사용하는 것입니다.
편지를 쓸 수도 있고 게임도 할 수 있는 것입니다.
책을 읽을 수도 있고 쇼핑을 할 수도 있습니다.
음악을 들을 수도 있고 영화를 볼 수도 있는 것입니다. 이것은 무엇입니까?
학생들 : 컴퓨터요.
교 사 : 자, 그러면 오늘은 '-는/(으)ㄴ /(으)ㄹ 것이에요'를 사용하여 여러 가지 물건 이름 알아맞히기를 해 봅시다.

순 서

1. 속이 보이지 않는 봉투 두 개 안에 단어 카드를 반 씩 나눠 담아 간다.
2. 학생들을 두 그룹으로 나누어 앉도록 한다.
3. 그룹 별로 나와서 이야기 할 순서를 정한다.
4. 학생들에게 게임의 규칙을 동작과 함께 설명한다.
   교사 : 봉투 안에 단어가 있습니다. 한 명씩 나와서 카드를 한 장씩 꺼내세요.
   그 단어를 '-는/(으)ㄴ/(으)ㄹ 것이에요.'를 사용하여 설명하세요. 30초 동안 설명하십시오.
   같은 그룹 친구들은 무슨 단어인지 맞히십시오. 단어가 맞으면 다른 친구가 나와서
   또 다른 단어 카드를 꺼내고 그 단어를 '-는/(으)ㄴ/(으)ㄹ 것이에요.'로 이야기하세요.
   5분 동안 많은 단어를 설명하고 맞힌 그룹이 이깁니다.
5. 충분히 게임 규칙을 설명한 후에 그룹 별로 5분씩 활동을 하게 한다.
6. 더 많은 단어를 맞춘 그룹에게 보상해주고, 오류를 수정해 준다.

제 안 —
- 교사는 학습자가 모두 사전에 학습한 어휘들인지 어휘 카드를 확인하고 수업에 들어간다.
- 공백으로 남아있는 카드에 교사가 원하는 명사(사물)를 적어 갈 수 있다.
- 학생 수에 따라 교실 전체 활동으로 할지 그룹으로 나눌지 결정할 수 있다.

확장을 위한 아이디어! 사랑이나 우정처럼 학생들의 관심을 끌만한 주제에 대하여 '정의'해 보거나 노트에 적어 오도록 하는 것도 좋아요. 또는 교실에서 종이 한 장을 돌려가며(롤링페이퍼 활동) 같은 주제에 대하여 각자 자신들이 생각을 '-는 것'을 사용하여 적어 보게 하고 벽에 붙여 읽어 보게 하는 것도 좋아요.

예) 사랑은 서로 도와주는 것입니다.
우정은 서로 손을 잡는 것입니다.

4. 내가 좋아하는 것 이야기하기

목 표 ▸ '-는 것(을 좋아하다/싫어하다)'을 사용하여 자신이 좋아하는 것에 대하여 자세히 쓸 수 있다.
준 비 ▸〈61쪽〉 × 학생수
구 성 ▸ 전체
시 간 ▸ 50분
난이도 ▸ 상

이야기로 활동 열기 학생들에게 비가 오는 날 무엇을 하는 것을 좋아하는지 물어 본다. 학생들의 답변을 '-는 것을 좋아하다'로 유도한다.

교 사 : 여러분은 비 오는 날을 좋아해요? 미지 씨는 비 오는 날에 보통 뭐 해요?
학생1 : 저는 보통 잠을 자요.
교 사 : 아, 미지 씨는 비 오는 날에 잠을 자는 것을 좋아해요?
학생1 : 네, 저는 비 오는 날에 잠을 자는 것을 좋아해요.
우리 오늘은 '-는 것'을 사용하여 자신이 좋아하는 것들에 대하여 이야기를 해 봅시다.

순 서

1. 학생들에게 〈활동지〉를 한 장씩 나누어 준다.
2. 학생들이 좋아하는 것을 자세히 적어 보도록 한다.
   (쓰기) 나는 학교에 올 때 비가 조금씩 오는 것을 좋아합니다.
3. 각자가 쓴 것을 발표해 보도록 한다.

제 안 — • 교사는 미리 도입에서 칠판에 예를 몇 개 적어 준다.
예) 나는 아침에 일어나서 물 마시는 것을 좋아합니다.
나는 길을 걸을 때 음악을 듣는 것을 좋아합니다.
• 자유롭게 사전을 찾을 수 있도록 허락해 준다.

확장을 위한 아이디어! '좋아하는 것들'로 수업을 진행했다면 '내가 싫어하는 것들'이라는 주제로 활동을 하거나 과제를 내 주어도 좋아요.

-는/(으)ㄴ/(으)ㄹ 것 같다

수업 전에

알아
두세요!

〈동사/형용사/이다 +-ㄴ/는, -(으)ㄴ, -(으)ㄹ 것 같다〉

	과거	현재	미래
동사	-(으)ㄴ 것 같다	-는 것 같다	-(으)ㄹ 것 같다
	간 것 같다	가는 것 같다	갈 것 같다
	먹은 것 같다	먹는 것 같다	먹을 것 같다
형용사		-(으)ㄴ 것 같다	-(으)ㄹ 것 같다
		예쁜 것 같다	예쁠 것 같다
		좋은 것 같다	좋을 것 같다

1. 여러 가지 상황으로 미루어 어떤 일이나 상황에 대해 추측할 때 사용한다.
   비가 오는 것 같아요.
   비가 온 것 같아요.
   비가 올 것 같아요.

주의

1. 'OO있다/없다'의 경우는 형용사지만 현재형이 'OO있는 것 같다/OO없는 것 같다'임에 주의한다.
   재미있은 것 같아요. (×)　　재미있는 것 같아요. (◎)
2. 추측의 의미가 중요하지만, 일상적인 용법에서는 상대방에게 말하는 사람 자신의 생각이나 의견을 말할 때 많이 쓰는데, 강하게 주장하거나 단정적으로 말하지 않고 좀 더 부드럽게 또는 겸손하게 그리고 소극적으로 말하는 느낌을 준다.
3. 말하는 사람의 감정에는 사용할 수 없다.
   내가 기쁜 것 같아요. (×)

 1. 그림보고 추측하여 말하기

목 표 ▸ 그림을 보고 '-는/(으)ㄴ/(으)ㄹ 것 같다'를 사용하여 추측해서 말할 수 있다.
준 비 ▸ 〈62쪽〉 × 학생 수
구 성 ▸ 짝
시 간 ▸ 30분
난이도 ▸ 하

이야기로 활동 열기 방 그림을 하나 가져가서 학생들과 함께 말해 보며 어떤 가족의 집인지를 추측하게 할 수 있다.

교 사 : 그림을 보세요. 무슨 옷이 많아요?
학생1 : 치마가 많아요.
교 사 : 그럼 이 방의 주인은 여자인 거 같아요? 남자인 거 같아요?
학생2 : 여자인 것 같아요.
교 사 : 오늘은 그림을 보고 어떤 사람인지 추측해 봅시다.

순 서

1. 학생들을 2명씩 앉도록 한다.
2. 학생들에게 〈활동지〉를 한 장씩 나누어 준다.
3. 어떤 가족인지 짐작하여 한 문장씩 말해 보도록 한다.
   교 사 : 이 방의 주인은 어떤 사람인 것 같아요? 여자? 남자? 학생?
   학생1 : 방이 지저분해요. 아주 바쁜 것 같아요.
   학생2 : 치마가 많아요. 여자인 것 같아요.
   학생3 : 책이 많아요. 학생인 것 같아요.
4. 짝별로 차례로 한 문장씩 발표하도록 한다. 교사는 오류를 수정해 주고 목표 문법을 확인한다.

확장을 위한 아이디어! 교사가 다른 사진이나 그림을 여러 장 준비하여 학생들이 그림의 내용을 추측해 보는 활동을 하게 하는 것도 좋아요

수업 전에 꼭 알아 두세요!

〈동사/ 형용사/이다 +-는/(으)ㄴ데〉

	과거	현재	미래
동사	-았/었는데	-는데	-(으)ㄹ 건데
	갔는데	가는데	갈 건데
	먹었는데	먹는데	먹을 건데
형용사	-았/었는데	-(으)ㄴ데	-(으)ㄹ 건데
	쌌는데	싼데	쌀 건데
	적었는데	적은데	적을 건데

1. 이야기를 부드럽게 시작하면서 상황을 자세히 설명할 때 사용한다. 문장 뒤에는 앞의 경험이나 상황이 '어땠는지', '어떠한지' 나 '어떻게 할지' 에 관한 이야기가 나온다.
   어제 영화를 봤는데 정말 슬펐어요.
   요즘 한국어를 배우는데 정말 재미있어요.
   크리스마스에 파티를 할 건데 사람들을 많이 초대할 거예요.

2. 대조의 의미로 '-지만' 의 의미로 사용한다. 앞의 문장과 반대되는 이야기를 연결한다.
   한국은 음식값이 비싼데 우리 나라는 음식값이 싸요.
   한국 사람들은 지하철을 많이 타는데 우리 나라 사람들은 보통 버스를 타요.

3. '-(으)니까' 의 의미로 사용한다. '-(으)ㄹ까요?' 혹은 '-(으)ㅂ시다' 등과 같이 사용되는 경우가 많다.
   비가 많이 오는데 빨리 집에 갑시다.
   내일이 시험인데 같이 도서관에 갈까요?

활동 1. 과거의 경험에 대한 느낌 말하기

목 표 ▸ '- 는/(으)ㄴ데'를 사용하여 자신의 과거의 경험에 대한 느낌을 말할 수 있다.
준 비 ▸ 〈63, 64쪽〉 × 학생수/2
구 성 ▸ 짝
시 간 ▸ 30분
난이도 ▸ 하

이야기로 활동 열기 학생들 중 지난주에 특별한 일이 있었을 학생에 대한 이야기로 수업을 시작할 수 있다.

교 사 : 후지 씨는 지난주에 뭐 했어요?
학 생 : 저는 경주에 갔어요.
교 사 : 어땠어요?
학 생 : 너무 좋았어요.
교 사 : 지난주에 경주에 갔는데 좋았어요.
우리 오늘은 이렇게 무엇을 했는지 그리고 어땠는지에 대하여 이야기해 봅시다.

순 서

1. 학생들을 2명씩 앉도록 한다.
2. 학생들에게 2장으로 구성된 〈활동지〉를 나누어 준다.
3. 짝끼리 번갈아 가며 주어진 대화 샘플의 대화 형식과 비슷하게 상황에 맞는 대화를 만들어 보도록 한다.
   학생1 : 주말에 한국 영화를 봤어요.
   학생2 : 어땠어요?
   학생1 : 주말에 한국 영화를 봤는데 정말 재미있었어요.
4. 대화가 끝나면 대표로 몇 개씩 발표 시키고, 오류를 수정해 준다.

확장을 위한 아이디어! 지금까지 여행하거나 방문했던 곳을 모두 나열하고 그곳이 어땠는지 이야기해 보도록 해도 좋아요.
예) 서울랜드에 갔는데 사람이 너무 많았어요.

2. 불평하기

목 표 ▸ '- 는/(으)ㄴ데' 를 사용하여 불평을 이야기할 수 있다.
준 비 ▸ 〈65쪽〉 × 학생수
구 성 ▸ 짝
시 간 ▸ 30분
난이도 ▸ 하

이야기로 활동 열기 '투덜이' 에 대한 설명을 하는 것으로 이야기를 시작할 수 있다.

교 사 : 여러분 친구 중에 '투덜이' 가 있습니까?
'투덜이' 는 모든 일에 불평을 하는 사람입니다.
예를 들면 친구가 "이 음식 정말 맛있어요!"라고 말을 하면 옆에서
"맛있는데 너무 비싸요"라고 하는 거예요.
학생들 : 있어요./없어요.
교 사 : 오늘은 이렇게 '투덜이' 가 되어서 불평을 해 봅시다.

순 서

1. 학생들을 2명씩 앉도록 한다.
2. 학생들에게 〈활동지〉를 한 장씩 나누어 준다.
3. 대화 예를 보면서 '투덜이' 의 의미를 간단하게 설명해 준다.
4. 각자 〈활동지〉를 보고 대화를 완성시켜 써 보도록 한다.
   이 옷 정말 예쁘지요?
   (쓰기) 정말 예쁜데 좀 비싸요.
5. 짝끼리 자신이 만든 문장으로 이야기를 해 보도록 한다.
6. 교사와 함께 확인하고 교사는 오류를 수정해 준다.

확장을 위한 아이디어! 이 날만은 서로 '투덜이' 가 되어 하루 종일 '- 는/(으)ㄴ데' 를 사용하여 불평을 하도록 해도 좋아요.

3. 대처 방안 이야기하기

목 표 ▸ '– 는/(으)ㄴ데'를 사용하여 주어진 상황의 대처 방안을 말할 수 있다.
준 비 ▸ 〈66쪽〉 × 학생수
구 성 ▸ 짝
시 간 ▸ 50분
난이도 ▸ 하

이야기로 활동 열기 교실 상황에서 '–(으)니까'의 의미를 가진 '–는/(으)ㄴ데'를 활용한 대화로 이야기를 시작한다. 예를 들어 날씨가 더우면 다음과 같이 이야기를 시작할 수 있다.

교 사 : 여러분 덥지 않아요? 저는 너무 더워요. 우리 너무 더운데 창문 좀 열까요?
학생들 : 네.
교 사 : (창문을 열며) 사카 씨 날씨가 너무 더운데 어떻게 할까요?
학 생1 : 그럼, 수영장에 갑시다.
교 사 : 우리 날씨가 더운데 수영장에 갈까요?
우리 오늘은 '–는/(으)ㄴ데'를 사용하여 어떤 일에 대한 대처 방안을 이야기해 봅시다.

순 서

1. 학생들에게 〈활동지〉를 한 장씩 나누어 준다.
2. 〈활동지〉에 상황에 어떻게 대처하면 좋을지에 대하여 대화를 해 보도록 한다.
   학생1 : 요즘 잠이 안 오는데 어떻게 해요?
   학생2 : 자기 전에 따뜻한 우유 한 잔을 마셔 보세요.
3. 대처 방법을 〈활동지〉에 간단히 메모 하도록 한다.
4. 인터뷰 결과를 발표 시킨다.

확장을 위한 아이디어! 주말이나 문화 수업 날에 어디를 놀러 갈지, 놀러 가서 무엇을 할지 등에 관하여 이야기해 봐도 좋아요.

예) 학생1: 내일 문화수업인데 어디로 갈까요?
학생2: 내일 문화수업인데 롯데월드로 갑시다.
학생1: 무엇을 할까요?
학생2: 날씨가 좋은데 많이 걸읍시다.

4. 상황에 맞게 문장 만들기

목 표 ▸ '– 는데'를 사용하여 상황에 맞는 이야기를 만들 수 있다.
준 비 ▸ 〈67쪽〉 × 학생수/2, ✂
구 성 ▸ 짝
시 간 ▸ 40분
난이도 ▸ 중

이야기로 활동 열기 어떤 행동을 하고 있는데 예측하지 못한 상황이 갑자기 혹은 우연히 발생한 경우를 예를 들며 이야기를 시작할 수 있다.

교 사 : 여러분 제가 오늘 아침에 학교에 오는데 누구를 봤는지 알아요?
학생들 : 아니요!
교 사 : 오늘 학교에 오는데 배용준을 봤어요!
학 생 : 정말이요?
교 사 : 오늘은 '–는데'를 사용하여 어떤 행동을 하는데 갑자기 의도하지 않고 발생한 일에 대하여 이야기해 봅시다.

순 서

1. 학생들을 2명씩 앉도록 한다.
2. 짝끼리 〈활동지〉를 잘라 준비한 문장 카드를 한 세트씩 나누어 준다.
3. 책상의 좌측에는 A카드 세트를 우측에는 B카드 세트를 펼쳐 놓도록 한다.
4. 짝과 같이 A카드 세트에서 한 장, B카드 세트에서 한 장을 '–는데'를 사용하여 상황에 맞는 문장을 만들어보게 한다.
   이어폰으로 음악을 크게 들으면서 가는데 전화가 왔어요.
5. 완성한 문장을 적어 보도록 한다.
6. 돌아가면서 발표해 보도록 한다.
7. 교사는 가장 많은 문장을 문맥에 맞게 만든 팀에게 보상을 해 주고 오류를 수정해 준다.

확장을 위한 아이디어! 학생들에게 예상하지 않은 일이나 사건이 발생했던 경험들에 대하여 자유롭게 이야기해 보도록 해도 좋아요.

5. 한국과 고향 대조하기

목 표 ▸ '-는/(으)ㄴ데' 와 '-고', '비슷하다' 를 적절히 사용하여 대조하여 말할 수 있다.
준 비 ▸ 〈68쪽〉 × 학생수
구 성 ▸ 짝
시 간 ▸ 40분
난이도 ▸ 상

이야기로 활동 열기 학생들의 국적을 감안하여 자신의 나라와 한국이 가장 다를 것 같은 항목을 주제로 이야기를 시작할 수 있다. 학생들의 답변들을 사용하여 '-고', '-는/(으)ㄴ데' 그리고 '비슷하다' 의 의미를 명확히 구별해 준다.

교 사 : 여러분 고향의 음식과 한국 음식의 맛은 같아요?
학생1 : 아니요!
교 사 : 어떻게 달라요?
학생2 : 우리나라 음식은 안 매워요. 그렇지만 한국 음식은 모두 매워요!
교 사 : 수미 씨 나라의 음식은 안 매운데 한국 음식은 모두 매워요.
오늘은 이렇게 '-는데/(으)ㄴ데' 를 사용하여 자신의 고향과 한국을 비교하여 이야기해 봅시다.

순 서

1. 학생들에게 〈활동지〉를 한 장씩 나누어 준다.
2. 자신의 고향과 한국의 차이점을 짝과 함께 번갈아가며 질문하고 답한다.
   학생1 : 베트남과 한국은 무엇이 달라요?
   학생2 : 베트남은 차가 적은데 한국은 많아요.
3. 인터뷰 결과를 발표하고 교사는 오류를 확인한다.

제 안 —
- '-는/(으)ㄴ데' 뿐만 아니라 경우에 따라 '비슷하다' 혹은 '-고' 를 사용할 수 있도록 한다.
  학생1 : 한국과 몽골의 버스는 비슷합니다. 그렇지만 한국의 버스는 많은데 몽골의 버스는 많지 않습니다. 한국의 교통도 복잡하고 몽골의 교통도 복잡합니다.
- 활동을 하기 전에 이미 배웠거나 학습자들이 알아야 할 대조되는 의미의 형용사들을 제시해 주면 활동에 도움을 줄 수 있다.
  맛있다 --- 맛없다
  복잡하다 --- 한가하다
  편하다 --- 불편하다
- 가급적 서로 다른 언어권 학생들을 그룹으로 묶어 주는 것이 좋다.

확장을 위한 아이디어! 문화 비교로 연결 시켜 학습자들이 비교하여 판단한 내용을 바탕으로 한국 문화에 대한 이해를 돕는 수업으로 확장시킬 수 있어요. 교사는 학습자들이 한국에 대하여 부정적으로 인식하는 부분을 객관적으로 판단하여 한국 문화를 이해하는 데 도움을 줄 수 있도록 준비해 가는 것이 좋아요.

-는/(으)ㄴ데다가 -(도)

수업 전에

알아
두세요!

〈동사/형용사/이다 +-는/(으)ㄴ데다가 -(도)〉

	기본형	-는데다가 -(도)
동사	가다	가는데다가
	먹다	먹는데다가
	기본형	-(으)ㄴ데다가 -(도)
형용사	싸다	싼데다가
	좋다	좋은데다가

1. 'A-는/(으)ㄴ데다가 B(도)' 로 사용하여 'A뿐만 아니라 B까지' 를 나타낼 때 사용한다. B를 조금 더 강조한다.
   미나 씨는 예쁜데다가 성격도 좋아요.
   에르카 씨는 학교에 일찍 오는데다가 공부도 열심히 해요.

주의

1. 'ㅇㅇ있다/없다' 의 경우는 형용사지만 '-는데다가' 와 결합한다.
   그 영화는 재미있는데다가 분위기도 좋아요.
   그 식당은 맛있는데다가 깨끗해요.

1. 반 친구들 칭찬하기

목 표 ▸ '-는/(으)ㄴ데다가 -(도)'를 사용하여 친구들의 장점을 이야기할 수 있다.
준 비 ▸ 〈69쪽〉 × 학생수
구 성 ▸ 전체
시 간 ▸ 40분
난이도 ▸ 하

이야기로 활동 열기 학생들에게 어떤 친구들을 좋아하는지 외모와 성격 등에 대해 이야기해 보도록 한다. 그리고 우리 반 친구들은 어떤 장점이 있는지 간단하게 이야기하면서 활동을 시작할 수 있다.

교 사 : 여러분 수진 씨는 어떤 사람이에요?
학생1 : 예뻐요.
교 사 : 그리고요?
학생1 : 성격이 좋아요.
교 사 : 아, 수진 씨는 예쁜데다가 성격도 좋아요.
오늘은 이렇게 '-는/(으)ㄴ데다가'를 사용하여 친구들 칭찬을 해 봅시다.

순 서

1. 학생들에게 〈활동지〉를 한 장씩 나누어 준다.
2. 〈활동지〉에 우리 반 친구들의 이름을 쓰고 각각의 장점 2개씩 쓰도록 한다.
(필기의 예) 부지런하다 / 잘생겼다
3. 친구들과 '-는/(으)ㄴ 데다가 -(도)'를 사용하여 서로의 장점을 이야기해 주도록 한다.
정호 씨는 부지런한데다가 얼굴도 잘 생겼어요.

확장을 위한 아이디어! 학생들에게 백지를 나누어 주고 그 위에 자기 이름을 쓰게 한 후 종이를 돌려가면서(롤링페이퍼 방법으로) 그 학생의 장점을 써 주도록 한 후 자신의 장점이 쓰인 종이를 선물로 주면 교실 분위기를 좋게 만들어 주는 활동으로 좋아요.

2. 같은 의미의 다른 문장 만들기

목 표 ▸ 시제에 따라 '-는/(으)ㄴ데다가 -(도)'를 사용하여 문장을 만들 수 있다.
준 비 ▸ 〈70쪽〉 × 학생수
구 성 ▸ 짝
시 간 ▸ 30분
난이도 ▸ 중

이야기로 활동 열기 활동지에 있는 주제 중에서 학생들의 흥미를 끌만한 주제를 선택하여 학생들에게 질문을 한다.

교 사 : 우리 반에서 누가 제일 일찍 결혼할까요?
학 생 : 수진 씨요
교 사 : 왜요?
학생1,2 : 성격이 좋고 예뻐요.
교 사 : 그래요? 성격이 좋은데다가 얼굴이 예뻐요. 그래서 일찍 결혼할 거예요.
우리 오늘은 다양한 문장을 '-는/(으)ㄴ데다가'를 사용하여 만들어 봅시다.

순 서

1. 학생들을 2명씩 앉도록 한다.
2. 학생들에게 〈활동지〉를 한 장씩 나누어 준다.
3. 각자 밑줄 친 부분에 반 친구들의 이름을 임의로 쓰게 한다.
4. 의미에 맞게 '-는/(으)ㄴ데다가 -(도)'로 바꿔서 이야기하도록 한다.
   데기 씨는 미국에서 오지 않았고 영어도 할 줄 몰라요.
   → 데기 씨는 미국에서 오지 않은데다가 영어도 할 줄 몰라요.

◑ **제 안 —** 이 활동은 '-는/(으)ㄴ데다가 -(도)'의 시제에 따른 정확한 형태 변화를 자연스럽게 이야기하는 데 초점이 있으므로 학생들이 문장의 내용을 진위에 상관없이 '-는/(으)ㄴ데다가 -(도)'를 사용하여 바꾸는 연습을 시키는 데 초점을 두는 것이 좋다.

확장을 위한 아이디어! 학생들에게 백지를 주고 반 친구들의 이름을 쓰지 않고, '-는/(으)ㄴ데다가 -(도)'를 사용하여 각 친구들의 장점을 1개씩 쓰게 해요.

예) "(　　) 씨는 돈이 많은데다가 잘 생겼어요."

그리고 다른 친구와 각자가 쓴 종이를 바꿔 해당하는 친구의 이름을 맞춰 보는 활동으로 연결하면 실제적인 활동으로 연결시킬 수 있어요.

3. 나의 장·단점 말하기

목 표 ▸ 현재 시제로 동사와 형용사에 '-는/(으)ㄴ데다가 -(도)'를 사용하여 나의 장 · 단점을 이야기할 수 있다.
준 비 ▸ 〈71쪽〉 × 학생수
구 성 ▸ 짝
시 간 ▸ 40분
난이도 ▸ 상

이야기로 활동 열기 학생들에게 〈활동지〉에 있는 장점에 해당하는 항목 중 두 · 세 개를 선택해서 학생들에게 누가 그런 장점을 가지고 있는지 질문한다. 반대로 단점 두세 개를 선택해서 자연스럽게 그런 단점을 가진 학생이 누구인지 질문하면서 이야기를 시작할 수 있다.

교사: 여러분 중에 누가 일찍 자요?
학생1,2: 저요!
교사: 그럼 누가 매일 씻어요?
학생1: 저요!
교사: 아, 그래요?(학생1에게) 수미 씨는 일찍 자는데다가 매일 씻어요.
우리 오늘은 이렇게 '-는/(으)ㄴ데다가'를 사용하여 자신의 장단점을 이야기해 봅시다.

순 서

1. 학생들을 2명씩 앉도록 한다.
2. 학생들에게 〈활동지〉를 한 장씩 나누어 준다.
3. 각자 〈활동지〉를 읽으면서 자신의 장 · 단점에 표시하도록 한다.
4. 짝에게 나의 '장점'과 '단점'에 대하여 '-는/(으)ㄴ데다가 -(도)'를 사용하여 이야기해 보게 한다.
   저는 운동을 싫어하는데다가 운동을 하고 싶은 생각도 없습니다.
5. 자유롭게 전체 앞에서 발표해 본다.

◑ 제 안 —
- 제시된 항목의 어휘를 사전에 확인하여 모르는 어휘가 없도록 한다.
  예) 이성, 동성, 기름지다, 움직이다, 아무리 등
- '-는/(으)ㄴ데다가 -(도)'를 사용하여 나의 장점과 단점에 관하여 공책에 써 오도록 하는 과제를 내주면 보다 정확하게 확인할 수 있다.

확장을 위한 아이디어! 학생들에게 백지를 나눠 주고 자신이 표시한 활동지를 보면서 자신의 단점들을 '-는/(으)ㄴ데다가 -(도)'를 사용하여 적어보게 한 후 그 종이를 무기명으로 학생들에게 돌리면서 각자의 단점을 고치기 위해서 어떻게 하면 좋은지 조언을 묻고 답하도록 하는 활동으로 연결시켜도 좋아요.

-는/(으)ㄴ/(으)ㄹ 모양이다

수업 전에

알아 두세요!

〈동사/형용사/이다 +-는/(으)ㄴ/(으)ㄹ 모양이다〉

	과거	현재	미래
동사	-(으)ㄴ 모양이다	-는 모양이다	-(으)ㄹ 모양이다
	간 모양이에요. 먹은 모양이에요.	가는 모양이에요. 먹는 모양이에요.	갈 모양이에요. 먹을 모양이에요.
형용사		-(으)ㄴ 모양이다	-(으)ㄹ 모양이다
		싼 모양이에요. 좋은 모양이에요.	쌀 모양이다. 좋을 모양이다

1. 어떤 일을 본 후에 상황을 추측하여 이야기할 때 사용한다.
선행절에 '-는/(으)ㄴ 것을 보니(까)'를 사용하여 추측의 근거, 이유를 말할 수 있다.
(요즘 기분이 좋은 것을 보니까) 요즘 데이트를 하는 모양이에요.
(피곤한 것을 보니까) 어제 늦게 잔 모양이에요.
(멋있는 옷을 입은 것을 보니) 여자 친구를 만날 모양이에요.

주의

1. 'ㅇㅇ있다/없다'의 경우 형용사지만 '-는 모양이다'와 결합한다.
사람들이 많은 것을 보니(까) 재미있는 모양이에요.
식당에 차가 많은 것을 보니 음식이 맛있는 모양이에요.

1. 그림 보고 추측하여 이야기 만들기

목 표 ▸ '-는/(으)ㄴ/(으)ㄹ 모양이다'를 사용하여 그림의 상황을 추측하여 말할 수 있다.
준 비 ▸ 〈72쪽〉 × 학생수
구 성 ▸ 짝
시 간 ▸ 40분
난이도 ▸ 하

이야기로 활동 열기 반 학생들 중 한 명을 예로 들어 목표 문법을 유도하면 좋다.

교 사 : 여러분 요즘 수미 씨가 예뻐졌지요?
학생들 : 네, 예뻐졌어요.
교 사 : 수미 씨에게 무슨 일이 있을까요? 왜 예뻐질까요?
학생들 : 음. 남자 친구가 생겼나 봐요!
교 사 : 남자 친구가 생긴 모양이에요!
우리 오늘은 이렇게 그림을 보고 어떤 상황인지 '-는/(으)ㄴ/(으)ㄹ 모양이다'를 사용하여 추측하여 이야기해 봅시다.

순 서

1. 학생들을 2명씩 앉도록 한다.
2. 학생들에게 〈활동지〉를 한 장씩 나누어 준다.
3. 그림을 보고 '-는/(으)ㄴ/(으)ㄹ 모양이다'를 사용하여 추측하여 말해 보게 한다.
   (머리가 헝클어진 채 혼자 울고 있는 여자그림을 보여 주며)
   학생1 : 싸운 모양이에요.
   학생2 : 남자 친구와 헤어진 모양이에요.
   학생3 : 나쁜 사람들에게 맞은 모양이에요.
4. 활동이 끝난 후 교사가 그림을 다시 한 장씩 보여 주면 각 팀에서 추측한 상황을 발표하게 한다.

확장을 위한 아이디어! 인터넷을 사용하여 한국 드라마의 다양한 스틸 컷 사진을 모아서 어떤 상황인지 추측해 보는 것도 좋아요. 학생들이 좋아하는 연예인의 사진이면 더 좋겠지요?

2. 다른 사람 추측에 반박하기

목 표 ▸ 다른 사람의 생각에 '-는/(으)ㄴ/(으)ㄹ 모양이다', '-는/-(으)ㄴ/(으)ㄹ 게 아니라 -는/(으)ㄴ/(으)ㄹ 것 같아요'를 적절히 사용하여 반박할 수 있다.
준 비 ▸ 〈72쪽〉 × 학생수
구 성 ▸ 짝
시 간 ▸ 40분
난이도 ▸ 중

이야기로 활동 열기 학기 초의 모습과 많이 달라진 반 친구 한 명에 대한 이야기로 시작하면 좋다.

교　사 : 여러분 유리 씨가 날씬해진 것 같지 않아요?
학생들 : 네, 날씬해진 것 같아요.
교　사 : 무슨 일이 있나 봐요! 무슨 일이 있을까요?
학생들 : 스트레스를 받는 것 같아요.
교　사 : 스트레스를 받아요? 제 생각은 스트레스를 받는 게 아니라 요즘 운동을 시작한 것 같아요. 그래요?
우리 오늘은 그림을 보고 '-는/(으)ㄴ/(으)ㄹ 모양이다'를 사용하여 이야기하고 '-는/(으)ㄴ(으)ㄹ 게 아니라'를 사용하여 반박을 해 봅시다.

순 서

1. 학생들 2명씩 앉도록 한다.
2. 학생들에게 〈활동지〉를 한 장씩 나누어 준다.
3. 한 명씩 그림을 보고 상황을 추측해서 '-는/(으)ㄴ/(으)ㄹ 모양이다'를 사용하여 이야기하고, 상대방은 '-는/(으)ㄴ/(으)ㄹ 게 아니라 -는/(으)ㄴ/(으)ㄹ 것 같다'를 사용하여 반론해서 말해 보게 한다.
4. 서로 추측한 이유를 말하고 한 가지를 정해 보게 한다.
   학생1: 남자 친구와 헤어진 모양이에요.
   학생2: 헤어진 게 아니라 싸운 것 같아요.
5. 활동이 끝난 팀별로 발표하게 한다.

확장을 위한 아이디어! 인터넷을 사용하여 한국 영화 장면 사진(스틸 컷)들을 보여 주면서 어떤 장면인지 추측해 보도록 하는 것도 재미있어요.

 3. 길거리 사람들 보고 추측하기

목 표 ▸ 거리의 사람들에 대하여 '-는/(으)ㄴ/(으)ㄹ 모양이다'와 '-는/(으)ㄴ/(으)ㄹ 것 같다'를 적절하게 사용하여 추측할 수 있다.

준 비 ▸ 〈73쪽〉 × 학생수

구 성 ▸ 짝

시 간 ▸ 30분

난이도 ▸ 상

이야기로 활동 열기 교실 창문 밖을 보고 지나가는 사람 한 명에 대하여 이야기를 하면서 활동을 시작할 수 있다.

교 사 : 여러분 저기 밖을 보세요. 저 남자는 지금 무슨 일이 있을까요?

학생들 : 수업에 가는 모양이에요. / 수업에 늦은 모양이에요.

수업이 없어서 쉬는 것 같아요.

교 사 : 오늘은 지금까지 배운 추측 표현들을 사용하여 사람들이 지금 무슨 일이 있는지 추측해 봅시다.

순 서

1. 학생들을 2명씩 앉도록 한다.
2. 학생들에게 〈활동지〉를 한 장씩 나누어 준다.
3. 〈활동지〉의 사진들의 모습을 보면서 그 사람들에 대하여 추측해 보게 한다.

   학생1 : (병원으로 뛰어가는 아기 엄마를 보며) 아기가 아픈 모양이에요.

   학생2 : (어떤 여자와 싸우는 남자를 보며) 이 남자는 부인과 싸우는 모양이에요.

3. 짝끼리 추측한 것을 발표하도록 한다.

◑ **제 안 —** 시제를 적절하게 사용하도록 한다.

확장을 위한 아이디어! 지하철에 앉아 있는 사람들 사진이나 실제 길을 걷고 있는 사람들의 사진을 보면서 무슨 일이 있는지 추측해 보도록 하는 것도 좋아요.

동사+-는/(으)ㄴ/(으)ㄹ

수업 전에 꼭 알아 두세요!

〈동사+-는/(으)ㄴ/(으)ㄹ〉

	과거	현재	미래
동사	-(으)ㄴ	-는	-(으)ㄹ
	간 먹은	가는 먹는	갈 먹을

1. 각각 과거, 현재, 미래를 나타내며 뒤에 명사와 같이 사용되어, 뒤 따르는 명사를 꾸며준다.
   아침에 만난 분이 제 선생님이세요.
   요즘 자주 만나는 사람은 00 씨예요.
   내일 만날 사람은 제 동생이에요.

주의

1. '동사 + -(으)ㄴ'과 '동사 + -(으)ㄹ'이 불규칙 동사와 결합할 경우 형태에 주의한다.
   아침에 들은(듣다) 소식
   지하철에서 주운(줍다) 가방
   내가 만든(만들다) 요리
2. '동사 + -(으)ㄴ'의 경우 형용사 관형형 '-(으)ㄴ'과 형태가 같음에 주의한다.
   예쁜 아이, 짧은 치마 / 먹은, 간

1. 나의 과거, 현재, 미래 말하기

목 표 ▸ '-(으)ㄴ/는/(으)ㄹ'을 사용하여 나의 지난 경험, 요즘 일들 그리고 미래의 계획을 이야기할 수 있다.
준 비 ▸ 〈74쪽〉 × 학생수, ✂
구 성 ▸ 짝
시 간 ▸ 30분
난이도 ▸ 하

이야기로 활동 열기 카드에 있는 주제 중 학생의 흥미를 끌만한 주제로 이야기를 시작하는 것이 좋다.

교 사 : 자야 씨는 음악을 좋아해요? 요즘 듣는 음악은 뭐예요?
학생1 : 요즘 듣는 음악은 '한국 가요' 예요.
교 사 : 그러면 5년 전에 자주 들은 음악은 뭐예요?
학 생 : 5년 전에 자주 들은 음악은 몽골 노래예요.
교 사 : 5년 전에 들은 음악은 몽골 노래이고, 요즘 듣는 음악은 한국 가요예요.
우리 오늘은 '동사+ -(으)ㄴ/는/(으)ㄹ'을 사용하여 자신의 경험을 이야기해 봅시다.

순 서

1. 학생들을 2명씩 앉도록 한다.
2. 학생들에게 카드를 한 명에 한 세트씩 나누어 준다.
3. 학생들에게 책상 위에 카드를 엎어 놓도록 한다.
4. 한 명씩 번갈아 가며 카드를 한 장씩 들춘다.
5. 들춘 카드를 사용하여 나의 지난 경험, 요즘 일들 그리고 미래의 계획을 사용하여 문장을 만들도록 한다.
   학생1: 내가 5년 전에 읽은 책은 '사과 나무'이고, 요즘 읽는 책은 '한국'입니다.
6. 연습이 끝나면 돌아가면서 발표한다.

확장을 위한 아이디어! '-(으)ㄴ, -는, -(으)ㄹ'을 사용하여 10년 전, 지금의 나의 생활이나 모습에 대하여 이야기하거나 10년 후의 나의 생활이나 모습에 대하여 상상해 보는 것으로 수업을 구성해도 좋아요.

2. 빙고 게임

목 표 ▸ 동사의 '동사 + -(으)ㄴ'을 사용하여 빙고 게임을 할 수 있다.
준 비 ▸ 〈75쪽〉 × 학생수
구 성 ▸ 전체
시 간 ▸ 40분
난이도 ▸ 하

이야기로 활동 열기 교사는 학생들의 관심을 끌 수 있는 배우들의 사진을 두 장 준비하여 칠판에 붙이고, 동사의 현재 관형형과 비교하여 형태 변화에 초점을 두고 대화를 전개한다.

교 사 : 오늘은 제가 만난 여자(남자) 친구를 여러분께 소개할게요. 사진을 보고 싶어요?
학생들 : 네. 보고 싶어요.
교 사 : 이 사람은 제가 전에 만난 사람이에요.
어때요? 멋있어요? 제가 많이 사랑한 사람이에요.
(학생들에게 '만난', '사랑한'의 형태에 대해 설명한 후)
우리 오늘은 이렇게 '동사+-(으)ㄴ'를 사용하여 빙고 게임을 해 봅시다.

순 서

1. 학생들에게 〈활동지〉를 한 장씩 나누어 준다.
2. 먼저 주어진 동사의 의미를 알고 있는지 확인한다.
3. 동사의 의미 설명이 끝나면 과거형을 표 안에 마음대로 채워 넣게 한다.
4. 과거의 관형형 '-(으)ㄴ' 형으로 바꿔 쓰게 한다.
   예) 살았다 → 산
5. 바꿔 쓴 형태를 순서대로 부르면서 게임을 진행하게 한다.
6. 가로, 세로 또는 대각선으로 연속해서 답을 지운 직선이 5개 이상 먼저 완성되는 팀이 이기게 된다.

◑ **제 안 —** 목표 문법에 따라 '-는' 혹은 '-(으)ㄹ'의 형태를 사용하여 빙고를 구성할 수도 있다.

확장을 위한 아이디어! 학습자들의 수준이 높으면 빙고 게임을 단어가 아닌 문장 만들기 게임으로 확장할 수 있어요. 표 안에 쓴 동사의 형태를 바꾸면서 바로 완성된 문장으로 말하는 게임이에요.

3. 친구 찾기

목 표 ▸ '동사 + -(으)ㄴ'을 사용하여 질문 항목에 맞는 친구를 찾을 수 있다.
준 비 ▸ 〈76, 77쪽〉 × 학생수/2
구 성 ▸ 전체
시 간 ▸ 50분
난이도 ▸ 중

이야기로 활동 열기 활동지에 있는 질문 몇 개를 선택하여 이야기를 시작할 수 있다.

교 사 : 오늘 날씨가 많이 흐렸네요. 비가 올 것 같아요. 일기 예보를 본 사람 있어요?
학생1, 2: 저요. 비가 온다고 했어요.
교 사 : 그래요? 일기 예보를 본 사람은 사라 씨하고 마츠다 씨예요. 그러면 우산을 가지고 왔어요?
학생1: 저는 가지고 왔어요.
교 사 : 우산을 갖고 온 사람은 사라 씨예요.
우리 오늘은 이렇게 '동사+-(으)ㄴ'를 사용하여 어떤 경험을 한 친구를 찾아봅시다.

순 서

1. 학생들에게 〈활동지A〉와 〈활동지B〉를 적절히 섞어서 나누어 준다.
2. 학생들을 모두 일어서게 한다.
3. 15개의 예문이 쓰여진 표를 보고 반 학생들에게 질문을 하게 한다. 질문에 '네' 라고 대답하는 친구를 찾을 때까지 계속해서 질문하게 한다.
   어제 한국 음악을 들었어요?
   구두를 신고 왔어요?
4. 질문에 해당되는 친구를 찾아 쓰는 활동이 끝나면 교사는 학생들에게 문형을 사용해서 발표하게 한다.
   어제 한국 음악을 들은 사람은 ____________입니다.
5. 교사는 학생들이 활동을 성공적으로 수행했는지 확인하고, 오류를 수정해 준다.

◑ **제 안 —** 인터뷰 때의 질문의 형태와 인터뷰 후 발표할 때의 형태에 유의하도록 한다.

확장을 위한 아이디어! 본 활동이 끝나면 학습자들이 친구들에게 묻고 싶은 내용을 직접 구성해 질문하는 활동으로 확장할 수 있어요.

4. 한 문장으로 말하기

목 표 ▸ '동사 + -는/(으)ㄴ/(으)ㄹ' 을 사용하여 두 문장을 한 문장으로 만들 수 있다.
준 비 ▸ 〈78쪽〉 × 학생수/2, ✂
구 성 ▸ 짝
시 간 ▸ 30분
난이도 ▸ 중

이야기로 활동 열기 활동지 문장과 유사한 두 문장을 한 문장으로 바꾸는 예를 보여 주면서 활동을 시작할 수 있다. 이 때 예문은 되도록 어렵지 않은 어휘와 문법으로 구성된 것이 좋다. 그리고 두 문장은 서로 관련된 내용을 담고 있어야 한다.

교 사 : 여러분 불고기 좋아하세요?
학 생 : 네, 좋아해요.
교 사 : 어제 정말 맛있는 불고기를 먹었어요. 그 불고기는 제 동생이 만들었어요.
저는 어떤 불고기를 먹었지요?
학 생 : 동생이 만들었어요.
교 사 : 네. 제 동생이 만든 불고기를 먹었어요.
오늘은 이렇게 '동사+-는/(으)ㄴ/(으)ㄹ' 을 사용하여 한 문장으로 말해 봅시다.

순 서

1. 학생들을 2명씩 앉도록 한다.
2. 준비한 카드를 짝끼리 한 세트로 나누어 준다.
3. 카드를 엎어 놓는다.
4. 번갈아 가며 카드를 들어 보면서 카드의 두 문장을 '동사+-는/(으)ㄴ/(으)ㄹ+명사' 를 사용해 한 문장으로 바꿔 보도록 한다.
   (카드) 어제 학교에서 문법을 공부했어요. 그 문법을 잘 이해할 수 없어요.
   → 어제 학교에서 공부한 문법을 잘 이해할 수 없어요.
5. 교사와 함께 한 문장씩 확인한다.

◑ **제 안** — 교사는 학생들이 문장 구성 시 주어의 조사가 틀리지 않았는지 확인해야 한다.
어제 준비한 집들이 음식을 많이 남았어요. (×)

확장을 위한 아이디어! 학생들을 원 대형으로 앉게 하고 A와 B학생이 각각 단문으로 한 문장씩 말하면 C학생이 앞의 두 문장을 -는/(으)ㄴ/(으)ㄹ' 을 사용하여 조합하는 게임을 할 수도 있어요.

학생1 : 아까 밥을 먹었어요.
학생2 : 그 밥이 맛있었어요.
학생3 : 아까 먹은 밥이 맛있었어요.

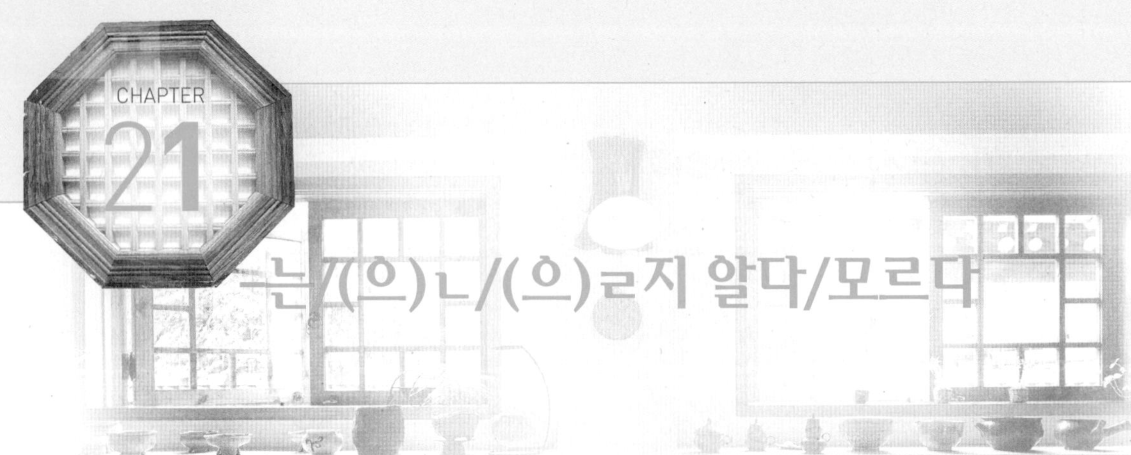

–는/(으)ㄴ/(으)ㄹ지 알다/모르다

수업 전에 꼭 알아 두세요!

〈동사/ 형용사/이다 +–는/(으)ㄴ/(으)ㄹ지 알다/모르다〉

	과거	현재	미래
동사	–았/었는지 알다/모르다 갔는지 알다/ 모르다 먹었는지 알다/ 모르다	–는지 알다/모르다 가는지 알다/ 모르다 먹는지 알다/ 모르다	–(으)ㄹ지 알다/모르다 갈지 알다/모르다 먹을지 알다/모르다
형용사	–았/었는지 알다/모르다 쌌는지 알다/ 모르다 좋았는지 알다/ 모르다	–(으)ㄴ지 알다/ 모르다 싼지 알다/ 모르다 좋은지 알다/ 모르다	–(으)ㄹ지 알다/모르다 쌀지 알다/모르다 좋을지 알다/모르다

1. 어떤 것을 아는지 모르는지 이야기할 때 사용한다. '누구, 언제, 무엇, 왜, 어떻게, 어디, 어느, 어떤, 무슨, 얼마, 몇' 등과 같은 의문사와 함께 사용한다.
   내가 무엇을 좋아하는지 알아요?
   수미 씨가 어느 나라 사람인지 알아요?
   저는 수미 씨 가족이 몇 명인지 몰랐어요.

2. '얼마나 –는/(으)ㄴ지 모르다'의 형태로 쓰이면 '아주(매우) 어떠하다'라는 강조의 의미로 사용한다.
   오늘은 수미 씨가 얼마나 일찍 왔는지 몰라요. = 오늘 수미 씨가 아주 일찍 왔어요.
   어제 만난 여자가 얼마나 예뻤는지 몰라요. = 어제 만난 여자가 아주 예뻤어요.
   그 영화가 얼마나 재미있는지 몰라요. = 그 영화는 아주 재미있어요.

주의

1. 'OO있다/없다'의 경우 형용사지만 '–는 지 알다/모르다'의 형태로 사용됨에 주의한다.
   무슨 영화가 재미있는지 알아요?
   얼마나 재미있는지 몰라요.

 1. 나에 대한 관심 테스트하기

목 표 ▸ '–는/(으)ㄴ/(으)ㄹ지 알다/모르다'를 사용하여 나의 친구가 나에 대한 관심도를 알아볼 수 있다.
준 비 ▸ 〈79쪽〉 × 학생수
구 성 ▸ 짝
시 간 ▸ 30분
난이도 ▸ 하

이야기로 활동 열기 반 친구들 중 가장 조용한 친구를 한 명 선택하여 그 친구에 대하여 다른 친구들이 얼마나 잘 알고 있는가 하는 질문으로 이야기를 시작할 수 있다.

교　사 : 여러분은 우리 반 친구를 모두 잘 알아요?
학생들 : 네.
교　사 : 그럼, 여러분 수미 씨는 어느 나라 사람인지 알아요?
학생들 : 중국 사람이요.
교　사 : 그러면 생일이 언제인지 알아요?
학생들 : 몰라요.
교　사 : 우리 오늘은 친구에 대해 내가 얼마나 잘 알고 있는지 알아봅시다.

순 서

1. 학생들을 2명씩 앉도록 한다.
2. 학생들에게 〈활동지〉를 한 장씩 나누어 준다.
3. 먼저 받은 〈활동지〉를 보고 '-는/(으)ㄴ/(으)ㄹ지 알다/모르다'를 사용하여 친구에게 질문할 질문지를 쓴다.
   쓰기 : (아침에 학교에 오는 시간)
   내가 학교에 몇 시에 오는지 알아요?
4. 옆에 짝에게 질문한다.
5. 단순한 "네, 아니요."가 아닌 알고 있는 사실까지 말하도록 해서 그 사실이 맞는지 확인한다.
   학생1 : 내가 보통 학교에 몇 시에 오는지 알아요?
   학생2 : 네, 알아요. 8시 10분쯤 와요.
6. 친구가 대답한 답이 맞으면 O, 틀리면 ×표 한다.
7. O의 수를 세어 나에 대한 '관심도'를 알아본다.

◑ 제 안 — • 학생들 수준에 따라(수준이 높을 경우) 3의 과정에서 쓰기는 생략하고 바로 말하기로 연결하고 쓰기 활동은 숙제로 내 줄 수 있다.
• '-는/(으)ㄴ 줄 알다/모르다'를 선행 학습했을 경우 바꾸어 쓰지 않도록 유의한다.
• 단순히 알고 있는지 모르고 있는지가 아닌 상대 친구가 자신에 대해 알고 있는 사실이 맞는지 틀리는지를 확인하도록 한다.

확장을 위한 아이디어! 이 수업을 하기 일주일 전에 종이에 반 친구들 이름을 써서 한 명씩 선택하게 한 후 그 친구에 대하여 일주일 동안 자세히 알아보라고 한 후 일주일 후 이 수업을 통하여 누가 가장 많은 것을 알아냈는지 평가하는 과제를 줄 수 있어요.

능력

수업 전에 꼭 알아 두세요!

〈능력을 나타내는 표현들〉

1. **동사 + -(으)ㄹ 수 있다/없다** : 어떤 행동의 가능 여부를 나타낼 때 사용한다.

	기본형	-(으)ㄹ 수 있다/없다
동사	가다 먹다	갈 수 있다/없다 먹을 수 있다/없다

술을 마실 수 있어요?
한국어 책을 읽을 수 있어요?

주의 'ㄹ'로 끝나는 동사의 경우 'ㄹ'이 생략된다.

만들다 ┬ 만들 수 있다. (○)
　　　 └ 만들을 수 있다. (×)

들다 ┬ 들 수 있다. (○)
　　 └ 들을 수 있다. (×)

2. 못 + 동사 : 어떤 행동이 불가능함을 의미한다.
저는 술을 못 마십니다.
저는 춤을 못 춥니다.

주의

1. '명사+하다'의 경우 '명사'와 '하다' 사이에 '못'을 쓰는 것이 자연스럽다.
공부하다: 못 공부하다 (×)
　　　　 공부를 못하다 (○)
수영하다: 못 수영하다 (×)
　　　　 수영을 못하다 (○)
2. '동사 + -지 못하다'를 쓰기도 한다.
저는 술을 마시지 못합니다.
저는 노래를 하지 못합니다.
3. 능력이 얼마나 되는지 그 정도를 나타내는 방법으로는 다음과 같은 것들이 있다.
(전혀) 못 ― 잘 못하다 ― 그저 그렇다 ― 잘하다 ― 아주 잘

1. 친구 찾기

목 표 ▸ 못하는 것들을 보고 어떤 친구인지 알아맞힐 수 있다.
준 비 ▸ 〈80쪽〉 × 학생수
구 성 ▸ 전체
시 간 ▸ 30분
난이도 ▸ 하

이야기로 활동 열기 교사는 학생들이 하지 못했을 거라 판단되는 상황을 준비하여 이야기를 시작하는 것이 좋다.

교 사 : 여러분은 김치를 만들 수 있어요?
학생들 : 아니요, 만들 수 없어요.
교 사 : 우리 오늘은 친구가 무엇을 할 수 있는지 알아봅시다.

순 서

1. 학생들에게 〈활동지〉를 한 장씩 나누어 준다.
2. 〈활동지〉에 이름을 쓰지 말고 자신이 못하는 것 10가지를 적도록 한다.
   학생1 : (<활동지>에 쓰기) 저는 축구를 못합니다.
3. 교사는 〈활동지〉를 모두 걷어서 칠판에 붙이도록 한다.
4. 모두 나와서 〈활동지〉를 읽고 자신의 것을 제외한 것이 누구의 것인지 추측하여 이름을 적도록 한다.
5. 교사와 함께 실제 그 학생이 맞는지 확인하도록 한다.

확장을 위한 아이디어! 각 나라의 특이한 음식들을 소개하면서 다른 친구들은 이 음식을 먹을 수 있는지에 관하여 이야기해 보는 시간을 가져 보면 좋아요.

예) 중국 : 전갈, 매미 등　　몽골 : 양, 낙타 등　　프랑스 : 달팽이

CHAPTER 22

2. 친구의 능력 확인하기

목 표 ▸ '-(으)ㄹ 수 있다/없다'를 사용하여 친구의 능력을 추측해서 확인할 수 있다.
준 비 ▸ 〈81쪽〉 × 학생수
구 성 ▸ 전체
시 간 ▸ 40분
난이도 ▸ 하

이야기로 활동 열기 반 학생들이 무엇을 할 수 있는지 어떤 능력을 갖고 있는지에 관한 질문으로 수업을 시작할 수 있다.

교 사 : 우리 반에서 누가 수영을 할 수 있어요? 알아요?
학생들 : 음... 몰라요
교 사 : 그러면, 우리 반에서 누가 한국 노래를 할 수 있어요? 알아요?
오늘은 '우리반 친구들이 무엇을 할 수 있어요?'를 알아봅시다.

순 서

1. 학생들에게 〈활동지〉를 한 장씩 나누어 준다.
2. 학생 한 명당 반 친구 한 명씩 선택하여 그 친구의 이름을 제목에 쓰도록 한다.
3. 그 친구의 능력을 추측하여 문장을 만들어 완성하도록 한다.
   한국 음식을 먹을 수 없다.
4. 선택했던 친구를 찾아가 '-(으)ㄹ 수 있다/없다'를 사용하여 질문하고 사실을 확인하게 한다. 맞으면 √ 하도록 한다.
   학생1 : 한국 음식을 먹을 수 없어요?
   학생2 : 네, 먹을 수 없어요.
   학생1 : (활동지의 □에 √하고 표시한다)
5. 교사와 함께 누가 가장 많이 맞았는지 확인하도록 한다.

◑ 제 안 — • 한 명을 선택하는 것이므로 교사는 학생들이 선택하는 친구들이 골고루 모두 선택 되도록 조절해 준다.
• '못'이나 '못하지 않다'가 목표 문법일 경우의 활동으로도 진행할 수 있다.

확장을 위한 아이디어! 지목을 받은 학생이 '다른 사람은 할 수 없고 나만 할 수 있을 것 같은 것'을 말해 보는 간단한 이야기 활동을 해도 좋아요.

3. 능력 있는 친구 찾아내기

목 표 ▸ '-(으)ㄹ 수 있다/없다'를 사용하여 친구들의 능력을 인터뷰하여 반에서 가장 능력 있는 친구를 찾아 낼 수 있다.

준 비 ▸ 〈82쪽〉 × 학생수

구 성 ▸ 짝

시 간 ▸ 50분

난이도 ▸ 중

이야기로 활동 열기 학생들의 취미 생활로 이야기를 시작할 수 있다.

교 사 : 사카 씨는 취미가 뭐예요?
학생들 : 취미요? 그림 그리기요.
교 사 : 그림을 잘 그려요?
학 생 : 아니요. 그냥 좋아해요.
교 사 : 잘 못해요? 잘해요? 아주 잘해요?
학 생 : 음... 보통이에요.
교 사 : 우리 오늘은 이렇게 무엇을 얼마나 잘하는지 이야기해 봅시다.

순 서

1. 학생들에게 〈활동지〉를 한 장씩 나누어 준다.
2. 친구들에게 '(으)ㄹ 수 있어요?'를 사용하여 질문하도록 한다.
   한국어를 하다 → 한국어를 할 수 있어요?
3. 대답은 '아주 잘, 잘, 보통이에요, 잘 못, 전혀 못'을 사용하여 대답하도록 한다.
   학생1 : 한국어를 할 수 있어요?
   학생2 : 한국어를 잘 못해요.
4. 인터뷰 결과를 발표하도록 한다.

확장을 위한 아이디어! 대학교 입학 인터뷰나 회사 인터뷰 활동으로 면접관이 여러 가지 능력을 질문하고 면접자가 자신의 능력의 정도를 대답하는 활동으로 확장해도 좋아요.

-도록 하다

수업 전에 꼭 알아 두세요!

<동사 +-도록 하다>

	기본형	-도록 하다
동사	가다	가도록 하다
	먹다	먹도록 하다

1. '-도록 하다/하십시오.'의 형태로 쓰여 어떤 것을 권하고 조언할 때 사용한다.
   감기에 걸렸으니까 잠을 많이 자도록 하세요.
   매운 음식을 먹지 말도록 하십시오.

2. '-도록 하겠다'로 쓰여 어떤 것을 결심하고 상대방과 약속하겠다는 의미로 사용한다.
   이제부터 숙제를 매일 하도록 하겠습니다.
   수업시간에는 한국어로 이야기를 하지 않도록 하겠습니다.

주의

1. '-(으)ㄹ게요'가 선수 학습 됐을 경우 구별할 수 있도록 해야 한다.
   '-(으)ㄹ게요'의 경우 '2'번 용법과 같이 상대방에게 그렇게 할 것을 약속한다는 의미를 가지지만 구어체로 사용되며 주어가 일인칭 주어인 평서문에서만 사용된다.
   제가 하도록 하겠습니다. = 제가 할게요.
   영희 씨, 따뜻한 물을 마시도록 하십시오. ≠ 영희 씨, 따뜻한 물을 마실게요.

1. 상황 듣고 조언하기

목 표 ▸ '-도록 하다'를 사용하여 상대방의 고민에 대해 조언을 해 줄 수 있다.
준 비 ▸ 〈83쪽〉 × 학생수/2, ✂
구 성 ▸ 짝
시 간 ▸ 40분
난이도 ▸ 하

이야기로 활동 열기 학생들 중 근심이 있는 학생이 있으면 그 학생의 근심에 대한 전체 학생의 조언을 유도하여 이야기를 시작해도 좋고, 특별한 학생이 없다면 학생 전체에게 고민이 있는 친구가 누구인지 묻고 다른 학생들에게 조언을 해줄 것을 유도해서 시작할 수 있다.

교 사 : 여러분은 요즘 어떤 걱정이 있어요?
학 생1 : 한국어가 재미없고 고향에 가고 싶어요.
교 사 : 여러분, 어떻게 하면 좋을까요?
학생들 : 한국 친구 만들어요. / 부모님께 전화해요!
교 사 : 네. 한국 친구를 만들도록 하세요. 그리고 부모님께 전화를 자주 하도록 하세요.
오늘은 이렇게 걱정을 듣고 '-도록 하다'를 사용하여 조언을 해 봅시다.

순 서

1. 학생들을 2명씩 앉도록 한다.
2. 짝끼리 잘라온 〈활동지〉카드를 한 세트씩 나누어 준다.
3. 책상 위에 카드를 엎어 놓도록 한다.
4. 한 명씩 번갈아 가면서 카드를 뒤집는다.
5. 뒤집은 사람은 그 카드에 상황을 읽고 친구에게 조언을 구한다.
   학생1 : 한국에 와서 잠을 안 자고 컴퓨터 게임을 많이 해요. 어떻게 하지요?
   학생2 : 친구들과 자주 만나고 집 밖에서 운동을 하도록 하세요.

◑ 제 안 — 조언을 구할 때 사용하는 표현을 미리 제시해 주고 사용하게 할 수 있다.
어떻게 하지요?
어떻게 해야 해요?
어떻게 할까요?
어떻게 하면 좋겠어요?
어떻게 하면 좋을까요?

확장을 위한 아이디어! 무기명으로 작은 종이에 자신의 이름을 쓰지 말고 실제 고민을 쓰게 한 후 그 종이를 반 친구들에게 돌려가면서 (롤링페이퍼 방법으로)조언을 구하는 활동을 할 수 있어요.

 2. 연인 간의 서약서 쓰기

목 표 ▸ '-도록 하겠습니다'를 사용하여 연인간의 서약서를 쓸 수 있다.
준 비 ▸ 〈84쪽〉 × 학생수
구 성 ▸ 전체
시 간 ▸ 40분
난이도 ▸ 중

이야기로 활동 열기 젊은 신세대 연인 사이에 결혼을 하기 전에 혹은 신혼 때 '서약서'를 쓰는 사람들이 있다는 소개를 하면서 이야기를 시작할 수 있다. 자신들의 나라에도 이런 경우가 있는 지 물어 보고 학생들도 '서약서'가 필요하다고 생각하는지 등을 물어 볼 수 있다. 교사가 '서약서'를 미리 만들어 가 보여 주면서 이야기를 시작하는 것도 좋다.

교 사 : 요즘 한국에는 이런 '서약서'를 쓰고 서로 약속을 하는 연인들이 있어요.
여러분 나라에도 있어요? 예를 들어 "일주일에 한 번 선물을 주겠습니다." 입니다. 여러분은 어떤 약속을 하고 싶습니까? 여러분이 하고 싶은 약속을 적어 '-도록 하겠습니다'를 사용해 서약서를 써 봅시다.

순 서

1. 학생들에게 〈활동지〉를 한 장씩 나누어 준다.
2. 교사는 '서약서'의 예를 보여 주며 서약서에 대하여 설명해 준다.
3. 〈활동지〉에 연인과 하는 약속을 적어 보도록 한다.
   (쓰기) 매일 전화하도록 하겠습니다.
4. 발표하도록 한다.

확장을 위한 아이디어! 자신의 부모님에게 다짐을 하는 '서약서'를 만들어 보는 활동을 해도 좋아요.

3. 적합한 방법 선택하기

목 표 ▸ '-도록 하다'를 사용한 조언 중에 적합하다고 생각하는 방법을 선택할 수 있다.
준 비 ▸ 〈85쪽〉 × 학생수
구 성 ▸ 짝
시 간 ▸ 40분
난이도 ▸ 상

이야기로 활동 열기 학생들의 여러 가지 의견이 나올 수 있는 고민거리로 활동을 시작할 수 있다. 학생들의 다양한 조언을 유도한 후 어떤 해결 방법이 가장 좋을지 자유롭게 이야기해 보게 한다.

교 사 : 감기에 걸렸는데 어떻게 하면 좋을까요?
학생1 : 약을 드세요.
학생2 : 차가운 음료수를 드시지 마세요.
교 사 : 네, 이럴 때 "약을 드시도록 하세요." "차가운 음료수는 드시지 말도록 하세요."라고 말할 수 있어요.
우리 어떤 문제를 어떻게 해결해야 하는지 '-도록 하다'를 사용하여 이야기해 봅시다

순 서

1. 학생들에게 〈활동지〉를 한 장씩 나누어 준다.
2. 먼저 〈활동지〉를 혼자서 읽으면서 내가 생각하는 가장 적합한 방법에 표시하도록 한다.
3. 짝도 모두 표시가 끝나면 서로 비교해 보도록 한다.
4. 나와 같은 선택을 한 것은 무엇이고 다른 것은 무엇인지 표시하면서 비교하게 한다.
   학생1 : 빨리 병원에 가야 해요.
   학생2 : 왜요?
   학생1 : 약을 잘못 먹으면 안돼요.
5. 다른 선택을 하게 된 이유에 대하여 서로 이야기해 보게 한다.
6. 발표시킨다.

◑ **제 안 —** 서로의 선택에 대한 이유를 말할 때 가급적 '-도록 하다'를 사용하게 하나 조언을 할 때 사용하는 다른 표현을 자연스럽게 사용하게 할 수 있다.
-도록 하세요, -(으)세요, -는 것이 좋아요, -는 것이 어때요? 등

확장을 위한 아이디어! 학생들의 수준이 높으면 가족 문제를 주제로 한 한국 영화나 다양한 고민이 내용인 짧은 시트콤 등을 본 후 고민을 하고 있는 인물들에게 조언을 해 주도록 하는 활동을 해 볼 수 있어요.

수업 전에  알아 두세요!

〈비격식체 낮춤말/격식체 낮춤말〉

1. (비격식체 낮춤말) 친한 친구에게 사용한다. 억양(어조)에 따라 의미가 달라진다.

문장의 종류	비격시체 낮춤말(억양)
평서문	가 (↘) 읽어 (↘)
의문문	가? (↗) 읽어? (↗)
명령문	가 (→) 읽어 (→)
청유문	(같이) 가 (→) (같이) 읽어(→)

(나보다 나이가 어린 사람에게) 지금 밥 먹어.
(친한 친구에게) 지금 뭐 해?
(도서관에서 친한 후배에게) 좀 조용히 해.
(친한 친구에게) 우리 같이 가.

2. (격식체 낮춤말) 나보다 나이가 어린 사람에게 사용한다.

격식체 낮춤말	격식체 낮춤말
평서문	간다. 읽는다.
의문문	가니/가느냐? 읽니/읽느냐?
명령문	가라/가거라. 읽어라/읽거라.
청유문	가자. 읽자.

(선생님이 아이에게) 학교 가, 너는 어디에 가니?
(할머니가 아이에게) 지금 집에 간다.
(엄마가 아이에게) 학교에 가서 열심히 공부해라.
(아빠가 아이들에게) 우리 모두 같이 놀러 가자.

주 의

1. '명사+이다'의 경우 그 형태에 주의한다.

(비격식체 낮춤말)	명사(받침 ○) : 책이야?	책이야.
	명사(받침 ×) : 커피야?	커피야.
(격식체 낮춤말)	명사(받침 ○) : 책이니?	책이다.
	명사(받침 ×) : 커피니?	커피다.

1. 역할극하기

목 표 ▸ '반말'을 사용하여 친구들과 상황에 맞추어 이야기할 수 있다.
준 비 ▸ 〈86쪽〉 × 학생수/2, ✂
구 성 ▸ 짝
시 간 ▸ 40분
난이도 ▸ 중

이야기로 활동 열기 반 친구들끼리 생일이나 나이를 확인하면서 누가 누구에게 반말을 사용해야 하는지 위계를 정하면서 이야기를 시작할 수 있다.

교　사 : 여러분 우리 반에서 누가 가장 큰 오빠나 형이에요? 그리고 누가 가장 큰 언니 혹은 누나예요?
학생들 : 사무엘 씨가 제일 큰 형이에요.
교　사 : 그럼, 사무엘 씨는 우리 반 친구들에게 '반말'을 사용할 수 있어요.
우리 오늘은 '반말'을 사용하여 대화를 만들고 앞에 나와서 발표해 봅시다.

순 서

1. 학생들을 두 명씩 앉도록 한다.
2. 교사는 잘라온 〈활동지〉를 한 학생에게는 'A' 형을 다른 한 명은 'B' 형을 갖도록 한다.
3. 각각 상황에 따라 반말로 역할극을 해보도록 한다.
   학생1 : 오늘 주말에 뭐해?
   학생2 : 친구 만나고 집에서 잘 거야.
   학생1 : 우리 같이 영화 볼까?
4. 짝끼리 연습을 한 후 교실 앞에 나와 팀별로 역할극으로 발표시킨다.
5. 교사는 오류를 수정해 준다.

확장을 위한 아이디어! 한국 방식의 호칭에 대하여 명확히 이해시키는 시간을 가져 보세요. 같은 반 친구끼리 한국식으로 언니, 오빠, 누나, 형과 같은 호칭을 사용하도록 격려해 주세요.

 2. 사랑하는 사람에게 편지 쓰기

목 표 ▸ '반말' 을 사용하여 명령과 청유, 금지의 표현을 적절하게 할 수 있다.
준 비 ▸ 〈87쪽〉 × 학생수
구 성 ▸ 전체
시 간 ▸ 40분
난이도 ▸ 중

이야기로 활동 열기 반 친구들 중에서 남자 친구나 여자 친구가 있는 학생들에게 각자의 애인에게 부탁하고 싶거나 하고 싶은 일이 있으면 어떻게 하는지 질문을 하면서 이야기를 시작할 수 있다.

교 사 : 수미 씨는 남자 친구에게 하고 싶은 말이 있어요?
학 생 : 네, 있어요. "친구들과 술을 많이 마시지 마세요"라고 말하고 싶어요.
교 사 : 남자 친구에게 "친구들을 만나면 술을 많이 마시지 마"라고 말할 수 있어요. 이렇게 우리는 애인에게 반말을 쓸 수 있는데, 반말로 편지를 써 보도록 합시다.

순 서

1. 학생들에게 〈활동지〉를 한 장씩 나누어 준다.
2. 학생들에게 연인에게 편지를 보낸다고 과제를 설정해 준다. 칠판에 몇 개의 예를 제시해 줄 수 있다.
   술을 많이 마시면 안 돼, 우리 자주 만나자.
3. 〈활동지〉에 편지를 쓰게 한다.
4. 쓴 편지를 발표하도록 하거나 칠판에 부치고 서로 읽어 보도록 한다.

확장을 위한 아이디어! 반말로 명령을 하거나 부탁을 하면서 무례하게 보이지 않으려면 억양이 중요하지요. 그러므로 편지로 쓴 후 그것을 발표시켜 읽으면서 억양에 주의해서 무례하거나 불편하지 않은 부탁의 말이 될 수 있도록 해 주세요.

보다 (더)

〈명사 + 보다 (더/더욱/훨씬)〉

1. 두 가지를 비교할 때 사용한다.
   에르카 : 키 175Cm, 몸무게 80Kg
   사 카 : 키 160Cm, 몸무게 45Kg
   에르카는 사카**보다 (더)** 커요. 사카는 에르카**보다 (더)** 작아요.
   에르카는 사카**보다 (더)** 뚱뚱해요. 사카는 에르카**보다 (더)** 날씬해요.

주의

1. 나이를 나타내는 수의 표현이 사용될 때는 '더욱/훨씬'과 함께 사용하지 않는다
   우리 형은 나**보다** 나이가 **두 살**이 많다.

1. 고향과 한국 비교하여 말하기

목 표 ▸ '보다 (더)'를 사용하여 고향과 한국 생활을 비교할 수 있다.
준 비 ▸ 〈88쪽〉 × 학생수
구 성 ▸ 짝
시 간 ▸ 50분
난이도 ▸ 하

이야기로 활동 열기 학생들에게 활동지의 주제 중 몇 개를 선택하여 이야기를 시작할 수 있다.

교 사 : 사카 씨, 몽골의 인구가 많아요? 한국의 인구가 많아요?
학생1 : 한국이 많아요.
교 사 : 한국이 몽골보다 인구가 더 많아요.
우리 오늘은 이렇게 고향과 한국을 비교하여 이야기를 해 봅시다.

순 서

1. 〈활동지〉를 학생들에게 한 장씩 나누어 준다.
3. 서로 '보다 (더)' 를 사용하여 고향과 한국 생활을 비교하여 인터뷰하게 한다.
4. 〈활동지〉에 부등호를 사용하여 질문의 답을 표시하도록 한다.
   학생1 : 한국의 교통이 더 복잡해요? 아니면 중국의 교통이 더 복잡해요?
   학생2 : 한국의 교통이 중국의 교통보다 더 복잡해요. 한국>중국
5. 인터뷰 결과를 발표하도록 한다.

◑ 제 안 — 나라들을 비교하는 과정에서 서로의 나라를 비화하거나 무시하지 않도록 유의한다.
'〈' 와 '〉', '≒' 와 같은 기호 사용이 익숙하지 않을 경우 생략해도 좋다.

확장을 위한 아이디어! '-보다 (더)' 를 사용하여 한국과 자신의 나라를 비교하며 소개하는 글을 써 보도록 하는 것도 좋아요.

활동 2. 비교하여 이야기하기

목 표 ▸ '보다 (더)' 와 다양한 형용사를 사용하여 비교를 할 수 있다.
준 비 ▸ 〈89쪽〉 × 학생수/2~4
구 성 ▸ 그룹
시 간 ▸ 50분
난이도 ▸ 중

이야기로 활동 열기 교사는 학생들에게 오늘 활동할 주제 중에 학습자의 흥미를 끌만한 항목 하나를 선택하여 활동을 시작할 수 있다.

교 사 : 여러분 오늘 날씨 어때요?
학생들 : 추워요.
교 사 : 오늘이 추워요? 어제가 추워요?
학생들 : 오늘이 추워요.
교 사 : 네, 오늘이 어제보다 더 추워요.
우리 오늘은 이렇게 여러 가지를 비교하여 이야기해 봅시다.

순 서

1. 학생들을 자신의 교실 학생 수에 맞추어 2~4명씩 그룹으로 앉도록 한다.
2. 교사는 그룹별로 〈활동지〉를 1장씩 나누어 준다.

3. 그룹원이 같이 의논하여 활동지의 밑줄 그은 부분에 원하는 구체적인 주제를 쓰도록 한다. 단, 시간 절약을 위하여 교사가 미리 주제를 준비해 갈 수도 있다.
4. 각 그룹별로 결정한 구체적인 주제로 '비교하는 문장'을 쓰도록 한다.

식당: 민국 식당과 진미 식당

- 민국 식당은 진미 식당 보다 더 비싸요
- 민국 식당은 진미 식당 보다 더 깨끗해요.
- 진미 식당은 민국 식당 보다 더 맛있어요.
- 진미 식당은 민국 식당 보다 더 좋아요.

5. 그룹 별로 발표한다.
6. 교사는 중요한 오류들을 확인해 준다.

확장을 위한 아이디어! 광고 전단지(중고 물건, 하숙집 등)를 준비하여 여러 항목을 비교하게 하여 어떤 것을 선택할 지 이야기해 보는 활동을 할 수 있어요.

활동 3. 판매할 과자를 비교하여 선택하기

목 표 ▸ '보다 (더)'와 다양한 비교 표현들을 사용하여 해외에 팔 과자를 선택할 수 있다.
준 비 ▸ 〈90쪽〉 × 학생수/2~4, 맛이 전혀 다른 과자류 3개, 접시
구 성 ▸ 그룹
시 간 ▸ 50분
난이도 ▸ 상

이야기로 활동 열기 학생들에게 한국 과자를 좋아하는지 어떤 과자가 맛있는지 자유롭게 이야기해 보도록 한다. 과자에 관한 다양한 질문을 통하여 오늘 활동에 사용할 과자의 맛이나 모양을 비교하는 어휘들을 자연스럽게 노출시킨다.

교　사 : 여러분은 과자를 좋아해요?
한국에서 어떤 과자가 가장 맛있어요?
학생들 : 빼빼로요.
교　사 : 맛이 어때요? 왜 좋아해요? 다른 친구들은 빼빼로 알아요? 모양이 어때요?
향이 어때요? 색깔은요? 영양가가 있나요?
학생들: 길어요./ 달아요./ 써요./ '빼빼로 날' (11월 11일)에 먹어요.
교　사 : 여러분은 과자 회사의 사장입니다. 한국 과자를 여러분 나라에 팔고 싶습니다. 어떤 과자를 파는 것이 좋을까요? '비교' 해 봅시다.

순 서

1. 학생들을 2~3명의 그룹별로 앉도록 한다.
2. 그룹별로 〈활동지〉를 한 장씩 나누어 준다.
3. 과자를 보여 주며 모양, 색깔, 맛, 향, 영양과 관련된 어휘를 충분히 노출시킨다.
4. 학생들에게 활동 상황을 설정해 준다.
5. 접시에 준비해 간 과자 3종류를 담아낸다.
6. 그룹별로 과자를 먹어 보고 활동지 ㉮ 에 '1-5점' 으로 평가를 하게 한다. 평가를 하면서는 '보다 (더)' 를 사용하여 말하게 한다.
   학생1 : 맛이 어때요? 조금 맛있어요. 뭐가 더 맛있어요?
   학생2 : 1번이 3번 보다 더 맛있어요.
7. 그룹별로 자신들의 나라에 팔 과자 1개를 선택하게 한다.
8. ㉯ 의 보고서 양식을 참고하여 자신들의 보고서를 작성해 보게 한다.
9. 그룹별로 앞에 나와서 보고서를 발표하고 그 이유를 '-보다 (더)' 를 사용하여 이야기하게 한다.

◑ 제 안 — • 학생 수에 따라 개인 활동으로 진행할 수 있고 그룹으로 진행할 수도 있다.
• 활동 중에는 자신들의 언어(모국어)를 사용할 수 있으므로 한국어만 사용할 것을 강조하고 한국어 외의 언어를 사용할 경우 벌칙을 설정하면 좋다.

확장을 위한 아이디어!

학습자 수준이 높고 교실 여건이 허락된다면 과자가 아닌 '한국 전통 다과' 나 '전통 음식' 을 주문해서 비교해 보는 활동으로 변형시키는 것도 좋아요. 만약 비교 음식을 바꿀 거라면 활동지에 참고 어휘 목록들도 음식에 맞추어서 수정해야 해요!

불규칙 변화

수업 전에 꼭 알아 두세요!

〈불규칙 변화〉

불규칙	규칙	불규칙 변화의 예
ㅂ불규칙	ㅂ + 모음 → 우/오 + 모음	춥(다) +아/어요 → 추우+어요 → 추워요 쉽(다) +아/어요 → 쉬우+어요 → 쉬워요
ㄷ불규칙	ㄷ + 모음 → ㄹ + 모음	듣(다) +아/어요 → 들 +어요 → 들어요 걷(다) +아/어요 → 걸 +어요 → 걸어요
르불규칙	르 + 모음 → ㄹ, ㄹ + 모음	다르(다)+아/어요 → 달ㄹ +아요 → 달라요 흐르(다)+아/어요 → 흘ㄹ +어요 → 흘러요
ㅎ불규칙	ㅎ + 모음 → (생략/ㅐ) + 모음	그렇(다) +-(으)ㄴ → 그런 (생략) +아/어요 → 그래요 (ㅐ) 빨갛(다) +-(으)ㄴ → 빨간 (생략) +아/어요 → 빨개요 (ㅐ)
ㅅ불규칙	ㅅ + 모음 → (생략) + 모음	짓(다) + 아/어요 → 지어요 낫(다) + 아/어요 → 나아요
으탈락	으 + 모음 → (생략) + 모음	바쁘(다)+아/어요 → 바ㅃ+아요 → 바빠요 예쁘(다)+아/어요 → 예ㅃ+어요 → 예뻐요
ㄹ탈락	ㄹ + ㄴ, ㅂ, ㅅ → (생략) + ㄴ, ㅂ, ㅅ	알(다) + (스)ㅂ니다 → 압니다 만들(다) + -(으)니까 → 만드니까 살(다) + -(으)세요 → 사세요

주의

1. 불규칙 변화를 보이지 않는 용언들도 있다.

잡다, 뽑다, 씹다, 입다, 접다 등	잡다 → 잡아요, 입다 → 입어요
받다, 닫다, 묻다, 믿다, 쏟다 등	받다 → 받아요, 믿다 → 믿어요
좋다, 놓다, 낳다 등	좋다 → 좋아요, 놓다 → 놓아요
벗다, 웃다, 씻다, 빗다, 솟다, 빼앗다 등	벗다 → 벗어요, 씻다 → 씻어요

2. 'ㅂ' 불규칙에서 대부분의 경우는 'ㅂ→우' 바뀐다. 하지만 '돕다, 곱다'는 다음과 같이 변한다.
도와요 / 도와서 / 도우니까 / 도우면
고와요 / 고와서 / 고우니까 / 고우면

 1. 한국 생활에 대한 의견조사하고 발표하기

목 표 ▸ 'ㅂ불규칙' 변화 형태를 이해하고 한국생활에 대한 자신의 생각을 말할 수 있다.
준 비 ▸ 〈91쪽〉 × 학생수
구 성 ▸ 전체
시 간 ▸ 40분
난이도 ▸ 하

이야기로 활동 열기 한국 생활에 대하여 어떻게 생각하는지 질문을 하면서 이야기를 시작할 수 있다.

교 사 : 여러분 한국어 공부가 어때요? 어렵습니까? 쉽습니까?
학생2 : 어렵습니다.
교 사 : 어려워요? 수진씨는요? 에르카 씨는요? (바를 정(正)자로 수를 세며)
우리 반의 5명은 한국어가 쉬워요. 그리고 3명은 어려워요.
우리 오늘은 이렇게 우리반 친구들의 한국 생활이 어떤지? 이야기해 봅시다.

순 서

1. 학생들에게 〈활동지〉를 한 장씩 나누어 준다.
2. 〈활동지〉를 보며 친구 한 명씩에게 돌아가며 한국 생활에 대한 생각을 묻게 한다.
   학생1 : 한국의 여름 날씨는 어때요?
   학생2 : 너무 더워요.
3. 친구들의 대답을 '正'로 표기하게 한다.
4. 친구들의 대답을 정리하여 교사와 함께 가장 많은 의견은 어떤 것인지 정리하여 본다.

◑ 제 안 —
- 질문을 하는 경우와 답을 하는 경우 모두 '-(스)ㅂ니다' 형이 아닌 '아/어요' 형을 사용하도록 주의시킨다.
- '正'자 표기가 어려울 경우 학생들에게 익숙한 방법을 사용하게 할 수도 있다.
- 시간에 따라 설문 조사하는 학생의 수를 조절할 수 있다.

확장을 위한 아이디어! 조사한 결과를 원형 그래프로 그리고, 조사 결과를 적어오게 한 후 다음 날 그려온 그래프를 보면서 조사 결과를 발표하게 해 보면 초급 단계의 좋은 공개 발표 연습이 될 수 있어요.

 2. 불규칙 카드 게임

목 표 ▸ '불규칙'과 '규칙'을 구별하고 어미를 결합시켜 적절한 형태를 만들 수 있다.
준 비 ▸ 〈92, 93, 94쪽〉 × 1(확대 복사), ✂
구 성 ▸ 전체
시 간 ▸ 50분
난이도 ▸ 중

이야기로 활동 열기 불규칙 동사가 사용될 만한 상황을 유도하는 질문을 하여 불규칙 동사와 어미를 연결시킬 수 있는 문장을 발화하도록 한다. 날씨로 '춥다, 덥다'를 유도해도 좋고 시험과 관련한 주제로 '어렵다, 쉽다'를 유도하는 것도 좋다.

교 사 : 수미 씨 옷을 왜 많이 입었어요?
학생1 : 날씨가 춥습니다.
교 사 : 수미 씨는 (판서) 날씨가 추워서 옷을 많이 입었어요. '춥어서'가 아니에요.
이런 것을 '불규칙'이라고 하지요?
지금까지 우리는 여러 가지 '불규칙'을 배웠습니다. 우리 오늘은 여러 가지 '불규칙'을 정리해 봅시다.

순 서

1. 학생들을 일렬로 가급적 가깝게 앉도록 한다.
2. 동사/형용사 카드를 잘 섞어 학생들 가운데에 엎어 놓는다.
3. 어미 카드를 잘 섞어 교사 앞에 엎어 놓는다.
4. 학생들은 돌아가며 가장 위에 있는 카드를 한 장씩 뽑는다.
5. 가장 먼저 시작하게 된 학생이 동사/형용사 카드를 한 장 뽑아 보여 준다.
6. 교사도 자신의 앞에 있는 어미 카드 중 가장 위에 엎어져 있던 카드를 뽑는다.
7. 학생은 자신이 뽑은 동사/형용사와 교사가 뽑은 어미 카드를 문형에 맞게 합쳐서 말한다.
   (춥다 (학생카드) +-(으)니까(교사 카드)의 경우)
   학생1:추우니까
8. 학생의 문형이 정확히 맞으면 학생은 그 카드를 갖는다. 만약 맞추지 못하면 갖지 못하고 쌓아 둔 카드 옆에 놓아 둔다. 두 카드가 충돌이 일어나서 만들어질 수 없는 결합의 경우 학생은 "통과"라고 말해야 그 카드를 가질 수 있다. 만약, 충돌된 조합에 "통과"라고 말을 안 하면 그 학생은 카드를 가질 수 없다.
   (다르다(학생카드) + -(으)ㄹ게요(교사 카드)의 경우)
   학생1 : 통과! (○) → 그 카드를 가질 수 있다.
   학생1 : 다를게요! (×) → 그 카드를 가질 수 없다.
9. 모든 동사를 돌아가면서 해본 후 가장 많은 카드를 갖게 된 학생이 이긴다.
10. 교사의 어미 카드는 사용한 후 옆에 엎어 놓고 계속 사용한다.
    ※ 어미 카드의 수가 더 적으므로 옆에 엎어 놓고 다시 반복적으로 사용해 나가야 한다.

제 안 —
- 〈활동지〉에 주어진 카드는 불규칙 활용과 규칙 활용 어휘가 모두 혼합되어 있다.
- 규칙 활용을 하는 경우를 제외하고 불규칙 활용을 하는 동사 카드만을 사용하여 난이도를 낮출 수 있다.
- 교사는 학습자의 학습 어휘나 진도에 맞추어 카드의 어휘나 어미를 수정할 수 있다.
- 학생 수에 따라 팀을 나누어 진행할 수도 있다.

확장을 위한 아이디어! 게임을 한 후 가장 못한 친구가 친구들에게 커피 한 잔씩 돌리게 하는 것은 어떨까요?

 3. 이야기 사슬 게임

목 표 ▸ '규칙 변화'와 '불규칙 변화'를 이해하고 이야기를 만들어 갈 수 있다.
준 비 ▸ 〈92, 93, 94쪽〉 × 1(동사의 기본형 카드, 확대 복사), 지금까지 배운 연결어미, 종결어미를 정리하여 적은 A3용지. (더 큰 도화지를 사용해도 좋다.), ✂
구 성 ▸ 전체
시 간 ▸ 50분
난이도 ▸ 중

이야기로 활동 열기 학생들에게 책 읽는 것을 좋아하는지 어떤 내용을 좋아하는지 질문한다. 또 이야기를 만들거나 써 본적이 있는지 자유롭게 이야기해 보도록 하면서 활동을 시작할 수 있다.

교 사 : 여러분, 여러분은 책 읽는 것을 좋아해요?
학 생 : 네.
교 사 : 그럼, 이야기를 만들어 본 적이 있어요? / 아니면 써 본적이 있어요?/무슨 이야기였어요?
자, 오늘은 여러분들이 직접 이야기를 만들어 볼 거예요.
앞에 카드를 한 장씩 보고 모두 같이 하나의 이야기를 만들 거예요.
그렇지만 규칙이 있어요! 반드시 뒤에 '-고, -지만, -아/어서'를 같이 써야 해요.

순 서

1. 교사는 칠판에 A3에 정리해 간 연결어미와 종결어미를 붙여 놓는다.
2. 카드를 가운데 두고 가까이 둘러앉는다.
3. 첫 번째 학생부터 가장 위에 있는 카드를 돌아가며 한 장씩 뽑게 한다.
4. 첫 번째 학생이 뽑은 카드의 단어를 이용하여 이야기를 시작한다. 단, 그 동사/형용사는 반드시 칠판에 붙여 놓은 어미를 붙여서 사용해야 한다.
   뽑은 카드가 '춥다'의 경우:
   오늘은 날씨가 추워서 옷을 많이 입었습니다. (○)
5. 다음 학생도 가장 위에 있는 카드를 한 장 뽑는다. 그리고 앞에 학생의 이야기 문맥에 맞추어 이야기를 이어서 만들어 나간다. 마찬가지로 그 동사/형용사는 반드시 활용 어미를 붙여야 한다.
   다음 학생의 카드가 '덥다'의 경우:
   빨리 더운 여름이 왔으면 좋겠습니다.
   다음 학생의 카드가 '쓰다'의 경우:
   그래서 나는 모자를 쓰고 나왔습니다.
6. 카드와 시간이 허락하는 한 계속 단어를 이용하여 이야기를 연결시켜 간다.
7. 한 편의 이야기를 완성한다.

◑ **제 안** — 교사는 미리 지금까지 배운 활용 어미들을 모두 칠판에 판서하거나 미리 도화지(A3용지 이상으로 잘 보이도록)에 정리하여 들어가야 한다.
-고, -지만, -(으)면, -(으)니까 등.

확장을 위한 아이디어! 활동이 끝난 후 학생들에게 오늘 활동했던 카드의 어휘들이 정리된 부교재를 나누어 주고 학생들이 각자 집에서 자신들만의 이야기를 오늘 게임을 했던 내용처럼 만들어 오도록 할 수 있어요.

숫자 (전화번호/날짜/가격/시간/나이)

수업 전에 꼭 알아 두세요!

한자어 숫자	일	이	삼	사	오	육	칠	팔	구	십
	십	이십	삼십	사십	오십	육십	칠십	팔십	구십	백
고유어 숫자	하나 (한)	둘 (두)	셋 (세)	넷 (네)	다섯	여섯	일곱	여덟	아홉	열
	열	스물 (스무)	서른	마흔	쉰	예순	일흔	여든	아흔	백

1. 아라비아 숫자는 읽을 때 다음과 같이 구별된다.
   1) 한자어로 읽는 경우: 전화번호, 날짜(년, 월, 일), 가격, 분, 나이(세) 등에서 사용한다.
      378-2947 – 삼칠팔의 이구사칠
      2012년 7월 15일 – 이천 십이년 칠월 십오일
      36800원 – 삼만 육천 팔백 원
      45분 – 사십오 분
      20세 – 이십 세
   2) 고유어로 읽는 경우: 시, 나이(살), 단위 명사 중에서 '명, 권, 마리…' 앞에서 사용한다.
      4시 (네 시)
      51살(쉰 한 살)
      12명(열 두 명)
      5권(다섯 권)

주의

1. 고유어 숫자 '하나, 둘, 셋, 넷, 스물' 뒤에 '단위 명사'가 올 경우 형태에 주의한다.
   1마리 (한 마리) / 2개(두 개) / 3켤레(세 켤레) / 4송이 (네 송이) / 20살(스무 살)

1. 전화번호 빙고게임

목 표 ▸ 전화번호를 듣고 말할 수 있다.
준 비 ▸ 〈95쪽〉×학생수, ✂
구 성 ▸ 전체
시 간 ▸ 40분
난이도 ▸ 하

이야기로 활동 열기 학생 몇 명을 지적해 전화번호를 묻고 답하는 연습을 통해 활동을 시작할 수 있다.

교 사 : 제임스 씨, 전화번호가 몇 번이에요?
학생1 : 공일공에 이삼삼칠에 사팔오공이에요.
교 사 : 010-2337-4850 우리 오늘은 전화번호로 빙고게임을 해 봅시다.

순 서

1. 〈활동지〉를 점선대로 잘라 학생들에게 한 장씩 나누어 준다. 이때 교사용 활동지는 주지 않는다.
2. 교사가 '교사용 활동지' 를 보고 전화번호를 읽어 주면 학생들은 전화번호를 듣고, 받은 표에 답을 순서에 상관없이 받아 적게 한다. 이때 교사는 정확하게 비교적 천천히 두 번씩 읽어 준다.
3. 학생들이 표를 다 채우면 학생들이 한 명씩 돌아가며 자신이 쓴 전화번호를 읽게 한다. 이때 다른 학생들은 자신이 쓴 전화번호와 일치하면 그것을 지울 수 있다.
4. 먼저 열이나 횡 혹은 사선으로 3줄을 만드는 사람은 "빙고!" 라고 말하게 한다.
5. 교사는 마지막으로 교사용 활동지를 나눠 주고 자신이 쓴 답과 얼마나 일치하는지 비교하게 한다.
6. 제일 늦게까지 남아 있는 학생은 제일 먼저 끝난 학생에게 작은 선물을 해 줄 수 있다.

확장을 위한 아이디어! 반 친구들의 전화번호를 묻고 활동지 표에 쓰게 한 후 빙고게임을 할 수 있어요. 이때 교사는 학생 수에 따라 활동지 표의 형식을 바꿔야 해요.

2. 전화번호 말하기

목 표 ▸ 전화번호를 묻고 답할 수 있다.
준 비 ▸ 〈96, 97쪽〉 × 학생수/2
구 성 ▸ 짝
시 간 ▸ 40분
난이도 ▸ 하

이야기로 활동 열기 교사는 광고 전단지 등을 준비해 학생들에게 전단지에 있는 전화번호를 읽어 보게 한다.

교 사 : (피자 가게 전단지를 보여 주며) 여기는 어디예요?
학 생 : 피자가게예요.
교 사 : 피자가게 전화번호가 몇 번이에요?
학 생 : 오팔공공에 일오구구예요.
교 사 : 우리 오늘은 이렇게 전화번호를 묻고 답해 봅시다.

순 서

1. 학생들을 2명씩 앉도록 한다.
2. 학생들에게 각각 〈활동지A〉와 〈활동지B〉를 나누어 준다.
3. 학생들이 자신의 활동지를 상대방에게 보여 주지 못 하도록 주의 시킨다.
4. 자신의 활동지에 비어 있는 전화번호를 상대에게 물어 채워 넣게 한다.
   학생1 : 한국 대학교 전화번호가 몇 번이에요? (또는 전화번호가 뭐예요?)
   학생2 : 한국 대학교 전화번호는 육삼오사에 일일칠구예요.
5. 활동이 모두 끝나면 활동지를 서로 비교하여 틀린 번호가 없는지 확인하게 한다.

◑ **제 안 —** 활동 전 각 장소의 명칭을 먼저 이해하고 있는지 확인하는 것이 좋다.

확장을 위한 아이디어! 광고 전단지를 직접 활용하면 학생들의 흥미를 더 끌 수 있어요.

3. 생일 말하기

목 표 ▸ 반 친구들의 생일을 묻고 답할 수 있다.
준 비 ▸ 〈98쪽〉 × 학생수
구 성 ▸ 전체
시 간 ▸ 40분
난이도 ▸ 하

이야기로 활동 열기 학생 몇 명을 지적해 생일을 묻고 답하는 연습을 통해 본 활동을 전개할 수 있다.

교 사 : 미정 씨, 생일이 언제예요?
학생1 : 팔월 이십오일이에요.
교 사 : 아, 그래요? 여름이에요. 우리 오늘은 이렇게 친구의 생일을 알아봅시다.
그리고 우리 반 친구들의 생일이 봄, 여름, 가을, 겨울 언제인지도 알아봅시다.

순 서

1. 학생들에게 〈활동지〉를 한 장씩 나누어 준다.
2. 학생들에게 생일을 묻고 해당되는 달에 날짜와 이름을 표시하게 한다.
   학생1 : 미카 씨는 생일이 언제예요? (생일이 몇 월 며칠이에요?)
   학생2 : 제 생일은 3월 3일이에요. (쓰기 → 3,3 (미카))
3. 인터뷰 활동이 모두 끝나면 계절별로 몇 명인지 쓰게 한다.
4. 교사는 학생 몇 명을 지적해 답을 확인하고 학생 전체를 대상으로 피드백을 준다.

제 안 —
- '6월(유월)', 10월(시월)' 의 발음을 주의하도록 한다.
- 계절의 명칭을 이해하고 있는지 활동 전에 확인하는 것이 좋다.
- '요일' 에 대하여 선행학습했을 경우 요일까지 말하도록 하는 것도 좋다.

확장을 위한 아이디어! 생일 이외에 학기 초에 교사가 만들어 나누어 준 한 학기 '수업 계획표' 등을 활용해 날짜를 묻고 답하는 연습을 할 수 있어요.

4. 달력 보고 이야기하기

목 표 ▸ 달력의 날짜와 요일을 이야기할 수 있다.
준 비 ▸ 〈99쪽〉 × 학생수/2, ✂, 달력×학생수/2
구 성 ▸ 짝
시 간 ▸ 40분
난이도 ▸ 중

이야기로 활동 열기 교사는 '확대한 달력 그림' 을 준비하고, 한국의 특별한 날을 묻고 답하는 연습으로 활동을 시작할 수 있다.

교 사 : 여러분, 이게 뭐예요?
학 생 : 달력이에요.
교 사 : 달력을 보면 특별한 날들이 많이 있지요?
먼저 1월을 보세요. 이 날은 무슨 날이에요?
학 생 : 설날이에요.
교 사 : 네. 며칠이에요?
학 생 : 1월 26일이에요.
교 사 : 우리 오늘은 이렇게 달력을 보고 한국의 특별한 날에 대하여 알아봅시다.

순 서

1. 학생들을 2명씩 앉도록 한다.
2. 1년이 모두 있는 달력을 팀 당 하나씩 나누어 준다.
3. 학생들에게 각각 〈활동지A〉와 〈활동지B〉를 나누어 준다.
4. 학생 A가 활동지에 있는 특별한 날들에 대하여 학생B에게 물으면, 학생B는 달력을 보면서 정확한 날짜와 요일을 답한다. 그리고 그 날이 쉬는 날인지 아닌지 확인하게 한다.

   학생1 : 신정은 몇 월 며칠이에요?
   학생2 : 1월 1일입니다.
   학생1 : 무슨 요일입니까?
   학생2 : 월요일입니다.
   학생1 : 신정에 쉽니까?
   학생2 : 네, 쉽니다.

5. 활동이 끝나면 순서를 바꿔 진행한다.
6. 교사는 몇 개의 팀을 지적해 발표시키고 피드백을 준다.

제 안 — • 반드시 공휴일과 음력 표시, 쉬는 날 표시가 있는 달력을 가져가도록 한다.
• 활동이 끝난 후 각각의 공휴일의 의미에 대하여 간단하게 소개해 주는 것도 좋다.

확장을 위한 아이디어! 나라별로 한국의 공휴일에 해당되는 날이 있는지 또는 며칠인지 묻고 답하는 활동으로 확장할 수 있어요.

 5. 가격 말하기

목 표 ▸물건 가격을 묻고 답할 수 있다.
준 비 ▸〈100쪽〉 × 학생수/2, ✂
구 성 ▸짝
시 간 ▸40분
난이도 ▸하

이야기로 활동 열기 교사는 가게 전단지를 확대한 그림을 준비해 학생들에게 보여 주고, 가격을 묻고 답하는 연습을 한다.

교 사 : 여기 물건 가격이 있는 광고지가 있어요. 비누가 얼마예요?
학 생 : 700원이에요.
교 사 : 우리 오늘은 이렇게 물건들의 가격을 묻고 답해 봅시다.

순 서

1. 학생들을 2명씩 앉도록 한다.
2. 학생에게 각각 〈활동지A〉와 〈활동지B〉를 나눠 준다.
   이때 학생들이 자신의 활동지를 상대방에게 보여 주지 못하도록 한다.
3. 상대방에게 물건 가격을 묻고 표 안에 채워 넣게 한다.
   학생1 : 가방은 얼마예요?
   학생2 : 삼만 오천원이에요.
4. 활동이 모두 끝나면 서로의 활동지를 비교하여 바르게 수행했는지 확인하게 하고 교사는 오류를 수정해 준다.

제 안 —
- 만 단위 이상의 가격을 학생들이 읽을 수 있는지 먼저 확인하는 것이 좋다.
- 사물의 명칭을 알고 있는지 먼저 확인해야 한다.

확장을 위한 아이디어! 물건 가격이 쓰여 있는 가게 전단지를 준비하여 가격을 묻고 답하게 하는 활동을 할 수 있어요.

6. 물건 사기

목 표 ▸ 물건 가격을 묻고 답하면서 시장에서 물건을 사고 팔 수 있다.
준 비 ▸ 〈101쪽〉 × 학생수/2,
구 성 ▸ 짝
시 간 ▸ 50분
난이도 ▸ 중

이야기로 활동 열기 교사는 가게 전단지를 확대한 그림을 준비해 학생들에게 보여 주고, 가격을 묻고 답하는 연습을 한다.

교 사 : 오늘은 친구들이 우리 집에 와요. 그래서 음식을 준비해야 해요.
자, 여기 이만 원이 있어요. 무엇을 살까요? 사과는 1개에 얼마예요?
학 생 : 1,000원이에요.
교 사 : 네, 그럼 사과는 많이 살 수 있겠지요? 다른 물건도 사서 친구들과의 파티를 준비하려고 합니다.
우리 오늘은 이렇게 자신이 가지고 있는 돈으로 파티를 준비해 봅시다.
꼭 자신의 돈 안에서 사야 합니다.

순 서

1. 학생들을 2명씩 앉도록 한다.
2. 학생들에게 〈활동지A〉과 〈활동지B〉를 각각 한 장씩 나누어 준다.
3. 교사는 활동 상황과 역할에 대해 설명한다. 아주머니 역할을 하는 친구는 손님에게 물건을 팔고 손님 역할을 하는 친구는 자신이 가진 돈 안에서 물건을 사도록 한다.
   학생1 : 콜라 1병에 얼마예요?
   학생2 : 300원이에요.
   학생1 : 콜라 2병 주세요.
4. 첫 번째 역할이 끝나면 역할을 바꾸어 과제를 수행하게 한다.
5. 활동이 모두 끝나면 교사는 몇 팀을 지적해 발표를 시키고, 20,000원 안에서 어떤 물건을 효과적으로 샀는지 이야기해 보도록 한다.

◑ **제 안** — • 단위 명사를 모두 알고 있는지 먼저 확인해야 한다.
• 활동 전 학생들이 활동지에 있는 물건의 명칭을 모두 이해하고 있는지 확인해야 한다.

확장을 위한 아이디어! 활동 상황을 바꾸어 학생들이 스스로 활동지를 구성해 보게 할 수 있어요.

 7. 시간 빙고게임(1)

목 표 ▸ 한국어로 시간을 듣고 말할 수 있다.
준 비 ▸ 〈102, 103쪽〉 × 학생수/11, ✂
구 성 ▸ 전체
시 간 ▸ 30분
난이도 ▸ 하

이야기로 활동 열기 교사는 시계 모형이나 시간 카드를 준비해 학생들에게 보여 주며 활동을 시작할 수 있다.

교 사 : 지금 몇 시예요?
학 생 : 10시 15분이에요.
교 사 : 우리 오늘은 시간으로 '빙고 게임'을 해 봅시다.

순 서

1. 〈활동지〉를 카드 형태로 잘라 학생들에게 교사용 카드를 제외한 카드를 각각 한 장씩 나누어 준다.
2. 학생들이 한 명씩 돌아가며 시간을 말하게 한다. 교사는 학생들이 말한 시간을 모두 '교사용 카드'에서 표시해 놓는다.
3. 먼저 열이나 행 혹은 사선으로 3줄을 만드는 학생은 "빙고!"라고 말한다.
4. '빙고'라고 외치는 학생이 나오면 교사는 체크한 시간이 모두 맞는지 '교사용 카드'에 표시한 것을 보면서 확인한다.

 **확장을 위한 아이디어!** 시간에 따라 빙고 카드의 크기를 줄이거나 그룹 활동으로 할 수 있어요.

 8. 시간 빙고게임(2)

목 표 ▸ 시간을 읽고 말할 수 있다.
준 비 ▸ 〈104쪽〉 × 학생수, ✂
구 성 ▸ 전체
시 간 ▸ 30분
난이도 ▸ 하

이야기로 활동 열기 교사는 시계 모형이나 시간 카드를 준비해 학생들에게 보여 주고, 시간을 듣고 써 보면서 활동을 시작할 수 있다.

교 사 : 지금 몇 시예요? 자, 잘 듣고 써 보세요.
3:30 / 4:55 / 10:20 / 11: 15, 우리 오늘은 이렇게 시간으로 '빙고 게임'을 해 봅시다.

순 서

1. 〈활동지〉를 점선대로 잘라 교사용을 제외한 빙고판을 학생들에게 한 장씩 나누어 준다.
2. 교사가 '교사용 활동지'를 보고 시간을 읽어 주면 학생들은 시간을 듣고 받은 표에 답을 순서에 상관없이 받아 적게 한다. 이때 교사는 정확하게, 비교적 천천히 두 번씩 읽어 준다.
3. 학생들이 표를 다 채우면 학생들이 한 명씩 돌아가며 자신이 쓴 시간을 읽게 한다. 이때 다른 학생들은 자신이 쓴 시간과 일치하면 그것을 지우도록 한다.
4. 먼저 열이나 행 혹은 사선으로 3줄을 만드는 사람에게 "빙고!"라고 외치게 한다.
5. 교사는 마지막으로 교사용 활동지를 나눠 주고 자신이 쓴 답과 얼마나 일치하는지 비교하게 한다.

확장을 위한 아이디어! 시간에 따라 활동지의 크기를 줄이거나 그룹 활동으로 할 수 있어요.

9. 나이 말하기

목 표 ▸ 나이를 묻고 답할 수 있다.
준 비 ▸ 〈105쪽〉 × 학생수
구 성 ▸ 전체
시 간 ▸ 40분
난이도 ▸ 하

이야기로 활동 열기 교사는 나이를 묻고 답하는 연습을 통해 본 활동을 시작할 수 있다.

교 사 : 여러분의 나이를 말할 수 있어요? 몇 살이에요? 한국 숫자로 대답해요.
자, 함께 연습해 볼까요? 열, 스물, 서른… (생략) 미키 씨, 몇 살이에요?
학생1 : 스물여섯 살이에요.
교 사 : 우리 오늘은 이렇게 친구의 생일을 묻고 나이를 이야기해 봅시다.
'한국 나이'로 이야기해 봅시다.

순 서

1. 〈활동지〉를 학생들에게 한 장씩 나누어 준다.
2. 반 친구들에게 생일과 나이를 묻고 쓰게 한다.
   학생 1 : 미키 씨는 생일이 언제입니까? (몇 년 몇 월 며칠입니까?)
   학생2 : 제 생일은 1983년 3월 3일입니다.
   학생1 : 몇 살입니까?
   학생2 : 27살 입니다. (주의: 한국 나이를 말하도록 한다.)
3. 인터뷰가 끝나면 결과물을 보고 아래의 표에 해당하는 숫자를 쓰게 한다.
4. 활동이 모두 끝나면 교사는 질문을 통해 학생들이 바르게 수행했는지 확인한다.

◑ 제 안 — • 활동 전 학생들이 한국 숫자 10부터 100까지 읽을 수 있는지 먼저 확인해야 한다.
• 활동 전에 10대, 20대 등의 의미를 먼저 설명해 주는 것이 좋다.
• 나이를 말할 때 반드시 한국 방식의 나이를 말하도록 한다.

확장을 위한 아이디어! 단위명사 '한국 숫자(고유어 숫자)+살'로 연습을 한 뒤 '중국 숫자(한자어 숫자)+세'로 바꿔 연습을 할 수 있어요.

10. 가족의 나이 말하기

목 표 ▸ 가족의 나이를 묻고, 답할 수 있다.
준 비 ▸ 〈106, 107〉쪽 × 학생수/2
구 성 ▸ 짝
시 간 ▸ 40분
난이도 ▸ 중

이야기로 활동 열기 가족들의 나이를 묻고 답하는 연습을 통해 본 활동을 시작할 수 있다.

교　사 : 여러분은 가족의 나이를 모두 알아요?
학생들 : 네.
교　사 : 영영 씨, 아버지 연세가 어떻게 되셨습니까?
학 생1 : 쉰 아홉되셨습니다.
교　사 : (나이와 관련한 표현들을 판서하며) 우리 오늘은 가계도를 보고 가족들의 나이를 이야기 해 봅시다.

순 서

1. 학생들을 2명씩 앉도록 한다.
2. 학생들에게 각각 〈활동지A〉와 〈활동지B〉를 나누어 준다.
3. 먼저 학생B가 학생A에게 가족의 나이를 물으면 학생A가 이야기해 준다.
   학생B는 나이를 듣고 괄호 안에 채워 넣는다.
   학생1 : 할머니께서는 연세가 어떻게 되셨습니까?
   학생2 : 여든 둘 되셨습니다.
   학생1 : 여동생은 몇 살입니까?
   학생2 : 스물 두 살입니다.
4. 앞의 활동이 끝나면 ㉯로 진행한다.
5. 활동이 모두 끝나면 활동지를 서로 비교하여 과제를 맞게 수행했는지 확인하게 한다.
6. 교사는 학생들을 몇 명 지적해 발표시키고, 자주 틀리는 발음을 주의시킨다.

◑ 제 안 — • 활동 전 가계도를 보며 가족 명칭에 대해 설명해 주는 것이 좋다.
• 나이를 묻고 답할 때 사용하는 높임말을 활동 전에 학습하는 것이 좋다.

확장을 위한 아이디어! 실제 학생들의 가계도를 그려 보게 하고, 가족의 나이를 묻고 답하는 활동을 할 수 있어요.

–(스)ㅂ니다

수업 전에  알아 두세요!

〈동사/형용사/이다 + –(스)ㅂ니다〉

	기본형	–(스)ㅂ니다
동사	가다 먹다	갑니다 먹습니다
형용사	크다 좋다	큽니다 좋습니다

1. 격식체 높임말로 동사나 형용사의 어간과 결합하여 현재 시제를 나타낼 때 사용한다.
   한국어를 공부합니다.
   책을 읽습니다.

2. 의문문은 '동사/형용사 어간 + –(스)ㅂ니까?' 로 사용한다.
   영어를 가르칩니까?
   교실이 춥습니까?

3. '명사+이다' 의 부정은 '(명사)이/가 아니다' 이다.
   가: 요코 씨는 일본 사람입니까? 나: 아니요, 저는 일본 사람이 아닙니다.

주의

1. 'ㄹ' 불규칙 동사와의 결합할 때 형태 변화에 주의한다.
   저는 학교 근처에서 삽니다. (살다)
   무엇을 만듭니까? (만들다)

 1. 나의 주말 활동 이야기하기

목 표 ▸ '-(스)ㅂ니다'를 사용하여 자신의 일요일 일과를 말할 수 있다.
준 비 ▸ 〈108쪽〉 × 학생수
구 성 ▸ 짝
시 간 ▸ 40분
난이도 ▸ 하

이야기로 활동 열기 교사는 학생들이 주말에 하는 일들을 질문함으로써 활동을 시작할 수 있다.

교 사 : 여러분은 주말에 무엇을 합니까?
학생1 : 친구를 만납니다.
교 사 : 친구와 무엇을 합니까?
학생2 : 쇼핑을 합니다.
교 사 : 우리 오늘은 주말에 무엇을 하는지 이야기해 봅시다.

순 서

1. 학생들에게 〈활동지〉를 한 장씩 나누어 준다.
2. 〈활동지〉를 보고 친구에게 내용을 질문하고, 자신의 주말 활동을 답하도록 한다. 단, 반드시 완성된 문장으로 말하도록 한다.
   학생1 : 일요일에 친구를 만납니까?
   학생2 : 네.(×)
   학생2 : 네, 친구를 만납니다. (○)
3. 인터뷰 활동이 끝나면 인터뷰 조사 결과를 발표 한다.

제 안 — • 아직 부정문을 배우기 전이라면 '네'에 해당되는 답만 발표하게 할 수 있다.
• 활동 전 활동지의 어휘를 학생들이 모두 이해하고 있는지 확인해야 한다.

 **확장을 위한 아이디어!** 자신이 주말에 하는 일들을 쓰게 하여 활동지를 직접 구성해 보게 할 수 있어요.

2. 질문 만들기

목 표 ▸ 대답을 보고 질문을 '-(스)ㅂ니까?' 의 형태로 구성할 수 있다.
준 비 ▸ 〈109쪽〉 × 학생수
구 성 ▸ 전체
시 간 ▸ 40분
난이도 ▸ 중

이야기로 활동 열기 교사는 그림 카드를 보여 주면서 질문을 하고 답을 유도함으로써 활동을 시작할 수 있다.

교 사 : (음악을 듣는 그림을 보여 준다.) 코코 씨는 지금 무엇을 합니까?
학생들 : 음악을 듣습니다.
교 사 : 여러분은 무엇을 공부합니까?
학생들 : 한국어를 공부합니다.
교 사 : 우리 오늘은 '-(스)ㅂ니까?' 를 사용하여 질문을 만들어 봅시다.

순 서

1. 학생들에게 〈활동지〉를 한 장씩 나누어 준다.
2. 먼저 활동지에 쓰인 질문의 답을 교사와 함께 모두 같이 읽으며 어휘를 확인한다.
3. 각자 각 문제의 질문을 '-(스)ㅂ니까?'의 형태로 쓰도록 한다.
   (쓰기) 무엇을 마십니까? / 커피를 마십니까?
4. 활동이 끝나면 옆 친구의 답과 비교해 보게 하고, 다른 것이 있다면 무엇이 다른지 생각해 보게 한다.
5. 교사는 학생들과 함께 답을 확인하고, 채점을 하게 하여 점수가 높은 학생에게 보상을 줄 수 있다.

◑ **제 안 —** '네/아니요' 의 답을 묻는 질문을 구성할 때 주의를 시킨다.

확장을 위한 아이디어! 활동이 끝나면 학생들이 구성한 질문만 모아 답을 묻는 말하기 활동으로 다시 이용할 수 있어요.

씩

수업 전에 꼭 알아 두세요!

〈단위 명사 + 씩〉

1. 습관처럼 같은 행동을 반복하는 동작의 횟수를 말할 때 사용한다.
   가: 이 약을 하루에 몇 번씩 먹어야 해요? 나: 하루에 세 번씩 드세요.
   가: 한 달에 부모님께 몇 번 전화해요? 나: 저는 하루에 한 번씩 전화해요.

주의

1. 얼마만큼 여럿에게 각각 나누어짐을 나타내는 용법과 구별해야 한다.
   우리는 사과를 하나씩 먹었다.
   한 개씩 나눠 주십시오.

활동 1. 생활 습관 말하기

목 표 ▸ '씩'을 사용하여 내가 반복적으로 하는 일에 대하여 말할 수 있다.
준 비 ▸ 〈110쪽〉 × 학생수
구 성 ▸ 짝
시 간 ▸ 50분
난이도 ▸ 하

이야기로 활동 열기 교실에 남자/여자 친구가 있는 학생에게 '데이트'에 관하여 질문하면서 활동을 시작할 수 있다.

교 사 : 카르멘 씨는 여자 친구와 하루에 몇 번씩 전화해요?
학생1 : 보통 하루에 3번씩 해요.
교 사 : 그럼 하루에 몇 번씩 사랑한다고 말해요?
우리 오늘은 '씩'을 사용하여 여러분이 반복적으로 하는 행동에 대하여 이야기하고 그 행동을 몇 번씩하는지 이야기해 봅시다.

순 서

1. 〈활동지〉를 한 장씩 나누어 준다.
2. 〈활동지〉에 있는 습관들에 대하여 친구들에게 질문하여 메모하도록 한다.
   학생1 : 하루에 커피를 몇 잔 마셔요?
   학생2 : 저는 하루에 두 잔씩 마셔요.
3. 인터뷰 조사 결과를 발표하게 하고 교사는 오류를 수정해 준다.

확장을 위한 아이디어! 자신들의 하루 일과 중에서 반복적으로 하는 모든 일들을 이야기해보도록 해도 좋아요.

-아/어 놓다

수업 전에 꼭 알아 두세요!

〈동사 +-아/어 놓다〉

	기본형	-아/어 놓다
동사	사다 씻다 준비하다	사 놓다 씻어 놓다 준비해 놓다

1. 어떤 행위를 끝내고 그 상태를 유지함을 나타낼 때 사용한다.
   어머니는 밥을 차려 놓으셨다.
   밥을 많이 먹어 놓아 배가 고프지 않습니다.

활동 1. 행사 준비 여부 확인하기

목 표 ▸ '-아/어 놓다'를 사용하여 돌잔치 준비 상황에 대해 말할 수 있다.
준 비 ▸ 〈111, 112, 113쪽〉 × 학생수/2
구 성 ▸ 짝
시 간 ▸ 50분
난이도 ▸ 중

이야기로 활동 열기 특별한 날에 준비해야 하는 것들이 무엇인지 이야기하면서 시작할 수 있다.

교　사 : 이번 달에 누가 생일이에요? 우리가 파티를 하면 무엇을 준비해 놓아야 해요?
학생들 : 풍선을 준비해 놓아야 해요/ 선물을 준비해 놓아야 해요./ 카드를 준비해 놓아야 해요.
교　사 : (활동지의 돌잔치 그림을 보여 주며) 오늘은 이 가족들의 특별한 날입니다. 우리가 가족들이 되어서 준비를 모두 했는지 안했는지 확인해 봅시다.

순 서

1. 학생들을 2명씩 앉도록 한다.
2. 〈활동지A,B,C〉를 나누어 준다.
3. 그림을 보면서 한 명은 준비한 사람, 다른 한 사람은 제대로 모두 준비했는 확인하는 사람이 되어 준비여부를 확인하도록 한다.
   학생1 : 떡을 사 놓았어요?
   학생2 : 네, 떡을 사 놓았어요.
4. 역할극 형태로 인터뷰를 발표하도록 하고 교사는 오류를 확인한다.

확장을 위한 아이디어! 기억에 남는 생일 잔치나 특별한 이를 위해 준비를 했던 이벤트에 대하여 이야기해 봐도 좋아요.

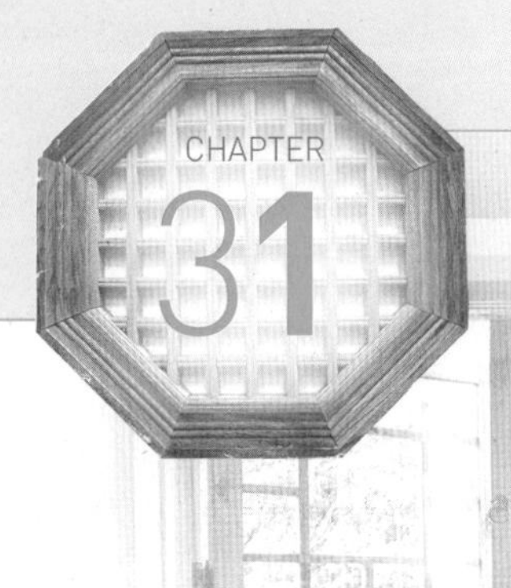
CHAPTER 31

–아/어도 되다 –(으)면 안 되다

수업 전에 꼭 알아 두세요!

〈동사/형용사 + –아/어도 되다〉

	기본형	–아/어도 되다
동사	가다	가도 되다
	먹다	먹어도 되다
형용사	작다	작아도 되다
	적다	적어도 되다

1. '동사/형용사 + –아/어도 되다' : 허락이나 허용을 나타낼 때 사용한다.
이 옷을 입어 봐도 돼요?
밤늦게 전화해도 돼요.

주의

1. '–아/어도 되다'의 '되다' 대신에 '좋다, 괜찮다' 등을 사용할 수 있다.
집에 가도 돼요. = 집에 가도 좋아요. = 집에 가도 괜찮아요.

〈동사/형용사 + –(으)면 안 되다〉

	기본형	–(으)면 안 되다
동사	가다	가면 안 되다
	먹다	먹으면 안 되다
형용사	싸다	싸면 안 되다
	좋다	좋으면 안 되다

1. 금지의 뜻을 나타내는 표현으로 사용한다.
교실에서 먹으면 안 됩니다.
약속 시간에 늦으면 안 됩니다.

주의

1. '만들다'의 경우처럼 어간이 'ㄹ'로 끝나는 경우는 '–면 안 되다'를 사용하는 것에 유의하여야 한다.
만들으면 안 돼요. (×) 열으면 안돼요. (×)
만들면 안 돼요. (○) 열면 안돼요. (○)

1. 각 나라 예절에 대하여 이야기하기

목 표 ▸ '-아/어도 되다', '-(으)면 안 되다'를 사용하여 예절에 대해 말할 수 있다.
준 비 ▸ 〈114쪽〉 × 학생수
구 성 ▸ 짝
시 간 ▸ 50분
난이도 ▸ 하

이야기로 활동 열기 교사는 껌이나 모자 또는 과자나 커피 등을 준비해 교실에서 하면 안 되는 상황을 연출하여 학생들의 대화를 유도할 수 있다.

교 사 : 여러분 교실에서 하면 안 되는 것들이 있지요? 교실에서 모자를 써도 돼요?
학생1 : 안 돼요.
교 사 : 네. 교실에서는 모자를 쓰면 안 돼요.
교 사 : 오늘은 이렇게 각 나라의 예절에 대하여 이야기해 봅시다.

순 서

1. 학생들에게 〈활동지〉를 한 장씩 나누어 준다.
2. 학생들이 각각의 행동에 대해서 나라별로 해도 되는지 안 되는지를 친구들과 '-아/어도 되다', '-(으)면 안 되다'를 사용하여 말하도록 한다.

   학생1 : 일본에서는 교실에서 모자를 써도 돼요?
   학생2 : 아니요, 쓰면 안 돼요.
   학생1 : 미국에서는 교실에서 모자를 써도 돼요?
   학생2 : 물론이지요, 써도 돼요.
3. 차례로 발표하도록 하여 확인하고 오류를 수정해 준다. 아울러 교사와 함께 한국의 예절에 대해 이야기한다.

제 안 —
- 목표 문법의 사용과 한국의 예절을 아는 것 두 가지를 모두 목표로 하는 것이 좋다.
- 학생들의 나라를 생략하고 '한국의 예절'에만 중심을 두고 활동을 할 수 있다. 또한 학습자들의 문화와 한국의 문화가 너무 비슷한 경우에는 '가정 교육'으로 주제를 다소 바꾸어도 좋다.

확장을 위한 아이디어! 자신의 나라에 대한 '가정 교육'을 중심으로 말하기를 충분히 유도한 후 이야기의 내용을 숙제로 써 오게 할 수도 있어요.

 2. 금지 여부 말하기

목 표 ▸ 구체적 상황에서 '-아/어도 되다', '-(으)면 안 되다'를 사용하여 금지 여부를 말할 수 있다.
준 비 ▸ 〈115쪽〉 × 학생수
구 성 ▸ 짝
시 간 ▸ 40분
난이도 ▸ 하

이야기로 활동 열기 어떤 행동을 할 수 있는지 또 어떤 행동을 하면 안 되는지 학생들에게 질문하며 활동을 시작할 수 있다.

교 사 : 학교에서 키스해도 돼요?
학생들 : 키스해도 돼요. /우리나라에서는 학교에서 키스하면 안 돼요.
교 사 : 우리 오늘은 해도 되는 행동과 안 되는 행동에 대하여 이야기해 봅시다.

순 서

1. 학생들을 2명씩 앉도록 한다.
2. 학생들에게 〈활동지〉를 한 장씩 나누어 준다.
3. 친구에게 '-아/어도 되다'를 사용하여 질문하도록 한다. 그리고 친구의 대답에 표시하도록 한다. 이때 서로 의견이 다른 것은 자유롭게 이야기할 수 있도록 한다.
   학생1: 교실에서 모자를 써도 돼요?
   학생2: 교실에서 모자를 쓰면 안 돼요.
4. 활동이 끝난 후 친구와 대화한 것을 정리하여 발표하도록 한다.

확장을 위한 아이디어! 활동지에 있는 것 가운데 논쟁이 되는 것을 교사가 언급하면서 전체 학생들을 대상으로 토론하게 하면 재미있어요. 또 여러 나라 학생들이 있는 경우 자기 나라의 금기에 대해 '-으면 안 되다'로 말하게 하고 이에 대해 함께 이야기해 보는 것도 좋아요.

–아/어 보다

수업 전에 꼭 알아 두세요!

〈동사 + –아/어 보다〉

	기본형	–아/어 보다
동사	가다 먹다	가 보다 먹어 보다

1. 어떤 행위를 경험하거나 시도함을 나타낼 때 사용한다.
   한국에서 찜질방에 가 봤어요.
   족발을 한번 먹어 보고 싶어요.

주의

1. 동사 '보다' 와는 결합할 수 없다.
   그 영화를 봐 보고 싶어요. (×)

1. 자신의 경험 말하고 추천하기

목 표 ▸ '–아/어 보다' 를 사용하여 자신의 경험을 친구들과 묻고 답할 수 있다.
준 비 ▸ 〈116쪽〉 × 학생수
구 성 ▸ 짝
시 간 ▸ 40분
난이도 ▸ 하

이야기로 활동 열기 교사는 유명한 장소나 음식 등의 그림 카드를 사용하여 이야기하며 활동을 시작할 수 있다.

교 사 : 한국에서 무엇을 해 봤어요? 여러분, (부산과 관련된 사진 자료를 보여주며) 부산에 가 봤어요?
학생들 : 아니요.
교 사 : 아, 아직 안 가 봤어요? 그럼, 한번 가 보세요. 바다도 있고 맛있는 음식이 많아요.
교 사 : 우리 오늘은 이렇게 친구들의 경험을 질문하고 자신의 경험을 이야기해 봅시다.

순 서

1. 학생들을 2명씩 앉도록 한다.
2. 학생들에게 〈활동지〉를 한 장씩 나누어 준다.

3. 활동지를 보고 번갈아 가며 다양한 경험들에 대하여 이야기해 보도록 한다.
학생1 : 제주도에 가 보셨어요?
학생2 : 아니요, 아직 안 가 봤어요.
학생1 : 그럼, 한번 가 보세요.
4. 활동이 모두 끝나면 교사와 함께 확인한다.

◑ 제 안 — 학생들 자신이 직접 경험한 것에 대해서는 좀 더 자세한 내용을 말하게 할 수 있다.

확장을 위한 아이디어! 학생들에게 소개하고 싶은 관광지나 음식에 대한 사진을 갖고 오게 하여 친구들에게 소개하고 정보를 이야기하게 할 수 있어요.

활동 2. 특별한 경험 이야기하기

목 표 ▸ '-아/어 보다'를 사용하여 특별한 경험에 대해 이야기할 수 있다.
준 비 ▸ 〈117쪽〉 × 학생수
구 성 ▸ 짝
시 간 ▸ 40분
난이도 ▸ 하

이야기로 활동 열기 학생들이 보통 경험하기 힘든 특별한 상황을 예로 들어 질문하면서 활동을 시작할 수 있다.

교 사 : 여러분은 (헬리콥터 사진을 보여 주며) 헬리콥터를 타 봤어요?
학생1 : 아니요. 안 타 봤어요.
교 사 : 헬리콥터를 타 보고 싶어요?
학생1 : 네. 타 보고 싶어요.
교 사 : 우리 오늘은 친구들에게 어떤 경험을 해 봤는지 묻고 그 경험을 안 해 봤다면 해 보고 싶은지 질문해 봅시다.

순 서

1. 학생들은 2명씩 앉도록 한다.
2. 학생들에게 〈활동지〉를 한 장씩 나누어 준다.
3. 먼저 활동지의 질문을 읽게 하고, 내용을 모두 이해하고 있는지 확인한다.
4. 반 학생 모두에게 돌아가며 질문을 하나씩 하고 답에 표시하게 한다. 이때 '네'에 답하면 그 경험을 언제 해 봤는지 묻고, '아니요'에 답하면 그 경험을 해 보고 싶은지 묻게 한다.
학생1: 말을 타 봤어요?
학생2: 네, 타 봤어요.
학생1: 언제 타 봤어요?

학생2 : 제주도에 여행 갔을 때 타 봤어요.
(짝을 바꿔서)
학생2 : 말을 타 봤어요?
학생1 : 아니요, 안 타 봤어요.
학생2 : 말을 타 보고 싶어요?
학생1 : 네, 타 보고 싶어요. / 아니요, 타 보고 싶지 않아요.

5. 활동이 모두 끝나면 교사와 함께 확인한다.

확장을 위한 아이디어! 활동지의 질문 내용 이외에 자신이 특별하게 경험한 일들이 있으면 소개할 수 있어요.

3. 고향 여행지 추천하기

목 표 ▸ 친구들의 고향에 대해 묻고, '-아/어 보다'를 사용하여 친구들에게 고향 여행지를 추천할 수 있다.
준 비 ▸ 〈118쪽〉 × 학생수
구 성 ▸ 짝
시 간 ▸ 50분
난이도 ▸ 중

이야기로 활동 열기 교사는 학생 몇 명을 지적해 고향의 유명한 장소나 음식 등에 대해 묻고 소개하게 한다.

교 사 : 피에르 씨, 고향이 어디예요?
학 생1 : 파리예요.
교 사 : 여러분 파리에 가 봤어요?
학생들 : 아니요. 아직 안 가 봤어요.
교 사 : 파리에서 무엇을 봐야 해요?
학 생1 : 에펠탑, 개선문에 가 보세요.
교 사 : 어떤 음식을 먹어 봐야 해요?
학 생1 : 달팽이 음식을 드셔 보세요.
교 사 : 우리 오늘은 이렇게 친구들에게 자신의 고향에서 무엇을 하는 것이 좋은지, 무엇을 먹는 것이 좋은지, 무엇을 봐야 하는지 추천해 줍시다.

순 서

1. 학생들에게 〈활동지〉를 한 장씩 나누어 준다.
2. 친구들에게 고향에 대한 정보를 묻고 메모하게 한다.

학생1 : 수진 씨의 고향이 어디에요?
학생2 : 제 고향은 프랑스예요.
학생1 : 제가 이번 방학에 프랑스에 가려고 해요. 프랑스 어디에 가 봐야 해요?

학생2 : 프랑스 파리에 가 보세요. 에펠탑도 있고 박물관도 많이 있어요.
학생1 : 무엇을 먹어 봐야 해요?
학생2 : 달팽이 요리를 먹어 보세요.
학생1 : 무엇을 해 봐야 해요?
학생2 : 초상화를 그려 보세요. 화가들이 그림을 잘 그릴 거예요.

3. 인터뷰 결과를 발표 하며 교사와 함께 확인한다. 인터뷰 결과를 발표할 때에는 대화 형태로 하도록 한다.

◑ **제 안** — • 자신의 고향에 특별한 것이 없을 경우 다른 곳을 추천해 주어도 좋다.
• 음식이나 지명은 학생들의 모국어를 쓰는 것을 허용해 주거나 교사의 도움으로 한국어로 옮길 수 있다.

확장을 위한 아이디어! 시간이 허용된다면 자신의 고향을 소개하는 사진과 글을 실어 '세계 여행' 신문을 만들어 보게 할 수 있어요.

-아/어 보이다

수업 전에 꼭 알아 두세요!

〈형용사 + -아/어 보이다〉

	기본형	-아/어 보이다
형용사	맛있다 좋다	맛있어 보이다 좋아 보이다

1. (형용사에 붙어) 어떤 대상에 대하여 겉으로 볼 때 그러하다고 느껴지게 되거나 짐작됨을 나타낼 때 사용한다.
키가 커 보여요.
오늘 무척 피곤해 보여요.

활동 1. 감정 추측하여 말하기

목　표 ▸ 감정을 표현하는 형용사와 '아/어 보이다'를 사용하여 감정을 추측하여 말할 수 있다.
준　비 ▸ 〈119쪽〉 × 학생수
구　성 ▸ 짝
시　간 ▸ 30분
난이도 ▸ 하

이야기로 활동 열기 〈활동지〉 사람 얼굴 표정 그림 중 몇 개를 확대 복사하여 보여주며 활동을 시작할 수 있다.

교　사 : 이 사람, 지금 기분이 어떨까요?
학생들 : 슬퍼요. / 힘들어요.
교　사 : 네. 우리가 지금 이 사람 기분을 잘 모르지만 아마 '슬퍼요'. '힘들어요.' 얼굴에서 볼 수 있지요? 이것을 이렇게 말할 수 있어요.
슬퍼 보여요. / 힘들어 보여요
우리 오늘은 그림을 보고 사람들의 감정을 추측하여 이야기해 봅시다.

순 서

1. 학생들을 2명씩 앉도록 한다.
2. 학생들에게 〈활동지〉를 한 장씩 나누어 준다.
3. 각자 시간을 주고 그림을 보고 어떤 상태로 보이는지 써 보도록 한다.
(쓰기) 즐거워 보여요, 피곤해 보여요 등

CHAPTER 33

4. 짝과 비교하며 이야기해 보도록 한다.
5. 교사와 함께 그림을 보며 발표한다.

◑ 제 안 — 학생들과 확인하는 단계에서 반드시 정답이 있을 필요는 없다. 몇 개의 모호한 표정을 놓고 학생들이 서로 다르게 말을 하도록 하는 것도 좋다. 이를 통해 '-아/어 보이다'가 '짐작'을 말할 때 사용하는 표현임을 알게 하는 것은 좋은 방법이 된다.

확장을 위한 아이디어! 사람들의 표정을 읽을 수 있는 사진이나 드라마 스틸 컷 등을 준비해 사람들의 감정을 추측해 보는 연습을 할 수 있어요.

활동 2. 옷차림 조언하기

목 표 ▸ '-아/어 보이다'를 사용하여 상황에 맞는 옷차림을 조언할 수 있다.
준 비 ▸ 〈120, 121쪽〉 × 학생 수/2
구 성 ▸ 짝
시 간 ▸ 40분
난이도 ▸ 중

이야기로 활동 열기 교사는 평소와 다른 옷차림으로 수업에 들어가서 자연스럽게 활동을 시작할 수 있다.

교 사 : (평소 정장 차림이었으나 이날은 안 어울리는 옷을 입었다) 제 옷 어때요?
어울려요? 안 어울려요?
학생들 : 안 어울려요 / 이상해요!
교 사 : 제가 어떻게 보여요? 멋있어 보여요? 잘 생겨 보여요?
학생들 : 이상해 보여요. / 편해 보여요.
교 사 : 우리 친구들에게 어울리는 옷을 골라 줘 봅시다. 그리고 그 이유를 '-아/어 보이다'를 사용하여 이야기해 봅시다.

순 서

1. 학생들을 2명씩 앉도록 한다.
2. 학생들에게 각각 〈활동지A〉와 〈활동지B〉를 나누어 준다.
3. 활동지에 있는 어휘들을 교사와 함께 읽어 가며 확인한다.
4. 각자의 〈활동지〉를 상대방에게 보여 주며 각각의 인물의 각각의 상황에 어울리는 옷에 대한 조언을 해 주도록 한다.
   학생1 : 내일 친구 생일파티를 해요. 어떤 옷을 입을까요?
   학생2 : 파란색 세로줄 무늬 티셔츠를 입으세요. 키가 커 보일 거예요.
5. 〈활동지〉를 바꿔 가며 서로 이야기해 본다.

6. 하나씩 대화 형태로 발표하도록 하면서 교사와 함께 확인한다.

◑ 제 안 — 교사는 학생의 수준을 고려하여 활동지에 제시된 것 외에 다른 어휘들을 사용하여도 좋다고 말해 주어 사용 가능한 어휘를 열어 놓아도 좋다.

확장을 위한 아이디어! 같은 배우나 모델이 화장이나 복장의 변화 등으로 스타일이 달라진 사진을 패션 잡지에서 오려 제시해 주고 어떻게 달라져 보이는지 이야기해 보는 활동을 할 수 있어요.

3. 친구의 첫인상에 대하여 말하기

목 표 ▸ 첫인상에 대해서 '-아/어 보이다'를 사용하여 말할 수 있다.
준 비 ▸ A4용지 × 학생수
구 성 ▸ 전체
시 간 ▸ 30분
난이도 ▸ 상

이야기로 활동 열기 학기 초에 친구들을 처음 만났을 때 첫 인상에 대해 이야기하며 활동을 시작할 수 있다.

교 사 : 여러분, 우리가 언제 처음 만났지요?
학생들 : 3월에요.
교 사 : 친구들을 처음 봤을 때 어땠어요? 기억해요?
오늘은 친구들의 '첫 인상'에 대하여 이야기해 봅시다.

순 서

1. 교사는 A4용지 한 장에 한 명씩 학생의 이름을 써서 준비한다.
2. 교사가 몇몇 학생의 첫인상을 예문으로 만들어 칠판에 간단하게 제시한다.
   (판서) 수진 씨는 처음에 아주 귀여워 보였어요.
3. 학생의 이름을 쓴 A4 용지를 돌려 가면서 학생들이 서로의 첫인상에 대해 쓰도록 한다. 이때 쓴 사람이 누구인지는 밝히지 않도록 한다.
   (쓰기) 예뻐 보였어요.
   말이 없어 보였어요.
4. 학생들이 활동을 하는 동안 교사는 돌아다니며 오류를 수정해 주고, 활동이 끝나면 학생들에게 친구들이 써 준 A4용지를 돌려준다. 몇몇 학생을 지적하여 자신의 첫인상에 대해 몇 가지를 발표하게 한다.

◑ 제 안 — 학습자의 성격이나 친밀도에 따라 긍정적인 것만 나올 수 있으므로 교사는 편안하고 유쾌한 분위기를 만드는 데 주력한다.

확장을 위한 아이디어! 선생님의 첫 인상은 어땠는지 서로 이야기해 보는 시간을 가져 보면 수업 분위기가 좋아지겠지요?

-아/어서

수업 전에 꼭 알아 두세요!

〈동사/형용사/이다 +-아/어서〉

	기본형	-아/어서
동사	오다 먹다	와서 먹어서
형용사	좋다 맛있다	좋아서 맛있어서

1. 앞 문장이 뒷 문장의 원인이나 이유를 나타낼 때 사용한다.
   술을 많이 마셔서 머리가 아파요.
   시험을 잘 봐서 기분이 좋아요.

2. 어떤 행동을 시간 순서에 따라 나열할 때 사용한다.
   여기에 앉아서 기다리세요.
   아침에 일어나서 커피를 마셔요.
   지하철 2번 출구로 나와서 전화하세요.

주의

1. 과거 시제 문장에서 '-아/어서'가 과거 시제와 결합할 수 없음에 주의한다.
   어제 일이 많았어서 바빴어요. (×)
   어제 일이 많아서 바빴어요. (○)

2. 앞 문장이 뒷 문장의 원인이나 이유를 나타낼 때 뒷 절에 명령문과 청유문이 오지 못한다.
   술을 많이 마셔서 쉬세요. (×)
   술을 많이 마셔서 쉬자. (×)

3. 어떤 행동을 시간 순서에 따라 나열할 때 '-고'와 구별할 수 있어야 한다. '-아/어서'는 주로 앞의 행위와 뒤의 행위가 밀접한 관계를 가질 때 쓰이나, '-고'는 앞의 행위와 뒤의 행위가 연관성 없이 시간적인 선후 관계만을 나타낸다는 점에서 의미의 차이가 있다.
   학교에 가서 공부했어요. (○)
   학교에 가고 공부했어요. (×)

4. 불규칙 동사, 형용사와의 결합할 때 형태 변화에 주의해야 한다.
   듣다(들어서), 걷다(걸어서)
   춥다(추워서), 어렵다(어려워서), 뜨겁다(뜨거워서)
   크다(커서), 바쁘다(바빠서)

1. 변명하기

목　표 ▸ '-아/어서'를 사용하여 질문에 대한 이유를 말할 수 있다.
준　비 ▸ 〈122쪽〉 × 학생수
구　성 ▸ 짝
시　간 ▸ 50분
난이도 ▸ 하

이야기로 활동 열기 학생이 변명을 할 수 있는 질문으로 이야기를 시작할 수 있다.

교　사 : 리리 씨, 오늘 왜 학교에 늦었어요?
학생1 : 아침에 늦게 일어나서 늦었어요.
교　사 : 우리 오늘은 '-아/어서'를 사용하여 어떤 일에 변명을 해 봅시다.

순 서

1. 학생들에게 〈활동지〉를 한 장씩 나누어 준다.
2. '-아/어서'를 사용하여 변명을 하고 이유를 메모하도록 한다.
   학생1: 왜 어제 집에 안 들어왔어요?
   학생2: 술을 너무 많이 마셔서 못 들어 왔어요.
3. 인터뷰 조사 결과를 발표하도록 한다.

◑ **제 안 —** 〈활동지〉아래의 어휘와 표현은 '참고'로 활용하고 학생들이 자유롭게 문장을 만들도록 하는 것이 좋다.

확장을 위한 아이디어! 아래 〈참고〉 어휘를 지우거나 잘라서 복사하여 질문에 자유롭게 답하는 활동을 할 수 있어요.

2. 문장 완성하기

목　표 ▸ '-아/어서'(이유)를 사용하여 적절한 문장을 만들 수 있다.
준　비 ▸ 〈123쪽〉 × 학생수/2, ✂
구　성 ▸ 짝
시　간 ▸ 40분
난이도 ▸ 하

이야기로 활동 열기 이유를 답할 수 있는 상황을 준비하여 학생들에게 답을 유도함으로써 활동을 시작할 수 있다.

교　사 : 여러분은 배가 고팠어요. 어떻게 했어요?
학생들 : 배가 고파서 밥을 두 그릇 먹었어요.

교 사 : 배가 고파서 밥을 두 그릇 먹었어요.
네. 좋아요. 오늘은 문장을 보고 '아/어서' 를 사용하여 이야기를 만들어 봅시다.

순 서

1. 학생들을 2명씩 앉도록 한다.
2. 잘라온 〈활동지〉 문장 카드를 나누어 준다.
3. 문장카드를 책상 위에 엎어 놓는다.
4. 한 명씩 번갈아 가면서 문장 카드를 뒤집으면서 주어진 문장를 사용하여 나머지 문장을 완성하도록 한다.
   술을 마셔서 머리가 아파요.
5. 교사와 함께 한 문장씩 보면서 확인하도록 한다.

확장을 위한 아이디어! 다양한 상황(한국어 공부가 어려워지는 이유, 한국 생활이 재미있어지는 이유 등)을 주어 학생들에게 이유를 답해 오는 숙제를 내 줄 수 있어요.

3. 오류 수정하기 게임

목 표 ▸ 오류를 찾아 바르게 고치는 활동을 통해 '-아/어서' 와 '-(으)니까' 를 구별할 수 있다.
준 비 ▸ 〈124쪽〉 × 학생수
구 성 ▸ 전체
시 간 ▸ 40분
난이도 ▸ 중

이야기로 활동 열기 이유를 표현하는 방법에는 어떤 것이 있는지 묻고, '-아/어서' 와 '-(으)니까' 의 차이에 대해 언급하며 활동을 시작할 수 있다.

교 사 : 요즘 학교에 대학생들이 왜 많이 없지요?
학생들 : 방학이어서 없어요. / 방학이니까 없어요.
교 사 : 네. 이유를 우리 모두 알고 있어요. 그래서 '-아/어서' 와 '-(으)니까' 를 모두 사용할 수 있어요.
해리 씨는 어제 왜 결석했어요?
학 생1 : 아파서 결석했어요.
교 사 : 해리 씨가 왜 결석했어요? 우리가 그 이유를 알았어요?
학생들 : 몰랐어요. 해리 씨만 알았어요.
교 사 : 네. 이때는 '-아/어서' 를 사용해야 해요. '-아/어서' 와 '-(으)니까' 의 차이를 알겠어요?
오늘은 문장을 보고 '-아/어서' 와 '-(으)니까' 에 주의해서 문장을 고쳐 봅시다.

순 서

1. 학생들에게 〈활동지〉를 한 장씩 나누어 주도록 한다.
2. 10문장 중 틀린 것이 있는지 찾게 한다. 이때 맞는 문장도 있음을 이야기해 준다.
3. 틀린 문장을 활동지에 바르게 다시 쓰도록 한다.
4. 완성된 활동지를 교실 벽에 붙이게 하고, 다른 사람이 구성한 활동지를 보면서 자신이 쓴 것과 비교하게 한다.
5. 교사는 학생들과 함께 오류를 찾아 수정하고, '-아/어서'와 '-(으)니까'의 용법을 다시 한번 정리한다.
6. 교사는 가장 정확한 문장을 만든 사람에게 보상을 해 준다.

확장을 위한 아이디어! 학생들의 수준이 이 활동을 하기에 좀 낮은 편이라면 틀린 문장으로만 활동지를 재구성할 수 있어요.

활동 4. 나만의 습관

목 표 ▶ '-아/어서'를 사용하여 나의 습관을 이야기하고 친구들과 비교할 수 있다.
준 비 ▶ 〈125쪽〉 × 학생수
구 성 ▶ 짝
시 간 ▶ 40분
난이도 ▶ 하

이야기로 활동 열기 활동지의 질문 중 하나를 선택하여 이야기를 시작할 수 있다.

교 사 : 여러분은 과일을 어떻게 먹어요? 깎아서 먹어요? 씻어서 그냥 먹어요?
학생1 : 씻어서 먹어요.
교 사 : 우리 오늘은 다음 일들을 어떻게 하는지 이야기해 봅시다.

순 서

1. 학생들을 2명씩 앉도록 한다.
2. 학생들에게 〈활동지〉를 각각 한 장씩 나누어 준다.
3. 활동지의 내용을 읽으면서 자신의 습관에 해당되는 내용에 표시하게 한다.
4. 표시가 끝나면 옆 친구에게 활동지의 내용을 질문하여 자신과 같은지 다른지 표시해 보도록 한다.
   학생1 : 수진 씨는 과일을 어떻게 먹습니까?
   학생2 : 저는 과일을 그냥 먹습니다.
5. 활동이 끝나면 교사는 학생 몇 명을 지적해 발표시킨다.

확장을 위한 아이디어! 학생들에게 활동지 이외의 내용을 직접 구성해 보게 할 수 있어요.

활동 5. 그림 보고 이야기 만들기

목 표 ▸ 다양한 '-아/어서'를 용법을 적절히 사용하여 이야기를 만들 수 있다.
준 비 ▸ 〈126쪽〉 × 학생수
구 성 ▸ 짝
시 간 ▸ 40분
난이도 ▸ 중

이야기로 활동 열기 교사는 '-아/어서'를 사용할 수 있는 상황을 준비해 질문하면서 활동을 시작할 수 있다.

교　사 : 여러분은 보통 어디에서 공부해요?
학생들 : 도서관이요.
교　사 : 아, 도서관에 가서 공부해요. 그럼 밥은 어디에서 먹어요?
학생들 : 학교 식당이요.
교　사 : 아, 학교 식당에 가서 먹어요.
우리 오늘은 그림을 보고 '아/어서'를 사용하여 이야기를 만들어 봅시다.

순 서

1. 학생들을 2명씩 앉도록 한다.
2. 학생들에게 〈활동지〉를 한 장씩 나누어 준다.
3. 각자 활동지의 내용을 읽으면서 빈 칸을 채워 보도록 한다.
   (쓰기) 백화점에 가서 신발을 샀어요.
4. 짝끼리 서로 한 문장씩 읽으면서 비교해 보도록 한다.
5. 교사와 함께 확인한다.

확장을 위한 아이디어! '-아/어서'의 상황을 넣어 이야기를 길게 이어 나가는 활동으로 확장할 수 있어요.

–아/어야 하다

수업 전에 꼭 알아 두세요!

〈동사/형용사/이다 + –아/어야 하다〉

	기본형	–아/어야 하다
동사	오다	와야 하다
	먹다	먹어야 하다
형용사	작다	작아야 하다
	맛있다	맛있어야 하다

1. 어떤 일이나 상황에 대한 당위나 의무, 필요성을 나타낼 때 사용한다.
   이 약을 먹고 푹 쉬어야 합니다.
   오후까지 이 일을 다 해야 합니다.

주의

1. '하다' 대신에 '되다'를 써서 '–아/어야 되다'로 표현하기도 한다.
   집에 가야 해요.
   = 집에 가야 돼요.
2. '–아/어야 하다'의 부정으로 '–지 않아도 되다'가 사용된다.
   학교에 오지 않아도 돼요.
   숙제를 하지 않아도 돼요.

CHAPTER 35

1. 준비해야 하는 것 말하기

목 표 ▸ '-아/어야 하다'를 사용하여 상황에 맞게 조언할 수 있다.
준 비 ▸ 〈127쪽〉 × 학생수
구 성 ▸ 짝
시 간 ▸ 30분
난이도 ▸ 하

이야기로 활동 열기 활동지의 상황 중 한 가지를 선택하여 이야기를 시작할 수 있다.

교 사 : 1년 후에 한국 회사에 가려고 해요. 무엇을 준비해야 해요?
학생1 : 컴퓨터를 공부해야 해요.
교 사 : 오늘은 우리 '-아/어야 하다'를 사용하여 조언을 해 봅시다.

순 서

1. 학생들을 2명씩 앉도록 한다.
2. 학생들에게 〈활동지〉를 한 장씩 나누어 준다.
3. 짝끼리 대화하면서 '-아/어야 하다'를 사용하여 각각의 상황에서 준비해야 하는 것에 대하여 인터뷰하도록 한다.
   학생1 : 1년 후에 대학을 졸업하고 취직을 하려고 해요. 무엇을 준비해야 해요?
   학생2 : 컴퓨터를 공부해야 해요.
4. 교사와 함께 확인한다.

확장을 위한 아이디어! 자신의 미래의 계획을 이야기하고 그것을 이루기 위해 무엇을 준비해야 하는 지 이야기해 봐도 좋아요.

2. 건강한 생활 수칙 정하기

목 표 ▸ '-아/어야 하다'를 사용하여 건강한 생활을 위한 생활 수칙을 말할 수 있다.
준 비 ▸ 〈128쪽〉 × 학생수
구 성 ▸ 짝
시 간 ▸ 50분
난이도 ▸ 하

이야기로 활동 열기 '건강에 좋은 것'과 '건강에 안 좋은 것'에 대하여 질문을 하면서 활동을 시작할 수 있다.

교 사 : 여러분의 건강은 어때요? 건강을 위해서 무엇을 해야 해요?
학생들 : 운동을 해야 해요. / 밥을 잘 먹어야 해요.
교 사 : 그럼, 건강에 좋지 않은 것은 뭐가 있지요?
학생들 : 술, 담배...
교 사 : 우리 오늘은 건강에 좋은 것과 나쁜 것에 대하여 이야기해 봅시다.

순 서

1. 학생들을 2명씩 앉도록 한다.
2. 학생들에게 〈활동지〉를 한 장씩 나누어 준다.
3. 〈활동지〉를 읽으면서 건강을 위해 중요한 것을 1번부터 각자 순서를 매기도록 한다.
4. 짝과 서로 순서를 비교하면서 하나의 순서를 만들도록 한다.
   학생1 : 건강하려면 무엇이 중요해요?
   학생2 : 담배를 피우지 말아야 해요. 그리고 잠을 일찍 자야 해요.
5. 활동이 끝난 후 짝과 함께 정리한 순서를 발표하도록 하고 교사와 같이 확인한다.

◑ **제 안** — 이때 '-아/어야 하다'와 '-는 것', 그리고 '보다 더' 등의 문법을 자연스럽게 사용할 수 있다.

확장을 위한 아이디어! '한국어를 잘 하는 방법', '살을 빼는 방법' 등 상황을 바꿔 여러 방법 등에 대해 이야기해 보게 할 수 있어요.

-아/어요

수업 전에 꼭 알아 두세요!

〈동사/형용사/이다 + -아/어요〉

ㅏ, ㅗ + -아요		ㅓ, ㅜ, ㅡ, ㅣ… + -어요		-하다 → -해요	
가다	가요	먹다	먹어요	공부하다	공부해요
오다	와요	배우다	배워요	일하다	일해요
작다	작아요	적다	적어요	친절하다	친절해요
높다	높아요	마시다	마셔요	복잡하다	복잡해요

1. 비격식체 높임말로 평서형 종결어미로 사용하고 주로 구어에 사용한다. 의문문도 같은 형태로 억양에 따라 의미가 달라진다.
   한국이 **좋아요**? (↗)
   한국어 공부는 **재미있어요**.(↘)

주의

1. '마시다', '기다리다', '가르치다' 등과 같이 모음 'ㅣ'와 '어요'가 결합할 때 'ㅕ'로 바뀌는 것에 주의한다.
   마시(다) + 어요 → 마셔요
   기다리(다) + 어요 → 기다려요
2. 불규칙 변화에 주의 한다.
   ㅂ불규칙(ㅂ → 오/우) 춥다 → 추워요, 쉽다 → 쉬워요
   ㄷ불규칙(ㄷ → ㄹ) 듣다 → 들어요, 걷다 → 걸어요
   르불규칙(르 → ㄹ,ㄹ) 고르다 → 골라요, 모르다 → 몰라요
   ㅡ탈락(ㅡ → Φ) 쓰다 → 써요, 예쁘다 → 예뻐요
   ㅅ탈락(ㅅ → Φ) 짓다 → 지어요, 낫다 → 나아요
3. '명사+이다'의 경우 변화에 주의한다.

명사(받침 ○) + -이에요	학생**이에요.**
명사(받침 ×) + -예요	나무**예요.**

1. 친구에 대해 알아보기

목 표 ▸ '-아/어요'를 사용하여 내가 친구에 대해 얼마나 알고 있는지 알 수 있다.
준 비 ▸ 〈129쪽〉 × 학생수/2, ✂
구 성 ▸ 짝
시 간 ▸ 30분
난이도 ▸ 하

이야기로 활동 열기 학생들이 자신에 대해 얼마나 알고 있는지 질문을 하고, 아래와 같은 예를 들어 줌으로써 본 활동을 시작할 수 있다.

교 사 : 여러분 저를 잘 알아요?

우리 선생님	네	아니요	맞아요?
술을 잘 마시다	□	□	□
등산을 좋아하다	□	□	□

이것을 보세요. (칠판에 쓰거나 문장 카드로 준비)

여러분 공책에 답을 써 보세요. 자, 다 썼어요? 그럼 저에게 질문하세요.

학생1 : 선생님, 술을 잘 마셔요?

교 사 : 아니요. 잘 못 마셔요.

학생2 : 선생님, 등산을 좋아해요?

교 사 : 네. 아주 좋아해요. 여러분이 쓴 답과 제 대답과 같아요? 달라요?

우리 오늘은 친구에 대하여 얼마나 잘 아는지 '아/어요'를 사용하여 이야기해 봅시다.

순 서

1. 학생들을 2명씩 앉도록 한다.
2. 학생들에게 각각 〈활동지A〉와 〈활동지B〉를 나누어 준다.
3. 각자 〈활동지〉위에 친구의 이름을 쓰고 〈활동지〉를 읽으면서 혼자 짝에 대하여 '네/아니요'에 ☑표 하게 한다.
4. 답 표시가 끝나면 친구에게 질문을 통해 자신이 추측한 답이 실제와 맞는지 확인하게 한다. 자신이 추측한 답이 실제와 일치하면 '맞아요?' 란에 ☑표 한다.
   학생1 : 수진 씨 개를 좋아해요?
   학생2 : 네, 좋아해요.('맞아요' 란에 ☑ 한다)
5. 짝끼리 누가 더 많이 맞았는지 비교해 보도록 한다.
6. 교사와 함께 인터뷰 결과를 발표하도록 한다.

확장을 위한 아이디어! 인터뷰 결과를 이용하여 친구의 생활에 대하여 '-아/어요'를 사용하여 써 오도록 해도 좋아요.

CHAPTER 36

활동 2. 빈도 말하기

목 표 ▸ 동사의 기본형을 '-아/어요'를 사용하여 행동의 빈도를 말할 수 있다.
준 비 ▸ 〈130쪽〉 × 학생수
구 성 ▸ 짝
시 간 ▸ 40분
난이도 ▸ 중

이야기로 활동 열기 학생들의 하루 일과를 예를 들어 이야기를 시작할 수 있다. 자연스럽게 빈도 부사를 노출 시킨다.

교 사 : 수진 씨는 매일 아침에 일찍 일어나요?
학생1 : 아니요.
교 사 : 그럼, 자주 일찍 일어나요? 아니면 가끔 일찍 일어나요? 거의 일찍 안 일어나요? 일찍 안 일어나요?
학생1 : 거의 일찍 안 일어나요.
교 사 : 그럼, 오늘은 자신의 행동을 얼마나 자주 하는지 이야기해 봅시다.

순 서

1. 학생들에게 〈활동지〉를 한 장씩 나누어 준다.
2. 〈활동지〉의 일들을 얼마나 자주 하는지 인터뷰하도록 한다. 인터뷰 결과는 활동지에 주어진 번호로 쓰도록 한다.
   학생1 : 아침 식사를 해요?
   학생2 : 아침 식사를 거의 안 해요.
3. 활동이 모두 끝나면 인터뷰 결과를 발표하도록 한다.

◑ **제 안** — 빈도 부사의 위치에 주의한다.

확장을 위한 아이디어! 자신의 하루 일과나 친구의 하루 일과를 빈도 부사를 적절히 사용하여 써 오도록 하는 것도 좋아요.

3. 질문 만들기

목 표 ▸ '-아/어요?'를 사용하여 질문을 할 수 있다.
준 비 ▸ 〈131쪽〉 × 학생수
구 성 ▸ 짝
시 간 ▸ 40분
난이도 ▸ 상

이야기로 활동 열기 교사는 그림 카드를 보여 주면서 질문을 하고 답을 유도함으로써 활동을 시작할 수 있다.

교　사 : (커피를 마시는 그림 카드를 보여주며) 마리 씨는 지금 뭐 해요?
학생들 : 커피를 마셔요.
교　사 : 네. 그럼, 여러분은 무엇을 공부해요?
학생들 : 한국어를 공부해요.
교　사 : 그럼, 한국어를 가르쳐요?
학생들 : 아니요. 한국어를 배워요.
교　사 : 우리 오늘은 '-아/어요'를 사용하여 질문을 만들어 봅시다.

순 서

1. 학생들에게 〈활동지〉를 한 장씩 나누어 준다.
2. 각자 〈활동지〉를 읽으면서 '-아/어요?'를 사용하여 질문을 만들도록 한다.
   (쓰기) 일본어를 가르쳐요?
3. 짝과 바꿔서 비교를 해 보도록 한다.
5. 교사는 학생들과 함께 답을 확인하고, 채점을 하게 하여 점수가 높은 학생에게 보상을 줄 수 있다.

◑ **제 안 —** 학생 수나 수준에 따라 짝이나 그룹 활동으로 진행할 수 있다.

확장을 위한 아이디어! 활동이 끝나면 학생들이 구성한 질문만 모아 답을 묻는 말하기 활동으로 다시 이용할 수 있어요.

-아/어 있다

수업 전에 꼭  알아 두세요!

〈동사 + -아/어 있다〉

	기본형	-아/어 있다
동사	가다 들다	가 있다 들어 있다

1. 어떤 행위가 끝난 후 그 상태나 결과가 지속됨을 나타낼 때 사용한다.
   민수는 일본에 가 있어요.
   가방 안에 지갑과 책이 들어 있어요.

주의

1. '동사+-아/어 있다'는 목적어를 필요로 하지 않는 동사와 사용한다. 주로 피동형과 자주 결합한다.
   밥을 먹어 있다. (×)
   놓이다 → 놓여 있다
   열리다 → 열려 있다
2. 동작의 진행이나 행위의 지속으로 사용되는 '동사+-고 있다'와 구별해야 한다. '동사+-아/어 있다'는 동작이 완료된 상태가 지속됨을 의미하며, '동사+-고 있다'는 동작이 진행되고 있음을 의미한다. '동사+-고 있다'는 목적어가 있는 문장에 '동사 -아/어 있다'는 목적어가 없는 문장에 사용한다.
   의자에 앉아 있다. (의자에 앉은 상태가 진행되고 있음을 말함)
   의자에 앉고 있다. (의자에 앉고 있는 동작이 진행되고 있음을 말함)
   잠을 자 있다. (×)
   잠을 자고 있다. (○)
3. '-아/어 있다'가 존대로 사용될 때에는 '-아/어 계시다'가 된다.
   할머니께서 편찮으셔서 병원에 입원해 계세요.

1. 교실 묘사하기

목 표 ▶ '-아/어 있다'를 사용하여 교실의 상태를 묘사할 수 있다.
준 비 ▶ 없음
구 성 ▶ 전체
시 간 ▶ 30분
난이도 ▶ 하

이야기로 활동 열기 교사는 수업 전 교실의 환경에 미리 변화를 주어 학생들이 '-아/어 있다'를 사용하여 답을 할 수 있도록 대화를 유도한다.

교 사 : (벽을 바라 보고 선다.) 저는 잘 보이지 않는데 교실의 모습을 설명해 줄 수 있어요?
시계가 어디에 있어요?
학생들 : 벽에 있어요.
교 사 : 벽에 어떻게 있어요? '걸리다'! 걸려 있어요. 문 옆에 걸려 있어요.
우리 오늘은 교실에 무엇이 어떻게 있는지 '-아/어 있다'를 사용하여 묘사해 봅시다.

순 서

1. 교사는 수업 전에 교실에 들어가 '-아/어 있다'를 다양하게 사용할 수 있는 환경을 만들어 놓는다.
   칠판에 종이를 붙여 놓는다. / 교실 바닥에 책을 떨어뜨려 놓는다./ 창문을 조금 열어 놓는다. 등
2. 칠판에 학생들이 교실을 묘사하는 데 필요한 동사들을 칠판에 판서해 놓는다.
   걸리다, 열리다, 닫히다, 놓이다, 떨어지다 등
3. 학생들과 교실 환경을 '-아/어 있다'를 사용하여 이야기하도록 한다.
   한 명씩 돌아가며 한 문장씩 추가하여 이야기한다.
   학생1: 문이 닫혀 있다.
   학생2: 문이 닫혀 있다. 선생님이 서 있다.
   학생3: 문이 닫혀 있다. 선생님이 서 있다. 지도가 걸려 있다.
4. 교사가 적당하다고 판단하는 단계(대략 8~10문장 정도)에서 멈춘다. 그리고 발표하지 않은 다른 문장이 있는지 물어 보고 학생들이 자유롭게 발표하도록 한다.

◑ **제 안** —
- 피동 표현은 가능한 한 문법적으로 설명하지 않고 어휘의 형태로 제시한다.
- 학생들에게 암기가 너무 부담이 된다면 교사가 칠판에 '문', '선생님', '지도' 하는 형식으로 학생이 말한 순서대로 교실의 사물들을 적어 주어도 좋다.

확장을 위한 아이디어! 교실 이외에 다양한 상황 그림을 주고 묘사하게 할 수 있어요. 이때 '-아/어 있다'와 '-고 있다'의 차이도 함께 학습하면 좋겠지요.

CHAPTER 37

2. 다른 그림 찾기

목 표 ▸ '-아/어 있다'를 사용하여 집 안 여러 곳을 묘사할 수 있다.
준 비 ▸ 〈132, 133쪽〉 × 학생수/2
구 성 ▸ 짝
시 간 ▸ 50분
난이도 ▸ 중

이야기로 활동 열기 교사는 비슷하지만 조금씩 다른 그림 두 개를 크게 확대해 칠판에 붙여 놓고, 어떻게 다른지 질문하면서 이야기를 시작할 수 있다.

교 사 : 여기 그림이 두 개 있지요? 이 그림들은 서로 달라요? 같아요?
비슷하지만 다른 것이 있어요. 찾아보세요.
학생1 : 그림 A는 창문이 열려 있어요.
교 사 : 네. 하지만 그림 B는 어때요?
학생2 : 창문이 닫혀 있어요.
교 사 : 우리 오늘은 그림을 보고 무엇이 다른지 '-아/어 있다'를 사용하여 찾아봅시다.

순 서

1. 학생들을 2명씩 앉도록 한다.
2. 학생들에게 각각 〈활동지A〉와 〈활동지B〉를 나누어 준다.
3. 〈활동지〉의 어휘를 교사와 함께 읽으며 확인한다.
4. 짝끼리 교대로 그림에 대해 '-아/어 있다'를 사용하여 말하도록 한다. 이 과정에서 두 그림의 차이점을 찾도록 한다.
   학생1: 시계가 벽 가운데 걸려 있어요.
   학생2: 거울이 왼쪽 벽에 걸려 있어요.
   학생1: 스탠드가 꺼져 있어요.
5. 활동 후 교사와 함께 그림을 보고 확인하고 가장 많은 차이점을 찾은 사람에게 보상해 준다.

제 안 — 말하기를 할 때는 〈참고〉 어휘 부분을 접은 후에 보지 않고 기억해서 말하게 하는 것이 좋다.

확장을 위한 아이디어! 사고 현장이나 도난 사건 등의 사진 등을 주고 경찰에 전화해 상황을 묘사해 보는 역할극 활동을 할 수 있어요.

3. 방 묘사하기

목 표 ▸ '-아/어 있다'를 사용하여 자신의 방을 묘사할 수 있다.
준 비 ▸ 〈134쪽〉 × 학생수
구 성 ▸ 짝
시 간 ▸ 50분
난이도 ▸ 상

이야기로 활동 열기 방의 모습이 담긴 그림이나 사진을 준비해 칠판에 걸어 놓고 학생들에게 질문을 통해 방을 묘사하면서 이야기를 시작할 수 있다.

교　사 : 이것은 제 방이에요. 제 방에 무엇이 있습니까?
학생들 : 시계요, 책상이요 …….
교　사 : 시계가 어디에 어떻게 있습니까?
학 생1 : 시계가 벽에 걸려 있습니다.
교　사 : 우리 오늘은 '-아/어 있다'를 사용하여 자신의 방을 묘사해 봅시다.

순 서

1. 학생들을 2명씩 앉도록 한다.
2. 학생들에게 〈활동지〉를 한 장씩 나누어 준다.
3. 〈활동지〉의 어휘를 교사와 함께 읽으며 확인한다. 〈활동지〉위의 예시로 주어진 방의 그림을 보며 사물 어휘를 제시해 준다.
4. 각자 먼저 자신의 방을 그림 그리면서 '-아/어 있다'를 사용하여 자신의 방을 묘사할 수 있도록 준비하게 한다.
5. 서로 번갈아 가며 한 학생이 자신의 방 그림을 바탕으로 묘사하여 말하면 다른 학생은 듣고 친구의 방을 그리는 칸에 그림을 그린다.
   학생1 : 사전이 책상 오른쪽 위에 놓여 있어요.
   　　　그리고 책상 아래에 종이가 떨어져 있어요.
6. 활동이 끝나고 나면 서로 그림을 보여 주며 확인을 한다.
7. 자신이 그린 그림을 보여 주며 교사와 같이 확인한다.

◑ **제 안** — 그림을 그리는 데 너무 많은 시간을 소비하지 않도록 한다. 〈활동지〉위쪽에 있는 그림을 보고 각 물건들에 번호를 쓰게 한 후 사물 그림 대신에 번호를 쓰도록 하면 시간을 절약할 수 있다.

확장을 위한 아이디어! 한 명씩 나와서 자신의 방을 묘사하고 다른 친구들이 그려 보게 할 수 있어요.

–아/어 주다

수업 전에 꼭 알아 두세요!

〈동사+–아/어 주다〉

	기본형	–아/어 주다
동사	오다 읽다	와 주다 읽어 주다

1. 다른 사람을 위해 '도움을 주다' 의미를 갖는다.
   아침마다 에르카 씨가 교실 문을 열어 줍니다.
   사카 씨가 창문을 닫아 주었습니다.

2. '–아/어 줄까요(드릴까요)?' 의 형태로 쓰여서 자진해서 도와주기를 원할 때 정중하게 상대의 허락을 구하는 의미로 사용한다. 긍정의 대답으로는 '–아/어 주십시오(주세요)' 를 사용하고 부정의 대답으로는 '아니요, 괜찮습니다(괜찮아요).' 등을 사용한다.
   가: 제가 문을 열어 줄까요? 나: 네, 도와주세요. 고맙습니다.
   가: 제가 창문을 열어 드릴까요? 나: 네, 열어 주십시오. 고맙습니다.

3. '–아/어 주시겠습니까?' 의 형태로 쓰여 상대방에게 정중하게 도움을 부탁할 때 사용한다. 긍정의 대답으로 ' –아/어 주겠습니다, –아/어 드리겠습니다' 를 사용한다.
   가: 저 좀 도와주시겠습니까?
   나: 네, 도와 드리겠습니다.
   가: 잠깐만 기다려 주시겠습니까?
   나: 네, 기다리겠습니다.

주의

1. 행동을 받는 대상이 윗 사람이면 '주다' 의 높임인 '드리다' 의 형태를 사용한다.
   친구에게 교실 문을 열어 주었습니다.
   선생님께 교실 문을 열어 드렸습니다.
   (나보다 나이 많은 사람에게) 제가 열어 드릴까요?
   (나보다 나이 많은 사람에게) 제가 열어 드리겠습니다.

2. '주다 + –아/어 주다' 의 경우의 '주다' 로 사용한다는 것에 주의한다.
   어제 친구에게 책을 줘 주었습니다. (×)
   어제 친구에게 책을 주었습니다. (○)

1. 정중하게 부탁하기

목 표 ▸ '-아/어 주다(드리다)'를 사용하여 정중하게 부탁할 수 있다.
준 비 ▸ 〈135쪽〉 × 학생수/2, ✂
구 성 ▸ 짝
시 간 ▸ 40분
난이도 ▸ 하

이야기로 활동 열기 교실에 들어오면서 학생 중 한 명에게 자연스럽게 문이나 창문을 열거나 닫아 달라고 부탁을 하면서 이야기를 시작할 수 있다.

교 사 : (학생에게) 미코 씨, 죄송하지만 문 좀 열어 주세요.
학 생 : 네
교 사 : 미코 씨가 문을 열어 주었습니다. 저를 도와주었어요.
오늘은 다른 사람에게 예의 바르게 도움을 부탁해 봅시다.

순 서

1. 학생들을 2명씩 앉도록 한다.
2. 문장 카드를 책상 가운데 엎어 놓는다.
3. 한 사람씩 번갈아 가며 올려놓은 카드를 한 장 씩 열어 문장을 읽고 그 문장에 쓰여 있는 대로 상대 학생에게 부탁한다.
   학생1 : 창문 좀 열어 주시겠습니까?
   학생2 : 네, 열어 드리겠습니다. (창문을 열어 주도록 한다)
4. 문장을 바꿔 부탁을 하면 상대는 실제로 행동을 도와주는 연기를 하도록 한다.
5. 교사와 함께 한 문장씩 확인하도록 한다.

제 안 — • '주다'의 높임인 '드리다'를 잘못 사용하여 '창문을 좀 열어 드리겠습니까?'와 같은 비문이 나오지 않도록 주의한다.
• 활동지에 학생들의 상황이나 흥미에 따라 재미있는 부탁들을 교사가 추가하면 좋다.

확장을 위한 아이디어! 이 활동을 한 후에 하루 종일 실제로 반 친구들에게 부탁을 하고 서로 들어 주도록 하는 게임을 할 수 있어요.

 2. 친구 도와주기

목 표 ▸ '-아/어 주다(드리다)'를 사용하여 친구에게 도움을 줄 수 있다.
준 비 ▸ 〈136쪽〉 × 학생수
구 성 ▸ 전체
시 간 ▸ 50분
난이도 ▸ 하

이야기로 활동 열기 학생들을 잘 살펴 도움을 원하는 학생이 있는지 찾아보고, 있다면 그 학생에게 도움이 필요한지 물어 보면서 이야기를 시작할 수 있다.

교 사 : 유미 씨, 더워요? 창문 좀 열어 줄까요?
학생1 : 네, 고맙습니다.
교 사 : 오늘은 친구에게 무엇을 도와줄지 생각해 보고 도움이 필요한지 안한지 친구들에게 질문해 봅시다.

순 서

1. 학생들에게 〈활동지〉를 한 장씩 나누어 준다.
2. 활동지에 반 친구들의 이름을 모두 쓰도록 한다.
3. 그리고 각각의 친구들에게 어떤 도움을 주고 싶은지 써 보도록 한다.
   (쓰기) 커피를 사 줄까요?
4. 학생들을 모두 일어나게 한 후 이름이 적힌 친구를 찾아 그 도움을 원하는지 원하지 않는지 질문하도록 한다.
   학생1 : 커피를 사 줄까요?
   학생2 : (먹고 싶으면) 네, 고맙습니다. / (먹고 싶지 않으면) 아니요, 괜찮아요.
5. 만약 원한다면 〈활동지〉오른 쪽에 ○표, 원하지 않으면 ×표 하도록 한다.

◑ **제 안** — 학생들에게 친절한 부탁을 예의 있게 거절하는 연습이 되도록 억양에도 주의해야 한다.

확장을 위한 아이디어! 학생들 몇 명이 나와 자신이 처한 어려운 상황을 마임으로 표현하면 다른 학생들이 그 내용을 읽고 '-아/어 줄까요?'로 묻는 활동을 할 수 있어요.

3. 비밀 친구(마니또) 게임

목 표 ▸ '-아/어 주다(드리다)'를 사용하여 친구에게 도움을 줄 수 있다.
준 비 ▸ 〈137쪽〉 × 학생수, 학생들의 이름을 적을 메모지 × 학생수
구 성 ▸ 전체
시 간 ▸ 일주일
난이도 ▸ 중

이야기로 활동 열기 학생들에게 자신의 나라에도 비밀 친구 게임이 있는지를 물어 보고, 그 게임에 대하여 설명을 하면서 이야기를 시작한다.

교 사 : 여러분 나라에도 '비밀 친구 게임'이 있어요?
학생들 : 몰라요.
교 사 : 우리 오늘부터 일주일 동안 '비밀 친구 게임'을 해 봅시다.

순 서

1. 학생들에게 '비밀 친구 게임'이 무엇인지 설명해 준다.
   교사: 친구를 한 명 정할 거예요. 그리고 그 친구의 이름은 비밀입니다. 일주일 동안 그 친구를 많이 도와주세요. 5가지 이상 도와주십시오. 그리고 일주일 후에 그 친구에게 작은 선물(3000원 이하)을 주십시오. 그리고 '내가 비밀 친구'였다고 이야기해 주십시오.
2. 충분히 이해를 했으면 교사는 준비해 간 반 학생들의 이름이 적힌 종이를 한 명씩 돌아가며 한 장씩 뽑도록 한다.
3. 자신이 뽑은 종이에 적힌 친구의 이름은 자신만이 보고 일주일 동안 비밀로 할 것을 약속한다.
4. 학생들에게 '아/어 주다(드리다)?'를 사용하여 친구들에게 도움을 주도록 한다.
   학생1: 문 열어 줄까요? 커피 타 줄까요? 점심 사 줄까요? 숙제를 도와 드릴까요?
5. 〈활동지〉를 한 장씩 나누어 준다.
6. 일주일 후 작은 선물과 함께 〈활동지〉에 친구에게 도움을 준 5가지를 적어 오도록 한다.
   (쓰기) 창문을 열어 주었습니다./ 커피를 사 주었습니다.

◑ **제 안** — 작은 선물을 사오는 것은 교실 분위기에 따라 부담스러울 수 있으므로 교사가 적절히 조종하는 것이 좋다.

확장을 위한 아이디어! 주체를 바꿔 비밀 친구가 그 동안 나에게 해 준 일들을 발표하고, 비밀 친구를 추측해 보게 하는 활동을 할 수 있어요.

–아/어지다

수업 전에 꼭 알아 두세요!

〈형용사 + –아/어지다〉

	기본형	–아/어지다
형용사	싸다	싸지다
	적다	적어지다

1. 형용사와 결합하여 점점 어떠한 상태로 되어감을 나타낼 때 사용한다.
   점점 예뻐져요.
   날씨가 좋아져요.

주의

1. '–아/어지다'는 타동사와 결합하여 피동문을 만들기도 한다.
   철수가 텔레비전을 켰다. (능동문)
   텔레비전이 철수에 의해서 켜졌다. (피동문)

1. 그림보고 이야기하기

목 표 ▶ '-아/어지다'를 사용하여 변화된 상황을 말할 수 있다.
준 비 ▶ 〈138쪽〉 × 학생수
구 성 ▶ 짝
시 간 ▶ 30분
난이도 ▶ 하

이야기로 활동 열기 교사의 과거 학생 때 사진을 보여 주면서 지금과 무엇이 달라졌는지 질문을 하면서 수업을 시작한다.

교 사 : 이 사람은 누구예요?
학생들 : 선생님이요.
교 사 : 저의 10년 전 사진이에요. 지금과 같아요? 무엇이 달라졌어요?
학생들 : 날씬해졌어요. 예뻐졌어요.
교 사 : 우리 오늘은 그림을 보고 무엇이 달라졌는지 이야기해 봅시다.

순 서

1. 학생들을 2명씩 앉도록 한다.
2. 학생들에게 〈활동지〉를 한 장씩 나누어 준다.
3. 짝끼리 사진을 보고 '-아/어지다'를 사용하여 무엇이 달라졌는지 이야기해 보게 한다.
   학생1 : 키가 커졌어요.
   학생2 : 예뻐졌어요.
4. 교사와 함께 그림을 보고 이야기하며 발표한다.

◑ **제 안** — 아래 주어진 어휘는 참고 어휘로 사용하며 다양한 다른 어휘를 사용할 수 있도록 한다.

확장을 위한 아이디어! 인터넷으로 유명 배우들의 달라진 모습들이 담긴 사진(성형수술 전과 후, 다이어트 광고 등)을 찾아 무엇이 달라졌는지 물어 보면서 이야기를 할 수 있어요.

CHAPTER 39

2. 나만의 방법 이야기하기

목 표 ▸ '-아/어지다'를 사용하여 나만의 방법을 이야기해 줄 수 있다.
준 비 ▸ 〈139쪽〉 × 학생수
구 성 ▸ 짝
시 간 ▸ 40분
난이도 ▸ 중

이야기로 활동 열기 교사의 고민을 이야기하면서 학생들에게 조언을 구함으로써 자신들만의 방법을 이야기해 본다.

교 사 : 요즘 컴퓨터를 배우고 있는데 너무 재미없어요. 어떻게 하면 재미있어질까요?
학생 1 : 남자 친구와 같이 배워요.
교 사 : 남자 친구와 같이 배우면 재미있어질 수 있어요.
그럼, 오늘은 이렇게 여러분만의 방법들을 '-아/어지다'를 사용하여 이야기해 봅시다.

순 서

1. 학생들에게 〈활동지〉를 한 장씩 나누어 준다.
2. 〈활동지〉에 있는 질문을 보고 상대방만이 알고 있는 방법을 질문하게 한다.
   학생1 : 건강해 질 수 있는 방법은 무엇입니까?
   학생2 : 매일 아침에 물을 한 잔씩 마시세요. 그러면 건강해 질 수 있습니다.
3. 상대방 학생의 대답을 메모한다.
4. 인터뷰 활동이 끝나면 발표한다.
5. 교사는 중요한 오류를 수정해 준다.

확장을 위한 아이디어! 각 나라의 '민간요법'을 주제로 이야기를 해 볼 수도 있어요.

예) 배가 아플 때 괜찮아질 수 있는 방법은 뭐예요?
목이 아플 때 괜찮아질 수 있는 방법은 뭐예요?
피부가 좋아질 수 있는 방법은 뭐예요?
눈/시력이 좋아질 수 있는 방법은 뭐예요?

안+동사 형용사
동사/형용사+-지 않다

수업 전에

알아
두세요!

〈안+동사/형용사, 동사/형용사 +-지 않다〉

	기본형	안+동사/형용사	동사/형용사 +-지 않다
동사	가다	안 가다	가지 않다
	먹다	안 먹다	먹지 않다
형용사	싸다	안 싸다	싸지 않다
	좋다	안 좋다	좋지 않다

1. 평서문에서 동사나 형용사를 부정할 때 사용한다.
   아침에는 밥을 먹지 않아요.
   주말에는 학교에 가지 않아요.
   과일이 안 비싸요.
   오늘은 안 추워요.

주의

1. '명사+하다' 동사의 경우 '안'의 위치에 주의한다.
   매일 안 청소해요.(×)　　매일 청소를 안 해요.(○)
   어제는 안 숙제했어요(×)　　어제는 숙제를 안 했어요. (○)

2. '있다'의 부정은 '있지 않다'가 아닌 '없다'임을 주의한다.
   가: 차가 있어요?　　나: 아니요, 있지 않아요.(×)
   　　나: 아니요, 없어요.

3. '명사+이다'의 경우 '이지 않다'가 아닌 '-이/가 아니다'임을 주의한다.
   책이에요. → 책이 아니에요.
   사과예요. → 사과가 아니에요.

4. '안+동사/형용사, 동사/형용사 +-지 않다'는 '의도'에 대한 부정, '못+동사, 동사+-지 못하다'는 '능력'의 부정으로 구별할 수 있다.
   가: 수미 씨, 술을 마실 수 있어요?
   나: (네, 마실 수 있어요. 그렇지만) 저는 술을 안 마셔요. → 의도의 부정
   나: 저는 술을 못 마셔요. → 능력의 부정

CHAPTER 40

1. '아니요' 게임

목 표 ▸ 친구들의 질문에 부정문으로만 답할 수 있다.
준 비 ▸ 없음
구 성 ▸ 그룹
시 간 ▸ 30분
난이도 ▸ 하

이야기로 활동 열기 교사는 학생들이 부정문으로 답할 수 있는 상황을 준비해 질문하여 활동을 전개할 수 있다.

교 사 : 지금 비가 옵니까?
학생들 : 아니요. 비가 오지 않습니다.
교 사 : 우리 교실은 2층에 있습니까?
학생들 : 아니요. 2층에 있지 않습니다. 3층에 있습니다.
교 사 : 우리 오늘은 '아니오' 게임을 해 봅시다.

순 서

1. 학생 4~5명을 한 조로 구성하고 게임 방법을 설명한다.
2. 교사는 조 별로 대표 학생을 뽑게 한다. 다른 학생들이 한 문장씩 돌아가며 10개의 질문을 하면 대표 학생은 언제나 부정문으로만 답해야 한다.
   학생1 : 마리 씨는 예쁩니까?
   학생A : 아니요. 예쁘지 않습니다.
   학생2 : 여자 친구가 있습니까?
   학생A : 아니요. 여자 친구가 없습니다.
3. 한 학생씩 돌아가며 대표가 될 수 있으며 각각 10개의 질문에 답할 수 있다.
4. 틀리지 않고 10개의 부정문을 바르게 구성한 학생이 이기게 되는 게임이다.
5. 교사는 활동 중 학생들이 문장을 바르게 구성하는지 관찰하고, 오류를 메모해 놓았다가 활동 후 피드백을 주는 것이 좋다.

제 안 —
- 의문사를 사용한 질문 형태가 되면 안 된다는 것을 활동 전에 설명해 줘야 한다.
  무슨 과일을 좋아합니까? (×)
  포도를 좋아합니까? (○)
- 명사+입니까?' 의 부정 형태에 주의시킨다.
  학생1 : 한국 사람입니까?
  학생2 : 아니요. 한국 사람이 아닙니다.

확장을 위한 아이디어! 반 학생들끼리 서로 잘 아는 관계라면 재미있는 질문으로 반 분위기를 바꿀 수 있어요.

2. 건강한 친구 찾기

목 표 ▸ 인터뷰를 통해 건강한 생활을 하는 친구를 찾을 수 있다.
준 비 ▸ 〈140쪽〉 × 학생수
구 성 ▸ 짝
시 간 ▸ 50분
난이도 ▸ 하

이야기로 활동 열기 교사는 활동과 관련된 질문을 준비해 학생들에게 묻고 답을 유도함으로써 본 활동을 시작할 수 있다.

교 사 : 여러분, 모두 건강하지요? 건강한 생활을 하고 있어요? 매일 운동을 해요?
학생1 : 아니요. 매일 운동하지 않아요.
교 사 : 그럼, 매일 과일을 먹어요?
학생2 : 아니요. 매일 먹지 않아요.
교 사 : 오늘은 친구에게 질문하고 가장 건강한 친구를 찾아봅시다.

순 서

1. 학생들에게 〈활동지〉를 한 장씩 나누어 준다.
2. 〈활동지〉의 내용을 친구들에게 질문을 하고, 대답이 '네' 이면 √ 표시하게 한다.
   학생1 : 아침 식사를 합니까?
   학생2 : 아니요, 아침 식사를 안 합니다.
   학생1 : 매일 샤워를 합니까?
   학생2 : 네, 매일 샤워를 합니다.
3. 교실을 돌면서 각각 5명씩 인터뷰하게 한다.
4. 인터뷰가 끝나면 √ 가 많은 친구와 적은 친구가 누구인지 말해 보도록 한다.
5. 인터뷰 결과를 발표하고 교사와 같이 확인한다.

◑ **제 안 —** '명사+하다' 의 부정일 경우 '안' 의 위치가 '하다' 앞에 와야 함을 유의해야 한다.

확장을 위한 아이디어! 건강한 생활을 위해 '하지 않는 일' 이 있는지 묻고 답하는 활동을 할 수 있다.

 3. '스무고개' 게임

목 표 ▸ '-지 않다'와 '안'을 사용해 부정문으로 답하면서 '스무고개' 게임을 할 수 있다.
준 비 ▸ 사물이름을 적은 메모지
구 성 ▸ 그룹
시 간 ▸ 40분
난이도 ▸ 중

이야기로 활동 열기 물건이 담긴 상자를 하나 준비해 학생들에게 어떤 것인지 추측해 보게 하고, 질문을 통해 무엇인지 알아맞히게 하면서 활동을 시작할 수 있다.

교 사 : 이 상자 안에 무엇이 있을까요? 저에게 질문해 보세요.
학생1 : 우리가 매일 봅니까?
교 사 : 아니요. 매일 보지 않습니다.
학생2 : 우리가 그것을 먹습니까?
교 사 : 아니요. 먹지 않습니다.
학생3 : 비쌉니까?
교 사 : 네. 조금 비쌉니다. 오늘은 이렇게 '스무고개' 게임을 해 봅시다.

순 서

1. 교사는 학생이 알고 있는 다양한 사물 이름이 적힌 메모지를 준비한다.
   사과, 연필, 책, 커피 등
2. 학생 4~5명을 한 조로 구성하고 게임 방법을 설명한다.
3. 교사는 조 별로 대표 학생을 뽑게 한 후 이 학생에게만 '사물 카드'를 보여 준다.
   다른 학생들은 대표 학생에게 질문을 통해 이 물건이 어떤 것인지 알아맞히게 한다.
   이때 질문은 모두 20개가 넘지 않아야 한다.
   학생1 : 우리가 이것을 먹습니까?
   학생A : 아니요. 먹지 않습니다.
   학생2 : 우리가 이것을 공부합니까?
   학생A : 아니요. 공부하지 않습니다.
3. 물건을 알아맞힌 조는 순서를 바꿔 다른 학생이 대답을 하게 한다.
4. 전체 활동이 끝나면 교사는 학생들의 오류를 설명하고 수정해 준다.

제 안 —
• 교사는 학생들이 불완전한 문장을 구성했을 경우 옆에서 도움을 줄 수 있다.
• 사물 카드는 학생들이 주위에서 쉽게 볼 수 있는 것을 준비하는 것이 좋다.
• 질문이 20개가 넘어도 사물을 맞히지 못할 경우 교사가 힌트를 줄 수 있다.

확장을 위한 아이디어! 교사는 사물 카드가 아닌 소품을 직접 준비해서 많이 맞힌 학생에게 선물로 줄 수 있어요.

-았/었-

수업 전에 꼭 알아 두세요!

〈동사/형용사/이다 + -았/었-〉

1. 과거 시제로 과거의 동작이나 상황을 나타낼 때 사용한다.

-았-	가다	갔다
	놀다	놀았다
	작다	작았다
	높다	높았다
-었-	먹다	먹었다
	기다리다	기다렸다
	넓다	넓었다
-했-	운동하다	운동했다
	조용하다	조용했다

주의

1. 높임으로는 '-(으)시+-았/었-'이 '-(으)셨-'이 된다.

기본형	-(으)셨-
가다	가셨다
읽다	읽으셨다

2. '명사+이다'의 형태를 주의한다.

명사(받침 ○) + -이었어요	학생이었어요.
명사(받침 ×) + -였어요	커피였어요.

3. '불규칙의 형태들에 주의한다.

춥다: 추웠다. (ㅂ불규칙) 쓰다: 썼다 (ㅡ탈락)
듣다: 들었다. (ㄷ불규칙) 모르다: 몰랐다 (르불규칙)

 1. 지난 일 말하기

목 표 ▸ '-았/었-'을 사용하여 지난주의 일을 말할 수 있다.
준 비 ▸ 〈141, 142쪽〉 × 학생수/2
구 성 ▸ 짝
시 간 ▸ 30분
난이도 ▸ 하

이야기로 활동 열기 학생들에게 지난주에 있었던 일을 질문하면서 이야기를 시작할 수 있다.

교 사 : 소라 씨는 지난주 월요일에 무엇을 했습니까?
학 생 : 저는 지난주 월요일에 수영을 했어요.
교 사 : 우리 오늘을 지난주에 무엇을 했는지 다이어리를 보면서 이야기를 해 봅시다.

순 서

1. 학생들을 2명씩 앉도록 한다.
2. 학생들에게 각각 〈활동지A〉와 〈활동지B〉를 나누어 준다.
3. 각자 자신의 활동지의 다이어리를 보면서 서로 질문을 하여 무엇이 다른지 찾아내도록 한다.
   학생1 : 수진 씨는 월요일에 무엇을 했습니까?
   학생2 : 학교에 갔습니다. 그리고 한국어를 공부했습니다.
4. 다른 곳 7개를 먼저 찾은 팀이 우승하게 된다.
5. 교사와 함께 확인한다.

확장을 위한 아이디어! 교사가 실제 공백의 다이어리 속지를 준비하여 들어가서 학생들에게 나누어 주고 실제 지난주의 일을 쓰게 하고 서로 이야기해 보도록 해도 좋아요.

2. 사진 보고 상상하여 이야기하기(1)

목 표 ▸ 사진을 보고 '-았/었-'을 사용하여 과거의 일을 상상하여 말할 수 있다.
준 비 ▸ 〈143, 144쪽〉 × 학생수/2
구 성 ▸ 짝
시 간 ▸ 50분
난이도 ▸ 중

이야기로 활동 열기 학생들의 과거의 일을 질문하면서 이야기를 시작한다.

교 사 : 소라 씨는 한국에 오기 전에 뭐 했어요?
학 생 : 회사에 다녔어요.
교 사 : 오늘은 사진을 보면서 이야기를 만들어 봅시다.

순 서

1. 학생들을 2명씩 앉도록 한다.
2. 학생들에게 각각 〈활동지A〉와 〈활동지B〉를 나누어 준다.
3. 각자 자신의 활동지의 사진들을 자신들의 사진이라고 상상하라고 이야기해 준다.
4. 다른 친구들에게 그 사진을 보면서 상상하여 사진을 설명해 주도록 한다.
   친구의 사진을 보며 〈활동지〉의 질문을 참고하여 질문하도록 한다.
   학생1 : 이 여자는 누구입니까?
   학생2 : 이 여자는 제 여동생입니다.
   학생1 : 어디입니까?
   학생2 : 여의도입니다.
5. 상상한 이야기를 발표하며 교사와 함께 확인한다.

확장을 위한 아이디어! 학생들에게 자신들의 사진을 가져 오게 하거나 학생들의 블로그의 사진을 보면서 자신들의 과거에 있었던 일들을 이야기해 보도록 해도 좋아요.

 3. 사진보고 상상하여 이야기하기(2)

목 표 ▸ 사진을 보고 '-았/었-'과 '-(으)셨-'을 사용하여 과거의 일을 상상하여 말할 수 있다.
준 비 ▸ 〈145, 146쪽〉 × 학생수/2
구 성 ▸ 짝
시 간 ▸ 50분
난이도 ▸ 중

이야기로 활동 열기 높임말 과거형을 제시하기 전에 교사는 먼저 부모님과 함께 찍은 사진을 준비한다. 학생들에게 사진을 소개하며 대화를 시작할 수 있다. (높임말을 사용해야 하는 상황으로 유도 질문한다.)

교 사 : 이 분은 제 어머니세요. 작년에 찍은 사진이에요.
제 어머님은 무엇을 하셨어요?
학생들 : 여행을 했어요.
교 사 : 네. 여행을 하셨어요. 제주도에 가셨어요.
오늘은 사진을 보면서 높임말을 사용하여 이야기를 만들어 봅시다.

순 서

1. 학생들을 2명씩 앉도록 한다.
2. 학생들에게 각각 〈활동지A〉와 〈활동지B〉를 나누어 준다.
3. 각자 자신의 활동지의 사진들을 자신들의 사진이라고 상상하라고 이야기해 준다.
4. 다른 친구들에게 그 사진을 보면서 상상하여 사진을 설명해 주도록 한다.
   친구의 사진을 보며 〈활동지〉의 질문을 참고하여 질문하도록 한다.
   학생1 : 이 남자는 누구입니까?
   학생2 : 이 남자는 제 남동생입니다.
   학생1 : 어디입니까?
   학생2 : 여의도입니다.
5. 상상한 이야기를 발표하며 교사와 함께 확인한다.

 **확장을 위한 아이디어!** 각자 자신들의 실제 가족 사진이나 아는 어른들의 사진을 가져와서 이야기해 보도록 하면 좋아요.

에

수업 전에

알아
두세요!

〈장소/시간+에〉

1. '장소/위치+에'의 형태로 사용되어 사물이 존재하는 곳을 나타낼 때 사용한다. 주로 '가다/오다/다니다/있다/없다'와 같이 사용한다.
   우체국에 갑니다.
   교실에 학생들이 있습니다.

2. '시간+에'의 형태로 사용되어 어떤 행위나 상태가 일어나는 시간을 나타낼 때 사용한다.
   저는 아침 6시에 일어납니다.
   2007년에 한국에 왔습니다.
   설날에 무엇을 합니까?

주의

1. '에'의 기본 의미는 '장소'이다. '장소'에서 확장된 의미가 '시간, 단위, 원인' 등으로 사용된다.
   설날에 무엇을 합니까? ('시간'으로 확장)
   이 사과는 한 개에 얼마입니까? ('단위'로 확장)
   어젯밤 비에 꽃이 폈다. ('원인'으로 확장)

2. '어제, 오늘, 내일, 지금, 이따가' 등과 같은 어휘 뒤에 '에'를 사용하지 않는다.
   오늘에 학교에 갑니까? (×)
   오늘 학교에 갑니까? (○)

3. '에'는 '에서'와 비슷한 의미로 쓰인다. 이때 '에'는 '동작이나 상태의 지점'을 나타낼 때 사용하고 '에서'는 어떤 지점에 존재하는 주체가 전제된 상황에서 동작이 일어나는 상황을 나타낼 때 사용한다.
   철수가 운동장에 있어요.
   철수는 학교에서 공부해요.

4. '가다/오다/다니다/있다/없다'는 '에서'와 함께 사용할 수 없다.
   교실에서 학생들이 있어요.(×)
   제 아들은 유치원에서 다녀요.(×)

1. 목적지 말하기

목 표 ▸ 장소 관련 어휘를 사용하여 목적지를 말할 수 있다.
준 비 ▸ 〈147쪽〉 × 학생수/2, ✂
구 성 ▸ 짝
시 간 ▸ 40분
난이도 ▸ 하

이야기로 활동 열기 교사는 수업 후에 어디에 가는지 질문하면서 활동을 시작할 수 있다.

교 사 : 미영 씨는 수업 후에 어디에 갑니까?
학생들 : 학교에 갑니다.
교 사 : 오늘은 그림을 보고 사람들이 어디에 가는지 이야기해 봅시다.

순 서

1. 학생들을 2명씩 앉도록 한다.
2. 학생들에게 각각 〈활동지A〉와 〈활동지B〉를 나누어 준다.
3. 자신의 활동지에 없는 장소가 친구의 활동지에는 있음을 알려준다.
4. 그림을 보면서 그림 속의 사람이 어디에 가는지 질문하고 서로의 그림 속에 장소의 이름을 채워 넣도록 한다.
   학생1 : 지니 씨는 어디에 갑니까?
   학생2 : 지니 씨는 학교에 갑니다.
   (그림에 빈 장소에 학교라고 쓰도록 한다.)
5. 활동이 끝나면 서로의 활동지를 비교하여 바르게 수행했는지 확인하게 한다.
6. 교사는 몇 조를 지적하여 발표시키고 확인한다.

제 안 — 학생들은 장소 관련 어휘를 선행학습 하도록 한다.

확장을 위한 아이디어! 실제 우리반 학생들이 수업 후에 어디에 가는지 혹은 이번 주에 어디에 가는지 인터뷰하는 활동으로 진행해도 좋아요.

2. 친구의 하루 일과

목 표 ▶ '(시간)에'를 사용하여 하루 일과를 묻고 답할 수 있다.
준 비 ▶ 〈148쪽〉 × 학생수
구 성 ▶ 짝
시 간 ▶ 40분
난이도 ▶ 하

이야기로 활동 열기 학생 한 명의 하루 일과를 추측하면서 활동을 시작할 수 있다.

교 사 : 여러분은 마리 씨를 잘 알아요? 마리 씨는 몇 시에 어디에서 무엇을 합니까?
우리 함께 맞춰 봅시다.
학생들 : 6시에 일어납니다. / 7시 반에 아침 식사를 합니다. / 8시에 지하철을 탑니다.
교 사 : 마리 씨, 6시에 일어납니다. 맞습니까? 마리 씨?
우리 오늘은 이렇게 친구의 하루 일과를 알아봅시다.

순 서

1. 학생들을 2명씩 앉도록 한다.
2. 학생들에게 〈활동지〉를 한 장씩 나누어 준다.
3. 10분 동안의 시간을 주고 〈활동지〉에 짝의 하루 일과를 예측하여 써 보도록 한다.
   몇 시에 어디에서 무엇을 할 것 같은지 쓰게 한다.
4. 쓰기가 끝나면 짝에게 내가 예측한 하루 일과가 맞았는지 질문하여 확인하도록 한다.
   학생1 : 7시에 일어납니까?
   학생2 : 네, 7시에 일어납니다.
5. 친구의 답변에 √ 표 하도록 한다. 표시가 끝나면 순서를 바꿔 질문과 대답을 하게 한다.
6. 활동이 끝나면 '네'의 항목에 표시된 수를 세어 보고, 나의 친구에 대한 관심도를 표시해 보게 한다.
7. 교사는 학생 몇 명을 지적해 발표시키고 오류를 수정해 준다.

제 안 — 시간, 장소 그리고 하는 일에 대해 구체적으로 추측하여 쓰게 한다.

확장을 위한 아이디어! 시간을 쓰지 않고 자신의 하루일과만 쓰게 한 다음 〈활동지〉를 짝과 바꿔 언제 그 일을 하는지 시간을 묻고 답하게 하는 활동을 할 수 있어요.

 3. 틀린 문장 찾기

목 표 ▸ '에'의 용법을 이해하고, 틀린 문장을 찾아 바로 고칠 수 있다.
준 비 ▸ 〈149쪽〉 × 학생수
구 성 ▸ 전체
시 간 ▸ 40분
난이도 ▸ 중

이야기로 활동 열기 교사는 학생들이 자주 오류를 범하는 문장 몇 개를 준비해 보여 준다. 어디가 틀렸는지 왜 틀렸는지 묻고 대답하게 하면서 활동을 시작할 수 있다.

교 사 : 오늘은 재미있는 게임을 할 거예요. 여러분이 자주 실수하는 문장을 고치는 게임이에요. 자, 이 문장을 보세요. 지금은 오전 10시에 예요. 맞아요? 틀려요?
학 생 : 틀려요.
교 사 : 무엇이 틀려요?
학생들: 지금은 오전 10시예요.
교 사 : 네. '(명사)+이다' 사이에는 '에'를 사용할 수 없어요. 오늘은 문장을 보고 틀린 것을 고쳐 봅시다.

순 서

1. 학생들에게 〈활동지〉를 한 장씩 나누어 준다.
2. 활동지의 문장이 맞는지 틀리는지 표시하게 한다. 그리고 틀린 것이 있으면 바르게 고치도록 한다.
3. 활동이 끝나면 옆 학생과 결과를 비교하게 하고, 다른 것이 있다면 왜 그런지 생각해 보게 한다.
4. 교사는 학생 전체를 대상으로 피드백을 주고, 각자 점수를 매기게 한다.
5. 점수가 높은 학생에게 보상을 해 줄 수 있다.

확장을 위한 아이디어! 활동지 없이 틀린 문장을 듣고 고치는 활동으로 바꿀 수 있어요.

에서

수업 전에 꼭 알아 두세요!

〈장소+에서〉

1. 어떤 행위/동작이 일어나는 장소를 말할 때 사용한다.
   저는 학교**에서** 한국어를 공부합니다.
   저는 식당**에서** 밥을 먹습니다.

2. '(장소)에서~((장소)까지)' 의 형태로 동작의 시작 장소 혹은 출발 장소를 나타낸다.
   가: 어디**에서** 왔습니까? 나: 한국**에서** 왔습니다.
   가: 학교**에서** 집까지 얼마나 걸립니까? 나: 30분쯤 걸립니다.

주의

1. '장소+에' 와 구별하여 사용할 수 있어야 한다. (참고: 본 책 '에' 의 주의 3번과 4번)

활동 1. 하루 일과 이야기하기

목 표 ▸ '(장소)+에서' 와 일상생활 관련 동사를 사용하여 나의 일상생활에 대하여 이야기할 수 있다.
준 비 ▸〈150, 151쪽〉 × 학생수/2, ✂
구 성 ▸ 짝
시 간 ▸ 30분
난이도 ▸ 하

이야기로 활동 열기 학생들의 하루 일과를 묻고 장소를 질문하면서 이야기를 시작할 수 있다.

교 사 : 미카 씨는 수업 후에 무엇을 합니까?
학생1 : 친구를 만납니다.
교 사 : 어디에서 만납니까?
학생1 : 커피숍에서 만납니다.
교 사 : 우리 오늘은 어디에서 무엇을 하는지 이야기해 봅시다.

순 서

1. 학생들을 2명씩 앉도록 한다.
2. 잘라온 〈활동지〉 단어 카드를 나누어 준다.
3. 그림 카드를 책상 위에 엎어 놓는다.
4. 한 명씩 번갈아 가며 책상 위의 카드를 들춰 보게 한다.
5. 카드를 뒤집은 사람은 카드의 그림을 보고 친구에게 그 행동을 하는 장소를 묻는다.
   학생1: ('잠을 자다' 카드의 경우) 어디에서 잠을 잡니까?
   학생2: 저는 보통 집에서 잠을 잡니다.
6. 활동이 끝나면 한 장면씩 돌아가면서 발표하게 하여 확인한다.

◑ 제 안 — • 그림 속에서 보이는 장소가 아닌 실제 자신들이 그 행동을 하는 장소를 말하도록 한다.
• 그림 카드를 활용하여 생활 관련 동작 어휘를 익히는데 활용해도 좋다.

확장을 위한 아이디어! 시간을 읽는 것을 배웠다면 앞에 '(시간)+에'를 붙여서 확장시키도록 해도 좋아요.
예) 12시에 보통 집에서 잠을 잡니다.

2. 걸리는 시간 말하기

목 표 ▸ '(장소)에서~(장소)까지'를 사용하여 내 집 주변의 약도를 그리고 설명할 수 있다.
준 비 ▸ A4용지 × 학생수
구 성 ▸ 짝
시 간 ▸ 40분
난이도 ▸ 하

이야기로 활동 열기 학생들 집이나 학교 주변에 무엇이 있는지 묻고, 또 거기까지 시간이 얼마나 걸리는지 묻고 답하며 대화를 시작할 수 있다.

교 사 : 여러분 학교 근처에 서점이 있어요?
학생1 : 네, 있습니다.
교 사 : 학교에서 서점까지 시간이 얼마나 걸립니까?
학생2 : 학교에서 서점까지 5분쯤 걸립니다.
교 사 : 오늘은 여러분의 집 주변에 무엇이 있는지 그림을 그리고 친구들에게 얼마나 걸리는지 이야기해 봅시다.

순 서

1. 학생들을 2명씩 짝으로 앉힌다.
2. A4용지를 한 장씩 나누어 준다.

3. 각자 A4에 학교 혹은 집 주변의 약도를 그리도록 한다.
4. 각지의 약도를 짝끼리 바꿔 갖도록 한다.
5. 친구의 약도를 보면서 시간이 얼마나 걸리는지 질문해 보도록 한다.
   학생1 : 집에서 우체국까지 시간이 얼마나 걸립니까?
   학생2 : 집에서 우체국까지 10분 정도 걸립니다.
6. 옆에 있는 친구에게 자신의 학교/집 주변에 무엇이 있는지 이야기하고 시간이 얼마나 걸리는지 이야기해 주도록 한다.

◑ 제 안 — 교사는 그림을 그리는 데 너무 많은 시간을 소비하지 않도록 적절히 조절해야 한다.

확장을 위한 아이디어! 서울시나 전국 관광지도 같은 것을 사용하여 관광지가 어디에 있고 거기까지 시간이 얼마나 걸리는지를 주제로 이야기를 해도 좋아요.

3. 장소 말하기

목 표 ▸ '에서'를 사용하여 어떤 일을 하는 장소를 말할 수 있다.
준 비 ▸ 〈152쪽〉 × 학생수
구 성 ▸ 짝
시 간 ▸ 40분
난이도 ▸ 하

이야기로 활동 열기 학생들에게 어디에서 무엇을 하는지 질문하면서 이야기를 시작할 수 있다.

교 사 : 여러분은 모두 보통 어디에서 점심 식사를 먹습니까?
학생들 : 보통 학생 식당에서 먹습니다.
교 사 : 우리 오늘은 여러분이 어디에서 무엇을 하는지 친구들와 이야기해 봅시다.

순 서

1. 학생들을 2명씩 앉도록 한다.
2. 학생들에게 〈활동지〉를 한 장씩 나누어 준다.
3. 〈활동지〉의 활동을 어디에서 하는지 친구에게 질문하고 답하도록 한다.
   학생1: 어디에서 한국어를 공부합니까?
   학생2: 학교에서 한국어를 공부합니다.
4. 교사는 학생들을 돌아가며 한 문장씩 발표시키고 오류를 수정해 준다.

확장을 위한 아이디어! 자신의 하루 일과를 '시간+장소+하는 일'로 이야기해 봐도 좋아요.

형용사 + -(으)ㄴ

수업 전에 꼭 알아 두세요!

〈형용사 + -(으)ㄴ〉

	기본형	-(으)ㄴ
형용사	싸다 좋다	싼 좋은

1. 항상 뒤에 명사와 같이 사용되어 명사의 일반적인 속성이나 현재 상태를 나타낼 때 사용한다.
   깨끗한 방이에요.
   좋은 친구예요.

주의

1. 형용사에 결합된 '-(으)ㄴ'은 시제와 관계없이 사용한다.
2. '동사+ -(으)ㄴ'은 형태가 같으나 과거 시제로도 사용되는 것에 주의해야 한다.
   내가 읽은 책
   내가 사랑한 남자
3. 불규칙 변화에 주의한다.
   맵다 → 매운 음식　　　춥다 → 추운 날씨
   달다 → 단 초코렛　　　길다 → 긴 머리
4. '있다, 없다'로 끝나는 형용사는 '-는'과 결합한다.
   재미있다 → 재미있는 책　　　재미없다 → 재미없는 영화
   맛있다 → 맛있는 불고기　　　맛없다 → 맛없는 김밥
5. '명사+이다'의 경우 같은 변화를 한다.
   명사(받침○) → 경찰인 사람　명사(받침×) → 친구인 사람

1. 빙고 게임

목　표 ▸ 형용사의 관형형을 반복 연습함으로써 형태 변화에 익숙해질 수 있다.
준　비 ▸ 〈153쪽〉 × 학생수
구　성 ▸ 전체
시　간 ▸ 30분
난이도 ▸ 하

이야기로 활동 열기 교사는 형용사로 답을 유도할 수 있는 질문을 함으로써 본 활동을 시작할 수 있다.

교 사 : 여러분은 어떤 날씨를 좋아해요?
학생들 : 추운 날씨를 좋아해요.
교 사 : 여러분은 어떤 영화를 좋아해요?
학 생 : 재미있어요. 무서워요...
교 사 : 아, 재미있는 영화를 좋아해요. / 무서운 영화를 좋아해요.
오늘은 '형용사 + -(으)ㄴ' 을 사용하여 빙고 게임을 해 봅시다.

순 서

1. 학생들에게 〈활동지〉를 한 장씩 나누어 준다.
2. 먼저 주어진 형용사의 의미를 알고 있는지 확인한다.
3. 형용사의 의미 설명이 끝나면 기본형을 형용사의 관형형 '-(으)ㄴ' 형으로 바꿔 채워 쓰게 한다.
   예) 좋다 → 좋은
4. 바꿔 쓴 형태를 돌아가며 한 개씩 말하면서 게임을 진행하게 한다.
5. 가로, 세로 또는 대각선으로 연속해서 답을 지운 직선 5개가 먼저 완성되면 "빙고!"라고 외치도록 한다.
6. 먼저 5줄을 완성하는 사람이 게임에서 이기게 된다.

확장을 위한 아이디어! 학습자들의 수준이 높으면 단순 형태변화 게임이 아닌 문장 만들기 게임으로 확장할 수 있어요.

2. 내가 꿈꾸는 러브스토리 이야기하기

목 표 ▸ 형용사의 관형형을 사용하여 내가 꿈꾸는 러브스토리를 이야기할 수 있다.
준 비 ▸ 〈154쪽〉 × 학생수
구 성 ▸ 짝
시 간 ▸ 40분
난이도 ▸ 중

이야기로 활동 열기 교사는 본 활동과 관련된 질문을 하여 대답을 유도함으로써 본 활동을 시작할 수 있다.

교 사 : 여러분은 어떤 사람을 좋아해요? 어떤 사람과 결혼하고 싶어요?
학생들 : 멋있는 사람이요. / 돈이 많은 사람이요.
교 사 : 오늘은 '형용사+-(으)ㄴ' 을 사용하여 여러분이 꿈꾸는 러브 스토리를 이야기해 봅시다.

순 서

1. 학생들에게 〈활동지〉를 한 장씩 나누어 준다.
3. 질문을 읽고 친구에게 인터뷰 하도록 한다. 친구의 대답을 자신의 활동지에 번호로 쓰게 한다.
   학생1 : 어떤 남자와 만나고 싶어요?
   학생2 : 재미있는 남자와 만나고 싶어요.
5. 교사는 학생 몇 명을 지적하여 발표시킨다.

확장을 위한 아이디어! 내가 꿈꾸는 이상형에 대한 글을 써 오도록 해도 좋아요.

활동 3. 친구 묘사하기

목 표 ▸ 형용사 + '-(으)ㄴ'을 사용하여 반 친구들의 외모와 성격을 묘사할 수 있다.
준 비 ▸ 〈155쪽〉 × 학생수
구 성 ▸ 전체
시 간 ▸ 50분
난이도 ▸ 상

이야기로 활동 열기 교사는 교사 자신이 어떤 사람인지 질문을 하면서 활동을 시작할 수 있다.

교 사 : 여러분 저 어때요? 저는 어떤 선생님이에요?
학생들 : 친절한 선생님이에요. / 멋있는 선생님이에요. / 키가 큰 선생님이에요.
교 사 : 우리 오늘은 '형용사+-(으)ㄴ'을 사용하여 친구들을 묘사해 봅시다.

순 서

1. 학생들에게 〈활동지〉를 한 장씩 나누어 준다.
2. 학생들에게 〈활동지〉에 자신의 이름을 쓰도록 한다.
3. 활동지를 옆 사람에게 돌려 가면서 이름이 적힌 사람에 대하여 외모나 성격을 묘사해 보도록 한다. 한 사람에 대하여 한 문장씩만 쓰게 한다. (롤링페이퍼 방법)
   (쓰기) 키가 큰 사람이에요.
   눈이 큰 사람이에요.
4. 활동이 모두 끝나면 교사는 활동지를 본 학생에게 나눠 주고, 내용을 읽어 보게 한다.
5. 교사는 학생 몇 명을 지적하여 발표 시키고, 오류를 바로 잡아 준다.

◑ **제 안** — 활동이 끝난 후에 〈활동지〉를 걷어서 교실 벽에 붙여 놓고 서로 읽어 보도록 하는 것도 좋다.

확장을 위한 아이디어! 자신이 좋아하는 유형의 사람에 대하여 자세히 묘사하는 활동으로 진행해도 좋아요.

-(으)ㄴ 적이 있다/없다

수업 전에 꼭 알아 두세요!

〈동사/이다 + -(으)ㄴ적이 있다/없다〉

	기본형	-(으)ㄴ적이 있다/없다
동사	가다 먹다	간 적이 있다/없다 먹은 적이 있다/없다

1. 경험한 사실에 대해서 서술한다.
   초등학교 때 어머니께 거짓말을 한 **적이 있어요.**
   아직 혼자 살아 본 **적이 없어요.**

주의

1. 매일 습관처럼 반복되는 일에는 사용할 수 없다.
   저는 매일 잠을 **잔 적이 있어요.** (×)

활동 1. 경험해 본 친구 찾기

목 표 ▸ '-(으)ㄴ 적이 있다/없다'를 사용하여 친구들의 경험을 알아볼 수 있다.
준 비 ▸ 〈156, 157쪽〉 × 학생수/2
구 성 ▸ 전체
시 간 ▸ 50분
난이도 ▸ 중

이야기로 활동 열기 학생들이 해 봤을 만한 경험으로 이야기를 시작할 수 있다.

교 사 : 미카 씨는 한국에서 데이트를 한 적이 있어요?
학생1 : 네, 데이트를 한 적이 있어요.
교 사 : 오늘은 친구들이 어떤 경험을 했는지 알아보고 그 친구를 찾아봅시다.

CHAPTER 45

순 서

1. 학생들에게 〈활동지㉮〉와 〈활동지㉯〉를 한 장씩 적절히 나누어 준다.
2. 〈활동지〉의 경험을 해 본 경험이 있는 친구를 찾아 그 이름을 써 보도록 한다.
   친구를 모두 찾을 때까지 인터뷰를 하도록 한다.
   학생1: 해외 여행을 한 적이 있어요?
   학생2: 네, 해외 여행을 한 적이 있어요.
3. 이름을 모두 찾으면 발표한다.
   (발표) 수진 씨는 해외여행을 한 적이 있어요.
4. 교사는 오류를 수정해 준다.

확장을 위한 아이디어! 반을 두 팀으로 만들어서 상대편 친구들이 모두 안 해 봤을 것 같은 경험을 문장으로 말해 보도록 하세요. 추측한 것이 많으면 우승하는 게임이에요.

2. 공통 경험 찾기

목 표 ▸ '-(으)ㄴ 적이 있다/없다'를 사용하여 친구와 공통적으로 한 경험을 찾을 수 있다.
준 비 ▸ 〈158쪽〉 × 학생수/2, ✂
구 성 ▸ 짝
시 간 ▸ 40분
난이도 ▸ 중

이야기로 활동 열기 교사는 자신이 한 경험과 같은 경험을 한 학생을 찾으면서 활동을 시작할 수 있다.

교 사 : 저는 김치 찌개를 먹어 본 적이 있어요. 수진 씨 김치 찌개를 먹어 본 적이 있어요?
학생1 : 네!
교 사 : 수진 씨와 선생님은 둘다 모두 김치 찌개를 먹어 본 적이 있어요.
오늘은 이렇게 나와 친구가 어떤 경험을 똑같이 했는지 알아봅시다.

순 서

1. 학생들에게 각각 〈활동지A〉와 〈활동지B〉를 골고루 나누어 준다.
2. 짝에게 질문을 하여 나와 같은 경험을 한 것을 찾아보도록 한다.
   학생1 : 김치찌개를 먹어 본 적이 있어요?
   학생2 : 아니요, 먹어 본 적이 없어요.

학생1 : 그러면 김치는 먹어 본 적이 있어요?

학생2 : 네, 먹어 본 적이 있어요.(메모: 김치)

3. 인터뷰가 끝나면 발표한다.

(발표) 수진 씨와 저는 김치찌개를 먹어 본 적이 있어요.

4. 교사는 오류를 수정해 준다.

확장을 위한 아이디어! 나와 내가 좋아하는 사람과 공통적으로 해 본 일에 대하여 써 오도록 해도 재미있어요.

–(으)ㄴ 지 (시간)이/가 되다

수업 전에 꼭 알아 두세요!

〈동사 + –(으)ㄴ 지 (시간)이/가 되다〉

	기본형	–(으)ㄴ 지 (시간)이/가 되다
동사	가다	간 지 1년이 되다
	먹다	먹은 지 한 시간이 되다

1. 어떤 행동을 한 지 시간이 얼마나 되었는지를 나타낼 때 사용한다.
   내가 한국에 **온 지 1년이 됐다.**
   남자 친구를 **만난 지 3년이 됐어요.**

주의

1. 막연한 의문이나 원인 등을 나타내는 어미 '–(으)ㄴ지'와 구별할 필요가 있다. (시간의 경과를 의미할 때만 띄어쓴다.)
   얼마나 맛있는 지 몰라요. → 얼마나 **맛있는지** 몰라요.
   한국어를 배운지 3개월이 됐어요. → 한국어를 **배운 지** 3시간이 됐어요.

활동 1. 나의 인생에 대하여 이야기하기

목 표 ▸ '–(으)ㄴ 지 (시간)이/가 되다'를 사용하여 자신의 인생에 대하여 이야기할 수 있다.
준 비 ▸ 〈159쪽〉 × 학생수
구 성 ▸ 짝
시 간 ▸ 30분
난이도 ▸ 하

이야기로 활동 열기 학생들에게 고향 음식을 먹은 지 얼마나 됐는지 물어보며 이야기를 시작한다.

교 사 : 미미 씨는 한국에서 고향 음식을 먹은 지 얼마나 되었어요?
학생1 : 1년 전이요.
교 사 : 아, 고향 음식을 먹은 지 1년 됐어요.
오늘은 친구들과 어떤 경험을 한 지 얼마나 됐는지 이야기해 봅시다.

순 서

1. 학생들에게 〈활동지〉를 한 장씩 나누어 준다.
2. '-(으)ㄴ 지 (시간)이/가 되다' 를 사용하여 친구의 인생에 대하여 인터뷰 하고 질문에 답해 준다.
   학생1 : 한국어를 공부한 지 얼마나 됐어요?
   학생2 : 저는 한국어를 공부한 지 3년이 됐어요.
3. 교사는 인터뷰 결과를 발표시키고 교사와 함께 오류를 확인한다.

확장을 위한 아이디어! 학생들의 인생에서 가장 인상 깊었던 사건에 대하여 이야기해 보는 시간을 가져도 좋아요.

활동 2. 세계적인 사건에 대하여 이야기하기

목 표 ▸ '-(으)ㄴ 지 (시간)이/가 되다' 를 사용하여 세계적인 사건에 대하여 이야기할 수 있다.
준 비 ▸ 〈160쪽〉 × 학생수/2, ✂
구 성 ▸ 짝
시 간 ▸ 40분
난이도 ▸ 중

이야기로 활동 열기 교사는 활동지와 관련된 예를 하나 들어 학생들에게 질문하며 본 활동을 시작할 수 있다.

교 사 : 여러분은 서울역 근처에 있는 남대문을 모두 알지요?
학 생 : 네.
교 사 : 남대문은 언제 만들어졌을까요?
학 생 : 500년 전?
교 사 : 네. 남대문이 만들어진 지 약 500년이 됐어요.
오늘은 세계적인 사건이 일어난 지 얼마나 됐는지 이야기해 봅시다.

순 서

1. 학생들을 2명씩 앉도록 한다.
2. 학생들에게 〈활동지㉮〉와 〈활동지㉯〉를 각각 한장씩 나누어 준다.
3. 〈활동지〉의 내용에 대하여 짝끼리 질문하고 답하도록 한다.
   학생1 : (활동지 ㉯를 보며)텔레비전이 만들어진 지 얼마나 됐어요?
   학생2 : (활동지 ㉮를 보며)텔레비전을 만든 지 100년이 됐어요.
4. 짝끼리 확인이 끝나면 교사와 함께 확인한다.

확장을 위한 아이디어! 세상을 변화시킨 역사적인 사건들에 대하여 인터넷 검색을 통하여 자유롭게 이야기해도 좋아요.

CHAPTER 46

3. 자기 나라 역사 이야기하기

목 표 ▸ '-(으)ㄴ 지 (시간)이/가 되다'를 사용하여 자기 나라의 역사에 대하여 이야기할 수 있다.
준 비 ▸ 없음
구 성 ▸ 전체
시 간 ▸ 1일
난이도 ▸ 상

이야기로 활동 열기 한글이 언제 만들어졌는지에 대한 이야기로 활동을 시작할 수 있다.

교　사 : 여러분 한글이 언제 만들어졌는지 알아요?
학생들 : 몰라요.
교　사 : 1443년이에요. 한글이 만들어진 지 약 600년이 됐어요.
한글은 한국에서 아주 중요해요. (한글의 중요성에 대한 부연 설명) 여러분 나라에서는 무엇이 중요해요? 여러분 나라의 역사적인 사건들에 대하여 이야기해 봅시다.

순 서

1. 하루 전에 학생들에게 자신의 나라의 역사적인 사건들을 조사하고 몇 년도에 그런 일이 있었는지 10개 씩 조사해 오도록 한다.
2. 조사해 온 내용을 발표시킨다.
   학생1 : 중국이 개방된 지 **년이 됐어요. 지금 중국에는 전 세계의 유명한 회사들이 모두 있어요.
3. 교사는 발표시킨 후 오류를 수정해 준다.

◑ **제 안** — 학생들에게 미리 자료를 찾아오도록 하거나 각종 자료를 가져오도록 하는 것이 좋다.

확장을 위한 아이디어! 학생들 수준이 높으면 같은 언어권 학생들끼리 한 조가 돼 프로젝트 수업으로 확장해 볼 수 있어요.

-(으)니까

수업 전에 꼭 알아 두세요!

〈동사/형용사/이다 +-(으)니까〉

	기본형	-(으)니까
동사	쉬다 먹다	쉬니까 먹으니까
형용사	크다 작다	크니까 작으니까

1. 뒤 절의 이유나 원인을 나타낸다. 화자의 주관적인 느낌이나 생각을 나타내며 주로 명령, 청유문과 같이 사용한다.
   비가 오니까 우산을 가져갑시다.
   날씨가 추우니까 빨리 집에 가십시오.

주의

1. '-(으)니까'와 유사한 의미로 사용되는 '-아/어서'는 명령문이나 청유문이 뒤에 올 수 없다.
   비가 와서 지하철을 타세요.(×)
   오늘 바빠서 내일 오십시오.(×)
2. 불규칙의 변화에 주의한다.
   춥다 → 추우니까 　　듣다 → 들으니까
   만들다 → 만드니까 　　짓다 → 지으니까

CHAPTER 47

1. 이유 이야기하기

목 표 ▸ '-(으)니까'를 사용하여 자신의 주장에 대한 이유를 말할 수 있다.
준 비 ▸ 〈161, 162쪽〉 × 학생수/2
구 성 ▸ 짝
시 간 ▸ 30분
난이도 ▸ 하

이야기로 활동 열기 학생들에게 무엇인가를 권유하고 그 이유를 말하면서 이야기를 시작할 수 있다.

교 사 : 여러분 덥지 않습니까?
학생들 : 네.
교 사 : 우리 더우니까 창문을 엽시다.
오늘은 '-(으)니까'를 사용하여 어떤 일을 해야 하는 이유에 대하여 이야기해 봅시다.

순 서

1. 학생들을 2명씩 앉도록 한다.
2. 학생들에게 〈활동지A〉와 〈활동지B〉를 각각 나누어 준다.
3. 〈활동지〉의 대화를 짝끼리 번갈아 읽어 가면서 주어진 샘플 대화와 같은 형식으로 대화를 완성하도록 한다.
   학생1 : 택시를 탑시다.
   학생2 : 왜요?
   학생1 : 길이 막히니까 택시를 탑시다.
   학생2 : 좋아요.
4. 교사는 학생들을 발표시키고 오류를 수정해 준다.

확장을 위한 아이디어! 학생들과 주말 여행 계획을 함께 세우는 활동을 해 보세요. 이 때 왜 그런 결정을 하게 되었는지 그 이유를 상세하게 말하는 연습을 해 보면 좋겠지요.

-(으)ㄹ 거예요

수업 전에 꼭 알아 두세요!

〈동사/형용사/이다 +-(으)ㄹ 거예요〉

	기본형	-(으)ㄹ 거예요
동사	가다	갈 거예요
	먹다	먹을 거예요
형용사	예쁘다	예쁠 거예요
	좋다	좋을 거예요

1. 비격식체 높임말로 미래 시제에 대해 추측할 때 사용하며 주로 구어에서 사용한다.
   방학에 고향에 갈 거예요.
   이번 시험이 좀 어려울 거예요.

주의

1. '-(으)ㄹ 거예요'는 '-(으)ㄹ 것이에요'의 준말이다.
2. 미래 시제나 추측을 나타내는 것에는 '-겠'도 있는데 판단의 근거가 약할 때는 '-(으)ㄹ 것이에요(것이다)'를 사용하고, 판단의 근거가 강할 때는 '-겠-'을 사용한다.
   내일은 비가 올 거예요. (판단의 근거가 약함)
   내일은 비가 오겠어요. (판단의 근거가 강함)
3. 동사 어간이 'ㄹ'로 끝나는 동사의 형태에 주의한다.
   살다 → 살 거예요　　만들다 → 만들 거예요

활동 1. 문장 만들기

목　표 ▸ 각 단어를 조합하여 '-(으)ㄹ 거예요'로 끝나는 문장을 만들 수 있다.
준　비 ▸ 〈163쪽〉 × 학생수/2, ✂
구　성 ▸ 짝
시　간 ▸ 40분
난이도 ▸ 하

이야기로 활동 열기 교사는 단어 카드를 몇 개 준비해 문장 만들기의 예를 보여 주고, 본 활동을 시작할 수 있다.

교　사 : 여기 단어 카드를 보세요.
내일/ 눈 / 내리다 (단어카드나 판서)
자, 이 세 단어로 어떤 문장을 만들 수 있지요?
학생들 : 내일 눈이 내릴 거예요.
교　사 : 네. 좋아요. 단어 카드를 갖고 이렇게 문장 만들기를 할 거예요.

순 서

1. 학생들을 2명씩 앉도록 한다.
2. 잘라온 〈활동지〉 단어 카드를 나누어 준다.
3. 카드를 책상 위에 모두 나열하게 한 뒤 학생들끼리 돌아가며 문장을 구성하게 한다.
4. 문장 구성이 끝났으면 조 별로 큰 종이를 주고 구성한 문장을 쓰게 한다.
   2년 후에 미국에서 살 거예요.
5. 활동이 끝나면 조 별로 종이를 교실 벽에 붙이고, 다른 조가 수행한 결과와 비교하게 한다.
6. 교사는 전체 학생들을 대상으로 피드백을 주고, 조별로 채점을 하게 한다.
7. 정확한 문장을 많이 구성한 조에게 보상을 해 줄 수 있다.

확장을 위한 아이디어! 학생들 수준이 높은 편이라면 동사를 따로 주지 않고 문장을 구성하게 할 수 있어요.

활동 2. 두 사람의 다음 주 계획 말하기

목　표 ▸ '-(으)ㄹ 거예요'를 사용해 서로 다른 정보를 교환해서 계획표를 완성할 수 있다.
준　비 ▸ 〈164, 15쪽〉 × 학생수/2
구　성 ▸ 짝
시　간 ▸ 40분
난이도 ▸ 중

이야기로 활동 열기 교사는 본인의 다이어리를 보여 주면서 이야기를 시작할 수 있다.

교 사 : 여러분도 다이어리에 계획을 씁니까? 미라 씨, 다음 주 주말에 뭐 할 거예요?
학생1 : 저는 다음 주 주말에 명동에서 친구를 만날 거예요.
교 사 : 우리 오늘은 이렇게 친구들의 주말 계획에 대하여 이야기해 봅시다.

순 서

1. 학생들을 2명씩 앉도록 한다.
2. 학생들에게 〈활동지A〉와 〈활동지B〉를 각각 나눠 준다.

3. 두 사람의 다음 주 계획을 '-(으)ㄹ 거예요'를 사용해서 빠진 것은 질문하고 친구의 질문에 답해 주도록 한다.

학생1 : 미나 씨는 화요일에 뭐 할 거예요?

학생2 : 9시에서 12시까지 한국어를 공부할 거예요.

4. 활동이 끝나면 서로의 활동지를 비교해 가며 똑같은 주간 계획표가 되었는지 확인하게 한다.
5. 교사는 학생 몇 명을 지적해 발표 시키고, 전체 학생을 대상으로 피드백을 줄 수 있다.

확장을 위한 아이디어! 자신의 주간 계획을 써 보게 하고, 친구들과 약속 시간을 정하는 활동으로 확장할 수 있어요.

3. 100년 후의 우리 생활 이야기하기

목 표 ▸ '-(으)ㄹ까요?'와 '-(으)ㄹ거예요'를 사용하여 100년 후의 우리 생활에 대하여 이야기할 수 있다.
준 비 ▸ 〈166쪽〉 × 학생수
구 성 ▸ 전체
시 간 ▸ 50분
난이도 ▸ 상

이야기로 활동 열기 핸드폰이나 컴퓨터를 예를 들어 100년 전에는 어땠는지 이야기한 후 100년 후에는 어떤 모습일지 상상해 보면서 이야기를 시작한다.

교 사 : 여러분이 100년 전에 휴대폰이 있었습니까? 지금과 같습니까? 다릅니까?
학생들 : 있었습니다. / 없었습니다.
교 사 : 그러면 100년 후의 휴대폰은 어떨까요?
학생들 : 더 가볍습니다. / 기능이 많습니다.
교 사 : 네. 지금보다 더 가벼울 거예요. / 지금보다 기능이 복잡할 거예요.
우리 오늘은 이렇게 100년 후의 모습에 대하여 상상하여 이야기해 봅시다.

순 서

1. 학생들에게 〈활동지〉를 한 장씩 나누어 준다.
2. 각자 한 가지 물건을 정하고 100년 후의 모습을 그리고 설명을 할 준비를 하도록 한다.

학생1: 예쁠 거예요. 핸드폰은 없어질 거예요.

3. 자신이 상상하는 모습을 그림으로 그리고 발표하도록 한다.

◑ **제 안** — 사전을 찾을 수 있도록 한다. 한 가지 물건을 정하지 말고 100년 후의 다양한 변화들을 모두 추측해서 적어 보도록 해도 좋아요.

확장을 위한 아이디어! 10년 후의 나의 모습에 대하여 추측해서 이야기해 보거나 써 보도록 해도 좋아요.

-(으)ㄹ게요

수업 전에 꼭 알아 두세요!

〈동사 + -(으)ㄹ게요〉

	기본형	-(으)ㄹ게요
동사	가다 먹다	갈게요 먹을게요

1. 비격식체 높임말로 어떤 사실에 대하여 다짐하고 약속할 때 사용한다.
   내일부터 학교에 일찍 올게요.
   이제부터 한국어 공부를 열심히 할게요.

2. 비격식체 높임말로 '그렇게 하겠다' 고 상대에게 알릴 때 사용한다. 상대방의 긍정적인 반응을 기대하고 말을 하는 경우가 많다.
   저 먼저 갈게요.
   제가 한 턱 낼게요.
   잠깐, 화장실 좀 갔다 올게요.

주의

1. 주어가 일인칭 단수나 복수 즉, 나(저) 혹은 우리(저희)만 가능하다.
   (저는) 한국어를 열심히 공부할게요. (○)
   그 사람은 한국어를 열심히 공부할게요. (×)
   (저희는) 내일부터 학교에 일찍 올게요. (○)
   사라 씨는 내일부터 학교에 일찍 올게요. (×)

2. 격식체 높임말로는 '동사+-겠습니다' 를 사용한다.
   내일부터 학교에 일찍 오겠습니다.
   이제부터 한국어 공부를 열심히 하겠습니다.

3. 서술문으로만 가능하다. 의문문으로 사용할 수 없다.
   내일부터 숙제를 할게요? (×) 내일부터 숙제를 할까요? (○)

4. 동사 어간이 'ㄹ' 로 끝나는 동사의 형태에 주의한다.
   만들다 → 만들을게요 (×) 살다 → 살을게요 (×)
   만들게요 (○) 살게요 (○)

1. 약속하기

목 표 ▸ '-(으)ㄹ게요'를 사용하여 약속을 할 수 있다.
준 비 ▸ 〈167쪽〉 × 학생수
구 성 ▸ 짝
시 간 ▸ 30분
난이도 ▸ 하

이야기로 활동 열기 늦게 온 학생을 지적하며 이야기를 시작할 수 있다.

교 사 : 도나 씨, 오늘 몇 시에 학교에 왔어요?
학생1 : 9시 반이요.
교 사 : 내일부터 일찍 올 거예요?
학생1 : 네, 선생님.
교 사 : 도나 씨는 저하고 약속했어요. 이때 어떻게 말해요?
선생님, 내일부터 일찍 올게요.
우리 오늘은 이렇게 '-(으)ㄹ게요'를 사용하여 약속을 하는 이야기를 해 봅시다.

순 서

1. 학생들을 2명씩 앉도록 한다.
2. 〈활동지〉를 학생들에게 한 장씩 나누어 준다.
3. 〈활동지〉의 상황을 보고 대화를 만들어 보도록 한다.
   학생1: 왜 늦게 왔어요?
   학생2: 죄송합니다. 다시 늦게 안 올게요.
4. 대화를 만들고 나면 발표시킨다.

확장을 위한 아이디어! 활동지 이외의 상황(친구나 가족과의 약속 등)을 준비하여 학생들에게 각 상황에 맞게 자신의 결심이나 약속을 말해 보게 할 수 있어요.

CHAPTER 49

2. 대화 만들기

목 표 ▶ '-(으)ㄹ게요'를 사용한 문장을 보고 상황에 맞는 대화를 만들 수 있다.
준 비 ▶ 〈168쪽〉 × 학생수/2, ✂
구 성 ▶ 짝
시 간 ▶ 30분
난이도 ▶ 중

이야기로 활동 열기 활동지에 있는 예문 중 학생들의 흥미를 끌만한 주제를 선택하여 이야기를 시작할 수 있다.

교 사 : 피에르 씨는 여자 친구와 식당에 가면 보통 누가 돈을 내요?
학 생 : 제가 내요.
교 사 : 그러면, 여자 친구에게 뭐라고 이야기합니까?
학 생 : 제가 돈을 내요.
교 사 : '제가 돈을 낼게요.' 라고 말할 수 있어요.
우리 오늘은 '-(으)ㄹ게요' 를 사용하여 대화를 만들어 봅시다.

순 서

1. 학생들을 2명씩 앉도록 한다.
2. 잘라 간 〈활동지〉의 문장 카드를 갖도록 한다.
3. 받은 문장 카드를 가운데 엎어 놓는다.
4. 짝끼리 번갈아 카드를 뒤집어 보면서 그 문장이 사용되는 상황의 대화를 만들어 보도록 한다.
   학생1 : 너무 무거워요.
   학생2 : 제가 도와줄게요.
5. 앞에 나와서 문장 내용에 맞게 몸동작을 하면서 발표하도록 한다.
6. 교사는 발표를 듣고 오류를 적어 두었다가 발표가 모두 끝나면 오류를 수정해 준다.

확장을 위한 아이디어! 학생들이 교실에서 자주 사용할 수 있는 상황을 '-(으)ㄹ게요'로 표현해 벽에 걸어 놓고 그대로 실천해 보도록 할 수 있어요.

-(으)ㄹ까요?

수업 전에 꼭 알아 두세요!

〈동사/형용사/이다+-(으)ㄹ까요?〉

	기본형	-(으)ㄹ까요?
동사	가다	갈까요?
	먹다	먹을까요?
형용사	예쁘다	예쁠까요?
	좋다	좋을까요?

1. 비격식체 높임말로 '동사/형용사+-(으)ㄹ까요?/-(으)ㄹ거예요'로 사용되어 추측할 때 사용한다.
   가: 내일 비가 올까요?
   나: 네, 비가 올거예요.
   가: 오늘 사카 씨가 학교에 올까요?
   나: 네, 학교에 올 거예요.

2. 비격식체 높임말로 '동사 +-(으)ㄹ까요?/-(으)ㅂ시다.'로 사용되어 무엇을 함께 할 것을 청할 때 사용한다. 1인칭 복수의 주어 '우리'와 함께 사용한다.
   가: (우리 같이) 영화 볼까요?
   나: 네, 같이 봅시다.
   가: (우리 같이) 커피 마실까요?
   나: 네, 마십시다.

3. '동사+-(으)ㄹ까요?/ -(으)십시오./(으)세요.'의 형태로 도움을 주려고 상대의 허락을 구할 때 사용한다. 1인칭 주어 '저'와 함께 사용한다.
   가: 제가 열어 줄까요?
   나: 네, 열어 주세요.
   가: 제가 닫아 줄까요?
   나: 아니오, 괜찮아요.

주의

1. 동사 어간이 'ㄹ'로 끝나는 동사의 형태에 주의한다.
   만들다 → 만들까요?　　살다 → 살까요?

CHAPTER 50

 1. 쉬는 날 약속 정하기

목 표 ▸ '-(으)ㄹ까요? -(으)ㅂ시다, -(으)니까'를 적절히 사용하여 쉬는 날 무엇을 하고 싶은지 말하고 그 이유를 말할 수 있다.
준 비 ▸ 〈169, 170쪽〉 × 학생수/2
구 성 ▸ 짝
시 간 ▸ 30분
난이도 ▸ 중

이야기로 활동 열기 야외 수업으로 추천할 만한 장소들의 사진을 준비해 가서 이야기를 시작할 수 있다.

교 사 : 여러분 이번 수요일은 쉬는 날입니다. 우리 함께 무엇을 할까요?
학생들 : 놀러 갑시다.
교 사 : 그럼, 어디에 갈까요?
학생들 : 등산 갑시다.
교 사 : 우리 오늘은 이렇게 쉬는 날에 무엇을 하고 싶은지 친구들과 이야기해 봅시다.

순 서

1. 학생들을 2명씩 앉도록 한다.
2. 학생들에게 각각 〈활동지A〉와 〈활동지B〉를 나누어 준다.
3. 〈활동지〉를 보면서 어디 가고 싶은지, 무엇을 하고 싶은지 결정해 그 이유를 쓰도록 한다.
4. 짝끼리 자신이 가고 싶은 곳을 말하고 그 이유를 말해 보도록 한다.
   학생1 : 우리 어디에 갈까요?
   학생2 : 우리 공원에 갑시다.
   학생1 : 왜요?
   학생2 : 날씨가 좋으니까요.
5. 대화가 끝나면 발표 시킨다.

◑ **제 안 —** 활동지의 장소를 학생들이 잘 모를 경우 사진이나 그림을 미리 준비해 보여 주는 것이 좋다.

확장을 위한 아이디어! 같은 반 친구들끼리 여행 장소를 정해 실제로 여행 계획을 세워 보게 할 수 있어요.

2. 상상하여 이야기하기

목 표 ▸ '-(으)ㄹ까요? -(으)ㄹ 거예요.'를 적절히 사용하여 친구의 10년 후의 모습을 상상하여 이야기할 수 있다.
준 비 ▸ 〈171쪽〉 × 학생수/2
구 성 ▸ 짝
시 간 ▸ 50분
난이도 ▸ 중

이야기로 활동 열기 학생들에게 선생님은 10년 후에 어떤 모습일지 상상해 보게 하면서 이야기를 시작할 수 있다.

교 사 : 여러분 10년 후면 몇 년입니까?
학생들 : ○○○○년입니다.
교 사 : 그 때 저는 무엇을 하고 있을까요?
학생들 : 아마 선생님일 거예요.
교 사 : 우리 오늘은 이렇게 10년 후의 친구의 모습을 상상하여 이야기해 봅시다.

순 서

1. 짝끼리 〈활동지〉를 한 장씩 나누어 준다.
2. 〈활동지〉에 짝과 함께 반 친구들의 이름을 적도록 한다.
3. 짝과 이름을 적은 친구의 10년 후의 모습이 어떨지 함께 상상해 보도록 한다.
   학생1 : 수진 씨는 10년 후에 무엇을 할까요?
   학생2 : 회사원일거예요.
   학생1 : 결혼을 할까요?
   학생2 : 결혼을 해서 아이가 2명 있을 거예요.
4. 짝끼리 상상한 내용을 다른 친구들에게 이야기해 주도록 한다.
   팀1 : 수진 씨는 10년 후에 회사원일 거예요. 결혼을 해서 아이가 2명 있을 거예요.

◑ **제 안 —** 참고로 주어진 어휘를 학생 수준에 따라 수정을 할 수 있다.

확장을 위한 아이디어! 친구들의 미래의 모습이 아닌 과거의 모습을 추측해 보게 하는 활동을 할 수 있어요. 이때 '-았/었을까요?', '-았/었을 거예요'를 사용해 연습을 할 수 있겠지요.

-(으)ㄹ 때

수업 전에 꼭 알아 두세요!

〈동사/형용사/이다+-(으)ㄹ 때, 명사 + 때〉

	-았/었을 때	-(으)ㄹ 때	-때
동사	갔을 때 먹었을 때	갈 때 먹을 때	크리스마스 때 설날 때 시험 때
형용사	피곤했을 때 많았을 때	피곤할 때 많을 때	

1. 어떤 행위가 일어나고 있는 동안이나 상태가 지속되는 '순간'을 의미할 때 사용한다.
   버스에 탈 때 교통 카드가 있어야 해요.
   날씨가 좋을 때 산책해요.
   내가 대학생일 때 너는 중학생이었다.
   크리스마스 때 영희를 만났다.

주의

1. 과거형, 현재형과 결합이 가능하나 미래형과 결합할 수 없다.
   졸업할 걸 때 부모님께서 오시면 좋겠어요. (×)
   졸업할 때 부모님께서 오시면 좋겠어요. (○)

2. 불규칙 동사와의 결합할 때 동사의 형태 변화에 주의한다.
   살다 → 살을 때(×) 덥다 → 덥울 때(×)
   살 때 (○) 더울 때(○)

1. 상황에 따른 감정 말하기

목 표 ▸ '-(으)ㄹ 때'를 사용해 자신의 감정을 표현할 수 있다.
준 비 ▸ 〈172쪽〉 × 학생수
구 성 ▸ 짝
시 간 ▸ 40분
난이도 ▸ 하

이야기로 활동 열기 교사는 학생들에게 감정 표현과 관련된 어휘를 질문한다. 언제 이러한 감정을 느끼는지 질문하면서 이야기를 시작할 수 있다.

교 사 : 내 마음, 기분을 표현할 수 있는 단어들이 한국어에는 많이 있지요? 어떤 것들이 있지요?
학생들 : 기분이 좋아요, 기분이 나빠요, 창피해요, 무서워요, 외로워요…….
교 사 : 마리 씨는 언제 기분이 좋아요?
학 생1 : 남자친구의 메일을 확인해요. 기분이 좋아요.
교 사 : 아, 남자친구의 메일을 확인할 때 기분이 좋아요.
우리 오늘은 이렇게 다음과 같은 상황에서 여러분 기분이 어떤지 이야기해 봅시다.

순 서

1. 학생들에게 〈활동지〉를 한 장씩 나누어 준다.
2. 언제 다음과 같은 감정을 갖는지 인터뷰 하도록 한다.
   학생1 : 언제 슬퍼요?
   학생2 : 혼자 있을 때 슬퍼요.
3. 인터뷰가 끝나면 조사 결과를 발표하게 한다.

◑ **제 안** — 주어진 표현은 참고로 하고 실제 자신의 이야기를 하는 것이 좋다.

확장을 위한 아이디어! 감정 표현 어휘를 주고 한국에 와서 언제 이런 기분을 느꼈는지 서로 묻고 답하는 활동으로 확장할 수 있어요.

CHAPTER 51

활동 2. 생활용품 용도 말하기

목 표 ▸ '-(으)ㄹ 때'를 사용해 집안 물건들의 용도를 말할 수 있다.
준 비 ▸ 〈173쪽〉 × 학생수/2,
구 성 ▸ 짝
시 간 ▸ 40분
난이도 ▸ 중

이야기로 활동 열기 교사는 학생들이 자주 사용하는 물건을 택해 언제 그것을 사용하는지 이야기하며 시작할 수 있다.

교 사 : 여러분은 볼펜을 매일 사용하지요?
학생들 : 네.
교 사 : 볼펜을 언제 사용하지요?
학생들 : 숙제를 해요. / 편지를 써요.
교 사 : 네. 숙제를 할 때 사용해요. / 편지를 쓸 때 사용해요.
그러면 다음의 물건들은 언제 사용하는 것일까요? 친구들과 이야기해 봅시다.

순 서

1. 학생들을 2명씩 앉도록 한다.
2. 학생들에게 〈활동지〉를 한 장씩 나누어 준다.
3. 짝과 같이 〈활동지〉의 물건들을 언제 사용하는 것인지 이야기해 보도록 한다.
   학생1 : 손톱깎이는 언제 사용해요?
   학생2 : 손톱을 깎을 때 사용해요.
4. 활동이 끝나면 교사는 학생들을 지적해 발표하게 하고 내용을 함께 정리한다.

제 안 —
- 〈활동지〉 아래에 제시된 어휘는 '참고'로 사용하고 학생들의 능력에 따라 자유롭게 표현하게 할 수 있다.
- 어휘 부분을 말하기 전에 교사와 함께 확인한 뒤 실제 말하기 활동을 할 때는 그 부분을 접은 후에 이야기 활동을 하도록 할 수 있다.

확장을 위한 아이디어! 학생들에게 자신의 나라에서만 주로 볼 수 있는 특이한 물건들의 그림이나 사진을 준비해 오게 하세요. 그것이 언제 사용되는 물건인지 다른 학생들에게 소개하게 할 수 있어요.

3. 물건들의 사용 용도 말하기

목 표 ▸ '-(으)ㄹ 때'를 사용해 물건 쓰임의 다양한 상황에 대해 말할 수 있다.
준 비 ▸ 〈174쪽〉 × 학생수
구 성 ▸ 짝
시 간 ▸ 30분
난이도 ▸ 중

이야기로 활동 열기 교사는 학생들에게 한국에 살면서 어떤 물건들이 필요한지 묻는다. 또 이런 물건들이 어느 상황에서 필요한지 묻고 답하게 함으로써 활동을 시작할 수 있다.

교 사 : 여러분은 한국에 살면서 무엇이 제일 필요해요?
학 생 : 교통카드가 제일 필요해요.
교 사 : 언제 교통카드가 필요해요?
학 생 : 버스를 타요.
교 사 : 아, 버스를 탈때 필요해요.
오늘은 다양한 물건들을 여러분이 언제 사용하는지 이야기해 봅시다.

순 서

1. 학생들에게 〈활동지〉를 한 장씩 나누어 준다.
2. 〈활동지〉의 물건을 언제 사용하는지 인터뷰 한다. 그리고 친구의 질문에 답하도록 한다.
   교사: 학생증이 언제 필요해요?
   학생1 : 도서관에서 책을 빌릴 때 필요해요.
3. 인터뷰 결과를 발표하도록 하고 교사는 오류를 수정해 준다.

확장을 위한 아이디어! 위의 활동방법과 순서를 바꿔 한 학생이 물건 쓰임새의 상황을 먼저 제시해 주면 다른 학생들이 어떤 물건인지 알아맞히는 게임(스무고개)으로 확장할 수 있어요.

-(으)ㄹ 줄 알다/모르다

수업 전에 꼭 알아 두세요!

〈동사 +-(으)ㄹ 줄 알다/모르다〉

	기본형	-(으)ㄹ 줄 알다/모르다
동사	가다	갈 줄 알다/모르다
	읽다	읽을 줄 알다/모르다

1. 어떤 행위의 방법에 대해 아는지 모르는지 표현할 때 사용한다.
   운전을 **할 줄 아세요?**
   저는 한자를 **읽을 줄 몰라요.**

주의

1. 동사 어간이 'ㄹ'로 끝나는 동사의 형태에 주의한다.
   만들다 → 만들 **줄 알다/모르다** 걸다 → 걸 **줄 알다/모르다**

1. 재능 많은 친구 찾기

목 표 ▸ '-(으)ㄹ 줄 알다/모르다'를 사용하여 반 친구들의 능력을 묻고 답할 수 있다.
준 비 ▸ 〈175쪽〉 × 학생수
구 성 ▸ 짝
시 간 ▸ 40분
난이도 ▸ 하

이야기로 활동 열기 교사는 부교재의 주제 중 학생들의 흥미를 끌 수 있는 주제를 선택해 학생들의 능력에 대해 질문하며 활동을 시작할 수 있다.

교 사 : 미미 씨, 한국 노래를 좋아해요?
학생1 : 네. 아주 좋아해요.
교 사 : 미미 씨는 한국 노래를 부를 줄 알아요?
학생1 : 네. 한국 노래를 부를 줄 알아요.
교 사 : 우리 오늘은 친구들이 무엇을 할 수 있는지 친구들의 재능을 알아봅시다.

순 서

1. 학생들에게 〈활동지〉를 한 장씩 나누어 준다.
2. '-(으)ㄹ 줄 알다/모르다' 사용하여 친구의 능력을 인터뷰하게 한다.
   학생1 : 외국어를 할 줄 알아요?
   학생2 : 네, 할 줄 알아요.
   학생1 : 그럼, 일본어를 할 줄 알아요?
   학생2 : 아니요, 할 줄 몰라요.
3. 친구가 할 수 있다면 번호를 쓰고, 할 수 없으면 ×하도록 한다.
4. 인터뷰가 끝나면 결과를 발표하게 하고, 교사와 함께 확인한다.

확장을 위한 아이디어!

재미있거나 특별한 능력들을 쓴 후에 그것을 할 수 있는 친구를 찾아보는 활동을 할 수 있어요.

예) 혀가 입까지 닿을 수 있어요, 혀를 말 수 있어요.

-(으)ㄹ지 모르겠다

수업 전에 꼭 알아 두세요!

〈동사/형용사/이다 +-(으)ㄹ지 모르겠다〉

	기본형	-(으)ㄹ지 모르겠다
동사	가다	갈지 모르겠다
	읽다	읽을지 모르겠다
형용사	싸다	쌀지 모르겠다
	좋다	좋을지 모르겠다

1. 미래에 대한 추측이나 말하는 사람의 불확실한 의견을 나타날 때 사용한다.
내일도 비가 올지 모르겠어요.
주말이라 영화표를 살 수 있을지 모르겠어요.
제가 만든 음식인데 맛있을지 모르겠어요.

주의

1. 동사 어간이 'ㄹ'로 끝나는 동사의 형태에 주의한다.
만들다 → 만들지 모르겠다　　살다 → 살지 모르겠다

1. 상황에 맞는 대화 만들기

목 표 ▸ 상황별로 '-(으)ㄹ지 모르겠다'를 사용하여 걱정되는 바를 말할 수 있다.
준 비 ▸ 〈176쪽〉 × 학생수/2
구 성 ▸ 짝
시 간 ▸ 30분
난이도 ▸ 하

이야기로 활동 열기 교사는 학생들의 추측이나 불확실한 의견을 묻는 질문을 함으로써 본 활동을 시작할 수 있다.

교 사 : 미미 씨 왔어요?
학 생 : 아직 안 왔어요.
교 사 : 그럼, 내일은 미미 씨가 학교에 일찍 올까요?
학 생 : 글쎄요. 모르겠어요.
교 사 : 우리는 미미 씨가 내일 학교에 일찍 올까요? 일찍 안 올까요? 잘 몰라요.
이것을 이렇게 말할 수 있어요. 미미 씨가 내일은 학교에 일찍 올지 모르겠어요.
오늘은 추측이나 불확실한 상황에 대하여 이야기해 봅시다.

순 서

1. 학생들을 2명씩 앉도록 한다.
2. 학생들에게 짝끼리 〈활동지〉를 한 장씩 나누어 준다.
3. 〈활동지〉의 상황에 맞게 짝과 함께 '-(으)ㄹ지 모르겠다'를 사용하여 이야기를 만들어 보도록 한다.
   학생1 : 이번 방학 때 고향에 가실 거예요?
   학생2 : 글쎄요, 갈 수 있을지 모르겠어요.
4. 활동이 끝나면 짝과 함께 발표시키고 교사와 함께 확인한다.

확장을 위한 아이디어! 실제로 학생들의 불확실한 걱정을 이야기해 보도록 하는 것도 좋아요.

CHAPTER 53

2. 역할극하기

목 표 ▸ 역할극을 통해 '-(으)ㄹ지 모르겠다'를 사용하여 불안한 마음을 친구에게 표현할 수 있다.
준 비 ▸ 〈177쪽〉 × 학생수/3, ✂
구 성 ▸ 그룹
시 간 ▸ 50분
난이도 ▸ 중

이야기로 활동 열기 교사는 불안한 마음이나 염려를 나타낼 상황에 대한 이야기로 활동을 시작할 수 있다.

교 사 : 다음 달에 다른 집으로 이사가게 되었어요.
학 생 : 축하합니다.
교 사 : 더 큰 집으로 이사 가서 기분은 좋지만 걱정도 많이 있어요.
학 생 : 무슨 걱정이 있어요?
교 사 : 학교에서 너무 멀어져서 힘들지 않을지 모르겠어요. / 겨울에 춥지 않을지 모르겠어요.
오늘은 이렇게 불확실해서 생기는 걱정에 대하여 이야기해 봅시다.

순 서

1. 학생들을 3명씩 앉도록 한다.
2. 학생들에게 잘라온 〈활동지〉를 팀(그룹)별로 각각 한 장씩 나누어 준다. 그룹의 각각의 학생들이 서로 다른 활동지〈활동지 A, B, C〉를 각각 갖도록 한다.
3. 각자 먼저 〈활동지〉를 보면서 각 상황에서의 불안한 마음을 세 가지씩 적어 보도록 한다.
   학생1 : 내일이 이사인데 날씨가 좋을지 모르겠어요.
4. 그룹의 다른 친구에게 자신의 상황을 이야기하고 걱정되는 바를 이야기한 후 조언을 구하도록 한다. 그리고 다른 친구의 걱정을 잘 듣고 적절한 조언을 간단히 해 주도록 한다.
   학생1 : 이제 곧 아이가 태어날 거예요. 돈이 없어서 어떻게 할지 모르겠어요.
   학생2 : 그럼 이제부터 아르바이트를 해 보세요.
5. 역할극을 앞에 나와서 해보도록 한다.

확장을 위한 아이디어! 실제 학생들이 불안해하는 것들에 대하여 이야기하고 조언을 구하는 활동을 해 볼 수 있어요.

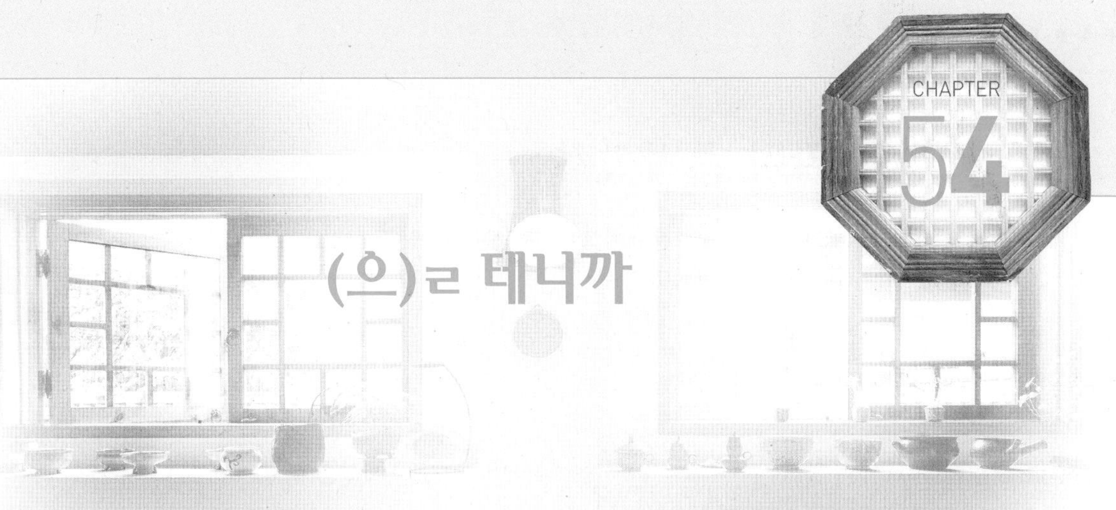

(으)ㄹ 테니까

수업 전에 꼭 알아 두세요!

〈동사/형용사/이다 + -(으)ㄹ 테니까〉

	기본형	-(으)ㄹ 테니까
동사	가다 먹다	갈 테니까 먹을 테니까
형용사	싸다 좋다	쌀 테니까 좋을 테니까

1. 말하는 사람의 의지를 나타낼 때 사용하며, 이때 주어는 1인칭만 사용 가능하다.
   저는 과일을 준비할 테니까 준호 씨는 음료수를 준비해 주세요.
   제가 저녁을 낼 테니까 미영 씨가 나중에 차 한 잔 사 주세요.

2. 불확실한 이유를 추측하여 설명할 때 사용한다. '-(으)니까'가 확실한 이유라면 '-(으)ㄹ 테니까'는 추측의 의미를 더한 이유 표현이다.
   내일은 날씨가 추울 테니까 옷을 따뜻하게 입는 것이 좋아요.
   지금은 점심 시간이라 식당에 사람이 많을 테니까 이따가 먹읍시다.

주의

1. '1번' 용법으로 말하는 사람의 의지를 나타낼 때에는 '-(으)ㄹ 게요. + 그러니까'의 의미로 과거 시제 '-았-'과 같이 사용할 수 없다.
   저는 풍선을 준비했을 테니까 사라 씨는 빵을 준비하세요. (×)

2. '2번' 용법으로 불확실한 추측의 이유를 설명할 때에는 과거 시제 '-았-'과 같이 사용할 수 있다.
   집에 잘 들어갔을 테니까 걱정하지 마세요. (○)

3. 동사 어간이 'ㄹ'로 끝나는 동사의 형태에 주의한다.
   만들다 → 만들 테니까 살다 → 살 테니까

1. 깜짝 파티 준비하기

목 표 ▸ '-(으)ㄹ 테니까'를 사용하여 '파티 준비'를 할 수 있다.
준 비 ▸ 〈178쪽〉 × 학생수
구 성 ▸ 짝
시 간 ▸ 30분
난이도 ▸ 하

이야기로 활동 열기 교사는 말하는 사람의 '의지'를 나타낼 수 있는 예문을 통해 '-(으)ㄹ 테니까'의 의미를 설명하며, 본 활동을 시작할 수 있다.

교 사 : 여러분 여행을 좋아하세요? 우리 함께 가을 여행을 떠나 볼까요?
학 생 : 좋아요.
교 사 : 여행 가기 전에 준비할 것이 많은데 무엇을 어떻게 준비할까요?
학 생 : 같이 준비해요.
교 사 : 그럼, 제가 기차 표를 예약할 테니까 제임스 씨가 여행 계획을 세워 주세요.
학생1 : 네. 알겠습니다.
교 사 : 우리 오늘을 '-(으)ㄹ 테니까'를 사용하여 친구의 생일 잔치를 준비해 봅시다.

순 서

1. 학생들을 2명씩 앉도록 한다.
2. 짝끼리 〈활동지〉를 한 장씩 나누어 준다.
3. 상황을 설명해 준다.
   오늘은 여러분 친구의 깜짝 생일 파티를 준비할 거예요.
   여러분이 어떤 일을 할 지, 무엇을 준비할 지, 누가 준비를 할 지 친구들와 같이 의논해 보세요.
4. 〈활동지〉에 메모를 하며 무엇을 준비할 지 자유롭게 적어 보도록 한다.
   학생1 : 저는 사진을 찍을 테니까 (학생2) 씨는 노래를 불러 주세요.
   학생2 : 저는 노래를 부를 테니까 (학생3) 씨는 꽃을 사 오세요.
5. 활동이 끝나면 칠판에 하나씩 판서하며 학생들의 의견을 모아 본다.

◑ **제 안 —** 다음과 같은 방법으로 의미를 전달할 수 있다.

저는 과일을 **준비할 테니까** 준호 씨는 음료수를 준비해 주세요.
(준비할게요, 그러니까)
제가 저녁을 **낼 테니까** 미영 씨가 나중에 차 한 잔 사 주세요.
(낼게요, 그러니까)

확장을 위한 아이디어! 학생 수준이나 흥미에 따라 여행 계획하기, 수료식 준비하기, 크리스마스 파티 준비하기 등 상황을 다양하게 바꿀 수 있어요.

2. 문장 바르게 완성하기

목 표 ▸ '-(으)ㄹ 테니까'를 사용하여 문장을 완성할 수 있다.
준 비 ▸ 〈179쪽〉 × 학생수
구 성 ▸ 짝
시 간 ▸ 30분
난이도 ▸ 중

이야기로 활동 열기 교사는 '불확실한 이유'를 나타낼 수 있는 상황으로 이야기를 시작할 수 있다.

교 사 : 여러분 오늘은 날씨가 어때요?
학 생 : 추워요.
교 사 : 그럼 내일도 추울까요?
학 생 : 아마 추울 거예요.
교 사 : 네. 100% 확실하지 않지만 아마 추울 거예요. 그러니까 옷을 따뜻하게 입고 오세요.
이 두 문장을 이렇게 한 문장으로 말할 수 있어요.
내일도 추울 테니까 옷을 따뜻하게 입고 오세요.
우리 오늘은 이렇게 '-(으)ㄹ 테니까'를 사용하여 문장을 만들어 봅시다.

순 서

1. 학생들을 2명씩 앉도록 한다.
2. '-(으)ㄹ 테니까'를 사용하여 제시된 문장을 바꾸게 하고, 전체 문장을 구성하게 한다.
   내일은 눈이 올 테니까 옷을 따뜻하게 입고 오세요.
3. 짝끼리 읽어 가며 맞는지 확인해 주도록 한다.
4. 짝끼리 확인이 끝나면 교사는 완성된 활동지를 수거하여 오류를 수정해 준다.

제 안 — 다음과 같이 의미를 전달할 수 있다.

내일은 날씨가 **추울 테니까** 옷을 따뜻하게 입는 것이 좋아요.
(추울 것 같습니다. 그러니까)
지금은 점심 시간이라 식당에 사람이 **많을 테니까** 이따가 먹읍시다.
(많을 것 같습니다. 그러니까)

확장을 위한 아이디어! 학생들 수준이 높을 경우 쓰기가 아닌 말하기 활동으로 바로 전개할 수 있어요.

3. 친구 격려하기

목 표 ▸ '-(으)ㄹ 테니까'를 사용하여 친구에게 조언을 줄 수 있다.
준 비 ▸ 〈180쪽〉 × 학생수/2, ✂
구 성 ▸ 전체
시 간 ▸ 40분
난이도 ▸ 중

이야기로 활동 열기 교사는 '-(으)ㄹ 테니까'를 사용해 친구를 격려하는 예문을 보여 줌으로써 본 활동의 의도를 설명할 수 있다.

교 사 : 어제 제 친구가 전화를 했어요.
"남자 친구와 싸워서 연락을 안 해요. 어떻게 하면 좋아요?"라고 물어 봤어요.
그래서 제가 말해 줬어요.
"먼저 전화해서 사과하면 화해할 수 있을 테니까 걱정하지 마세요."
여러분도 요즘 걱정하고 있는 것이 있어요? 걱정하고 있는 친구를 격려해 줄 수 있지요?
친구들의 걱정을 들어 보고 '-(으)ㄹ 테니까'를 사용하여 격려해 주세요.

순 서

1. 〈활동지〉를 반으로 잘라 한 장씩 나누어 준다.
2. 학생들에게 요즘 어떤 걱정이 있는지 묻고 그것을 A칸에 쓰게 한다.
   (쓰기) 한국 생활이 재미없다.
3. 시계 방향으로 돌려 가며 다른 친구의 걱정을 보고 '-(으)ㄹ 테니까'를 사용하여 친구를 격려할 수 있는 말을 B칸에 쓰게 한다.
   (쓰기) 사람들을 많이 만나면 재미있어질 테니까 걱정하지 마세요.
4. B칸이 모두 완성되면 칠판이나 벽에 붙이고 모두 같이 읽어 보도록 한다.

확장을 위한 아이디어! 학생들의 수준이 높다면 쓰기 과정을 거치지 않고 바로 말하기 활동으로 전개할 수 있어요. 또한 학생들이 자신의 걱정거리가 노출되는 것을 꺼려한다면 이름을 밝히지 않고 활동을 진행할 수 있어요.

CHAPTER 55

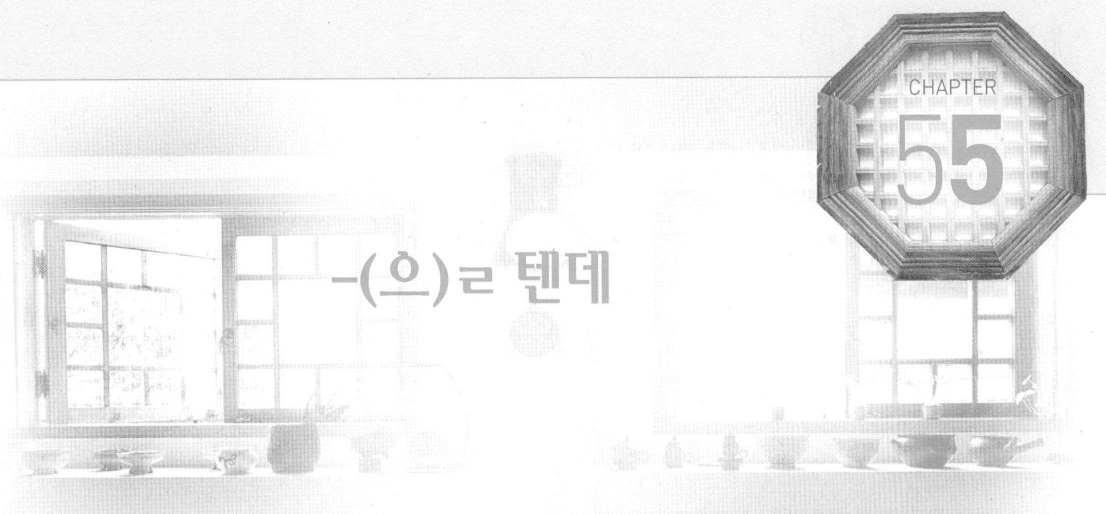

-(으)ㄹ 텐데

수업 전에 꼭 알아 두세요!

〈동사/형용사/이다 + -(으)ㄹ 텐데〉

	기본형	-(으)ㄹ 텐데
동사	가다	갈 텐데
	먹다	먹을 텐데
형용사	비싸다	비쌀 텐데
	싫다	싫을 텐데

1. 이유를 추측하여 설명할 때 사용한다. '-(으)ㄹ 테니까'로 바꿔 쓸 수 있으나 '-(으)ㄹ 텐데'는 상대방의 안 좋은 감정이나 느낌을 추측하여 말하면서 염려나 걱정의 마음을 표현하고 있는 경우가 많다.
   설날에 혼자 있으면 외로울 텐데 우리 집에 오세요.
   이 시간에는 길이 많이 막힐 텐데 1시간 후에 출발하는 게 어때요?

2. 추측하여 그 배경을 말할 때 사용한다.
   시험 기간이라 도서관에 사람이 많을 텐데 어떻게 하지요?
   백화점은 비쌀 텐데 왜 거기로 가세요?

주의

1. 과거, 현재형과 결합할 수 있으나 미래형과는 결합하지 않는다.
   내일은 바쁠 걸 텐데 오늘 만납시다. (×)
   내일은 바쁘겠을 텐데 오늘 만납시다.(×)

2. 동사 어간이 'ㄹ'로 끝나는 동사의 형태에 주의한다.
   만들다 → 만들 텐데　　　살다 → 살 텐데

1. 도움이 필요한지 묻기

목 표 ▸ '-(으)ㄹ 텐데'를 사용하여 도움이 필요한지 질문할 수 있다.
준 비 ▸ 〈181쪽〉 × 학생수
구 성 ▸ 짝
시 간 ▸ 50분
난이도 ▸ 하

이야기로 활동 열기 교사는 학생들 중 도움이 필요한 상황을 찾아 자연스럽게 활동을 시작할 수 있다.

교 사 : 토미 씨, 오늘 아침에 학교에 뛰어 왔지요?
학 생 : 네, 오늘 아침에 늦게 일어났어요.
교 사 : 목이 마를 텐데 물을 좀 줄까요?
학 생 : 아니요. 괜찮습니다.
교 사 : 오늘은 이렇게 어려움을 추측해서 이야기해 봅시다.

순 서

1. 학생들을 2명씩 앉도록 한다.
2. 학생들에게 〈활동지〉를 한 장씩 나누어 준다.
3. 먼저 각자 활동지에 상황을 보고 어떤 도움을 줄 지 적어 보도록 한다.
4. 짝에게 도움을 줄지 질문하고 친구의 질문에 답하도록 한다.
   학생1 : 가방이 무거울 텐데 제가 들어 줄까요?
   학생2 : 네, 고마워요. / 아니요, 괜찮아요.
5. 짝이 도움을 요청한 것에는 ○, 거절한 것에는 ×하도록 한다.
6. 대화를 앞에 나와서 역할극 형태로 발표하도록 한다.

확장을 위한 아이디어! 오늘 하루를 '-(으)ㄹ 텐데'를 사용하여 친구들을 많이 도와주는 날로 할 수 있어요.

2. 걱정하는 마음 말하기

목 표 ▸ '-(으)ㄹ 텐데'를 사용하여 걱정하는 마음을 말할 수 있다.
준 비 ▸ 〈182, 183쪽〉 × 학생수/2
구 성 ▸ 전체
시 간 ▸ 50분
난이도 ▸ 중

이야기로 활동 열기 반 친구들 중 교사가 알고 있는 학생의 걱정거리로 활동을 자연스럽게 시작할 수 있다.

교 사 : 수진 씨 요즘 바쁠 텐데 숙제를 조금만 줄까요?
학생1 : 네!
교 사 : 오늘은 이렇게 '-(으)ㄹ 텐데'를 사용하여 걱정하는 마음을 이야기하고 조언을 해 줍시다.

순 서

1. 학생들을 2명씩 앉도록 한다.
2. 학생들에게 각각 〈활동지A〉와 〈활동지B〉를 나누어 준다.
3. 각자 활동지의 1~10번을 읽고 비어있는 문장의 뒷부분을 아래의 네모 칸에 쓰도록 한다.
   ('음식이 뜨거울 텐데'의 경우) 천천히 드세요.
4. 네모 칸을 모두 완성한 후 절취선을 따라 〈활동지〉를 반으로 자른다.
5. 네모를 완성한 〈활동지〉 아랫부분을 짝에게 준다.
6. 짝의 〈활동지〉를 보며 앞부분의 이야기를 추측하여 적어 본다.
   (쓰기) 배가 아플텐데 천천히 드세요.
7. 짝끼리 완성된 활동지를 서로 비교하게 한 뒤 발표시킨다.

확장을 위한 아이디어! 친구들 한 명 한 명에게 돌아가며 모두 걱정스러운 마음을 말하고 조언을 해 주도록 해 보세요.

 3. 오류 수정하기 게임

목 표 ▸ '-(으)ㄹ 텐데' 를 사용하여 문장을 바르게 고칠 수 있다.
준 비 ▸ 〈184쪽〉 × 학생수
구 성 ▸ 짝
시 간 ▸ 40분
난이도 ▸ 상

이야기로 활동 열기 교사는 오류가 있는 예문을 통해 '-(으)ㄹ 텐데' 의 용법에 대해 정리해 주면서 활동을 시작할 수 있다.

교 사 : 오늘은 지난 시간에 배운 문법 '-(으)ㄹ 텐데' 를 사용해 재미있는 게임을 할 거예요.
여러분이 시장에 갔는데 아주머니께서 이렇게 말씀 하셨어요.
"5,000원 깎아 드릴 텐데 사세요."
이 문장을 맞는 문장일까요? 틀린 문장일까요?
학 생 : 잘 모르겠어요.
교 사 : 틀린 문장이지요? 어떻게 바꾸면 맞는 문장이 될까요?
학 생 : 깎아 드릴 테니까 사세요.
교 사 : 그렇지요. 위의 문장은 주어의 의지를 나타내니까 '?(으)ㄹ 텐데' 가 아니라 '?(으)ㄹ 테니까' 를 사용해야 해요.
'-(으)ㄹ 텐데' 는 주어의 의지를 나타낼 수 없어요. 오늘은 이렇게 문장을 보고 잘못된 것을 찾아 고쳐 봅시다.

순 서

1. 학생들을 2명씩 앉도록 한다.
2. 학생들에게 〈활동지〉를 한 장씩 나누어 준다.
3. 각자 〈활동지〉의 문장 중 틀린 것이 있는지 찾게 한다. 이때 맞는 문장도 있음을 언급한다.
4. 틀린 문장을 공간에 바르게 재구성하게 한다.
   예) 배가 아플 텐데 약국에 갔어요. → 배가 아파서 약국에 갔어요.
5. 활동이 끝나면 짝끼리 비교하게 한다.
6. 교사와 함께 오류를 찾아 수정하고, '-(으)ㄹ 텐데' 의 용법을 다시 한 번 정리한다.
7. 교사는 가장 정확한 문장을 많이 구사한 팀에게 보상을 해 준다.

확장을 위한 아이디어! 활동지의 '-(으)ㄹ 텐데' 부분을 남겨 두고 문장을 완성하게 하는 게임으로 확장할 수 있어요.

-(으)려고

수업 전에 꼭 알아 두세요!

〈동사 + -(으)려고〉

	기본형	-(으)려고
동사	가다 먹다	가려고 먹으려고

1. 어떤 행위의 목적을 나타낼 때 사용한다.
   청소하려고 문을 열었어요.
   한국어를 배우려고 온 학생들이 많아요.

주의

1. 뒷 절이 청유문이거나 명령문일 경우에는 사용하지 않는다.
   책을 빌리려고 도서관에 갈까요? (×)
   건강하려고 담배를 끊으세요. (×)
2. '-(으)려고' 다음에는 미래시제를 사용하지 않는다.
   친구를 만나려고 명동에 갈 거예요. (×)
   부모님께 드릴 선물을 사려고 백화점에 가겠어요. (×)
3. '-고 싶다'로 끝나는 문장에서는 사용하지 않는다.
   밥 먹으려고 식당에 가고 싶어요. (×)
4. 앞 뒤 주어가 불일치하는 문장에서는 사용하지 않는다.
   조에 씨가 자려고 어머니께서 불을 꺼 주셨어요. (×)
5. 동사 어간이 'ㄹ'로 끝나는 동사의 형태에 주의한다.
   만들다 → 만들려고　　　살다 → 살려고

CHAPTER 56

1. 빈칸 채워 문장 완성하기

목 표 ▸ '-(으)려고'를 사용하여 목표를 위해 지금 무엇을 준비하고 있는지 말할 수 있다.
준 비 ▸ 〈185쪽〉 × 학생수
구 성 ▸ 짝
시 간 ▸ 30분
난이도 ▸ 하

이야기로 활동 열기 교사는 어떤 행동에 대한 이유에 대하여 질문하면서 이야기를 시작할 수 있다.

교 사 : 요즘에 니꼴 씨가 다이어트를 하고 있어요. 니꼴 씨, 왜 다이어트를 해요?
학 생 : 여름에 짧은 치마를 입고 싶어요.
교 사 : 네. 니꼴 씨는 여름에 짧은 치마를 입으려고 다이어트를 하고 있어요.
오늘은 이렇게 '-(으)려고'를 사용하여 목표를 위해 지금 무엇을 하고 있는지 이야기해 봅시다.

순 서

1. 학생들을 2명씩 앉도록 한다.
2. 학생들에게 〈활동지〉를 한 장씩 나누어 준다.
3. 짝과 '지금 하고 있는 일'과 '목표'에 맞추어 '-(으)려고'를 사용하여 이야기를 만들어 보도록 한다.
   학생1: 저는 한국 회사에 들어가려고 한국에 왔어요.
   학생2: 한국 회사에 들어가려고 한국어를 공부하고 있어요.
4. 학생들이 표 채우기를 모두 완성하면 결과물을 발표하게 한다.

확장을 위한 아이디어! 실제 자신들의 장/단기의 목표와 그것을 하기 위해 하고 있는 일들에 대하여 이야기해 보세요.

2. 오류 수정하기 게임

목 표 ▸ '-(으)려고' 의 용법을 바르게 이해하고 부정확한 문장을 맞게 고칠 수 있다.
준 비 ▸ 〈186쪽〉 × 학생수
구 성 ▸ 짝
시 간 ▸ 40분
난이도 ▸ 상

이야기로 활동 열기 교사는 오류가 있는 예문을 통해 '-(으)려고' 의 용법에 대해 정리하고 활동 방법을 시작할 수 있다.

교 사 : 여러분들은 왜 한국에 왔지요?
학 생 : 한국어를 배우려고 왔어요.
교 사 : 네. 한국어를 배우려고 왔어요. 한국어를 배우러 한국에 왔어요.
저는 어제 꽃을 샀어요. 왜 샀어요?
학 생 : 친구에게 주러 샀어요. 친구에게 주려고 샀어요.
교 사 : 친구에게 주러 샀어요? 맞아요? 친구에게 주려고 샀어요.
'사다' 동사 앞에는 '-(으)러' 를 사용할 수 없지요? 목적을 나타내는 '-(으)러' 뒤에는 '가다, 오다, 다니다' 의 의미가 있는 동사만 사용할 수 있어요. 오늘은 이렇게 문장을 보고 잘못된 부분을 고쳐 봅시다.

순 서

1. 학생들을 2명씩 앉도록 한다.
2. 학생들에게 〈활동지〉를 한 장씩 나누어 준다.
3. 각자 〈활동지〉의 문장 중 틀린 문장을 찾아 바르게 재구성하게 한다. 이때 맞는 문장도 있음을 언급한다.
   머리가 아프려고 병원에 갔어요. → 머리가 아파서 병원에 갔어요.
4. 짝끼리 비교하며 확인하도록 한다.
5. 교사는 학생들과 함께 오류를 찾아 수정하고, '-(으)려고' 의 용법을 다시 한번 정리한다.

확장을 위한 아이디어! 학생들의 수준이 높다면 교사나 학생이 문장을 읽어 주고, 틀린 부분을 듣고 고치게 할 수 있어요.

-(으)려고 하다

수업 전에  알아 두세요!

〈동사+-(으)려고 하다〉

	기본형	-(으)려고 하다
동사	가다 먹다	가려고 하다 먹으려고 하다

1. 앞으로 그렇게 하고자 하는 주어의 의지를 내타낼 때 사용한다.
   이번 방학에는 고향에 가려고 해요.
   오늘부터 일찍 자려고 해요.

주의

1. 앞으로 일어날 것 같은 일을 나타내기도 한다.
   이제 어두워지려고 해요.
2. 동사 어간이 'ㄹ'로 끝나는 동사의 형태에 주의한다.
   만들다 → 만들려고 하다 살다 → 살려고 하다

1. 인생 계획 발표하기

목 표 ▸ '-(으)려고 하다'를 사용하여 자신의 인생 계획을 발표할 수 있다.
준 비 ▸ 〈187쪽〉 × 학생수
구 성 ▸ 전체
시 간 ▸ 40분
난이도 ▸ 하

이야기로 활동 열기 10년 후의 꿈이 무엇인지 또 그 꿈을 이루기 위해 어떤 일들을 하려고 하는지 학생들에게 묻고 답함으로써 활동을 시작할 수 있다.

교 사 : 여러분은 10년 후에 무엇을 하고 있을까요? 여러분들의 꿈은 무엇입니까?
학생1 : 외교관이요.

교 사 : 그러면 그 꿈을 위해서 어떤 준비를 하고 있습니까?
무엇을 해야 합니까? 무엇을 하려고 합니까?

학 생 : 외국어를 공부하고 있습니다.

교 사 : 외국어 공부를 열심히 하려고 합니다.
오늘은 '-(으)려고하다'를 사용하여 인생 계획을 이야기해 봅시다.

순 서

1. 〈활동지〉를 학생들에게 한 장씩 나누어 준다.
2. 학생들에게 앞으로 어떤 모습이길 바라는지 적어 보도록 한다.
   (쓰기) 20대에는 한국 회사에 취직하려고 합니다.
3. 쓴 것을 발표해 보도록 한다.
4. 교실에 붙여 놓고 서로 읽어 본다.

확장을 위한 아이디어! 학생들의 완성된 활동지를 무기명으로 벽에 붙여 놓은 뒤 다른 학생들에게 읽게 보게 한 뒤 누가 이런 계획들을 갖고 있을지 추측해 보게 할 수 있어요.

-(으)려면

수업 전에 꼭 알아 두세요!

〈동사+-(으)려면〉

	기본형	-(으)려면
동사	가다 먹다	가려면 먹으려면

1. 어떤 행위에 도달하기 위한 조건을 나타낼 때 사용한다.
   집에 **가려면** 버스를 타야 해요.
   전자사전을 싸게 **사려면** 용산에 가 보세요.

주의

1. 동사 어간이 'ㄹ'로 끝나는 동사의 형태에 주의한다.
   만들다 → **만들려면**　살다 → **살려면**

활동 1. 조언 구하기

목　표 ▸ '-(으)려면'을 사용하여 자신이 원하는 바를 달성하기 위한 방법에 대한 조언을 구할 수 있다.
준　비 ▸ 〈188쪽〉 × 학생수
구　성 ▸ 짝
시　간 ▸ 40분
난이도 ▸ 하

이야기로 활동 열기 학생들에게 조언을 구하면서 활동을 시작할 수 있다.

교　사 : 여러분 요리 잘하세요? 저는 요리를 잘 못해요.
요리를 잘 하려면 어떻게 해야 해요?
학생들 : 요리를 잘 하려면 요리 학원에 다녀 보세요. /요리를 잘 하려면 요리를 자주 해 보세요.
교　사 : 오늘은 이렇게 '-(으)려면'을 사용하여 조언을 구해 봅시다.

순 서

1. 학생들에게 〈활동지〉를 한 장씩 나누어 준다.
2. '-(으)려면' 을 사용하여 각각의 상황에서 어떻게 해야 하는지 조언을 구해 보도록 한다. 그리고 친구의 질문에 조언을 해 주도록 한다.
   학생1 : 요리를 잘하려면 어떻게 해야 해요?
   학생2 : 요리를 잘하려면 매일 요리를 해야 해요.
3. 주어진 질문에 따라 반 친구 2명에게 인터뷰를 하여 활동지를 완성하게 한다. 이때 활동지에는 간단하게 메모하게 한다.
4. 활동이 끝나면 발표를 통해 과제를 성공적으로 수행했는지 확인한다.

확장을 위한 아이디어! 실제 자신의 목표들을 적고 친구들에게 조언을 구하게 해 보세요.

2. 질문 만들기

목 표 ▸ '-(으)면' 과 '-(으)려면' 의 의미 차이를 이해하고, 답에 맞는 질문을 구성할 수 있다.
준 비 ▸ 〈189쪽〉 × 학생수
구 성 ▸ 짝
시 간 ▸ 40분
난이도 ▸ 상

이야기로 활동 열기 학생들에게 혼란을 줄 수 있는 '-(으)면' 과 '-(으)려면' 의 차이를 예문을 통해 설명하고, 본 활동을 시작한다.

교 사 : 여러분 한국어를 잘하려면 어떻게 해야 해요?
학 생 : 한국 친구를 사귀어야 해요.
교 사 : 그럼, 한국어를 잘하면 무엇을 하고 싶어요?
학 생 : 한국 대학교에 들어가고 싶어요.
교 사 : '-(으)면' 과 '-(으)려면' 이 어떻게 다른지 알겠어요?
'-(으)면' 은 그 다음의 일, 한국어를 잘한 다음의 일을 생각해야 해요.
'-(으)려면' 은 그 전의 일, 한국어를 잘하려면 무엇을 해야 하는지 생각해야 해요.
오늘은 이렇게 문장을 보고 잘못된 부분을 고쳐봅시다.

순 서

1. 학생들을 2명씩 앉도록 한다.

2. 학생들에게 〈활동지〉를 한 장씩 나누어 준다.
3. 먼저 각자 〈활동지〉의 대답을 잘 읽고, 대답에 맞는 질문을 '-(으)려면' 이나 '-(으)면' 을 만들어 보도록 한다.
4. 짝과 자신이 완성한 대화를 보면서 이야기해 보도록 한다.
   학생1 : 한국어를 공부하면 무엇을 하고 싶어요?
   학생2 : 한국 회사에 입사하고 싶어요.
5. 짝과 자신의 질문이 맞는지 이야기하면서 수정해 보도록 한다.
6. 교사와 함께 확인한다.

확장을 위한 아이디어! 학생들 수준이 높다면 답 문장만 카드 형태로 준비하여 보여 주고, 즉석 해서 질문을 구성하게 하는 게임을 하게 할 수 있어요.

-(으)로

수업 전에 꼭 알아 두세요!

〈명사(재료, 도구, 수단)+-(으)로〉

1. '재료, 도구, 수단'의 의미로 사용한다.
   두부는 무엇으로 만든 거예요? 두부는 콩으로 만든 거예요.(재료)
   한국에서는 보통 수저로 밥을 먹습니다. (도구)
   제주도는 한라산으로 유명해요. (수단)

주의

1. '재료, 도구, 수단'의 의미로 사용되는 '-(으)로'는 위와 같은 기본 의미에서 확장되서 '방향'이나 '지향점', '원인'이나 '이유'로 사용되기도 한다.
   오른쪽으로 가세요. (방향)
   우체국으로 가요. (지향점)
2. 'ㄹ' 받침으로 끝나는 명사와의 결합 시 '-(으)로'의 형태 변화에 주의한다.
   지하철으로(×), 한국말으로(×), 교실으로(×), 이메일으로(×)

활동 1. 질문에 답하기

목 표 ▸ '-(으)로'의 용법을 상황별로 이해할 수 있다.
준 비 ▸ 〈190쪽〉 × 학생수
구 성 ▸ 짝
시 간 ▸ 40분
난이도 ▸ 하

이야기로 활동 열기 교사는 다양한 질문을 통해 '-(으)로'의 여러 의미를 추측하게 할 수 있다.

교 사 : 미미 씨, 오늘 학교에 어떻게 오셨어요?
학생1 : 지하철로 왔어요.
교 사 : 마리 씨, 화장실에 가려면 어떻게 가야 하지요?

CHAPTER 59

학생2 : 교실에서 오른쪽으로 나가세요.

교 사 : 오늘은 이렇게 '-(으)로' 의 다양한 용법으로 이야기를 해 봅시다.

순 서

1. 학생들에게 〈활동지〉를 한 장씩 나누어 준다.
2. '-(으)로' 를 사용해서 질문을 하고 질문에 답하도록 한다.
   학생1 : 고향에 어떻게 갑니까?
   학생2 : 비행기로 갑니다.
3. 인터뷰가 끝나면 발표하게 한다.

확장을 위한 아이디어! 다양한 물건 이름이 적힌 카드를 만들고 번갈아 가며 카드를 한 장씩 들추면서 그 물건을 어떻게 무엇으로 만드는지 이야기해 봐도 좋아요.

활동 2. 생활 수단 말하기

목 표 ▸ '-(으)로' 를 사용하여 생활 수단에 대하여 말할 수 있다.
준 비 ▸ 〈191쪽〉 × 학생수/2, ✂
구 성 ▸ 짝
시 간 ▸ 30분
난이도 ▸ 중

이야기로 활동 열기 세계지도와 여러 나라 생활 풍습 사진들을 가지고 가서 여러 나라 사람들의 의식주 생활로 이야기를 시작할 수 있다.

교 사 : 여러분 여기는 어디입니까?
학생들 : 중국이요.
교 사 : 중국이에요. 이 나라 사람들은 무엇으로 밥을 먹어요?
학생들 : 젓가락이요. / 숟가락이요. / 손이요!
교 사 : (아프리카 사람들의 밥 먹는 사진을 보여 주며 확인시킨다.)
젓가락으로 밥을 먹습니다.
자, 오늘은 이렇게 친구의 나라 사람들의 생활을 '-(으)로' 를 사용하여 이야기해 봅시다.

순 서

1. 학생을 2명씩 앉도록 한다.
2. 학생들에게 각각 〈활동지A〉와 〈활동지B〉를 나누어 준다.

3. 짝끼리 〈활동지〉를 서로 보지 않도록 한다.

4. 먼저 〈활동지B〉를 가진 사람이 〈활동지A〉를 가진 친구에게 질문하게 한다.
〈활동지A〉를 가진 사람은 자신의 카드의 정보를 보고 이야기해 준다.

학생1 : 미카 씨는 어느 나라 사람입니까?
학생2 : 인도 사람입니다.
학생1 : 한국에서 고향까지 어떻게 갑니까?
학생2 : 저는 비행기와 배로 갑니다.

5. 끝나면 역할을 바꾸어 하도록 한다.

6. 활동이 끝나면 서로 표에 인터뷰한 내용을 발표하도록 한다.

◑ **제 안** — 만약 학생들의 국적이 다양하지 않다면 세계지도를 보여 주고 자신이 다른 나라 사람이라고 가정하고 대화를 만들어 보도록 해도 좋다.

확장을 위한 아이디어! 학생들 수준에 따라 실제 여러 나라 사람들의 생활 사진을 가지고 들어가거나 다른 나라 생활 풍습에 대한 간단한 읽기 자료를 보여 줘도 좋아요.

CHAPTER 60

-(으)면

수업 전에 꼭 알아 두세요!

〈동사/형용사/이다 +-(으)면〉

	기본형	-(으)면
동사	가다	가면
	먹다	먹으면
형용사	싸다	싸면
	좋다	좋으면

1. 뒷 문장의 조건을 나타낼 때 사용한다.
   피곤하면 좀 쉬세요.
   바쁘면 내일 만납시다.

2. 불확실한 것을 가정할 때 사용한다.
   늦게 오면 기차를 놓칠 거예요.
   이렇게 공부를 안 하면 졸업 못 할 거예요.

3. '동사+-(으)면+명사+-이/가 나오다'의 형태로 길을 묻고 답할 때 사용한다.
   오른쪽으로 돌아가면 약국이 나와요.
   3층으로 올라가시면 사무실이 나와요.

4. '동사/형용사/이다+-(으)면 좋겠다'의 형태로 말하는 사람의 희망이나 바람을 나타낼 때 사용한다.
   노래를 잘하면 좋겠어요.
   수영장이 있는 집에서 살면 좋겠어요.
   키가 더 크면 좋겠어요.

주의

1. '1번 용법'의 의미로 사용되면 뒷 절에 명령문이나 청유문이 온다.
   배가 고프면 식당에 가세요. (뒷 절에 명령문이 오는 경우)
   배가 고프면 식당에 갑시다. (뒷 절에 청유문이 오는 경우)

2. 동사 어간이 'ㄹ'로 끝나는 동사의 형태에 주의한다.
   만들다 → 만들면　　살다 → 살면

1. 인터뷰하기

목 표 ▸ '-(으)면' 을 사용하여 상황에 따라 어떻게 하는지 친구들에게 묻고 답할 수 있다.
준 비 ▸ 〈192쪽〉 × 학생수
구 성 ▸ 짝
시 간 ▸ 40분
난이도 ▸ 하

이야기로 활동 열기 교사는 활동지의 상황 중 한 개를 선택하여 활동을 시작할 수 있다.

교 사 : 여러분은 감기에 걸리면 어떻게 해요?
학생들 : 저는 감기에 걸리면 약을 먹어요.
교 사 : 아 그래요? 저는 감기에 걸리면 따뜻한 차를 많이 마셔요.
오늘은 이렇게 '-(으)면' 을 사용하여 각각의 상황에서 어떻게 하는지 이야기해 봅시다.

순 서

1. 학생들에게 〈활동지〉를 한 장씩 나누어 준다.
2. 〈활동지〉를 교사와 함께 읽으며 어휘를 확인한다.
3. 각각의 주제의 상황에서 학생들은 어떻게 하는지 인터뷰해 보도록 한다.
   학생1 : 비가 많이 오면 어떻게 합니까?
   학생2 : 저는 비가 많이 오면 집에 빨리 갑니다.
4. 인터뷰한 결과를 발표해 보도록 하고, 오류를 함께 수정한다.

확장을 위한 아이디어! '내가 만일' 이라는 노래를 같이 불러 봐도 좋아요.

2. 문장 완성하기

목 표 ▸ 다양한 상황의 문장을 완성해 봄으로써 '-(으)면' 의 용법을 이해할 수 있다.
준 비 ▸ 〈193, 194쪽〉 × 학생수/2
구 성 ▸ 짝
시 간 ▸ 50분
난이도 ▸ 중

이야기로 활동 열기 교사는 〈활동지〉의 내용 중 한 가지를 선택하여 이야기를 시작할 수 있다.

교 사 : 여러분은 지금 한국어를 공부하고 있지요?
학생들 : 네.
교 사 : 한국어를 잘해요. 그러면 무엇을 할 거예요? 한국어를 잘하면 무엇을 할 거예요?

학 생1 : 한국어를 잘하면 한국 대학교에 갈 거예요.
교　사 : 이렇게 여러 가지 상황에서 무엇을 할지 이야기해 봅시다.

순 서

1. 학생들을 2명씩 앉도록 한다.
2. 학생들에게 각각 〈활동지A〉와 〈활동지B〉를 나누어 준다.
3. 각자 밑 줄 부분에 해당하는 부분을 채워 아래 네모 칸에 쓰도록 한다.
   학생1 : (쓰기) 한국어를 잘하면 정말 좋을 거예요.
4. 네모 칸을 모두 채웠으면 절취선대로 잘라 내고 아랫부분을 짝끼리 교환한다.
5. 이번에는 짝이 써 놓은 네모 칸의 내용을 보면서 다시 밑 줄 부분을 채워 넣는다.
   학생2 : (쓰기) 남자 친구가 있으면 정말 좋을 거예요.
6. 활동이 끝나면 짝끼리 비교해보도록하고 발표시킨다.

◑ 제 안 — 본 활동은 4명이 한 팀으로 두 명씩 짝을 이루어 하는 것이 학생들에게 말하기 기회를 더 많이 줄 수 있습니다.

확장을 위한 아이디어! 학생들에게 재미있는 상상을 해 보게 하고 각각의 상황에서 무엇을 할지 자유롭게 이야기해 보도록 해 보세요.

예) 내가 우리 반 수진 씨와 결혼하면 집이 아주 깨끗할 거예요.

활동 3. 희망 사항 말하기

목 표 ▸ '-(으)면'을 사용하여 자신의 희망 사항을 말할 수 있다.
준 비 ▸ 〈195, 196쪽〉 × 학생수/6, ✂
구 성 ▸ 그룹
시 간 ▸ 40분
난이도 ▸ 중

이야기로 활동 열기 교사는 학생들에게 활동지의 주제 중 한 가지를 질문하면서 이야기를 시작할 수 있다.

교　사 : 수진 씨는 결혼할 사람이 어땠으면 좋겠어요?
학생1 : 저는 결혼할 사람이 재미있었으면 좋겠어요.
교　사 : 오늘은 이렇게 자신의 희망 사항을 이야기해 봅시다.

순 서

1. 교사는 학생들을 6명씩 앉힌다.
   만약 학생이 모자랄 경우 6을 한 그룹으로 그리고 나머지를 한 그룹으로 만든다.

2. 〈활동지〉를 6명이 각기 다른 것을 받도록 나누어 준다.6명이 안 되는 나머지 그룹이 있을 경우도 역시 서로 다른 것을 갖도록 한다.
3. 롤링페이퍼 형식으로 시계 방향으로 〈활동지〉를 돌려가며 각 상황의 희망 사항을 적어 보도록 한다.
4. 활동이 끝나면 칠판이나 벽에 붙여 놓고 같이 읽으면서 수정을 하게 한다.
5. 학생 몇 명을 발표시키고 오류를 수정해 본다.

확장을 위한 아이디어! 실제 자신들의 희망 사항 10개를 적고 이야기해 보도록 해도 좋아요.

-(으)면서

수업 전에 꼭 알아 두세요!

〈동사 +-(으)면서〉

	기본형	-(으)면서
동사	가다 먹다	가면서 먹으면서

1. 두 가지 행동을 동시에 하는 것을 나타낼 때 사용한다.
   나는 학교에 오**면서** 음악을 들어요.
   나는 밥을 먹으**면서** 텔레비전을 봐요.

주의

1. '형용사/이다+-(으)면서'는 두 가지 사실이 겸하여 있음을 나타낼 때 사용한다.
   그 남자는 키가 **크면서** 성격도 **좋다**.
   영희는 학생**이면서** 주부이다.
2. 동사 어간이 'ㄹ'로 끝나는 동사의 형태에 주의한다.
   만들다 → **만들면서** 　　살다 → **살면서**

활동 1. 그림 보고 이야기하기

목 표 ▸ '-(으)면서'를 사용하여 사람들의 행동을 묘사할 수 있다.
준 비 ▸ 〈197쪽〉 × 학생수
구 성 ▸ 짝
시 간 ▸ 30분
난이도 ▸ 하

이야기로 활동 열기 두 가지 행동을 동시에 하고 있는 학생 한 명을 가리키며 대화를 시작할 수 있다.

교　사 : 여러분 지금 미나 씨가 뭐 하고 있어요?
학생들 : 이야기를 해요.
교　사 : 그리고 무엇을 하고 있어요?

학생들 : 주스를 마셔요.
교　사 : 네, 맞아요. 이야기를 하면서 주스를 마셔요.
우리 오늘은 이렇게 그림을 보고 사람들이 무엇을 하고 있는지 이야기해 봅시다.

순 서

1. 학생들을 2명씩 앉도록 한다.
2. 〈활동지〉를 학생들에게 한 장씩 나누어 준다.
3. 〈활동지〉의 그림을 보면서 짝끼리 한 명씩 번갈아 가면서 그림 속의 사람들이 무엇을 하고 있는지 묻고 답하도록 한다.
   학생1 : 유미 씨는 뭐 하고 있어요?
   학생2 : 커피를 마시면서 전화를 하고 있어요.
4. 짝끼리 활동이 끝나면 팀별로 발표시킨다.

확장을 위한 아이디어! 밖에 창문을 보면서 혹은 지하철이나 거리의 사진을 활용하여 사람들이 무엇을 하고 있는지 이야기를 해 봐도 좋아요.

2. 두 가지 행동 동시에 하기

목　표 ▶ 동시에 두 가지를 할 수 있는 일을 '-(으)면서'를 사용하여 이야기할 수 있다.
준　비 ▶ 〈198쪽〉 × 학생수/2, ✂
구　성 ▶ 짝
시　간 ▶ 40분
난이도 ▶ 하

이야기로 활동 열기 학생들에게 〈활동지〉에 있는 동작 중 한 가지를 선택하여 할 수 있는지 물어보면서 활동을 시작할 수 있다.

교　사 : 여러분 술을 마시면서 담배를 피울 수 있어요?
학생들 : 네.
교　사 : 에르카 씨, 한 번 해 보세요. (동작을 하도록 유도한다.)
학 생1 : (술을 마시며 담배를 피우는 동작을 한다.)
교　사 : 오늘은 이렇게 두 가지 행동을 동시에 해 봅시다.

순 서

1. 학생들을 2명씩 앉도록 한다.
2. 준비해 간 〈활동지〉를 자른 카드를 짝끼리 한 세트씩 나누어 준다.

CHAPTER 61

3. 카드를 엎어서 펼쳐 놓는다.
4. 번갈아 가면서 엎어져 있는 카드를 두 장을 뒤집어 지시문을 읽도록 한다.
5. 그리고 다른 학생을 그 카드의 지시문에 적혀 있는 두 가지 행동을 동시에 하도록 한다. 없는 사물이나 물건은 그냥 흉내를 내도록 한다.
   학생1 : 커피를 마시면서 책을 봐요.
   학생2 : (커피를 마시면서 책을 보는 흉내를 낸다.)
6. 모든 팀의 활동이 끝나면 교사는 몇 개의 카드의 행동을 조합하여 시켜 보고 확인한다.

확장을 위한 아이디어! 학생들 스스로 재미있는 동작들을 적어서 상대방에게 시켜 보도록 해도 재미있어요.

활동 3. 인터뷰하기

목 표 ▸ 동시에 두 가지를 할 수 있는 일을 '-(으)면서'를 사용하여 이야기할 수 있다.
준 비 ▸ 〈199쪽〉 × 학생수
구 성 ▸ 짝
시 간 ▸ 50분
난이도 ▸ 하

이야기로 활동 열기 학생들에게 어떤 동작을 동시에 할 수 있는지 질문을 하면서 이야기를 시작할 수 있다.

교 사 : 영호 씨는 밥을 먹으면서 무엇을 같이 동시에 할 수 있어요?
학 생 : 음.. 이야기해요.
교 사 : 네, 영호 씨는 밥을 먹으면서 이야기를 할 수 있어요.
우리 오늘은 이렇게 친구들이 어떤 행동들 두 가지를 동시에 할 수 있는지 이야기해 봅시다.

순 서

1. 〈활동지〉를 학생들에게 한 장씩 나누어 준다.
2. 학생들에게 두 가지를 동시에 할 수 있는 일이 무엇이 있는지 이야기해 보도록 한다.
3. 〈활동지〉를 보면서 동시에 할 수 있는 일이 무엇인지 친구에게 인터뷰해 보도록 한다.
   학생1 : 학교에 오면서 무엇을 할 수 있어요?
   학생2 : 학교에 오면서 음악을 들을 수 있습니다.
3. 인터뷰 활동이 끝나면 인터뷰 결과를 발표시킨다.

확장을 위한 아이디어! 학생들에게 남들이 할 수 없는 일이지만 나만 할 수 있는 동시 동작에 대하여 이야기해 보도록 해도 좋아요.

-(으)세요/-지 마세요

수업 전에 꼭 알아 두세요!

〈동사 + -(으)세요, 동사 + -지 마세요〉

	기본형	-(으)세요	-지 마세요
동사	가다	가세요	가지 마세요
	앉다	앉으세요	앉지 마세요

1. 비격식체 높임말로 명령이나 요청의 의미를 나타낼 때 사용한다.
   여기에서 기다리세요. 내일 9시까지 오세요.

2. 비격식체 높임말로 듣는 사람에게 어떤 행위를 하지 못하게 함을 나타낼 때 사용한다.
   담배 피우지 마세요. 학교에 늦지 마세요.

주의

1. '1번 용법'의 경우 평서문에 쓰이는 높임의 '-(으)세요'와 구별해야 한다.
   (평서문) 할머니께서는 텔레비전을 보세요.
   (청유문) 할머니, 텔레비전을 보세요.

2. 동사 어간이 'ㄹ'로 끝나는 동사의 형태에 주의한다.
   만들다 → 만드세요 살다 → 사세요

활동 1. 표지 읽기

목 표 ▸ '-(으)세요'와 '-지 마세요.'의 형태 변화를 연습하고, 정확하게 말할 수 있다.
준 비 ▸ 〈200쪽〉× 학생수
구 성 ▸ 짝
시 간 ▸ 30분
난이도 ▸ 하

이야기로 활동 열기 교사가 입고 있는 옷의 세탁 기호나 학생의 옷의 세탁 기호를 보면서 이야기를 시작할 수 있다.

교 사 : 수미 씨 이것은 무엇입니까?

CHAPTER 62

학생1 : 세탁..
교 사 : 네, 세탁 기호 입니다. 이것은 의미가 무엇입니까?
학생2 : 빨래하지 마십시오.
교 사 : 네, '물세탁하지 마세요.' 라는 의미입니다. 오늘은 이렇게 '-지 마세요' 를 사용하여 이야기해 봅시다.

순 서

1. 학생들을 2명씩 앉도록 한다.
2. 학생들에게 〈활동지〉를 한 장씩 나누어 준다.
3. 각자 〈활동지〉의 표지를 보면서 의미를 적어 보도록 한다.
   격식체 '-지 마십시오, -(으)십시오' 를 사용하도록 한다.
   (쓰기) 조용히 하십시오.
4. 짝끼리 각 부호의 의미를 '-(으)세요' 와 '-지 마세요.' 를 사용하여 의미를 이야기하도록 한다.
   학생 1 : 이것은 무슨 뜻입니까?
   학생 2 : 이것은 '세탁하지 마세요.' 입니다.
5. 짝끼리 확인이 끝나면 교사와 함께 그림을 보면서 의미를 확인한다.

◑ 제 안 — '-(으)세요' 와 '-(으)지 마세요' 는 구어에서 '-(으)십시오' 와 '-(으)지 마십시오' 는 문어에서 사용됨에 유의한다.

확장을 위한 아이디어! 실제로 자신들의 옷의 세탁 기호를 확인해 보도록 하세요.

2. 명령하기

목 표 ▸ '-(으)세요', '-지 마세요' 을 사용하여 명령을 할 수 있다.
준 비 ▸ 〈201, 202쪽〉× 학생수/2
구 성 ▸ 짝
시 간 ▸ 40분
난이도 ▸ 중

이야기로 활동 열기 학생들에게 해서는 안 되는 행동 때문에 불쾌할 경우 어떻게 이야기를 할지 질문하면서 이야기를 시작할 수 있다.

교 사 : 여러분 극장에서 뒤에 있는 사람이 시끄럽게 이야기를 하면 뭐라고 할 거예요?
학생1 : 조용히 하세요.
교 사 : 네, 오늘은 이렇게 다른 사람에게 명령을 하는 이야기를 해 봅시다.

순 서

1. 학생들을 2명씩 앉도록 한다.
2. 학생들에게 〈활동지〉중 마음에 드는 장소의 그림을 고르게 한다.

3. 짝끼리 번갈아 가면서 <활동지>의 그림 속의 상황에서 뭐라고 이야기할지 말해 보도록 한다.

학생 1: (도서관 그림을 보며) 이 학생은 너무 시끄러워요. 이 사람에게 어떻게 말해야 해요?

학생 2: 이야기하지 마세요.

4. 학생들은 상황 속에서의 이야기를 다 말해 본 후에는 반 친구들에게 그림을 보여 주면서 발표를 한다.

확장을 위한 아이디어! 교실의 친구들에게 명령 한 가지씩 하게 해봐도 좋아요.

활동 3. 조언하기

목 표 ▸ '-(으)세요', '-지 마세요'를 사용하여 걱정이 있는 친구에게 조언을 해 줄 수 있다.
준 비 ▸ 〈203쪽〉× 학생수
구 성 ▸ 전체
시 간 ▸ 40분
난이도 ▸ 상

이야기로 활동 열기 교사는 학생들이 친구에게 조언을 줄 수 있는 상황을 준비해 대화를 유도함으로써 활동을 시작할 수 있다.

교 사 : 내일 제 남자(여자) 친구 생일이에요. 무엇을 하면 좋을까요?
학생1 : 선물을 주세요.
학생2 : 파티를 하세요.
교 사 : 좋은 생각이에요. 제임스 씨, 요즘 걱정이 있어요?
학생3 : 담배를 너무 많이 피워요. 끊고 싶어요.
교 사 : 제임스 씨가 어떻게 하면 좋을까요? 좋은 생각이 있으면 도와주세요.
오늘은 친구들의 걱정을 듣고 어떻게 하면 좋을지 조언해 봅시다.

순 서

1. 학생들에게 <활동지>를 한 장씩 나누어 준다.
2. <활동지>에 자신들의 걱정을 쓰도록 한다.
3. 롤링페이퍼 형식으로 종이를 시계 방향으로 돌려 가며 조언을 쓰도록 한다.
4. 모든 활동이 끝나면 교사는 활동지를 본 학생들에게 나눠 준 후 학생 몇 명을 지적하여 발표시킨다.
5. 교사는 오류를 바로 잡아 주고 문형에 대해 정리한다.

확장을 위한 아이디어! 학생들 수준이 본 활동을 하기에 높은 편이라면 쓰기 단계를 거치지 않고 바로 말하기 활동으로 전개할 수 있어요.

의

수업 전에 꼭 알아 두세요!

〈명사+의〉

1. 소유, 소속 관계를 나타낼 때 사용한다.
   저의 책 / 대한민국의 대통령
   친구 오빠의 여자 친구 / 학교의 학생

주의

1. '나의=내', '저의=제'의 형태로 사용한다.
   나의 어머니=내 어머니, 저의 아버지 = 제 아버지
2. '의'가 '전체-부분', '소유주-소속물'의 관계를 나타낼 때는 구어에서 흔히 생략된다.
   코끼리 코, 영수 신발

활동 1. 소지품 주인 말하기

목 표 ▸ '의'를 사용하여 소지품의 주인을 말할 수 있다.
준 비 ▸ 학생과 교사의 소지품 20개 정도
구 성 ▸ 짝
시 간 ▸ 40분
난이도 ▸ 하

이야기로 활동 열기 교사의 가방을 들고 들어가서 가방 안에 소지품들을 꺼내며 이름을 확인시키고 누구의 것인지 질문을 하면서 시작할 수 있다.

교 사 : (가방에서 물건들을 꺼내며) 이것은 무엇입니까?
학생들 : 핸드폰입니다.
교 사 : 누구의 핸드폰입니까? (누구의 것입니까?)
학생들 : 선생님
교 사 : 이것은 제 휴대폰입니다. (다른 물건들 꺼내며 반복한다.)
오늘은 '-의'를 사용하여 누구의 것인지 이야기해 봅시다.

순 서

1. 학생들 중 가방에 들어 있는 물건들을 꺼내도 수치심을 느끼지 않을 학생 몇 명을 선택하여 그 학생들의 가방을 보여 달라고 한다.
2. 지명된 학생은 자신의 물건을 하나씩 꺼낸다.
3. 교사는 "그것(이것/저것)은 무엇입니까?", "누구의 물건 이름(것)입니까?"라는 질문으로 학생들이 물건의 이름과 누구의 것인지 기억할 수 있도록 도와준다.
4. 가방에서 나온 물건들이 다양하게 20개 정도가 될 때가지 계속한다.
5. 가방에서 나온 물건들을 교실 가운데에 놓거나 이곳저곳에 흩어 놓는다.
6. 짝끼리 "그것(이것/저것)은 무엇입니까?", "누구의 물건이름(것)입니까?"라는 질문을 하면서 교실 앞에 있는 물건들의 이름과 소유자를 이야기해 보도록 한다.

   학생1 : 저것은 무엇입니까?

   학생2 : 저것은 가방입니다.

   학생1 : 저것은 누구의 가방입니까?

   학생2 : 저것은 제 가방입니다.

◑ 제 안 — • 물건들을 교실 여기저기에 흩어 놓으면 '이, 그, 저'를 연습시키는데도 도움을 줄 수 있다.
• 학생들의 생활필수품들을 위주로 활동을 하면 중요한 물품 어휘를 기억하는데도 도움을 줄 수 있다.

확장을 위한 아이디어! 물건들의 이름을 써서 물건들 위에 붙여 놓고 활동을 해도 좋아요.

2. 가계도 그리고 소개하기

목 표 ▸ 자신의 가족의 가계도를 그리고 '의'를 사용하여 자신의 가족을 소개할 수 있다.
준 비 ▸ 〈204쪽〉 × 학생수
구 성 ▸ 개인
시 간 ▸ 40분
난이도 ▸ 중

이야기로 활동 열기 학생들에게 교사가 미리 준비해 간 교사의 '가계도'와 '가족 사진'을 보여 주면서 가족의 명칭과 관련된 어휘를 노출 시키면서 시작할 수 있다.

교 사 : 여러분, 이것은 무엇입니까?

학생들: 가족입니다.

교사: 네, 누구의 가족입니까?

학생들: 선생님의 가족입니다.

교 사 : 이 사람은 누구입니까? (생략: 가족관계 명칭을 제시하거나 확인한다.)
오늘은 이렇게 여러분 가족의 '가계도'를 그리고 가족을 소개해 봅시다.

순 서

1. 〈활동지〉를 학생들에게 한 장씩 나누어 준다.
2. 각자 학생들에게 가계도 예를 보여 주고 가계도를 그려 보도록 한다.
3. 학생들에게 앞에 나와서 자신이 그린 가계도를 보여 주고 다른 반 친구들에게 소개해 보도록 한다.
   학생1 : 이 사람은 양범입니다. 제 삼촌입니다. 친할아버지의 아들입니다.

◑ 제 안 — 본인이 남자이냐 여자이냐에 따라 호칭이 달라지는 경우가 있으니 주의 시킨다.

확장을 위한 아이디어! 가계도가 아닌 가족 사진을 가져 오게 하거나 그려 오게 한 후 '-의'를 사용하여 소개해 보도록 해도 좋다.

2. 가계도 완성하기

목 표 ▸ '의'와 가족 관계를 이해하고 가계도를 그릴 수 있다.
준 비 ▸ 〈205쪽〉 × 학생수/2
구 성 ▸ 짝
시 간 ▸ 40분
난이도 ▸ 상

이야기로 활동 열기 학생들에게 교사가 미리 준비해 간 교사의 '가계도'와 '가족 사진'을 보여 주면서 가족의 명칭과 관련된 어휘를 노출 시키면서 시작할 수 있다.

교 사 : 여러분, 이것은 무엇입니까?
학생들 : 가족입니다.
교 사 : 네, 누구의 가족입니까?
학생들 : 선생님의 가족입니다.
교 사 : 이 사람은 누구입니까? (생략: 가족관계 명칭을 제시하거나 확인한다.)
오늘은 이렇게 여러분 가족의 '가계도'를 그리고 가족을 소개해 봅시다.

순 서

1. 학생들을 2명씩 앉도록 한다.
2. 〈활동지〉를 짝끼리 한 장씩 나누어 준다.
3. 짝끼리 〈활동지〉아래의 지시문을 보고 위의 가계도를 완성하여 그려 보도록 한다.
4. 다른 팀이 그린 것과 일치하는지 교사와 함께 확인한다.

◑ 제 안 — 다양한 가족 관계의 명칭들 알려주는 것이 좋다.

확장을 위한 아이디어! 본인의 가계도 안에서 다양한 한국식 호칭을 알려주는 것이 좋아요.
예) 삼촌, 이모, 사촌 등

의문사

수업 전에 꼭 알아 두세요!

〈몇, 누구, 무엇, 어디, 언제, 무슨, 어떤, 어느〉

1. '몇 +(의존)명사'의 형태로 사용되어 주로 10 이하의 숫자를 질문할 때 사용한다.
   몇 개입니까?
   전화번호가 몇 번이에요?

2. 누구, 무엇, 어디, 언제 : 각각 사람, 사물, 장소, 시간을 묻는 의문사이다.

사람	누구	가: 누구입니까?	나: 사카입니다.
사물	무엇	가: 저것은 무엇입니까?	나: 연필입니다.
장소	어디	가: 어디입니까?	나: 교실입니다.
시간	언제	가: 크리스마스가 언제입니까?	나: 12월 25일입니다.

주의 '누구'의 경우 문장의 주어로 쓰이면 '누가'가 된다.

누구가 친구입니까? (×) 누가 친구입니까? (○)

3. '무슨, 어떤, 어느 + 명사'의 형태로 사용되는 의문사이다.

무슨	뒤에 오는 명사와 관련된 대상의 **본질적 속성**을 물음. (사물이나 대상의 이름이나 종류)	가: 무슨 영화를 좋아해요? 나: 영화 '친구'를 좋아해요. 가: 무슨 책이 좋아요? 나: 잡지책이 좋아요.
어떤	뒤에 오는 명사와 관련된 대상의 **우연적 속성**을 물음. (사물이나 대상의 성질, 성격)	가: 어떤 영화가 좋아요? 나: 재미있는 영화가 좋아요. 가: 어떤 책이 좋아요? 나: 재미있는 책이 좋아요.
어느	주어진 여러 대상 중에서 문제가 되는 것이 무엇인가 묻는데 사용. (주로 선택의 의미로 사용)	가: 어느 나라 사람이에요? 나: 중국 사람이에요. 가: 어느 것이 좋아요? 나: 빨간 것이 좋아요.

활동 1. 질문하여 다른 그림 찾기

준 비 ▸ 〈206쪽〉 × 학생수/2,
구 성 ▸ 짝
시 간 ▸ 30분
난이도 ▸ 하

이야기로 활동 열기 교실에 있는 사람이나 사물들의 수가 몇인지 질문하면서 이야기를 시작할 수 있다.

교　사 : 우리 반에 학생들이 몇 명입니까?
학생들 : 12명입니다.
교　사 : 책은 모두 몇 권 있습니까?
학생들 : 13권 있습니다.
교　사 : 오늘은 그림을 보면서 무엇이 몇 개 있는지 이야기해 봅시다.

순 서

1. 학생들을 2명씩 앉도록 한다.
2. 학생들에게 각각 〈활동지A〉와 〈활동지B〉를 나누어 준다.
3. 각각의 그림 속에 무엇이 있는지, 몇 개 있는지 이야기를 하면서 서로의 그림 속에 다른 곳이 무엇인지 찾아 내도록 한다.
   학생1 : 사과가 몇 개입니까?
   학생2 : 5개 입니다.
4. 다른 곳 5곳을 찾아 낸다. (컴퓨터, 책, 콜라, 여자, 안경)
5. 활동이 끝나면 그림을 보면서 확인한다.

◑ 제 안 — 활동에 필요한 단위명사(개, 명, 장, 송이, 마리 등)를 확인하고 활동을 시작하는 것이 좋다.

확장을 위한 아이디어! 각자의 방을 간단히 그리고 무엇이 몇 개가 있는지 써 오도록 하는 과제를 내 줄 수 있어요.

활동 2. 신상 확인하기

목　표 ▸ '의문사'를 사용하여 사람들의 신상을 이야기할 수 있다.
준　비 ▸ 〈207쪽〉 × 학생수/2, ✂
구　성 ▸ 짝
시　간 ▸ 40분
난이도 ▸ 하

이야기로 활동 열기 교사는 학생들의 신상을 질문하면서 이야기를 시작할 있다.

교 사 : 수진 씨는 몇 살입니까?
학생1 : 스무 살입니다.
교 사 : 20세, 어느 나라 사람입니까?
학생1 : 중국 사람입니다.
교 사 : 중국사람 입니다. 직업이 무엇입니까?
학생1 : 학생입니다.
교 사 : 학생입니다.
오늘은 이렇게 이름, 나이, 국적, 직업을 질문하고 이야기해 봅시다.

순 서

1. 학생들을 2명씩 앉도록 한다.
2. 학생들에게 각각 〈활동지A〉와 〈활동지B〉를 나누어 준다.
3. 〈활동지〉의 빈 칸의 나머지 정보를 친구에게 질문하도록 한다. 그리고 친구의 질문에 답하도록 한다.
   학생 : 이름이 무엇입니까? 몇 살입니까? 어느 나라 사람입니까? 직업이 무엇입니까?
4. 짝끼리 〈활동지〉를 보며 확인하게 한다.
5. 교사와 함께 확인하며 오류를 수정해 준다.

확장을 위한 아이디어! 반 친구들의 이름을 쓰고 활동지와 같은 신상 조사를 해도 좋아요.

활동 3. 반 친구들 연락처 만들기

목 표 ▸ '누구, 무엇, 어디, 언제'를 사용하여 반 친구들의 연락처를 만들 수 있다.
준 비 ▸ 〈208쪽〉 × 학생수
구 성 ▸ 전체
시 간 ▸ 50분
난이도 ▸ 하

이야기로 활동 열기 학생들에 대한 신상 질문으로 이야기를 시작할 수 있다.

교 사 : 이름이 무엇입니까?
학 생 : 사카입니다.
교 사 : 어디에서 왔습니까? / 어디에서 삽니까? / 생일이 언제입니까? / 전화번호가 몇 번입니까? 우리 오늘은 이렇게 친구들과의 연락처를 만들어 봅시다.

순 서

1. 교사는 미리 활동지에 학생들의 이름을 적어 〈활동지〉를 복사한다.
2. 학생들에게 〈활동지〉를 한 장씩 나누어 준다.
3. 교실을 돌아다니며 상대방의 이름을 묻고 〈활동지〉에서 그 이름을 찾아 나머지 정보를 채워 넣도록 한다.
   학생: 이름이 무엇입니까? 어디에서 왔습니까? 어디에서 삽니까? 생일이 언제입니까?
   전화번호가 몇 번입니까?
4. 완성이 된 연락처는 학기 내내 가지고 다니도록 한다.

◑ **제 안** — • 학생들의 국적이 다를 경우 다른 나라 이름을 듣고 쓰는데 시간을 많이 소모할 수 있으므로 이름이 적혀 있는 〈활동지〉를 주고 상대에게 '이름이 무엇입니까?' 라고 묻고 그 이름을 찾아 내도록 하는 것이 좋다.

• 학생의 수준이 된다면 '어디에서 왔습니까?' 라는 질문과 '어느 나라 사람입니까?' 를 모두 제시해 주고 자유롭게 사용하도록 해도 좋다.

학생1 : 어디에서 왔습니까?

학생2 : 일본에서 왔습니다.

학생1 : 어느 나라 사람입니까?

학생2 : 일본 사람입니다.

• 사는 곳을 말하기 어려운 경우 '학교 근처' 혹은 '지하철역 이름' 으로 이야기하도록 할 수 있다.

• 사는 곳 대신 E-MAIL 주소를 쓰도록 하면 더 유용한 활동이 될 수 있어요.

확장을 위한 아이디어! 이 문법과 같은 경우 주로 초급 학습 초기에 나오는 문법이므로 학기 초에 하면 좋은 활동이다. 가능하면 교사가 세계 지도를 준비해서 자신의 고향을 구체적으로 지도에서 찾아 주며 이야기를 하도록 해도 좋아요.

활동 4. 친구의 취향 확인하기

목 표 ▸ 반 친구의 취향에 대하여 추측해 보고 '무슨' 과 '어떤' 을 사용하여 확인할 수 있다.

준 비 ▸ 〈209쪽〉 × 학생수

구 성 ▸ 짝

시 간 ▸ 30분

난이도 ▸ 하

이야기로 활동 열기 〈활동지〉에 있는 주제 중 학생들의 흥미를 끌 만한 주제를 선택하여 이야기를 시작할 수 있다.

교 사 : 마리 씨는 무슨 영화를 좋아해요?

학생1 : 한국 영화요.

교 사 : 재미있는 영화를 좋아해요? 무서운 영화를 좋아해요? 어떤 영화를 좋아해요?

학생1 : 재미있는 영화를 좋아해요.

교 사 : 우리 오늘은 이렇게 친구들의 취향을 조사해 봅시다.

순 서

1. 학생들을 2명씩 앉도록 한다.
2. 학생들에게 〈활동지〉를 한 장씩 나누어 준다.
3. 짝의 취향에 대하여 추측하여 표시하도록 한다.
4. 선택했던 친구를 찾아가 '무슨/어떤' 을 사용해 질문하고 사실이 맞는지 확인하도록 한다.

   학생1 : 어떤 음악을 좋아해요?

   학생2 : 저는 시끄러운 음악을 좋아해요.
5. 교사와 함께 누가 가장 많이 맞았는지 확인해 보도록 한다.

확장을 위한 아이디어! 자신의 취향이나 친구의 취향에 대한 글을 써 보도록 해 보세요.

이/가 있다, 없다

수업 전에 꼭 알아 두세요!

〈명사+이/가 있다(없다)〉

	이/가 있다	이/가 없다
명사(받침○)	의자가 있어요	의자가 없어요
명사(받침×)	책상이 있어요	책상이 없어요

1. 사람, 동물, 사물의 존재 유무를 나타낼 때 사용한다.
   저는 자동차가 없어요.
   제임스 씨는 누나가 두 명 있어요.

활동 1. 기억력 테스트

목 표 ▸ 그림을 보고 기억하여 '이/가 있다/없다'를 사용하여 이야기할 수 있다.
준 비 ▸ 〈210, 211쪽〉 × 학생수/2
구 성 ▸ 짝
시 간 ▸ 30분
난이도 ▸ 하

이야기로 활동 열기 교사는 여러 물건이 든 가방을 준비하여 학생들에게 보여 주면서 아래와 같이 질문함으로써 본 활동을 시작할 수 있다.

교　사 : 여러분 제가 큰 가방을 갖고 왔어요. 가방 안에는 무엇이 있을까요?
잘 보고 기억하세요. 공, 인형, 연필, 휴대폰, 거울, 사과가 있어요.
잘 보셨지요? (물건을 모두 가방에 다시 넣는다.) 질문합니다. 가방 안에 공이 있어요?
학생들 : 네. 있어요.
교　사 : 지갑이 있어요?
학생들 : 아니요. 지갑은 없어요.
교　사 : 오늘은 이렇게 무엇이 있는지 기억하고 맞는지 확인해 봅시다.

순 서

1. 학생들을 2명씩 앉도록 한다.
2. 학생들에게 각각 〈활동지A〉와 〈활동지B〉를 나누어 준다.

3. 〈활동지A〉를 가진 친구가 먼저 '이/가 있다'를 사용하여 짝에게 그림을 설명해 준다.
   학생1 : 냉장고에 계란이 있어요. 그리고 우유가 있어요....
   학생2 : (〈활동지A〉를 같이 보며 짝의 설명을 듣는다.)
4. 설명이 끝나면 짝에게 자신의 그림을 약 3분 동안 보여 준다. 이 때 메모는 하지 않게 해야 한다.
5. 친구는 1분 동안 본 그림을 기억하여 자신의 〈활동지〉의 질문에 √ 표 하도록 한다.
6. √을 모두 표시했으면 다시 〈활동지A〉를 가진 친구에게 질문을 하며 맞는지 확인하게 한다.
   학생2 : 냉장고에 계란이 있어요?
   학생1 : 네, 있어요.
7. 활동이 끝나면 역할을 바꿔서 활동을 한다.
8. 점수가 가장 높은 조에 보상을 해 줄 수 있다.

확장을 위한 아이디어! 학생들이 모두 알고 있는 장소(학교 식당, 도서관 등)를 택해 무엇이 있는지 없는지 이야기해 보도록 해도 좋아요.

활동 2. 다른 것 찾기

목 표 ▸ '-이/가 있다(없다)'를 사용하여 그림 속의 다른 점을 찾을 수 있다.
준 비 ▸ 〈212쪽〉 × 학생수/2, ✂
구 성 ▸ 짝
시 간 ▸ 30분
난이도 ▸ 하

이야기로 활동 열기 교사는 거의 같지만 다른 점이 몇 개 있는 그림 2개를 준비하여 칠판에 붙여 놓고, 학생들에게 무엇이 다른 지 질문한다.

교 사 : 여기 그림이 두 개 있어요. 이 그림은 같아요? 달라요?
같아요? 하지만 다른 것이 2개 있어요. 무엇이 달라요?
학 생 : A에는 시계가 있어요. B에는 시계가 없어요.
교 사 : 우리 오늘을 이렇게 그림을 보고 그림 속에 무엇이 있는지 없는지 이야기해 봅시다.
그리고 친구의 그림과 무엇이 다른지 찾아 봅시다.

순 서

1. 학생들을 2명씩 앉도록 한다.
2. 학생들에게 각각 〈활동지A〉와 〈활동지B〉를 나누어 준다.
3. '이/가 있다(없다)'를 사용하여 번갈아 질문을 하면서 서로의 그림에서 다른 것을 찾아 내도록 한다.
   학생1 : 창문이 있습니까?
   학생2 : 네, 있습니다.

학생2 : 지우개가 있습니까?

학생1 : 아니요, 지우개가 없습니다.

4. 활동이 끝나면 서로의 그림을 비교하며 자신들이 찾은 것이 맞는지 확인하게 한다.
5. 정확하게 찾아 낸 조에 보상을 줄 수 있다.

확장을 위한 아이디어! 교실에 무엇이 있는지 이야기해 봐도 좋아요.

활동 3. 하숙집 정보 묻기

목 표 ▸ '이/가 있다(없다)'를 사용하여 하숙집의 정보를 묻고 답할 수 있다.
준 비 ▸ 〈213, 214쪽〉 × 학생수/2
구 성 ▸ 짝
시 간 ▸ 30분
난이도 ▸ 중

이야기로 활동 열기 교사는 하숙집 광고를 보여 주며 이야기를 시작할 수 있다.

교　사 : 여러분은 지금 어디에서 살아요?

학생들 : 하숙집에서 살아요. (하숙이나 자취를 하는 친구를 지적하는 것이 좋다.)

교　사 : 하숙집을 어떻게 찾았어요?

학생들 : 친구, 신문, 광고...

교　사 : 여러분은 오늘 하숙집을 찾을 거예요. 그런데 집에 무엇이 있어요? 몰라요. 신문에 하숙집 전화번호가 있어요. 전화해서 물어 보세요.

순 서

1. 학생들을 2명씩 앉도록 한다.
2. 학생들에게 각각 〈활동지A〉와 〈활동지B〉를 나누어 준다.
3. 한 학생은 하숙집 주인, 한 학생은 하숙집 정보를 묻는 학생의 역할을 맡아 활동을 시작하게 한다.

   학생: 하숙집에 세탁기가 있어요?

   주인: 네, 있어요.

   학생: 텔레비전이 있어요?

   주인: 아니요, 텔레비전은 없어요.
4. 활동이 모두 끝나면 학생들이 서로의 활동지를 비교해 가며 과제를 바르게 수행했는지 확인하게 한나.
5. 교사는 활동에 대한 피드백을 주고, 학생들의 오류를 바로잡아 준다.

확장을 위한 아이디어! 학생들이 살고 있는 방을 주제로 하여 어떤 물건들이 있고 없는지 서로 묻고 답하게 할 수 있어요.

이/가 형용사

수업 전에 꼭 알아 두세요!

〈명사+이/가 형용사〉

	이/가 형용사
명사(받침○)	나무**가 크다**
명사(받침×)	건물**이 높다**

1. 사람이나 사물의 상태를 나타낼 때 사용한다.
   한국어 공부**가 재미있어요.**
   비빔밥**이 참 맛있어요.**

주의

1. 형용사가 동사 없이도 서술어로 쓰일 수 있음을 주의한다.
   재미있어요. / 맛있어요. / 추워요!
2. 형용사 앞에서는 목적격 조사 '-을/를'을 사용할 수 없음을 주의한다.
   도서관에 학생들을 많아요.(×)

1. '어때요?' 게임

목 표 ▸ 각 주제 별로 형용사를 사용하여 상황을 표현할 수 있다.
준 비 ▸ 없음
구 성 ▸ 그룹
시 간 ▸ 30분
난이도 ▸ 하

이야기로 활동 열기 교사는 형용사로 답할 수 있는 몇 가지 상황을 준비해 질문하고 대답을 유도함으로써 본 활동을 시작할 수 있다.

교 사 : 여러분 오늘 날씨가 어때요?
학생들 : 날씨가 추워요. / 날씨가 좋아요.
교 사 : 우리 오늘은 친구들과 '어때요' 게임을 해 봅시다.

순 서

1. 교사는 학생을 반으로 나눠 두 조로 구성하고, 게임 방법을 설명한다.
2. 먼저 교사가 하나의 주제를 주면 학생들이 한명 씩 돌아가면서 형용사를 사용하여 문장을 구성한다. 이 때 자기 순서에서 대답을 하지 못하면 그 즉시 다른 주제로 바꿀 수 있다. 2번 이상 대답을 못할 경우 게임에 참여할 수 없음을 규칙으로 세운다. 게임의 흥을 돋우기 위해 학생들끼리 서로 손을 잡고, 손뼉으로 리듬을 맞추며 게임을 진행할 수 있다.

   교 사 : 교실이 어때요?

   학생1 : 교실이 커요.

   학생2 : 교실이 깨끗해요.

   학생3 : 박 선생님이 어때요?
3. 게임에서 끝까지 남아 있는 학생이 이기게 되며 교사는 이 학생들에게 보상을 해 줄 수 있다.
4. 활동이 끝나면 학생들이 자주 범했던 오류를 정리해 바로잡아 준다.

확장을 위한 아이디어! 활동에서 했던 주제로 형용사를 사용해 문장을 만들어 오는 숙제를 내 줄 수 있어요.

2. 틀린 문장 찾기

목 표 ▸ '이/가 형용사'를 사용한 문장을 읽고 틀린 문장을 찾아 바로 고칠 수 있다.
준 비 ▸ 〈215쪽〉 × 학생수
구 성 ▸ 짝
시 간 ▸ 50분
난이도 ▸ 중

이야기로 활동 열기 교사는 학생들이 자주 오류를 범하는 문장 몇 개를 준비해 보여 준다. 어디가 틀렸는지 왜 틀렸는지 묻고 대답하게 한다.

교 사 : 오늘은 재미있는 게임을 할 거예요. 여러분이 자주 실수하는 문장을 고치는 게임이에요.
자, 이 문장을 보세요. (문장 카드 준비) 맞아요? 틀려요?
마이클 씨는 키를 커요.

학생들 : 틀려요.

교 사 : 무엇이 틀려요?

학생들 : 키가 커요.

교 사 : 네. 형용사 앞에 '–을/를' 사용할 수 없어요. 오늘은 이렇게 문장을 보고 잘못된 부분을 고쳐봅시다.

순 서

1. 학생들에게 〈활동지〉를 한 장씩 나누어 준다.
2. 활동지의 문장이 맞는지 틀리는지 표시하게 한다. 그리고 틀린 것이 있으면 바르게 고치도록 한다.
3. 활동이 끝나면 옆 학생과 결과를 비교하게 하고, 다른 것이 있다면 왜 그런지 생각해 보게 한다.
4. 교사는 학생 전체를 대상으로 피드백을 주고, 각자 점수를 매기게 한다.
5. 점수가 높은 학생에게 보상을 해 줄 수 있다.

확장을 위한 아이디어! 활동지 없이 틀린 문장을 듣고, 고치는 활동으로 확장할 수 있어요.

활동 3. 의견 말하기

목 표 ▸ '이/가 형용사'를 사용하여 자신의 생각을 말할 수 있다.
준 비 ▸ 〈216쪽〉 × 학생수
구 성 ▸ 짝
시 간 ▸ 50분
난이도 ▸ 상

이야기로 활동 열기 교사는 한국에 대한 질문을 준비해 학생들의 의견을 묻고 형용사로 답하게 함으로써 본 활동을 시작할 수 있다.

교　사 : 여러분 한국 음식 좋아해요?
학생들 : 네.
교　사 : 한국 음식이 어때요?
학 생1 : 매워요. / 맛있어요.
교　사 : 오늘은 이렇게 여러분의 한국 생활이 어떤지 이야기해 봅시다.

순 서

1. 학생들에게 〈활동지〉를 한 장씩 나누어 준다.
2. 각 주제에 대해 상대방의 생각을 묻고, 답을 인터뷰지에 메모하게 한다.
   학생1: 한국 날씨가 어때요?
   학생2: 한국은 날씨가 더워요.
3. 활동이 끝나면 교사는 주제별로 학생 몇 명을 지적해 발표시킨다.
4. 교사는 학생 전체를 대상으로 피드백을 주고 오류를 바로잡아 준다.

확장을 위한 아이디어! 자신의 나라에 대한 활동지를 만들어 다른 학생들에게 의견을 물어볼 수 있어요.

이, 그, 저

수업 전에 꼭 알아 두세요!

〈이/저/그+명사〉

1. '이+명사' : 말하는 사람에게서 가까운 것을 지칭할 때 사용한다.
   '그+명사' : 말하는 사람에게는 멀고, 듣는 사람에게 가까운 것을 지칭할 때 사용한다. 또는 그 자리에 없지만 말하는 사람과 듣는 사람 모두가 알고 있는 것을 지칭할 때도 사용한다.
   '저+명사' : 말하는 사람과 듣는 사람 모두에게서 먼 것을 지칭할 때 사용한다. 단, 눈에 보이는 정도의 거리에 떨어진 것을 지칭한다.

이것은 무엇입니까?
저것은 핸드폰입니다.
어제 사과를 먹었습니다. **그것**은 정말 맛있었습니다.

1. 물건 이름 말하기

목 표 ▸ '이것, 그것, 저것' 을 사용하여 주변에 있는 사물의 이름을 묻고 답할 수 있다.
준 비 ▸ 메모지
구 성 ▸ 짝
시 간 ▸ 50분
난이도 ▸ 하

이야기로 활동 열기 교실에 있는 물건들로 이야기를 시작한다. 혹은 학생들의 소지품들을 이용해도 좋다.

교　사 : 여러분 이것은 무엇입니까?
학생들 : 모릅니다.
교　사 : 이것은 문입니다. 그것은 무엇입니까?
학생들 : 이것은 책입니다.
교　사 : 오늘은 이렇게 '이것, 저것, 그것' 으로 이야기를 해 봅시다.

CHAPTER 67

순 서

1. 교사는 가급적 크기가 큰 메모지를 준비하여 굵은 매직펜으로 교실에 있는 모든 사물과 학생들이 가지고 있을 소지품의 이름을 적는다.
   책상, 책, 창문, 가방, 연필, 볼펜, 사전, 창문, 컴퓨터, 문, 운동화, 구두, 옷, 모자, 분필, 지우개, 의자, 벽, 바지, 커피, 물 등
2. 교실에 있는 물건들을 가리키며 "이것/그것/저것은 무엇입니까?" 라고 질문을 하며 준비해간 사물 이름이 적힌 메모지를 하나씩 붙여 나간다.
   교　　사 : (의자를 가리키며) 이것은 무엇입니까?
   학생 모두 : 이것은 의자입니다.
   교　　사 : (메모지를 붙이며) 이것은 의자입니다.
   따라하십시오. 이것은 의자입니다.
   학생 모두 : 이것은 의자입니다.
3. 교실에 있는 모든 사물들의 이름에 메모지를 붙여 줘 가며 이름을 알려 준다.
4. 학생의 수준과 시간에 따라 '교사–학생', '교사–전체' 로 질문과 답을 반복한다.
5. 학생 두 명씩 짝을 만들어 준다. 서로 질문하도록 한다.
   학생1 : 이것/저것/그것은 무엇입니까?
   학생2 :이것/저것/그것은 ○○입니다.
6. 짝 활동이 끝나면 교사는 사물에 붙어 있던 메모지를 모두 제거한다.
7. 한 명씩 돌아가며 교실 안에 다른 친구에게 임의로 사물 하나를 정하여 이름을 묻고 답하도록 하며 교사는 확인한다.

◑ **제 안** — 학생이 많거나 교실이 클 경우 메모지가 아닌 조금 큰 도화지에 사물 이름을 미리 큰 글자로 적어 가서 테이프로 붙일 수 있다.

확장을 위한 아이디어! 학생들의 가방 안에 있는 소지품들을 꺼내게 해서 소지품의 이름을 알려 준 후 그 물건들을 교실 곳곳에 흩어 놓고 연습을 해도 좋아요.

전에 / 후에

수업 전에 꼭 알아 두세요!

〈명사+전에/후에, 동사+-기 전에, 동사+-(으)ㄴ 후에〉

	전에	후에
명사	전에	후에
	수업 전에	졸업 후에
동사	-기 전에	-(으)ㄴ 후에
	만나기 전에	운동한 후에

1. '명사+전에/후에' 의 형태로 시간의 전, 후 관계를 나타낼 때 사용한다.
   수업 후에 식당에 갑니다.
   크리스마스 전에 카드를 보냅니다.

2. '동사+-기 전에, -(으)ㄴ후에' 로 사용되어 어떤 동작의 전/후 관계를 나타낼 때 사용한다.
   비가 오기 전에 집에 갑시다.
   수업을 한 후에 식당에 갑니다.

활동 1. 카드 보고 이야기 만들기

목 표 ▸ '명사+전에/후에' 를 사용하여 이야기를 만들 수 있다.
준 비 ▸ 〈217쪽〉 × 학생수/2, ✂
구 성 ▸ 짝
시 간 ▸ 50분
난이도 ▸ 하

이야기로 활동 열기 학생들에게 수업 후에 무엇을 할 것인지 질문을 하면서 이야기를 시작할 수 있다.

교 사 : 다나카 씨는 수업 후에 무엇을 합니까?
학생1 : 저는 수업 후에 집에 갑니다.
교 사 : 그러면 수업 전에 무엇을 합니까?
학생1 : 저는 숙제를 합니다.
교 사 : 저는 수업 전에 숙제를 합니다.
오늘은 이렇게 '전에/후에' 를 사용하여 이야기를 만들어 봅시다.

순 서

1. 학생들을 2명씩 앉도록 한다.
2. 잘라온 〈활동지〉 단어 카드를 짝끼리 한 세트씩 나누어 준다.

CHAPTER 68

3. 단어 카드를 가운데 엎어 놓는다.
4. 번갈아 가며 카드를 한 장씩 들추면서 '전에/후에'와 그 단어를 사용하여 문장을 만들도록 한다.
   학생1 : (크리스마스의 경우) 크리스마스 전에 선물을 사야 해요.
5. 활동이 끝나면 교사와 같이 돌아가며 한 문장씩 만들어 본다.
6. 교사는 오류를 확인해 준다.

확장을 위한 아이디어! 학생들이 거짓으로 문장을 만들도록 하지 말고 실제 자신들의 이야기로 문장을 만들도록 하는 것이 실제적인 활동을 위해 좋아요. 자연스럽게 학생들이 확장된 대화를 나눌 수 있는 분위기를 만들어 주는 것이 좋아요.

활동 2. 하루 일과 이야기하기

목 표 ▸ '동사+-기 전에 / -(으)ㄴ후에'를 사용하여 자신의 하루 일과를 이야기할 수 있다.
준 비 ▸ 〈218쪽〉 × 학생수, ✂
구 성 ▸ 짝
시 간 ▸ 50분
난이도 ▸ 중

이야기로 활동 열기 학생들에게 수업 후에 무엇을 할 것인지 수업에 오기 전에 무엇을 했는지 질문을 하면서 이야기를 시작할 수 있다.

교 사 : 애니 씨는 수업을 한 후에 무엇을 합니까?
학생1 : 저는 집에 갑니다.
교 사 : 아, 수업을 한 후에 집에 갑니다. 그러면 수업하기 전에는 무엇을 했습니까?
학생1 : 수업하기 전에는 커피를 마십니다.
교 사 : 오늘은 이렇게 여러분의 하루일과를 순서대로 이야기해 봅시다.

순 서

1. 학생들을 2명씩 앉도록 한다.
2. 교사는 〈활동지〉를 잘라서 만든 그림 카드를 한 명에 한 세트씩 나누어 준다.
3. 각자 그림을 보고 나의 하루 일과의 순서에 맞추어 나열하도록 한다.
4. 그림 카드를 보면서 '후에'를 적절히 사용하여 자신의 하루일과를 친구에게 이야기하도록 한다.
   학생1 : 저는 아침에 일어난 후에 세수를 합니다. 그리고 세수를 한 후에 아침 식사를 합니다.
5. 다음 사람이 '후에'를 적절히 사용하여 자신의 하루일과를 친구에게 이야기하도록 한다.

6. 이야기가 끝나면 '전에' 를 사용하여 다시 한번 자신의 하루 일과를 거꾸로 이야기해 보도록 한다.

학생1 : 저는 잠을 자기 전에 텔레비전을 봅니다. 텔레비전을 보기 전에 밥을 먹습니다.

◑ 제 안 — 시간 표현을 배웠거나 장소 '-에서'를 배운 경우 문장을 확장시켜 이야기하게 할 수 있다.

예) 저는 10시에 집에서 샤워한 후에 방에서 잠을 잡니다.

자연스럽도록 만들게 하고 '그리고'와 같은 접속사를 활용할 수 있도록 하는 것이 좋다.

확장을 위한 아이디어! 다양한 주제로 이야기를 해 보세요. 예를 들어 주말, 평일, 방학, 고향에서, 한국에서 등으로 다양한 주제로 확장할 수 있어요.

활동 3. 여행 일정 이야기하기

목 표 ▸ '동사+기 전에, -(으)ㄴ후에'와 '그리고'를 사용하여 여행 일정을 말할 수 있다.
준 비 ▸ 〈219, 220쪽〉 × 학생수/2
구 성 ▸ 짝
시 간 ▸ 40분
난이도 ▸ 상

이야기로 활동 열기 학생들의 여행 경험에 대한 질문으로 이야기를 시작할 수 있다.

교 사 : 미미 씨는 어디를 여행했어요? 어디가 가장 좋았어요?
학 생 : 일본이요.
교 사 : 일본에서 뭐 했어요?
학 생 : 후지산에도 가고 쇼핑도 했어요.
교 사 : 후지산에 간 후에 쇼핑을 했어요? 오늘은 여행한 순서대로 이야기해 봅시다.

순 서

1. 학생들을 2명씩 앉도록 한다.
2. 학생들에게 각각 〈활동지A〉와 〈활동지B〉를 나누어 준다.
3. 자신의 활동지에 주어진 여행지에서 한 일을 순서대로 번호를 써 보도록 한다. (임의로 쓰도록 한다)
4. 짝에게 '동사+기 전에, -(으)ㄴ후에'와 '그리고'를 자연스럽게 사용하여 여행 일정을 이야기해 주도록 한다.

   학생1 : 제주도에 갔습니다. 집에서 아침에 출발했습니다. 터미널에 도착한 후에 성산일출봉에 갔습니다.
5. 발표시키고, 교사는 오류를 수정해 준다.

◑ 제 안 — '동사+기 전에, -(으)ㄴ후에'와 '그리고'를 자연스럽게 사용할 수 있도록 한다.

확장을 위한 아이디어! 학생들의 실제 여행 이야기를 시간 순으로 이야기해 보도록 하는 것도 좋아요.

접속사: 그리고/그래서/그렇지만/그러면/그런데/그러니까

수업 전에 꼭 알아 두세요!

〈문장1+접속사+문장2〉

그리고	앞 문장과 뒷 문장이 서로 대등한 관계일 경우 사용한다.
그래서	앞 문장이 뒷 문장의 이유, 원인, 근거, 시간적으로 앞설 경우 사용한다.
그렇지만	앞 문장과 뒷 문장이 서로 대조의 관계일 경우 사용한다.
그러면	앞 문장이 뒷 문장의 전제나 가정일 경우 사용한다.
그런데	앞 문장이 뒷 문장의 배경이 되거나 대조의 관계를 갖는다. 화제를 갑자기 바꿀 때 사용한다.
그러니까	앞 문장이 뒷 문장의 이유를 나타내는데 이때 이유는 화자와 청자가 모두 알고 있는 이유로 보통 '-(으)ㅂ시다', '-(으)ㄹ까요?', '-(으)세요' 등의 종결어미와 같이 사용한다.

산책을 해요. 그리고 책을 읽어요.
어제 술을 많이 마셨어요. 그래서 머리가 아파요.
공부를 열심히 했어요. 그렇지만 시험 점수가 안 좋아요.
이 버튼을 누르세요. 그러면 문을 열 수 있어요.
오후에 백화점에 갔어요. 그런데 문을 닫았어요.
날씨가 추워요. 그러니까 따뜻한 음식을 먹읍시다.

활동 1. 두 문장 연결하기

목 표 ▸ 접속사를 바르게 사용해 두 문장을 연결할 수 있다.
준 비 ▸ 〈221, 222쪽〉 × 학생수/2, ✂
구 성 ▸ 짝
시 간 ▸ 40분
난이도 ▸ 하

이야기로 활동 열기 교사는 본 활동과 관련된 예문을 준비하고, 접속사를 사용해 두 문장을 연결하는 연습을 통해 활동을 시작할 수 있다.

교 사 : 다음의 두 문장을 <그리고/그래서/그렇지만/그러면/그런데/그러니까>중에서 선택해 연결해 보세요.
어제 밤에 커피를 많이 마셨습니다. (   ) 잠을 못 잤습니다.
학생들 : 그래서 잠을 못 잤습니다.
교 사 : 오늘은 이렇게 '접속사'를 사용하여 이야기를 만들어 봅시다.

순 서

1. 학생들을 2명씩 앉도록 한다.
2. 카드 형태로 자른 〈활동지〉를 짝끼리 한 세트씩 나누어 준다.
3. '그리고/그래서/그렇지만/그러면/그런데/그러니까' 카드를 기본으로 하고, 두 문장을 알맞은 접속사로 연결하여 완정한 문장을 만들도록 한다.
4. 활동 시간을 20분 정도로 제한하고, 활동이 끝나면 구성한 문장을 조 별로 종이에 쓰게 한다.
5. 각 조 별로 결과물을 교실 벽에 붙이게 하고 조를 바꾸어 채점을 하게 한다.
6. 교사는 학생들과 함께 답을 확인하고, 학생들의 오류를 바로 잡아 준다.

◑ **제 안** — 카드 중 빈칸 카드에는 교사가 교실 상황에 맞는 문장들을 더 채워 넣을 수 있다.

확장을 위한 아이디어! 학생들 수준이 높은 편이라면 접속사 뒷 문장은 학생들이 스스로 구성하게 할 수 있어요.

활동 2. 문장 이어 말하기

목 표 ▸ 접속사의 용법을 이해하고, 두 문장을 바르게 연결할 수 있다.
준 비 ▸ 없음
구 성 ▸ 전체
시 간 ▸ 40분
난이도 ▸ 중

이야기로 활동 열기 자연스럽게 문장들을 연결해가며 이야기를 시작할 수 있다.

교 사 : 오늘은 '그리고/그래서/그렇지만/그러면/그런데/그러니까'를 사용해 문장을 만들어 볼 거예요. 다음 문장을 보세요. "한국어 공부는 재미있습니다. 그렇지만...?"
학생1 : 그렇지만 어렵습니다.
교 사 : 한국어 공부는 재미있습니다. 그래서...?
학생2 : 그래서 열심히 공부할 거예요.
교 사 : 한국어 공부는 재미있습니다. 그리고...?
오늘은 이렇게 접속사를 이용하여 이야기를 만들어 봅시다.

순 서

1. 학생을 반으로 나눠 두 조로 구성한 후 원 대형으로 모여 앉게 한다.
2. 교사는 접속사(그리고/그래서/그렇지만/그러면/그런데/그러니까)를 칠판에 미리 판서해 놓는다.
3. 교사는 문장 카드를 두 개 정도 준비하여 각 조의 첫 번째 학생에게 보여 주고 게임을 시작하도록 한다.
비가 옵니다, 그렇지만··· / 내 생일입니다, 그래서···

4. 첫 번째 학생이 카드를 보고 문장을 구성하면 그 다음 학생이 앞의 문장을 반복하면서 다양한 접속사를 사용해 뒷 문장을 구성한다. 두 번 이상 대답을 못하거나 틀린 문장을 말한 학생은 더 이상 게임에 참여할 수 없게 한다.
   학생1 : 비가 옵니다. 그렇지만 우산이 없습니다.
   학생2 : 우산이 없습니다. 그래서 우산을 샀습니다.
   학생3 : 우산을 샀습니다. 그리고 비옷도 샀습니다.
5. 교사는 학생들이 바른 문장을 구성하고 있는지 끊임없이 확인하고, 학생들이 자주 범하는 오류를 메모해 활동 후에 피드백을 해 주는 것이 좋다.

확장을 위한 아이디어! 학생들의 수준이 말하기 활동으로 전개하기에 낮은 편이라면 문장을 쓰면서 게임을 하게 할 수 있어요.

중

수업 전에 꼭 알아 두세요!

〈명사+중, 동사+-는 중이다〉

명사	중
	회의 중
동사	-는 중이다
	청소를 하는 중이다

1. '명사 + 중'으로 쓰여 어떤 동작이 진행되고 있음을 나타낼 때 사용한다. 주로 '이야기, 말씀, 의논, 회의, 수업, 복습(예습), 수업, 전화, 방학, 시험, 운전, 식사, 목욕 등'의 말과 같이 쓰인다.
목욕 중, 식사 중, 수업 중

2. '-는 중이다'로 사용되어 어떤 동작이 진행되고 있음을 나타낼 때 사용한다.
지금 한국어를 공부하는 중입니다.
가: (전화하면서) 수미 씨 지금 뭐 하는 중이에요?
나: 지금 밥 먹는 중이었어요.

활동 1. 마임

목 표 ▸ '-는 중이다'를 사용하여 행동을 묘사하여 말할 수 있다.
준 비 ▸ 〈223쪽〉 × 1, ✂
구 성 ▸ 전체
시 간 ▸ 40분
난이도 ▸ 하

이야기로 활동 열기 인터넷이 가능하다면 인터넷으로 마임 공연 동영상을 보여 주거나 교사가 연기를 몇 가지하면서 '-는 중이다'를 유도하며 이야기를 시작할 수 있다.

교 사 : (잠을 자는 연기를 한다) 여러분 지금 선생님이 무엇을 하는 중이에요?
학생들 : 잠을 자는 중이에요!
교 사 : 이렇게, 말을 하지 않고 몸으로 이야기합니다. 이것을 '마임'이라고 합니다.
지금부터 여러분은 한 명씩 '마임'을 합니다. 오늘은 '마임'을 해 봅시다.

순 서

1. 〈활동지〉를 잘라서 만든 문장 카드를 교탁에 엎어 놓는다.
2. 학생 한 명씩 나와서 카드를 뒤집어 보며 카드에 쓰여 있는 동작을 연기하게 한다.

3. 나머지 학생들은 그 학생의 행동을 보고 유추하여 '-는 중이다'를 사용하여 말해 보도록 한다.
   학생들 : 자는 중이에요.
   학생들 : 음악을 감상하는 중이에요.

◑ 제 안 — • 카드를 임의로 두 장씩 뽑도록 해서 '-(으)면서 -는 중이다'로 이야기하도록 해도 좋다.
예) 전화하다/밥을 먹다 - 전화하면서 밥을 먹는 중이에요.
• 빈칸에는 교사가 교실 상황에 맞는 문장을 더 써 넣을 수 있다.

확장을 위한 아이디어! 전문적인 마임 공연 동영상을 보여주고 무엇을 하는 중인지 이야기해 보는 것도 좋아요. 인터넷에서 동영상을 무료로 볼 수 있는 것들을 찾아보세요.

활동 2. 알림 문패 만들기

목 표 ▸ '중'을 사용하여 실생활에 사용할 문패를 만들 수 있다.
준 비 ▸ 〈224쪽〉 × 학생수 (조금 두꺼운 색지에 복사), 고리, 구멍을 뚫는 펀치, 가위
구 성 ▸ 개인
시 간 ▸ 30분
난이도 ▸ 하

이야기로 활동 열기 만들어진 문패 샘플을 가지고 들어가서 문패가 무엇인지 보여 주면서 이야기를 시작할 수 있다.

교 사 : 여러분 이것은 무엇입니까?
학생들 : 이름? 시간표?
교 사 : 이것은 '문패'입니다. 어떻게 사용합니까?
학생들 : 문 앞에 놓습니다. /문에 붙여요.
교 사 : 네, 방문에 붙입니다. 공부 중이면 '공부 중', 자는 중이면 '자는 중'을 사용합니다.
여러분은 오늘 여러분의 '문패'를 만들어 봅시다.

순 서

1. 〈활동지〉를 한 장씩 나누어 준다.
2. 교사는 '명사+중'을 사용하는 예를 제시해 준다.
   공부하고 있습니다. → 공부 중
   외출했습니다. → 외출 중
3. 알림 문패에 실제 나의 생활에 맞게 '중'을 사용하여 적어 보도록 한다.
4. 고리를 걸 부분에 구멍을 만들게 한다.
5. 문패를 만들어 자기 집 방에 걸어 놓고 사용하도록 한다.

◑ 제 안 — 학생의 일과에 따라 종이가 더 필요한 경우를 위해 여분의 복사가 필요하다.

확장을 위한 아이디어! 학생들이 핸드폰을 소지하고 있으면 학생들에게 부재중 메시지를 녹음하는 활동을 해도 좋아요.
예) 안녕하세요. 저는 수미입니다. 지금은 한국어 공부 중입니다. 1시 후에 다시 전화해 주세요.

–중에서 제일/가장

수업 전에 꼭 알아 두세요!

〈명사 + 중에(서) 제일/가장〉

1. 여러 개 중에 첫째가는 것을 나타내는 표현이다.
   나는 과일 **중에(서)** 포도를 **제일** 좋아한다.
   한국 노래 **중에(서)** 무슨 노래를 **가장** 좋아해요?

주의

1. 명사는 같은 위상의 것을 보통 2개 이상 포함하는 것이어야 한다.
   한국 중에서(×), 우리 반 중에서(×)

1. 친구 취향 알아내기

목 표 ▸ 최상급 표현을 사용하여 좋아하는 것에 대해 묻고 답할 수 있다.
준 비 ▸ 〈225쪽〉 × 학생수
구 성 ▸ 개인
시 간 ▸ 30분
난이도 ▸ 하

이야기로 활동 열기 교사는 학생들이 좋아하는 것, 그 중에서 가장 좋아하는 것이 무엇인지 질문하며 이야기를 시작할 수 있다.

교 사 : 토마스 씨, 과일을 좋아하세요?
학 생 : 네
교 사 : 무슨 과일을 좋아하세요?
학 생 : 키위, 사과, 바나나를 좋아해요.
교 사 : 그럼, 과일 중에서 가장 좋아하는 과일은 뭐예요?
학 생 : 사과예요.
교 사 : 아, 토마스 씨가 과일 중에서 가장 좋아하는 과일은 사과예요.
오늘은 이렇게 무엇을 가장 좋아하는지 친구와 함께 이야기해 봅시다.

순 서

1. 학생들에게 〈활동지〉를 한 장씩 나누어 준다.
2. 각 주제에 따라 무엇을 가장 좋아하는지 친구에게 질문하며 인터뷰한다.
   학생1 : (과일) 과일 중에서 어느 과일을 제일 좋아합니까?
   학생2 : 저는 과일 중에서 사과를 제일 좋아합니다.
   학생1 : (동물) 동물 중에서 어느 동물을 제일 좋아합니까?
3. 인터뷰 결과를 발표하도록 한다.
   (발표) 수진 씨는 과일 중에서 사과를 제일 좋아합니다.

확장을 위한 아이디어! 내가 가장 좋아하는 것들이라는 주제로 글을 써 오도록 해도 좋아요.

활동 2. 퀴즈

목 표 ▸ 최상급을 사용해서 퀴즈 게임을 할 수 있다.
준 비 ▸ 〈226쪽〉 × 학생수/3~4, 세계 지도
구 성 ▸ 그룹
시 간 ▸ 30분
난이도 ▸ 중

이야기로 활동 열기 〈활동지〉의 내용과 유사한 퀴즈를 하나 준비하여 이야기를 시작할 수 있다.

교 사 : 오늘은 다른 나라에 대해 여러분들이 얼마나 알고 있는지 재미있는 질문을 해 볼 거예요.
세계에서 책을 제일 많이 읽는 나라는 어디일까요?
학 생 : 중국이요. / 일본이요.
교 사 : 영국이에요. 그럼 세계에서 담배를 제일 많이 피우는 나라는 어디일까요?
학 생 : 러시아요. / 미국이요.
교 사 : 세계에서 담배를 제일 많이 피우는 나라는 캐나다예요.
오늘은 친구들과 퀴즈를 한 번 풀어 봅시다.

순 서

1. 학생들을 3~4명으로 구성된 그룹으로 앉도록 한다.
2. 각 그룹에 〈활동지〉를 한 장씩 나누어 준다.
3. 세계 지도를 보면서 〈활동지〉의 나라 이름과 위치를 확인하도록 한다.
4. 그룹 별로 〈활동지〉의 문제를 풀어 보도록 한다.

학생1 : 뚱뚱한 사람이 제일 많은 나라는 어디입니까?

학생2 : 세상에서 제일 뚱뚱한 사람이 제일 많은 나라는 미국입니다.

5. 교사는 각 그룹의 점수를 모아 가장 높은 점수를 받은 팀에 보상을 줄 수 있다.

◑ 제 안 — • 학생들이 사용할 수 있는 컴퓨터가 있다면 숙제로 답을 찾아 오게 할 수 있다.
• 〈활동지〉의 정답 부분은 지운 후에 나누어 주어야 한다.

확장을 위한 아이디어! 교사는 학생들의 관심사에 따라 질문 내용을 수정할 수 있어요. 또는 학생들에게 관심 영역을 주고 퀴즈 문제를 직접 구성하게 할 수 있어요.

활동 3. 기네스북 읽고 문장 완성하기

목 표 ▸ 기네스북을 읽고, 최상급 표현을 사용해 이야기를 할 수 있다.
준 비 ▸ 〈227, 228, 229쪽〉 × 학생수
구 성 ▸ 짝
시 간 ▸ 30분
난이도 ▸ 중

이야기로 활동 열기 반 학생들 중 최고에 해당되는 학생 그리고 세계에서 최고에 해당되는 사람을 주제로 묻고 답함으로써 본 활동의 도입을 전개할 수 있다.

교 사 : 우리 반에서 키가 제일 큰 학생이 누구예요?
학 생 : 미카엘 씨예요.
교 사 : 그럼 세계에서 키가 제일 큰 사람은 누구일까요? 어느 나라 사람일까요?
학 생 : …
교 사 : 여러분 '기네스북' 알아요? 오늘 여러분께 재미있는 이야기를 소개할 거예요.

순 서

1. 학생들을 2명씩 앉도록 한다.
2. 학생들에게 〈활동지〉를 한 장씩 나눠 준다.
3. 각자 사진과 글을 보고, 최상급 표현을 사용해서 문장을 구성하게 한다.
   이 사람은 세상에서 허리가 가장 날씬합니다.
4. 짝끼리 서로 이야기하며 비교해 보도록 한다.
5. 발표시키고 교사와 함께 확인한다.

확장을 위한 아이디어! 활동 후 교사는 학생들에게 기네스북 이야기를 세 개 정도 찾아 오는 숙제를 내 줄 수 있어요. 또는 같은 주제를 주고 자신의 나라에 대한 기네스북의 기록을 찾아 오게 하여 서로 비교하는 활동을 할 수도 있어요.

–지만

수업 전에 꼭 알아 두세요!

〈동사/형용사/이다 +–지만〉

	과거	현재	미래
	–았/었지만	–지만	–겠지만/–(으)ㄹ 거지만
동사	갔지만 먹었지만	가지만 먹지만	가겠지만(갈 거지만) 먹겠지만(먹을 거지만)
형용사	쌌지만 좋았지만	싸지만 좋지만	싸겠지만 좋겠지만

1. '하지만, 그렇지만' 으로 연결되는 두 문장을 연결하여 한 문장이 되게 하는데 앞뒤 문장이 서로 대조 관계를 갖는다.
   아침 밥을 먹었어요. 그렇지만 벌써 배가 고파요.
   → 아침 밥을 먹었지만 벌써 배가 고파요.
   오늘은 비가 왔어요. 그렇지만 산책했어요.
   → 오늘은 비가 왔지만 산책했어요.

주의

1. '–지만' 은 '–고' 와는 달리 앞 문장의 동사의 시제를 그대로 유지하여 결합할 수 있다.
   아침에 버스를 놓쳤어요. 그렇지만 학교에 늦지 않았어요.
   → 아침에 버스를 놓쳤지만 학교에 늦지 않았어요.
   아침에 버스를 탔어요. 그리고 지하철을 탔어요.
   → 아침에 버스를 타고 지하철을 탔어요.

2. '미안하다, 실례하다 등' 과 같이 쓰여 공손한 부탁이나 요청을 할 때 겸손하게 양해를 얻음을 표현하는 용법으로 사용한다.
   실례지만 지하철역이 어디에 있어요?
   미안하지만 이 선생님 좀 바꿔 주세요.

1. 문장 만들기

목 표 ▸ '-지만'을 사용해 문장을 만들 수 있다.
준 비 ▸ 〈230쪽〉 × 학생수/2, ✂
구 성 ▸ 짝
시 간 ▸ 40분
난이도 ▸ 하

이야기로 활동 열기 활동지의 내용 중 한 가지를 선택하여 이야기를 시작할 수 있다.

교　사 : 오늘 날씨가 어때요?
학생들 : 추워요.
교　사 : 네. 추워요. 하지만 좋지요?
학생들 : 네. 좋아요.
교　사 : 오늘 날씨는 춥지만 좋아요. 여러분, 한국어 공부는 어때요?
오늘은 이렇게 '-지만'을 사용하여 문장을 만들어 봅시다.

순 서

1. 학생들을 2명씩 앉도록 한다.
2. 잘라 온 〈활동지〉 문장 카드를 짝끼리 한 세트를 나누어 준다.
3. 문장 카드를 책상에 엎어 놓는다.
4. 문장 카드를 하나씩 번갈아 뒤집으면서 '-지만'을 사용하여 문장을 완성하도록 한다.
('친구 생일이다'의 경우) 친구 생일이지만 가지 못합니다.
5. 교사와 함께 한 문장씩 확인한다.

확장을 위한 아이디어! 문장을 학생들 스스로 만들어 문장 카드를 만들어도 좋아요.

CHAPTER 72

활동 2. 한국 생활 이야기하기

목 표 ▸ '-지만' 과 '-고' 를 사용해 나의 한국 생활에 대해 말할 수 있다.
준 비 ▸ 〈231쪽〉 × 학생수
구 성 ▸ 짝
시 간 ▸ 50분
난이도 ▸ 하

이야기로 활동 열기 활동지와 관련된 주제를 몇 개 준비해 학생들에게 질문하면서 이야기를 시작할 수 있다.

교 사 : 한국어 공부가 어때요?
학생들 : 재미있어요. / 어려워요…
교 사 : 아, 재미있지만 어려워요. 한국 생활이 어때요?
학생들 : 재미있어요. / 외로워요.
교 사 : 아, 재미있지만 외로워요.
오늘은 이렇게 '-지만' 과 '고' 를 사용하여 한국 생활에 대하여 이야기해 봅시다.

순 서

1. 학생들에게 〈활동지〉를 한 장씩 나누어 준다.
2. 〈활동지〉를 교사와 함께 읽으며 어휘를 확인한다.
3. 친구에게 활동지의 질문을 하고, 답을 표시하게 한다. 이때 반드시 두 개를 선택하여 '-지만' 이나 '-고' 를 사용하여 대답하게 한다.
   학생1 : 한국 생활이 어때요?
   학생2 : 한국 생활이 재미있고 즐거워요.
   학생1 : 한국 교통이 어때요?
   학생2 : 비싸지만 편리해요.
4. 활동이 모두 끝나면 발표 시킨다.
5. 교사는 오류를 바로잡아 준다.

확장을 위한 아이디어! 학생들의 수준에 따라 활동지의 어휘 수준을 조정할 수 있어요.

-지요?

수업 전에 꼭 알아 두세요!

〈동사/형용사/이다 +-지요?〉

	기본형	-지요?
동사	가다	가지요?
	먹다	먹지요?
형용사	싸다	싸지요?
	좋다	좋지요?

1. 비격식체 높임말로 듣는 사람도 나의 생각에 동의를 할 것이라고 매우 확신하면서 질문할 때 사용한다.
   날씨가 춥지요?
   이거 정말 좋지요?

2. 비격식체 높임말로 질문하는 사람이 이전에 알고 있었던 사실이지만 잊어버렸을 경우 다시 재확인하려고 사용한다.
   (알고 있었지만 갑자기 생각이 안날 경우) 우리 언제 소풍을 가지요?
   (들었지만 잊어 버렸을 경우) 이거 얼마였지요?

주의

1. '명사+이다'의 경우 형태에 주의한다.
   명사(받침 ○) : 책이지요? 선생님이시지요?
   명사(받침 ×) : 커피지요? 어머니시지요?

2. 다소 공손한 '명령'이나 '청유'의 의미로 사용할 수 있다.
   이쪽으로 앉으시지요. 저와 함께 가시지요.

CHAPTER 73

1. 기억 확인하기

목 표 ▸ '-지요?'를 사용하여 기억하고 있는 것이 맞는지 확인할 수 있다.
준 비 ▸ 〈232쪽〉 × 학생수
구 성 ▸ 전체
시 간 ▸ 40분
난이도 ▸ 하

이야기로 활동 열기 학생에 대해 전에는 알고 있었는데 잊어버린 사실을 확인하면서 이야기를 시작할 수 있다.

교 사 : 음낙 씨는 베트남 어디에서 왔지요?
학 생 : 하노이에서 왔어요.
교 사 : 지금 혼자 살지요?
학 생 : 네, 혼자 살아요.
교 사 : 한국에 작년 1월에 왔지요?
오늘은 이렇게 우리 반 친구에 대하여 알고 있었던 사실들을 맞는지 확인해 봅시다.

순 서

1. 학생들에게 〈활동지〉를 한 장씩 나누어 준다.
2. 〈활동지〉에 친구에 대해 기억하고 있는 사실과 다시 확인하고 싶은 사실을 적어 보도록 한다.
   학생1: (쓰기) 사카 씨는 지금 고시원에 살아요.
3. 학생들을 모두 일어나게 한다.
4. 〈활동지〉에 적은 사실들이 맞는지 친구에게 직접 물으면서 확인하도록 한다.
5. 맞으면 √ 표 하도록 한다.
6. √ 가 가장 많은 학생이 누구인지 확인한다.

확장을 위한 아이디어! 가장 많은 것을 기억해서 √ 가 가장 많은 친구는 친구들에게 관심이 많은 것이니 많이 칭찬해 주세요!

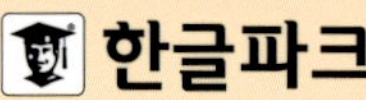

한글파크는 한국어 교재 출판사이자 전문 서점입니다.

KOREAN

한국어 수업을 위한

문법활동집

한국어를 쉽고 재미있게 가르친다!

- 초보 교사도 쉽게 사용할 수 있도록 한국어 문법을 정리하여 제시하였습니다.
- 학생들이 문법에 주의를 기울이며 말하기, 듣기, 읽기, 쓰기 등의 다양한 활동을 할 수 있도록 해 줍니다.
- 문법의 의미를 쉽고 재미있게 전달할 수 있으며, 문법이 사용되는 상황을 정확하게 이해시킬 수 있습니다.
- 편하게 볼 수 있도록 교사 지침서와 활동지를 따로 구성하였습니다.

값 26,000원 (교사 지침서 + 활동지)

13710
9 788955 188202
ISBN 978-89-5518-820-2

Since1977

시사 Dream,
Education can make dreams come true.

Designed by SISA Books

KOREAN

한국어 수업을 위한

문법활동집

구본관, 박성원, 이지욱, 이창용, 이향 공저

한강시민공원에서

졸업식장에서 가족들과 함께

제주도에서 가족들과 함께

한국어를 쉽고 재미있게 가르친다!

한글파크

KOREAN

한국어 수업을 위한

문법활동집

구본관, 박성원, 이지욱, 이창용, 이향 공저

한글파크

서문

"여러분들은 외국어를 배워 본 적이 있습니까? 여러분이 경험한 성공적인 외국어 수업은 어떤 것이었습니까?" 여러분에게 이와 같은 질문을 한다면 어떤 경험을 이야기하겠습니까? 다양한 경험들이 나오겠지만 대부분은 결국 배운 문법과 어휘를 사용하여 자신에 대한 이야기 혹은 자신의 생각을 이야기했던 수업들을 떠올릴 것입니다. 문법 설명을 자세히 잘하는 교사의 수업이나 잘 조직된 연습문제를 풀었던 수업들을 떠올리는 분들은 거의 없을 것입니다. 외국어를 배운다는 것은 결국 자신에 대하여 혹은 자신의 의견이나 생각을 외국어로 표현하기 위한 것입니다. 그러므로 학생들은 끊임없이 자신이 배운 문법과 어휘로 자신에 대하여 표현할 기회를 가져야 할 것입니다.

요즘 한국어 교육계에서는 다양한 교재들, 특히 좋은 문법책들이 여럿 나와 현장의 교사들에게 많은 도움을 주고 있습니다. 하지만 유의미한 상황에서 새로 배운 문법 항목을 사용하여 자신에 대한 이야기나 생각을 표현하는데 초점을 둔 책은 아직 미흡한 것이 현실입니다. 학습이 아닌 자연스러운 습득을 유도하기 위해서는 다양하고 유의미한 활동들이 필요합니다.

그래서 실제 한국어를 가르치면서 고민했던 문제들이나 의견들을 모으고, 실제 수업 시간에 효과적으로 사용했던 활동들로 교재를 만들었습니다. 교재에 구성된 대부분의 활동들은 실제 초급 교실에서 직접 사용해 보고 여러 번 수정하여 만든 것들입니다. 본 교재는 각 활동을 수업에 사용하는 방법에 대한 상세한 설명을 적은 '교사 지침서' 와 교사들이 실제 교실 환경에서 바로 사용할 수 있도록 구성한 '활동지' 로 구성되어 있습니다. 또한 활동들은 초급 문형을 중심으로 그 문형이 자주 사용되는 실제 상황을 접목하여 구성하였습니다.

기존의 한국어 문법 교재들이 문법에 대한 설명과 기계적인 문형 연습에 초점을 두고 있다면, 이 책은 실생활의 맥락과 상황, 기능에 충실한 교실 활동에 역점을 두었습니다. 그러면서 두 가지를 염두에 두었습니다. 첫째로 흥미로운 학습 환경을 제공하여 학습자들이 주체가 되어 수업에 참여할 수 있도록 하였습니다. 둘째로는 말하기 활동에 중점을 두되 필요에 따라 쓰기, 듣기, 읽기 기능까지 포함시켜서 자칫 지루해질 수 있는 한국어 수업을 좀 더 다양하게 꾸밀 수 있도록 하였습니다.

한국어는 가르치는 교사의 방법에 따라 세계에서 배우기 가장 어려운 언어가 될 수도 있고, 또 배우기 쉽고 흥미로운 언어가 될 수도 있습니다. 한국어를 가르치는 길에 막 발을 디딘 초보 교사들에서부터 늘 끊임없이 노력하고 고민하는, 경력 있는 한국어 교사들에게까지 이 책이 조금이나마 도움이 되기를 바랍니다. 아울러 학습자들이 한국어 의사소통 능력을 향상시키는 데에도 힘이 되었으면 합니다.

이 책이 나오기까지는 손도영 삽화가님과 이혜은 씨의 도움이 컸습니다. 손 삽화가님은 간결하고 정확한 삽화를 그려 주셨습니다. 편집부의 이혜은 씨는 복잡한 원고를 정리하여 아름다운 책으로 엮어 주셨습니다. 두 분께 깊은 고마움을 전합니다. 그리고 이 책이 출판되기까지 애써주신 랭기지플러스 엄태상 이사님과 한국어 편집부 모두에게도 고마움을 전합니다.

2009년 겨울에

구본관, 박성원, 이지욱, 이창용, 이향

목차

교사 지침서			활동지				
문법 항목		쪽	활동	시간	구성	난이도	준비
13.	높임말(존댓말) -(으)세요	52	1. 사진 보고 이야기 만들기	50분	짝	하	〈50, 51쪽〉×학생수/2
	-(으)시	53	2. 어머니 소개하기	30분	전체	하	〈52쪽〉×학생수
	조사/어휘	54	3. 문장 바꾸어 말하기	40분	짝	중	〈53, 54쪽〉×학생수/2, ✂
	주다/드리다/주시다	55	4. 기억에 남는 선물 이야기하기	40분	짝	중	〈55쪽〉×학생수
14.	-ㄴ/는/다	57	1. 일기 쓰기	50분	개인	상	〈56쪽〉×학생수
15.	-ㄴ/는/(으)ㄴ/(으)ㄹ 것	58	1. 문장 완성하여 말하기	40분	짝	하	〈57쪽〉×학생수/2, ✂
		60	2. 내가 좋아하는 일과 싫어하는 일 말하기	40분	짝	하	〈58쪽〉×학생수
		61	3. 물건 이름 알아맞히기	50분	그룹	중	〈59, 60쪽〉×1, 봉투 1장
		62	4. 내가 좋아하는 것 이야기하기	50분	전체	상	〈61쪽〉×학생수
16.	-는/(으)ㄴ/(으)ㄹ 것 같다	64	1. 그림보고 추측하여 말하기	30분	짝	하	〈62쪽〉×학생수
17.	-는/(으)ㄴ데	66	1. 과거의 경험에 대한 느낌 말하기	30분	짝	하	〈63, 64쪽〉×학생수/2
		67	2. 불평하기	30분	짝	하	〈65쪽〉×학생수
		68	3. 대처 방안 이야기하기	50분	짝	하	〈66쪽〉×학생수
		69	4. 상황에 맞게 문장 만들기	40분	짝	중	〈67쪽〉×학생수
		70	5. 한국과 고향 대조하기	40분	짝	상	〈68쪽〉×학생수/2, ✂
18.	-는/(으)ㄴ데다가 -(도)	72	1. 반 친구들 칭찬하기	40분	전체	하	〈69쪽〉×학생수
		73	2. 같은 의미의 다른 문장 말하기	30분	짝	중	〈70쪽〉×학생수
		74	3. 나의 장 · 단점 말하기	40분	짝	상	〈71쪽〉×학생수
19.	-는/(으)ㄴ/(으)ㄹ 모양이다	76	1. 그림 보고 추측하여 이야기 만들기	40분	짝	하	〈72쪽〉×학생수
		77	2. 다른 사람 추측에 반박하기	40분	짝	중	〈72쪽〉×학생수
		78	3. 길거리 사람들 보고 추측하기	30분	짝	상	〈73쪽〉×학생수
20.	동사 + -는/(으)ㄴ/(으)ㄹ	80	1. 나의 과거, 현재, 미래 말하기	30분	짝	하	〈74쪽〉×학생수, ✂
		81	2. 빙고 게임	40분	전체	하	〈75쪽〉×학생수
		82	3. 친구 찾기	50분	전체	중	〈76, 77쪽〉×학생수/2
		83	4. 한 문장으로 말하기	30분	짝	중	〈78쪽〉×학생수/2, ✂
21.	-는/(으)ㄴ지 알다/모르다	84	1. 나에 대한 관심 테스트하기	30분	짝	하	〈79쪽〉×학생수
22.	능력 -(으)ㄹ 수 있다/없다/못	87	1. 친구 찾기	30분	전체	하	〈80쪽〉×학생수
		88	2. 친구의 능력 확인하기	40분	전체	하	〈81쪽〉×학생수
	잘/잘 못/전혀	89	3. 능력 있는 친구 찾아내기	50분	짝	중	〈82쪽〉×학생수
23.	-도록 하다	91	1. 상황 듣고 조언하기	40분	짝	하	〈83쪽〉×학생수/2, ✂
		92	2. 연인 간의 서약서 쓰기	40분	전체	중	〈84쪽〉×학생수
		93	3. 적합한 방법 선택하기	40분	짝	상	〈85쪽〉×학생수

교사 지침서		활동지				
문법 항목	쪽	활동	시간	구성	난이도	준비
24. 반말	95	1. 역할극하기	40분	짝	중	〈86쪽〉×학생수/2, ✂
	96	2. 사랑하는 사람에게 편지 쓰기	40분	전체	중	〈87쪽〉×학생수
25. 보다 (더)	97	1. 고향과 한국 비교하여 말하기	50분	짝	하	〈88쪽〉×학생수
	98	2. 비교하여 이야기하기	50분	그룹	중	〈89쪽〉×학생수/2~4
	99	3. 판매할 과자를 비교하여 선택하기	50분	그룹	상	〈90쪽〉×학생수/2~4, 과자 3종류, 접시
26. 불규칙 변화	102	1. 한국 생활에 대한 의견 조사하고 발표하기	40분	전체	하	〈91쪽〉×학생수
	102	2. 불규칙 카드 게임	50분	전체	중	〈92, 93, 94쪽〉×1(확대복사), ✂
	104	3. 이야기 사슬 게임	50분	전체	중	〈92, 93, 94쪽〉×1(확대복사), ✂
27. 숫자 전화번호	106	1. 전화번호 빙고게임	40분	전체	하	〈95쪽〉×학생수, ✂
	107	2. 전화번호 말하기	40분	짝	하	〈96, 97쪽〉×학생수/2
날짜	108	3. 생일 말하기	40분	전체	하	〈98쪽〉×학생수
	109	4. 달력 보고 이야기하기	40분	짝	중	〈99쪽〉×학생수/2, ✂, 달력×학생수/2
가격	110	5. 가격 말하기	40분	짝	하	〈100쪽〉×학생수/2, ✂
	111	6. 물건 사기	50분	짝	중	〈101쪽〉×학생수/2, ✂
시간	112	7. 시간 빙고게임 (1)	30분	전체	하	〈102, 103쪽〉×학생수/11, ✂
	112	8. 시간 빙고게임 (2)	30분	전체	하	〈104쪽〉×학생수, ✂
나이	113	9. 나이 말하기	40분	전체	하	〈105쪽〉×학생수
	114	10. 가족의 나이 말하기	40분	짝	중	〈106, 107쪽〉×학생수/2
28. -(스)ㅂ니다	116	1. 나의 주말 활동 이야기하기	40분	짝	하	〈108쪽〉×학생수
	117	2. 질문 만들기	40분	전체	중	〈109쪽〉×학생수
29. 씩	118	1. 생활 습관 말하기	50분	짝	하	〈110쪽〉×학생수
30. -아/어 놓다	119	1. 행사 준비 여부 확인하기	50분	짝	중	〈111, 112, 113쪽〉×학생수/2
31. -아/어도 되다	121	1. 각 나라 예절에 대하여 이야기하기	50분	짝	하	〈114쪽〉×학생수
-(으)면 안 되다	122	2. 금지 여부 말하기	40분	짝	하	〈115쪽〉×학생수
32. -아/어 보다	123	1. 자신의 경험 말하고 추천하기	40분	짝	하	〈116쪽〉×학생수
	124	2. 특별한 경험 이야기하기	40분	짝	하	〈117쪽〉×학생수
	125	3. 고향 여행지 추천하기	50분	짝	중	〈118쪽〉×학생수
33. -아/어 보이다	127	1. 감정 추측하여 말하기	30분	짝	하	〈119쪽〉×학생수
	128	2. 옷차림 조언하기	40분	짝	중	〈120, 121쪽〉×학생수/2
	129	3. 친구의 첫인상에 대하여 말하기	30분	전체	상	A4용지×학생수
34. -아/어서 이유	131	1. 변명하기	50분	짝	하	〈122쪽〉×학생수
	131	2. 문장 완성하기	40분	짝	하	〈123쪽〉×학생수/2, ✂
	132	3. 오류 수정하기 게임	40분	전체	중	〈124쪽〉×학생수

교사 지침서			활동지				
문법 항목		쪽	활동	시간	구성	난이도	준비
34.	-아/어서 계기	133	1. 나만의 습관	40분	짝	하	〈125쪽〉×학생수
		134	2. 그림 보고 이야기 만들기	40분	짝	중	〈126쪽〉×학생수
35.	-아/어야 하다	136	1. 준비해야 하는 것 말하기	30분	짝	하	〈127쪽〉×학생수
		137	2. 건강한 생활 수칙 정하기	50분	짝	하	〈128쪽〉×학생수
36.	-아/어요	139	1. 친구에 대해 알아보기	30분	짝	하	〈129쪽〉×학생수/2, ✂
		140	2. 빈도 말하기	40분	짝	중	〈130쪽〉×학생수
		141	3. 질문 만들기	40분	짝	상	〈131쪽〉×학생수
37.	-아/어 있다	143	1. 교실 묘사하기	30분	전체	하	없음
		144	2. 다른 그림 찾기	50분	짝	중	〈132, 133쪽〉×학생수/2
		145	3. 방 묘사하기	50분	짝	상	〈134쪽〉×학생수
38.	-아/어 주다	147	1. 정중하게 부탁하기	40분	짝	하	〈135쪽〉×학생수/2, ✂
		148	2. 친구 도와주기	50분	전체	하	〈136쪽〉×학생수
		149	3. 비밀 친구(마니또) 게임	일주일	전체	중	〈137쪽〉×학생수, 메모지×학생수
39.	-아/어지다	151	1. 그림보고 이야기하기	30분	짝	하	〈138쪽〉×학생수
		152	2. 나만의 방법 이야기하기	40분	짝	중	〈139쪽〉×학생수
40.	안+동사/형용사	154	1. '아니요' 게임	30분	그룹	하	없음
	동사/형용사+-지 않다	155	2. 건강한 친구 찾기	50분	짝	하	〈140쪽〉×학생수
		156	3. '스무고개' 게임	40분	그룹	중	메모지
41.	-았/었-	158	1. 지난 일 말하기	30분	짝	하	〈141, 142쪽〉×학생수/2
		159	2. 사진 보고 상상하여 이야기하기 (1)	50분	짝	중	〈143, 144쪽〉×학생수/2
		160	3. 사진 보고 상상하여 이야기하기 (2)	50분	짝	중	〈145, 146쪽〉×학생수/2
42.	에	162	1. 목적지 말하기	40분	짝	하	〈147쪽〉×학생수/2, ✂
		163	2. 친구의 하루 일과	40분	짝	하	〈148쪽〉×학생수
		164	3. 틀린 문장 찾기	40분	전체	중	〈149쪽〉×학생수
43.	에서	165	1. 하루 일과 이야기하기	30분	짝	하	〈150, 151쪽〉×학생수/2, ✂
		166	2. 걸리는 시간 말하기	40분	짝	하	A4용지×학생수
		167	3. 장소 말하기	40분	짝	하	〈152쪽〉×학생수
44.	형용사 + -(으)ㄴ	168	1. 빙고 게임	30분	전체	하	〈153쪽〉×학생수
		169	2. 내가 꿈꾸는 러브스토리 이야기하기	40분	짝	중	〈154쪽〉×학생수
		170	3. 친구 묘사하기	50분	전체	상	〈155쪽〉×학생수
45.	-(으)ㄴ 적이 있다/없다	171	1. 경험해 본 친구 찾기	50분	전체	중	〈156, 157쪽〉×학생수/2
		172	2. 공통 경험 찾기	40분	짝	중	〈158쪽〉×학생수/2, ✂
46.	-(으)ㄴ 지	174	1. 나의 인생에 대하여 이야기하기	30분	짝	하	〈159쪽〉×학생수
	(시간)이/가 되다	175	2. 세계적인 사건에 대하여 이야기하기	40분	짝	중	〈160쪽〉×학생수/2, ✂
		176	3. 자기 나라 역사 이야기하기	1일	전체	상	없음

교사 지침서		활동지				
문법 항목	쪽	활동	시간	구성	난이도	준비
47. -(으)니까	178	1. 이유 이야기하기	30분	짝	하	〈161, 162쪽〉×학생수/2
48. -(으)ㄹ 거예요	179	1. 문장 만들기	40분	짝	하	〈163쪽〉×학생수/2, ✂
	180	2. 두 사람의 주간 계획 말하기	40분	짝	중	〈164, 165쪽〉×학생수/2
	181	3. 100년 후의 우리 생활 이야기하기	50분	전체	상	〈166쪽〉×학생수
49. -(으)ㄹ게요	183	1. 약속하기	30분	짝	하	〈167쪽〉×학생수
	184	2. 대화 만들기	30분	짝	중	〈168쪽〉×학생수/2, ✂
50. -(으)ㄹ까요? -(으)ㅂ시다	186	1. 쉬는 날 약속 정하기	30분	짝	중	〈169, 170쪽〉×학생수/2
-(으)ㄹ 거예요	187	2. 상상하여 이야기하기	50분	짝	중	〈171쪽〉×학생수/2
51. -(으)ㄹ 때	189	1. 상황에 따른 감정 말하기	40분	짝	하	〈172쪽〉×학생수
	190	2. 생활 용품 용도 말하기	40분	짝	중	〈173쪽〉×학생수
	191	3. 물건들의 사용 용도 말하기	30분	짝	중	〈174쪽〉×학생수
52. -(으)ㄹ 줄 알다/모르다	192	1. 재능 많은 친구 찾기	40분	짝	하	〈175쪽〉×학생수
53. -(으)ㄹ지 모르겠다	195	1. 상황에 맞는 대화 만들기	30분	짝	하	〈176쪽〉×학생수/2
	196	2. 역할극하기	50분	그룹	중	〈177쪽〉×학생수/3, ✂
54. -(으)ㄹ 테니까	198	1. 깜짝 파티 준비하기	30분	짝	하	〈178쪽〉×학생수
	199	2. 문장 바르게 완성하기	30분	짝	중	〈179쪽〉×학생수
	200	3. 친구 격려하기	40분	전체	중	〈180쪽〉×학생수/2, ✂
55. -(으)ㄹ 텐데	202	1. 도움이 필요한지 묻기	50분	짝	하	〈181쪽〉×학생수
	203	2. 걱정하는 마음 말하기	50분	전체	중	〈182, 183쪽〉×학생수/2
	204	3. 오류 수정하기 게임	40분	짝	상	〈184쪽〉×학생수
56. -(으)려고	206	1. 빈칸 채워 문장 완성하기	30분	짝	하	〈185쪽〉×학생수
	207	2. 오류 수정하기 게임	40분	짝	상	〈186쪽〉×학생수
57. -(으)려고 하다	208	1. 인생 계획 발표하기	40분	전체	하	〈187쪽〉×학생수
58. -(으)려면	210	1. 조언 구하기	40분	짝	하	〈188쪽〉×학생수
	211	2. 질문 만들기	40분	짝	상	〈189쪽〉×학생수
59. -(으)로	213	1. 질문에 답하기	40분	짝	하	〈190쪽〉×학생수
	214	2. 생활 수단 말하기	30분	짝	중	〈191쪽〉×학생수/2, ✂
60. -(으)면	217	1. 인터뷰하기	40분	짝	하	〈192쪽〉×학생수
	217	2. 문장 완성하기	50분	짝	중	〈193, 194쪽〉×학생수/2
	218	3. 희망 사항 말하기	40분	그룹	중	〈195, 196쪽〉×학생수/6, ✂
61. -(으)면서	220	1. 그림 보고 이야기하기	30분	짝	하	〈197쪽〉×학생수
	221	2. 두 가지 행동 동시에 하기	40분	짝	하	〈198쪽〉×학생수/2
	222	3. 인터뷰하기	50분	짝	하	〈199쪽〉×학생수

교사 지침서		활동지				
문법 항목	쪽	활동	시간	구성	난이도	준비
62. -(으)세요/-지 마세요	223	1. 표지 읽기	30분	짝	하	〈200쪽〉×학생수
	224	2. 명령하기	40분	짝	중	〈201, 202쪽〉×학생수/2
	225	3. 조언하기	40분	전체	상	〈203쪽〉×학생수
63. 의	226	1. 소지품 주인 말하기	40분	짝	하	교사, 학생의 소지품 20개 정도
	227	2. 가계도 그리고 소개하기	40분	개인	중	〈204쪽〉×학생수
	228	3. 가계도 완성하기	40분	짝	상	〈205쪽〉×학생수/2
64. 의문사	229	1. 질문하여 다른 그림 찾기	30분	짝	하	〈206쪽〉×학생수/2, ✂
	230	2. 신상 확인하기	40분	짝	하	〈207쪽〉×학생수/2, ✂
	231	3. 반 친구들 연락처 만들기	50분	전체	하	〈208쪽〉×학생수
	232	4. 친구의 취향 확인하기	30분	짝	하	〈209쪽〉×학생수
65. 이/가 있다, 없다	233	1. 기억력 테스트	30분	짝	하	〈210, 211쪽〉×학생수/2
	234	2. 다른 것 찾기	30분	짝	하	〈212쪽〉×학생수/2, ✂
	235	3. 하숙집 정보 묻기	30분	짝	중	〈213, 214쪽〉×학생수/2
66. 이/가 형용사	236	1. '어때요?' 게임	30분	그룹	하	없음
	237	2. 틀린 문장 찾기	50분	짝	중	〈215쪽〉×학생수
	238	3. 의견 말하기	50분	짝	상	〈216쪽〉×학생수
67. 이, 그, 저	239	1. 물건 이름 말하기	50분	짝	하	메모지
68. 전에/후에	241	1. 카드 보고 이야기 만들기	50분	짝	하	〈217쪽〉×학생수/2, ✂
	242	2. 하루 일과 이야기하기	50분	짝	중	〈218쪽〉×학생수, ✂
	243	3. 여행 일정 이야기하기	40분	짝	상	〈219, 220쪽〉×학생수/2
69. 접속사: 그리고/그래서/그렇지만/그러면/그런데/그러니까	244	1. 두 문장 연결하기	40분	짝	하	〈221, 222쪽〉×학생수/2, ✂
	245	2. 문장 이어 말하기	40분	전체	중	없음
70. 중	247	1. 마임	40분	전체	하	〈223쪽〉×1, ✂
	248	2. 알림 문패 만들기	30분	개인	하	〈224쪽〉×학생수, 고리, 펀치, 가위
71. -중에서 제일/가장	249	1. 친구 취향 알아내기	30분	개인	하	〈225쪽〉×학생수
	250	2. 퀴즈	30분	그룹	중	〈226쪽〉×학생수/3~4,세계 지도
	251	3. 기네스북 읽고 문장 완성하기	30분	짝	중	〈227, 228, 229쪽〉×학생수
72. -지만	253	1. 문장 만들기	40분	짝	하	〈230쪽〉×학생수/2, ✂
	254	2. 한국 생활 이야기하기	50분	짝	하	〈231쪽〉×학생수
73. -지요?	256	1. 기억 확인하기	40분	전체	하	〈232쪽〉×학생수

상훈 : 어제 동대문 운동장에서 쇼핑을 했어요.

토미 : 오늘 날씨가 덥지요?

제인 : 박물관에서 사진을 찍지 마세요.

히사코 : 수업 끝나고 저와 같이 도서관에 갑시다.

지영 : 김 선생님을 아세요?

왕란 : 저 분이 지영 씨의 어머니예요.

제임스 : 배로 보내면 두 달이 걸려요.

윤정 : 집에서 학교까지 걸어서 얼마나 걸려요?

미가 : 이것은 제 할머니의 옷이었어요.

에르카 : 늦어서 죄송합니다.

유리 : 저는 2시에 영화를 보러 갈 거예요.

명명 : 어디 아프세요?

수진 : 버스를 잘못 타서 학교에 늦었어요.

유경 : 이번 방학에는 고향에 가려고 해요.

승찬 : 이 책은 너무 어려워서 못 읽겠어요.

미카 : 지금 비가 와요.

미영 : 사전 좀 빌려 주세요.

효린 : 선물 너무 고마워요.

정현 : 조용히 하세요!

〈활동지 A〉

여러분은 길이나 교실 밖에서 다음과 같은 포스터를 본 적이 있습니까? 다음 행사는 언제, 어디에서, 무엇을 합니까? 친구들에게 **'간접인용'** 을 사용하여 질문하고 포스터를 완성하십시오.

㉮ 

봄 소풍

언제? : 4월 5일

어디로? : ______________

누구와? : 반 친구들 모두

얼마? : ______________원

가져가야 할 것: 모자, 선글라스

주의: 1. 음식은 ____에서 준비합니다.

2. 9시까지 꼭 오세요.

3. 버스는 ____시에 출발합니다.

전화번호 : 010-232-4568

㉯ 

외국인 말하기 대회

장소 : 한국대학교 운동장

일시 : ___월 ___일 월요일

시간 : 10 시

등록 기간 : ___월 ___일 ~ ___월 ___일

연락처 : (02) 356-3075

선물 : 1등(1명) : ________

2등(2명) : 디지털 카메라

3등(3명) : MP3

준비물 : ______________, 연필

㉰ 

하숙집을 찾고 있습니까?

- 특징: 1. 텔레비전과 세탁기가 있습니다.
  2. __________이/가 가깝습니다.
  3. 방이 깨끗합니다.
  4. 식사가 ______________.
- 월세 : 35만원
- 연락처 : (　) ____ - ____
- 위치 : 한국대역 1번 출구

㉱ 

음악회

날짜 : 2009년 12월 3일

시간 : __________시

장소 : 국립 극장

공연 내용 : __________

특징 : 1. 유명한 판소리를 들을 수 있습니다.

2. 공연 후에 ______ 을/를 드립니다.

주의 : 1. 어린이는 들어 올 수 없습니다.

2. _____ 을/를 먹을 수 없습니다.

3. 자동차를 가져 오지 마십시오.

〈활동지 B〉

여러분은 길이나 교실 밖에서 다음과 같은 포스터를 본 적이 있습니까? 다음 행사는 언제, 어디에서, 무엇을 합니까? 친구들에게 **'간접인용'** 을 사용하여 질문하고 포스터를 완성하십시오.

㉮

봄 소풍

언제? : ___월 ___일

어디로? : 남산

누구와? : ____________________

얼마? : 10,000원

가져가야 할 것 : _____ , __________

주의: 1. 음식은 학교에서 준비합니다.

2. __시까지 꼭 오세요.

3. 버스는 9시에 출발합니다.

전화번호 : ____________

㉯

외국인 말하기 대회

장소 : ______________

일시 : 10월 10일 ____ 요일

시간 : ______시

등록 기간 : 5월 25일 - 6월 6일

연락처 : (   )   - ________

선물: 1등(1명) : 컴퓨터

2등(2명) : ______________

3등(3명) : ______________

준비물 : 외국인 등록증, ________

㉰

하숙집을 찾고 있습니까?

● 특징 : 1. _____와/과_____이/가 있습니다.

2. 지하철이 가깝습니다.

3. 방이 ____________________

4. 식사가 맛있습니다.

● 월세 : ______________ 원

● 연락처 : (02) 778-7646

● 위치 : 한국대역 ___번 출구

㉱

음악회

날짜 : _____년 _____월 _____일

시간 : 저녁 5시

장소 : ______________________________

공연 : 한국 전통 음악

특징 : 1. ___________을/를 들을 수 있습니다.

2. 공연 후에 기념품을 드립니다.

주의 : 1. _______ 은/는 들어 올 수 없습니다.

2. 음식을 먹을 수 없습니다.

3. _______ 을/를 가져오지 마십시오.

〈활동지 A〉

다음 이야기는 어떤 이야기일까요? 이야기를 잘 보고 친구들에게 **'간접인용'** 을 사용하여 이야기해 보십시오.

㉮

㉯

〈활동지 B〉

다음 이야기는 어떤 이야기일까요? 이야기를 잘 보고 친구들에게 **'간접인용'** 을 사용하여 이야기해 보십시오.

㉮

㉯

다음 이야기는 어떤 이야기일까요? 친구와 같이 이야기를 만들고 다른 친구에게 **'간접인용'** 으로 말해 보십시오.

〈활동지A〉

다음과 같은 상황의 친구는 누구입니까? 그 친구를 찾으십시오. 그리고 그 이유를 질문해 보십시오. 친구가 질문을 하면 대답을 하고, 그 이유를 **'-거든요'** 를 사용하여 답하십시오.

가 : 수미 씨, **한국어를 배웁니까?**
나 : 아니요, 배우지 않습니다.

가 : 미미 씨, **한국어를 배웁니까?**
나 : 네, 배웁니다.

가 : 왜 한국어를 배웁니까?
나 : 대학에 가야 **하거든요.**

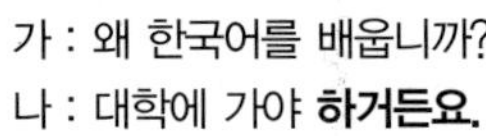

1. 한국어를 배우는 친구 　　　　이름 : ______________

   이유 : ____

2. 주말에 쇼핑을 하는 친구 　　　　이름 : ______________

   이유 : ____

3. 한국 영화를 좋아하는 친구 　　　　이름 : ______________

   이유 : ____

4. 커피를 좋아하는 친구 　　　　이름 : ______________

   이유 : ____

5. 오늘 수업에 일찍 온 친구 　　　　이름 : ______________

   이유 : ____

6. 과일을 좋아하는 친구 　　　　이름 : ______________

   이유 : ____

〈활동지 B〉

다음과 같은 상황의 친구는 누구입니까? 그 친구를 찾으십시오. 그리고 그 이유를 질문해 보십시오. 친구가 질문을 하면 대답을 하고, 그 이유를 **'-거든요'** 를 사용하여 답하십시오.

가 : 수미 씨, **한국어를 배웁니까?**
나 : 아니요, 배우지 않습니다.

가 : 미미 씨, **한국어를 배웁니까?**
나 : 네, 배웁니다.

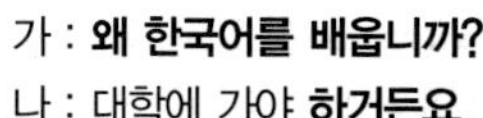

가 : **왜 한국어를 배웁니까?**
나 : 대학에 가야 **하거든요.**

1. 한국어를 배우는 친구 이름 : ____________

   이유 : ____________________________

2. 주말에 친구를 만나는 친구 이름 : ____________

   이유 : ____________________________

3. 한국 노래를 좋아하는 친구 이름 : ____________

   이유 : ____________________________

4. 빵을 좋아하는 친구 이름 : ____________

   이유 : ____________________________

5. 오늘 수업에 늦게 온 친구 이름 : ____________

   이유 : ____________________________

6. 야채를 좋아하는 친구 이름 : ____________

   이유 : ____________________________

다음 사람들은 모두 남자/여자 친구가 없습니다. 어느 남자와 어느 여자가 어울립니까? 또 어느 남자와 어느 여자가 안 어울립니까? 그 이유를 친구들과 **'-거든요'** 를 사용하여 이야기해 봅시다.

이름 : 김상훈 나이 : 25 직업 : 학생 재미있어요. 여행을 좋아해요. 콜라를 좋아해요.	이름 : 박성호 나이 : 27 직업 : 운동선수 운동을 아주 잘해요. 술을 못 마셔요. 노래를 좋아해요.	이름 : 김병욱 나이 : 30 직업 : 회사원 영화를 좋아해요. 아이들를 좋아해요. 취미는 컴퓨터하기예요.	이름 : 최지훈 나이 : 38 직업 : 선생님 친구가 많아요. 등산을 좋아해요. 책을 많이 읽어요.

이름 : 이지혜 나이 : 23 직업 : 학생 조용한 성격이에요. 여행을 좋아해요. 취미가 책읽기예요.	이름 : 김주희 나이 : 26 직업 : 요가 강사 노래와 춤을 좋아해요. 취미는 외국어 공부예요. 친구가 많아요.	이름 : 최희영 나이 : 30 직업 : 회사원 음악을 좋아해요. 아이들을 좋아해요. 취미는 산책하기예요.	이름 : 박수지 나이 : 35 직업 : 의사 운동을 좋아해요. 친구가 많아요. 쇼핑을 좋아해요.

〈활동지A〉

다음 그림을 보고 여러분에게 행동의 변화가 생긴 적이 있습니까? 왜 그런 변화가 생겼습니까? 변화가 왜 생겼는지 추측하고, '**-게 되다**'를 사용하여 이야기를 만들어 봅시다.

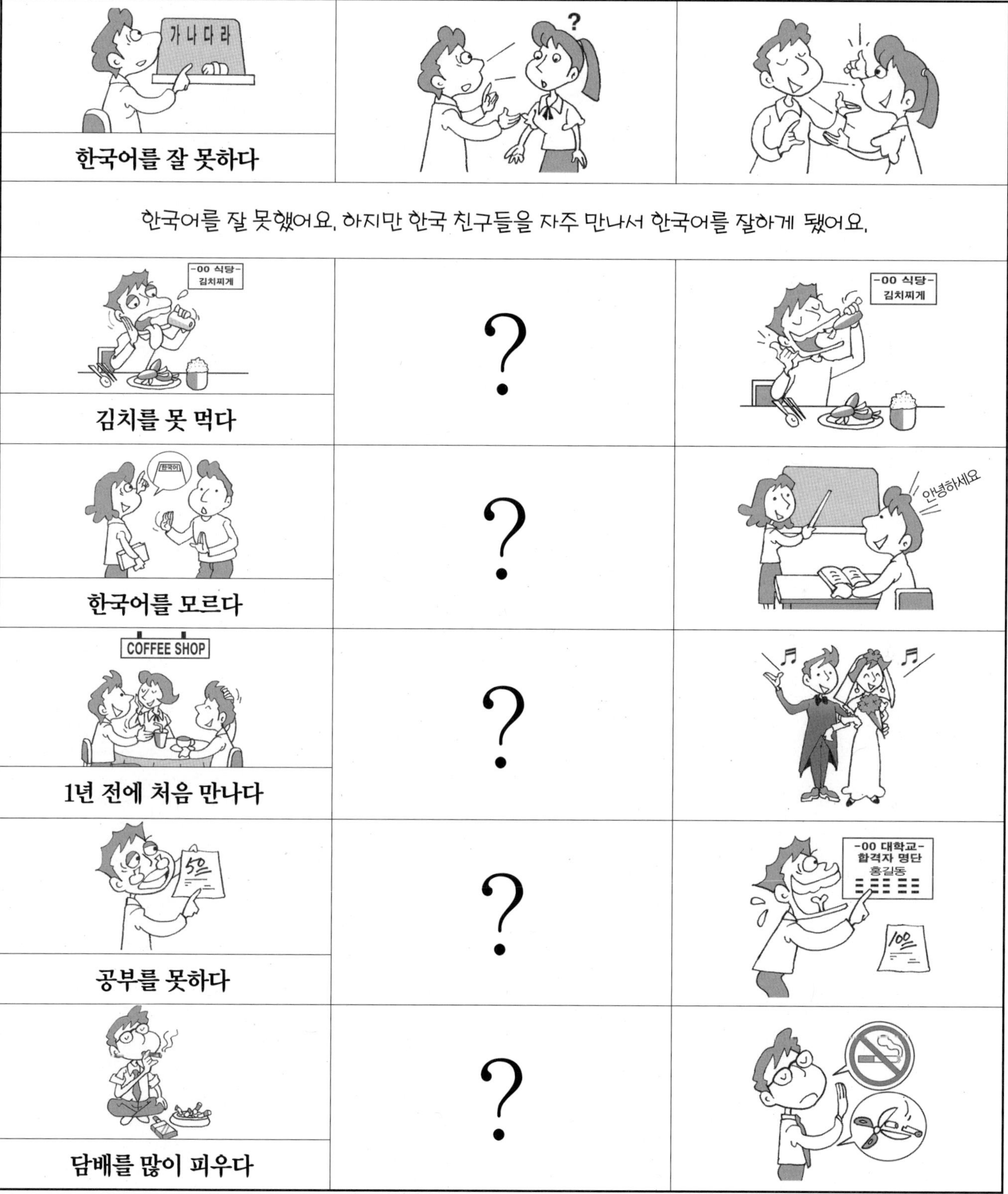

한국어를 잘 못하다		
한국어를 잘 못했어요. 하지만 한국 친구들을 자주 만나서 한국어를 잘하게 됐어요.		
김치를 못 먹다	?	
한국어를 모르다	?	
1년 전에 처음 만나다	?	
공부를 못하다	?	
담배를 많이 피우다	?	

〈활동지 B〉

다음 그림을 보고 여러분에게 행동의 변화가 생긴 적이 있습니까? 왜 그런 변화가 생겼습니까? 변화가 왜 생겼는지 추측하고, **'-게 되다'** 를 사용하여 이야기를 만들어 봅시다.

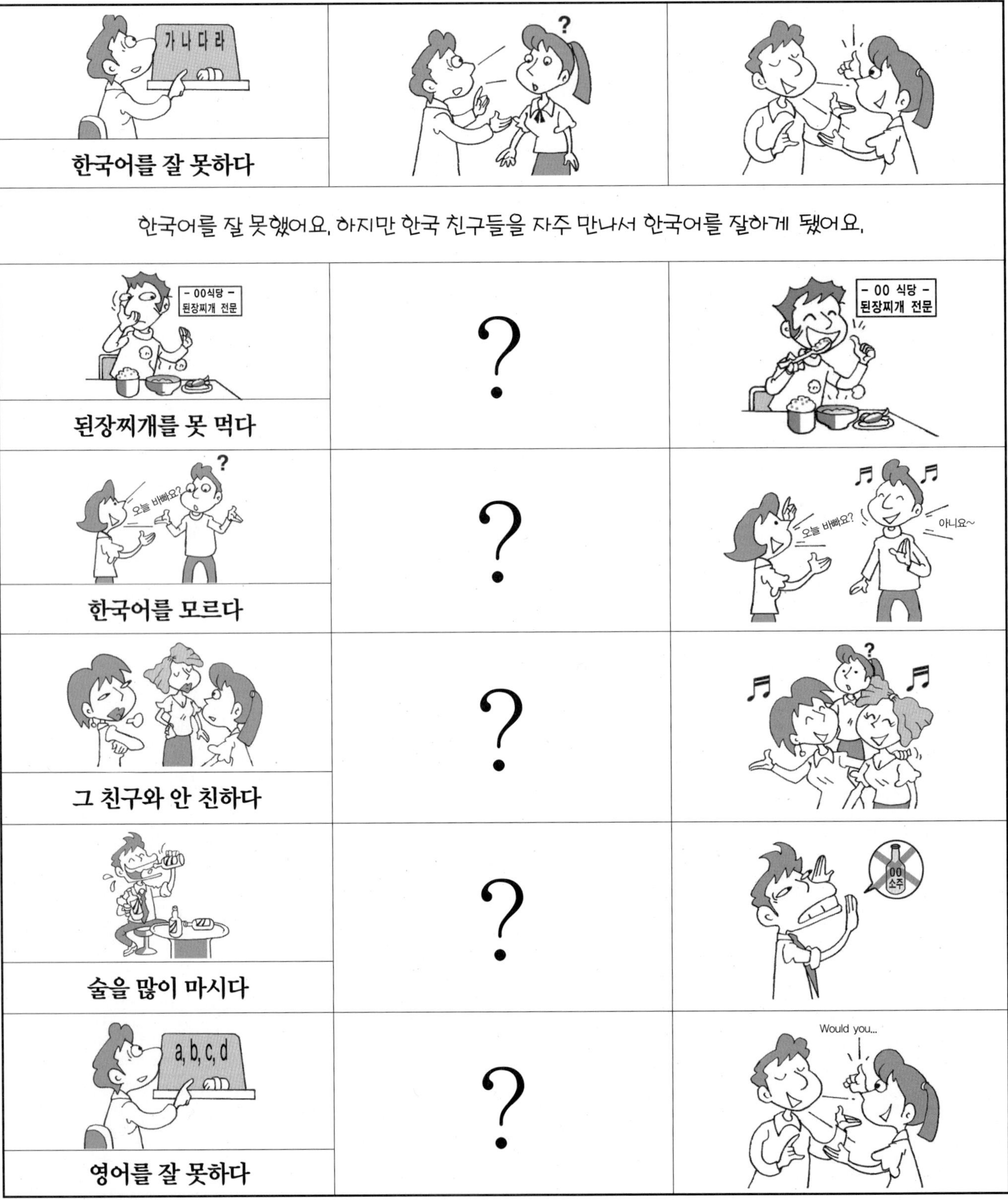

혼자 살아요? 언제부터 혼자/같이 살게 되었어요?
한국어로 컴퓨터를 할 수 있어요? 언제부터 할 수 있게 됐어요?
언제부터 한국어를 배우게 되었어요?
언제부터 _______ 씨를 알게 되었어요?
한국 친구가 있어요? 그 친구를 어떻게 알게 됐어요?
한국 회사에 다니는 친구 있어요? 어떻게 거기에서 일하게 되었어요?
어떻게 한국에 오게 되었어요?
어떻게 이 학교에 오게 됐어요?
언제 처음 김치를 먹었어요? 어떻게 먹게 됐어요?
어떻게 한국말을 잘하게 되었어요?
한국 친구가 있어요? 어떻게 만나게 됐어요?
좋아하는 한국 가수가 있어요? 왜 좋아하게 되었어요?
취미가 뭐예요? 언제부터 그것을 하게 되었어요?
어떤 운동을 할 수 있어요? 언제부터 그 운동을 하게 되었어요?
좋아하는 영화가 있어요? 왜 좋아하게 됐어요?
언제 처음 혼자 여행을 했어요? 그 여행을 왜 하게 됐어요?
언제 처음 한국 식당에 갔어요? 왜 가게 됐어요?
좋아하는 한국 배우가 있어요? 그 배우를 어떻게 알게 됐어요?

여러분의 생활에는 지금까지 어떤 변화가 있었습니까? 친구들과 다음의 상황에서 어떤 변화들이 있었는지를 '**-게 되다**' 를 사용하여 이야기해 봅시다.

한국 생활

한국에 오기 전	한국에 온 후
예) 매운 음식을 못 먹었는데	매운 음식을 좋아하**게 되었어요.**
________________	________________
________________	________________
________________	________________
________________	________________

여러분의 생활에는 지금까지 어떤 변화가 있었습니까? 친구들과 다음의 상황에서 어떤 변화들이 있었는지를 '**-게 되다**' 를 사용하여 이야기해 봅시다.

남자/여자 친구

________씨를 사귀기 전	________씨를 사귄 후
예) 코미디 영화를 좋아했는데	공포 영화를 좋아하**게 되었어요.**
________________	________________
________________	________________
________________	________________
________________	________________

여러분의 생활에는 지금까지 어떤 변화가 있었습니까? 친구들과 다음의 상황에서 어떤 변화들이 있었는지를 **'-게 되다'** 를 사용하여 이야기해 봅시다.

20세

20세가 되기 전	20세가 된 후
예) 부모님한테 용돈을 받았는데	용돈을 안 받**게 되었어요.**

여러분의 생활에는 지금까지 어떤 변화가 있었습니까? 친구들과 다음의 상황에서 어떤 변화들이 있었는지를 **'-게 되다'** 를 사용하여 이야기해 봅시다.

학교 생활

학교에 다니기 전	학교에 다닌 후
예) 한국어를 몰랐는데	한국어를 알**게 되었어요.**

〈활동지 A〉

㉮ 여러분은 일기예보를 하는 기상 캐스터입니다. 다음 일기예보를 만들고, 기상 캐스터가 되어 **'-겠-'** 을 사용하여 내일의 날씨를 보도하십시오.

① 맑다	② 흐리다	③ 비가 오다	④ 바람이 불다	⑤ 눈이 오다

안녕하십니까? 내일의 날씨를 알려 드리겠습니다. 먼저 서울과 경기도의 날씨입니다. 서울은 ________고, 경기도는 ________. 강원도는 ________. 충청도 날씨입니다. 충청북도는 ________고, 충청남도는________. 전라도 날씨입니다. 전라북도는 ________고, 전라남도는 ________. 경상도는 경상북도와 경상남도 모두 ________. 제주도는 ________.

㉯ 일기예보를 잘 듣고 일기예보 기상도를 그리십시오.

① 맑다	② 흐리다	③ 비가 오다	④ 바람이 불다	⑤ 눈이 오다

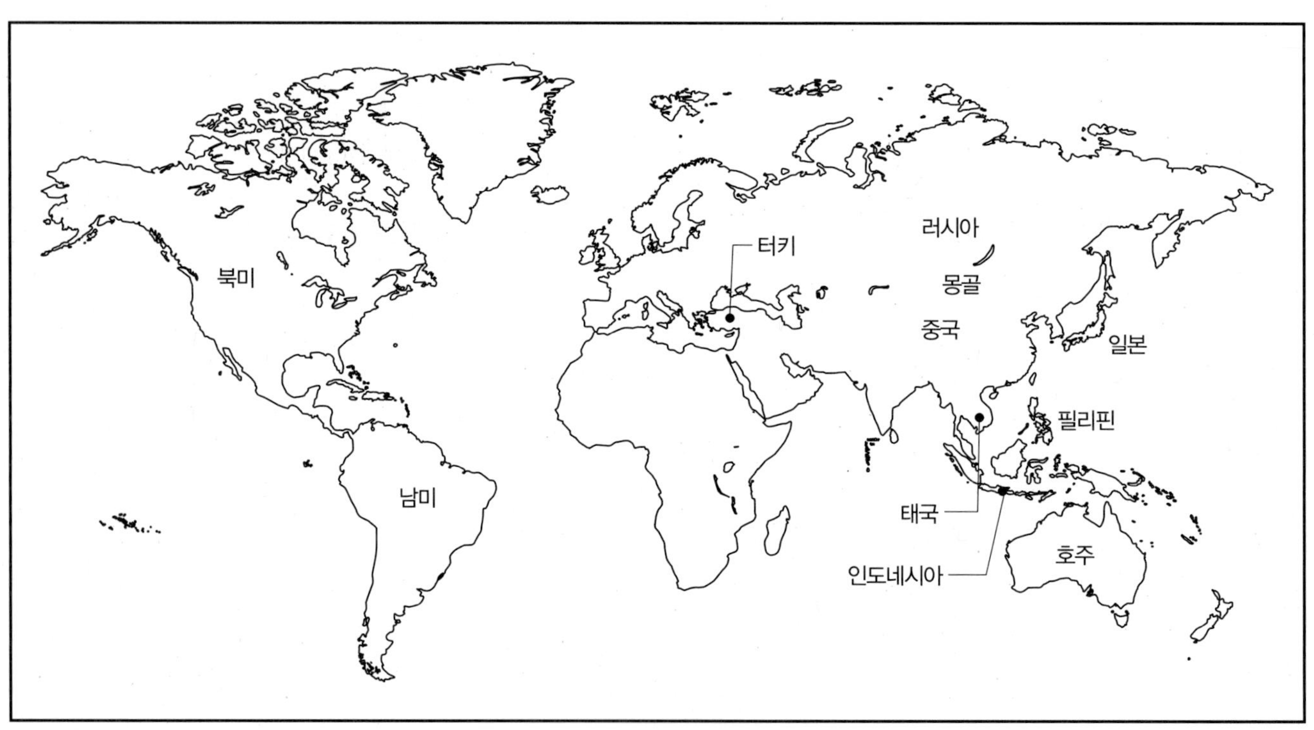

〈활동지 B〉

㉮ 일기예보를 잘 듣고 일기예보 기상도를 그리십시오.

① 맑다	② 흐리다	③ 비가 오다	④ 바람이 불다	⑤ 눈이 오다

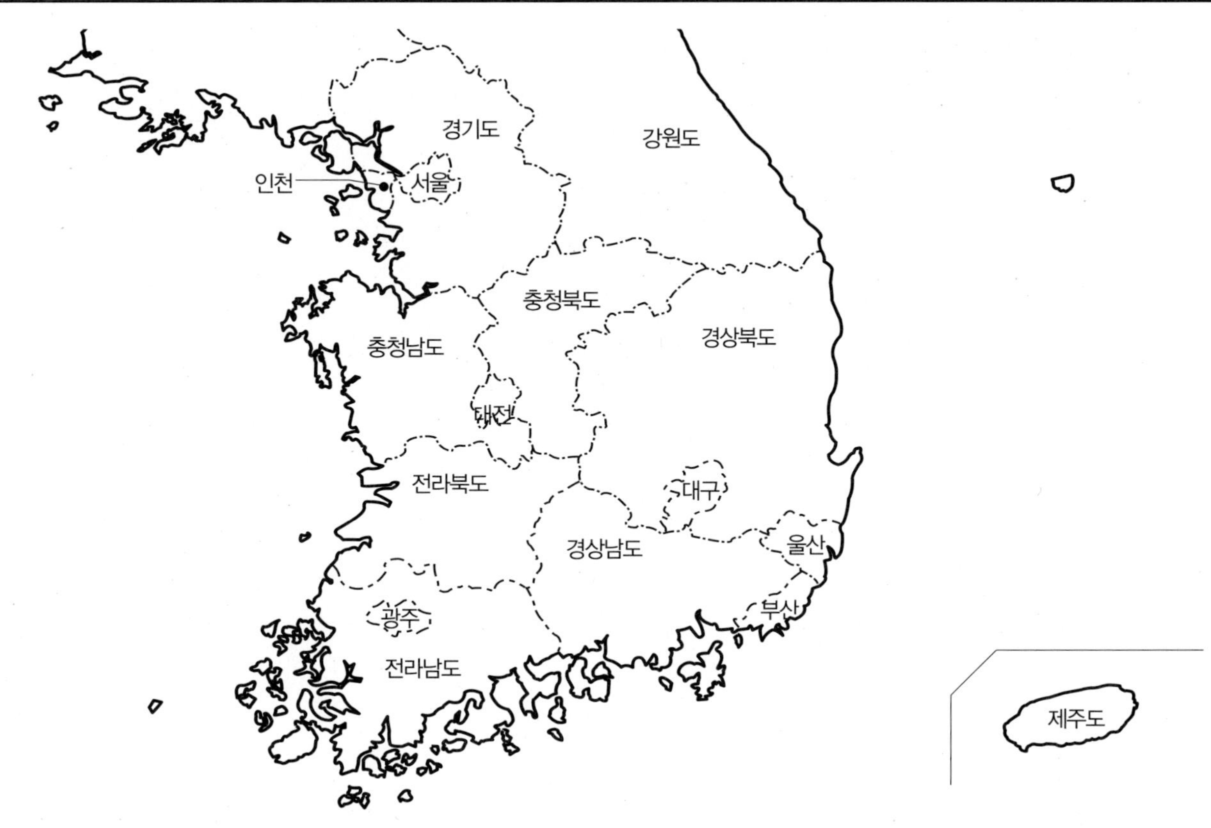

㉯ 여러분은 일기예보를 하는 기상 캐스터입니다. 다음 일기예보를 만들고, 기상 캐스터가 되어 **'-겠-'** 을 사용하여 내일의 날씨를 보도하십시오.

① 맑다 ② 흐리다 ③ 비가 오다 ④ 바람이 불다 ⑤ 눈이 오다

안녕하십니까? 내일의 세계 날씨를 알려 드리겠습니다. 러시아와 몽골은 ＿＿＿＿＿, 중국은 ＿＿＿＿＿, 일본은 ＿＿＿＿＿고, 필리핀은 ＿＿＿＿＿, 인도네시아는 ＿＿＿＿＿, 호주는 ＿＿＿＿＿, 북미지역은 ＿＿＿＿＿고, 남미지역은 ＿＿＿＿＿.

여러분은 다른 사람의 마음이나 감정을 추측하여 이야기해 본 적이 있습니까?
다음 친구의 상황을 듣고 **'-겠-'** 을 사용하여 친구의 마음을 추측하여 이야기해 보십시오.

바쁘다 힘들다 시간이 많다 행복하다 기쁘다 즐겁다 슬프다 화가 나다
피곤하다 걱정이다 귀엽다 배가 고프다 배가 부르다 스트레스를 받다

〈활동지 A〉

다음은 수진 씨의 일주일입니다. 수진 씨는 월요일부터 일요일까지 어디에서 무엇을 합니까? 친구와 이야기하며 수진 씨의 일과표를 완성해 보십시오. **'-고'** 를 사용하여 이야기하십시오.

	월	화	수	목	금	토	일
오전							
오후							

〈활동지 B〉

다음은 수진 씨의 일주일입니다. 수진 씨는 월요일부터 일요일까지 어디에서 무엇을 합니까? 친구와 이야기하며 수진 씨의 일과표를 완성해 보십시오. **'-고'** 를 사용하여 이야기하십시오.

	월	화	수	목	금	토	일
오전							
오후							

여러분은 하루를 어떻게 보냅니까? 여러분이 하는 일들을 고르십시오. 그리고 순서대로 번호를 쓰십시오. 친구들에게 **'-고 나서'** 를 사용하여 나의 하루를 이야기해 주십시오.

다음과 같은 일을 한 친구는 누구입니까 ? 다음과 같은 일을 한 친구를 **'-고 나서'** 를 사용하여 찾아보십시오.

가 : 유진 씨, 어제 학교 **끝나고 나서** 도서관에 갔어요?
나 : 아니요, 도서관에 **가지 않았어요.**

가 : 미미 씨, 어제 학교 **끝나고 나서** 도서관에 갔어요?
나 : 네, 어제 **학교 끝나고 나서 도서관에 갔어요.**

1. 어제 학교가 끝나다 → 집에 가다 _______ 씨	2. 어제 점심을 먹다 → 친구를 만나다 _______ 씨	3. 지난 주말에 점심을 먹다 → 커피를 마시다 _______ 씨	4. 어제 친구를 만나다 → 쇼핑을 하다 _______ 씨	5. 지난주에 청소를 하다 → 빨래를 하다 _______ 씨
6. 어제 샤워를 하다 → 자다 _______ 씨	7. 주말에 음식을 만들다 → 설거지를 안 하다 _______ 씨	8. 어제 손을 씻다 → 밥을 먹다 _______ 씨	9. 어제 저녁 밥을 먹다 → 공부를 하다 _______ 씨	10. 어제 한국어 숙제를 하다 → 컴퓨터를 하다 _______ 씨
11. 지난주에 운동을 하다 → 샤워를 하다 _______ 씨	12. 어제 밥을 먹다 → 이를 닦다 _______ 씨	13. 아침에 샤워를 하다 → 학교에 오다 _______ 씨	14. 지난 주에 영화를 보다 → 밥을 먹다 _______ 씨	15. 지난주에 저녁을 먹다 → 텔레비전을 보다 _______ 씨

여러분은 여러분만의 특별한 요리가 있습니까? 친구들에게 나만의 요리 방법을 **'-고 나서'** 를 사용하여 이야기해 주십시오.

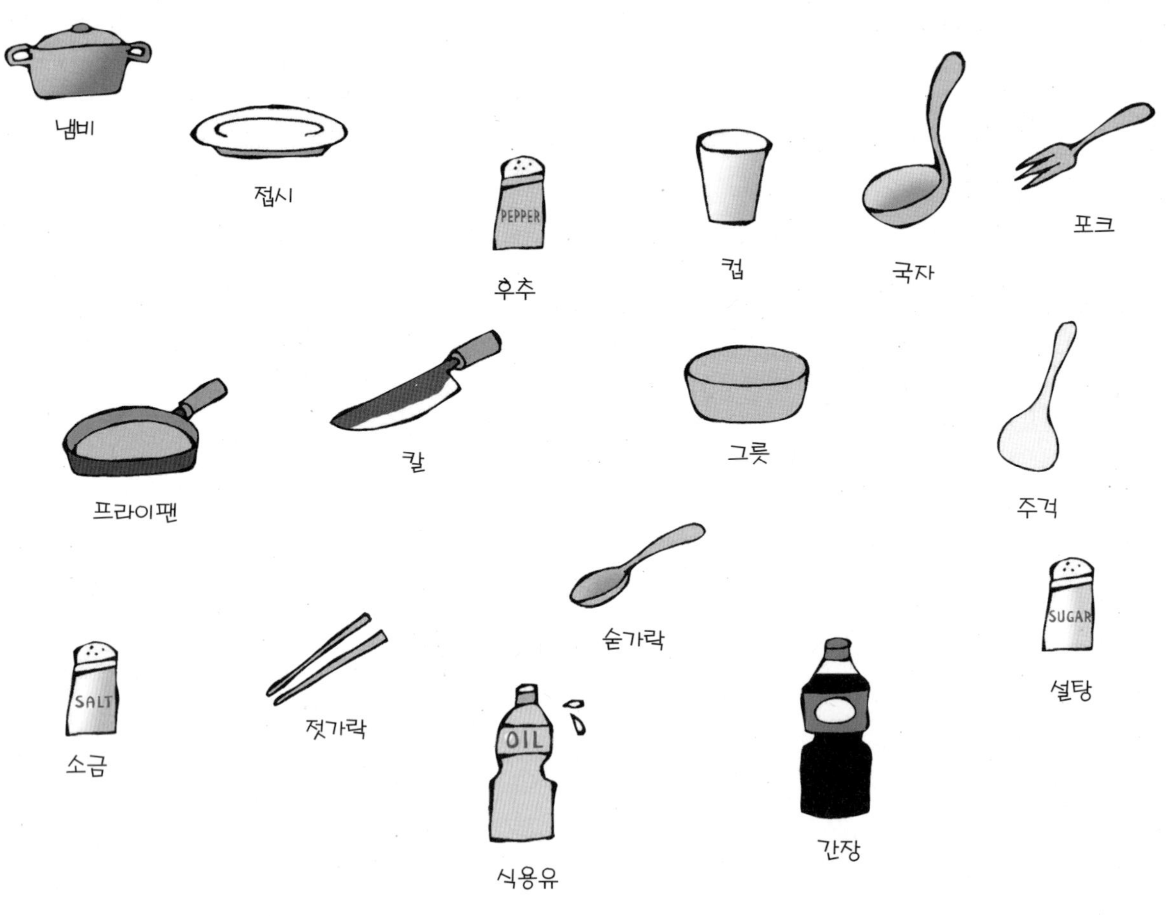

〈요리 방법〉

넣다	끓이다	볶다	굽다
자르다	갈다	튀기다	다지다

< 요리 이름 : >

<요리 그림을 그리거나 사진을 붙이세요!>

재료

요리 순서

다음 그림을 보십시오. 지금 무엇을 하고 싶습니까? **'-고 싶다'** 를 사용하여 말해 보십시오.

여러분은 친구와 계획을 세울 때 서로 생각이 다를 때가 있지요? 다음 표를 보고 내 의견이 다른 사람과 어떻게 다른 지 **'-고 싶다'** 와 **'-고 싶어하다'** 를 사용해 말해 보십시오.

〈주말 계획〉

나	친구
오전 10시 산책 삼계탕 코미디 영화	오후 2시 쇼핑 비빔밥 액션 영화

〈여행 계획〉

나	아내/남편
3일 동안 산 비행기 호텔	5일 동안 바다 기차 한국사람 집(민박)

〈파티 계획〉

나	동생
집 가족 한국음식 떡	식당 친구 프랑스 음식 케이크

〈결혼생활 계획〉

나	아내/남편
아침 - 빵 도시 컴퓨터 둘만	아침 - 밥 시골 3D 텔레비전 부모님과

〈방학 계획〉

나	친구
산 6일 동안 친구들과 자동차	바다 3일 동안 둘만 버스

여러분은 다음과 같은 상황에서 무엇을 하고 싶습니까? 여러분의 생각을 **'-고 싶다'** 를 사용해 말해 보십시오.

상황	이름	이름
50세가 되면 …		
남자/여자 친구가 있으면 …		
결혼하면 …		
고향에 돌아가면 …		
돈이 많으면 …		
첫 사랑을 만나면 …		
10년 전으로 돌아가면 …		
학교를 졸업하면 …		
아이가 있으면 …		
회사 사장이 되면 …		
주말에 날씨가 좋으면 …		
큰 집을 사면 …		
한국어와 영어를 잘하면 …		
주말에 비가 오면 …		
연예인을 만나면 …		

가 : 50세가 되면 **무엇을 하고 싶어요?**
나 : 50세가 되면 **여행을 많이 하고 싶어요.**

〈활동지 A〉

다음 아파트에 사는 사람들은 무엇을 하고 있습니까? 사람들이 무엇을 하고 있는지 **'-고 있다'** 를 사용하여 친구와 이야기하십시오. 그리고 다른 그림을 찾으십시오.

00 APT

수진 수미 미나
철이 환환 마이클
다니엘 에이미 사라
에리카 데이비드 사무엘
미미 하영 호영
에릭 다나카 유경

가 : 수진 씨는 **무엇을 하고 있어요?**
나 : 수진 씨는 **책을 읽고 있어요.**

밥을 먹다	목욕을 하다	음악을 듣다
차를 마시다	담배를 피우다	화장을 하다
요리를 하다	텔레비전을 보다	창문 밖을 보다
신문/책을 읽다	운동을 하다	전화/컴퓨터를 하다
청소/설겆이를 하다	노래를 부르다	편지를 쓰다
세탁을 하다	춤을 추다	잠을 자다

〈활동지 B〉

다음 아파트에 사는 사람들은 무엇을 하고 있습니까? 사람들이 무엇을 하고 있는지 **'-고 있다'** 를 사용하여 친구와 이야기하십시오. 그리고 다른 그림을 찾으십시오.

00 APT

수진	수미	미나
철이	환환	마이클
다니엘	에이미	사라
에리카	데이비드	사무엘
미미	하영	호영
에릭	다나카	유경

가 : 수진 씨는 **무엇을 하고 있어요?**
나 : 수진 씨는 **책을 읽고 있어요.**

밥을 먹다	목욕을 하다	음악을 듣다
차를 마시다	담배를 피우다	화장을 하다
요리를 하다	텔레비전을 보다	창문 밖을 보다
신문/책을 읽다	운동을 하다	전화/컴퓨터를 하다
청소/설겆이를 하다	노래를 부르다	편지를 쓰다
세탁을 하다	춤을 추다	잠을 자다

〈활동지 A〉

다음 그림의 사람들은 무엇을 하고 있습니까? 그림을 보면서 **'-고 있다'** 를 사용하여 친구들과 이야기하십시오. 그리고 친구의 그림과 다른 곳을 찾으십시오.

〈활동지 B〉

다음 그림의 사람들은 무엇을 하고 있습니까? 그림을 보면서 **'-고 있다'** 를 사용하여 친구들과 이야기하십시오. 그리고 친구의 그림과 다른 곳을 찾으십시오.

〈활동지 A〉

다음 사람들은 무엇을 하고 있습니까? 그림 속의 사람들이 무엇을 하고 있는지 **'-고 있다'** 를 사용하여 이야기해 주십시오.

〈활동지 B〉

다음 사람들은 무엇을 하고 있습니까? 그림 속의 사람들이 무엇을 하고 있는지 **'-고 있다'** 를 사용하여 이야기해 주십시오.

여러분은 하루를 어떻게 지냅니까? 무엇을 합니까? **'-기'** 를 사용하여 여러분의 하루 계획표를 만들어 봅시다. 그리고 계획표대로 생활해 봅시다.

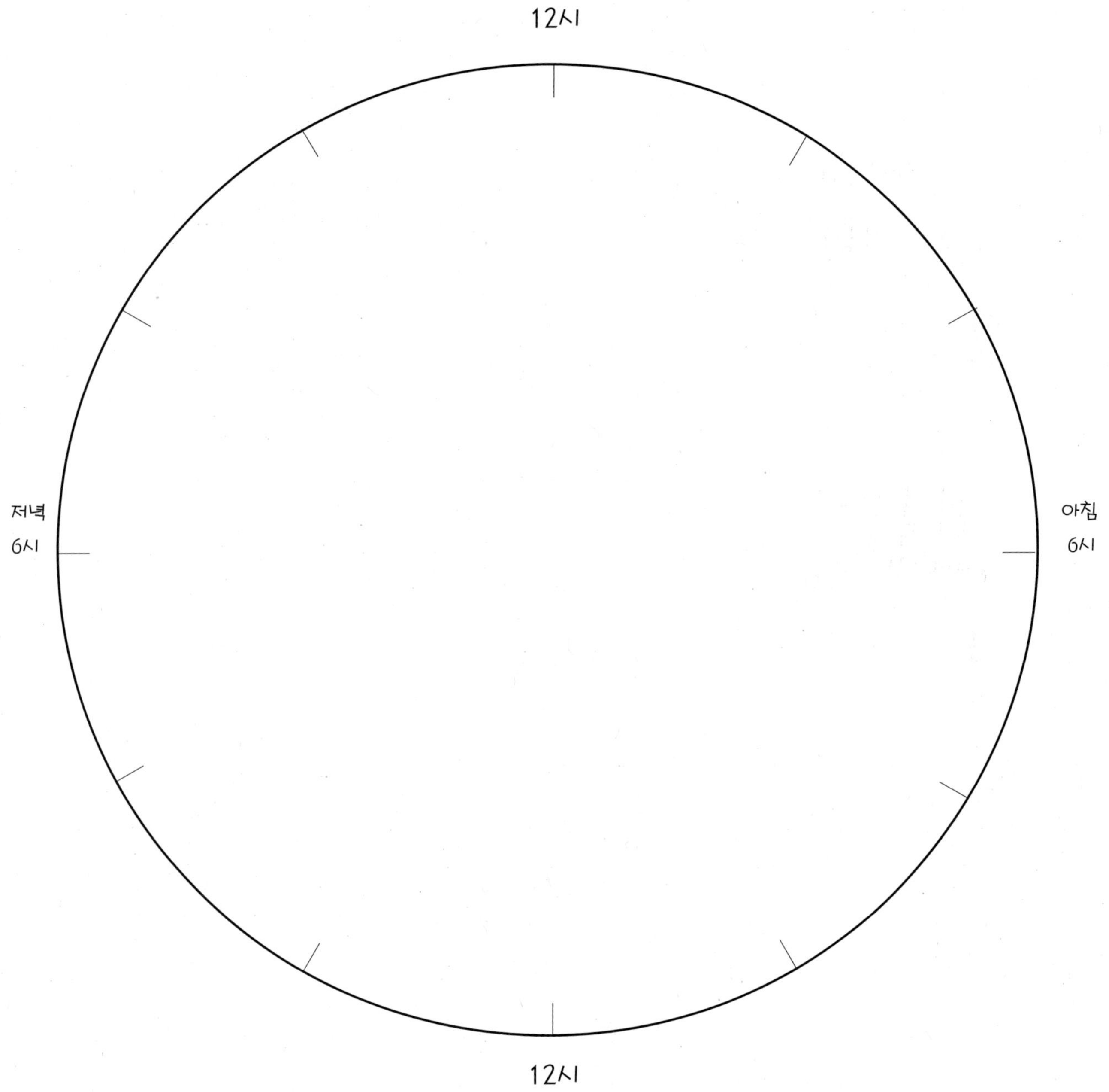

여러분은 아들 '마이클'의 부모입니다. 아래의 그림은 '마이클'의 생활 모습입니다. 그림을 잘 보고 '마이클'이 어떤 아들인지 친구들과 이야기해 봅시다.

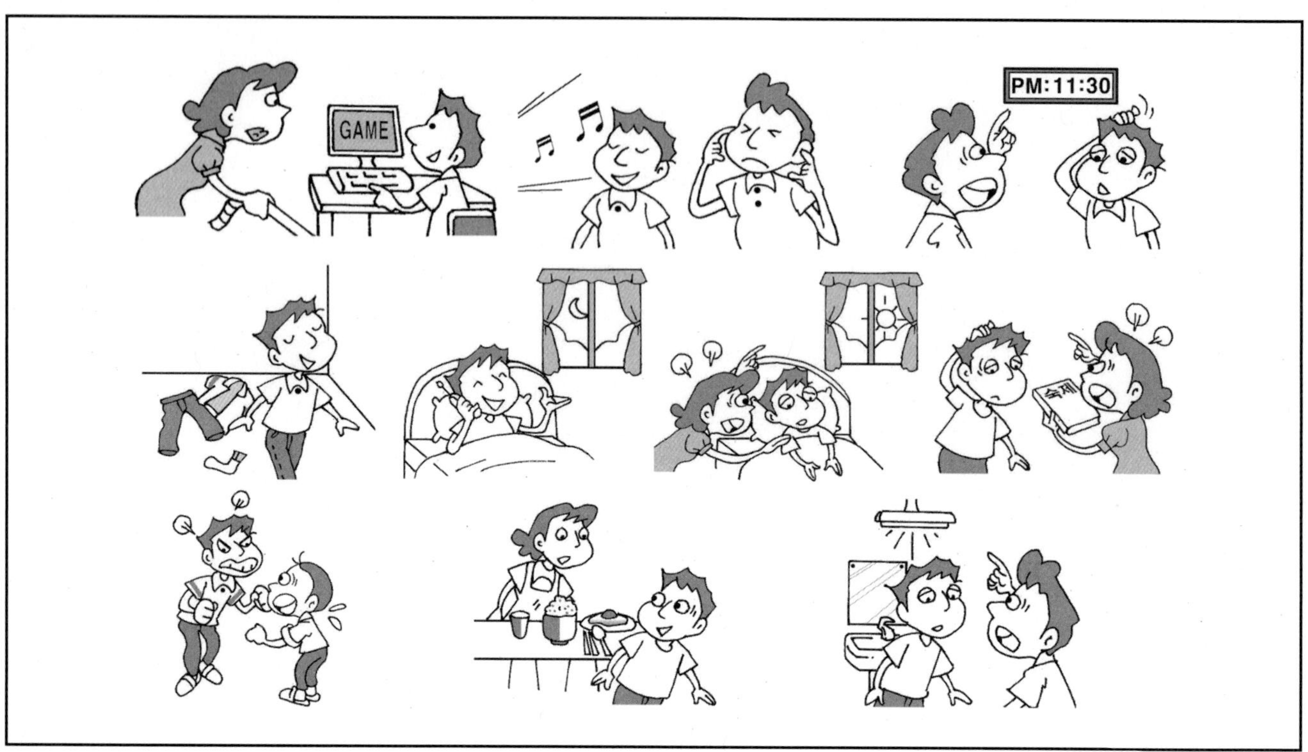

여러분이 마이클의 부모라면 어떻게 하겠습니까? 아들과 함께 잘못된 생활 습관을 고칠 것을 약속하는 '서약'을 '**-기**'를 사용하여 만들어 보십시오.

약속

예) 매일 아침 식사하기.

1.
2.
3.
4.
5.
6.
7.
8.
9.
10.

저는 위의 약속을 꼭 지키겠습니다.

년 월 일

마이클

한국 생활에서 무엇이 좋고 무엇이 불편합니까? **'-기가+형용사'** 를 사용하여 친구들과 이야기해 보십시오.

가 : 한국에서 지하철 **타기가 어때요?**
나 : 한국에서 지하철 **타기가 편해요.**

한국 생활이 어때요?

	어때요?	이름 :	이름 :
교통	버스를 타다	□ 편하다 □ 불편하다	□ 편하다 □ 불편하다
	지하철을 타다	□ 쉽다 □ 어렵다	□ 쉽다 □ 어렵다
	택시를 타다	□ 편하다 □ 불편하다	□ 편하다 □ 불편하다
음식	학생 식당을 이용하다	□ 좋다 □ 나쁘다	□ 좋다 □ 나쁘다
	패스트푸드점을 찾다	□ 쉽다 □ 어렵다	□ 쉽다 □ 어렵다
집	집을 구하다	□ 쉽다 □ 어렵다	□ 쉽다 □ 어렵다
	하숙집/기숙사에서 살다	□ 편하다 □ 불편하다	□ 편하다 □ 불편하다
	인터넷을 사용하다	□ 편하다 □ 불편하다	□ 편하다 □ 불편하다
생활	한국어 공부하다	□ 재미있다 □ 재미없다	□ 재미있다 □ 재미없다
	한국에서 여행하다	□ 편하다 □ 불편하다	□ 편하다 □ 불편하다
	한국 친구를 사귀다	□ 쉽다 □ 어렵다	□ 쉽다 □ 어렵다

여러분은 어떤 생활 습관들이 있습니까? 어떤 좋은 습관과 나쁜 습관이 있습니까? 나쁜 습관은 어떻게 고칠 수 있을까요? **'-기로 하다'** 를 사용하여 결심을 써 봅시다.

나의 생활 습관

	습 관	네 (√)
1	아침에 일찍 일어나요?	
2	술을 안 마셔요?	
3	밥을 천천히 먹어요?	
4	식사 후에 이를 닦아요?	
5	모든 음식을 잘 먹어요?	
6	패스트푸드를 안 먹어요?	
7	과일을 많이 먹어요?	
8	물을 많이 마셔요?	
9	운동을 자주 해요?	
10	매일 아침식사를 해요?	
11	매일 12시 전에 자요?	
12	많이 걸어요?	
13	야채를 많이 먹어요?	
14	담배를 안 피워요?	
15	좋은 생각을 많이 해요?	
	합계	개

12-15개 : 건강한 생활을 하고 있습니다. 계속 지금처럼 생활하세요.
8-11개 : 비교적 건강한 생활을 하고 있습니다. 하지만 조금 더 노력해 보세요.
4-7개 : 건강에 문제가 생기기가 쉽습니다. 생활 습관을 고쳐야 해요.
3개 이하 : 건강에 문제가 있습니다. 생활 습관을 고쳐야 해요.

나의 결심!

(예) 매일 아침식사를 하기로 했어요.

1.
2.
3.
4.
5.

〈활동지 A〉

다음 장소는 어디에 있습니까? 친구에게 질문하십시오. 그리고 친구의 질문에 지도를 보고 답하십시오.

〈장소〉

우체국

대사관

학교

병원

소방서

공원

꽃집

옷가게

서점

은행

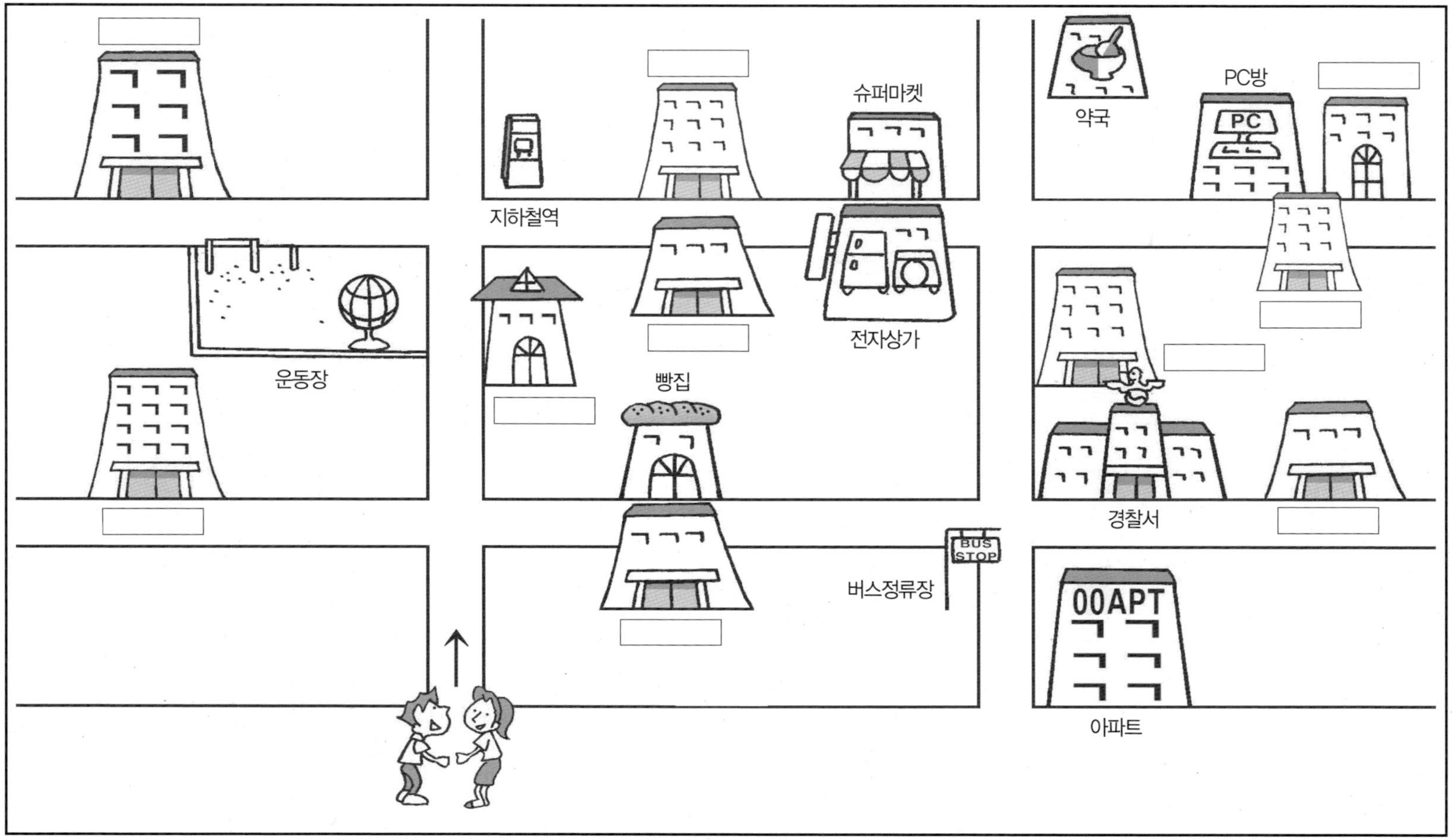

지하철역

슈퍼마켓

약국

PC방

운동장

전자상가

빵집

경찰서

버스정류장

BUS STOP

00APT

아파트

가 : 빵집이 어디에 있어요?

나 : 쭉 가세요. 그리고 첫 번째 사거리에서 오른쪽으로 가세요. 그럼, 왼쪽에 있어요.

〈활동지 B〉

다음 장소는 어디에 있습니까? 친구에게 질문하십시오. 그리고 친구의 질문에 지도를 보고 답하십시오.

<장소>

빵집

슈퍼마켓

경찰서

약국

운동장

전자상가

PC방

지하철역

버스정류장

아파트

다음은 여러분이 가고 싶은 곳과 서울의 지하철입니다. 여러분 주변의 지하철 역이나 출발역을 정하십시오. 여러분이 가고 싶은 곳에 어떻게 가야 하는지 친구에게 물어 보고 친구의 질문에 답하십시오.

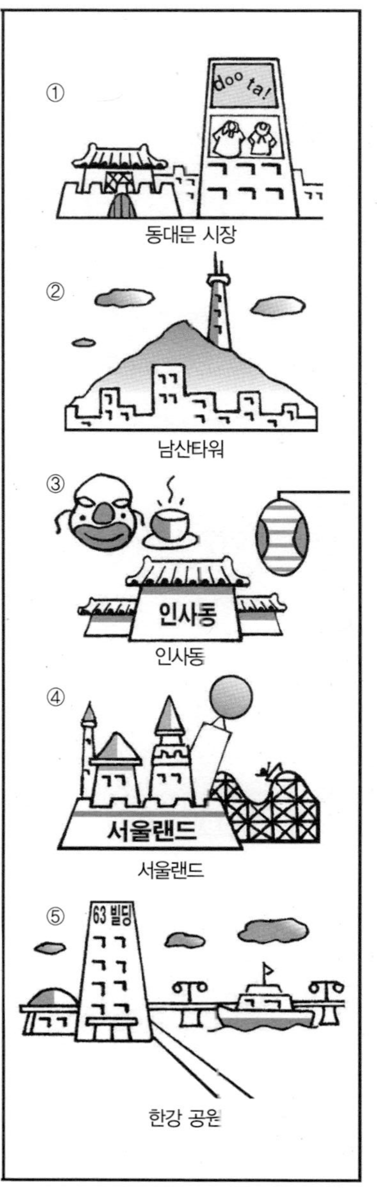

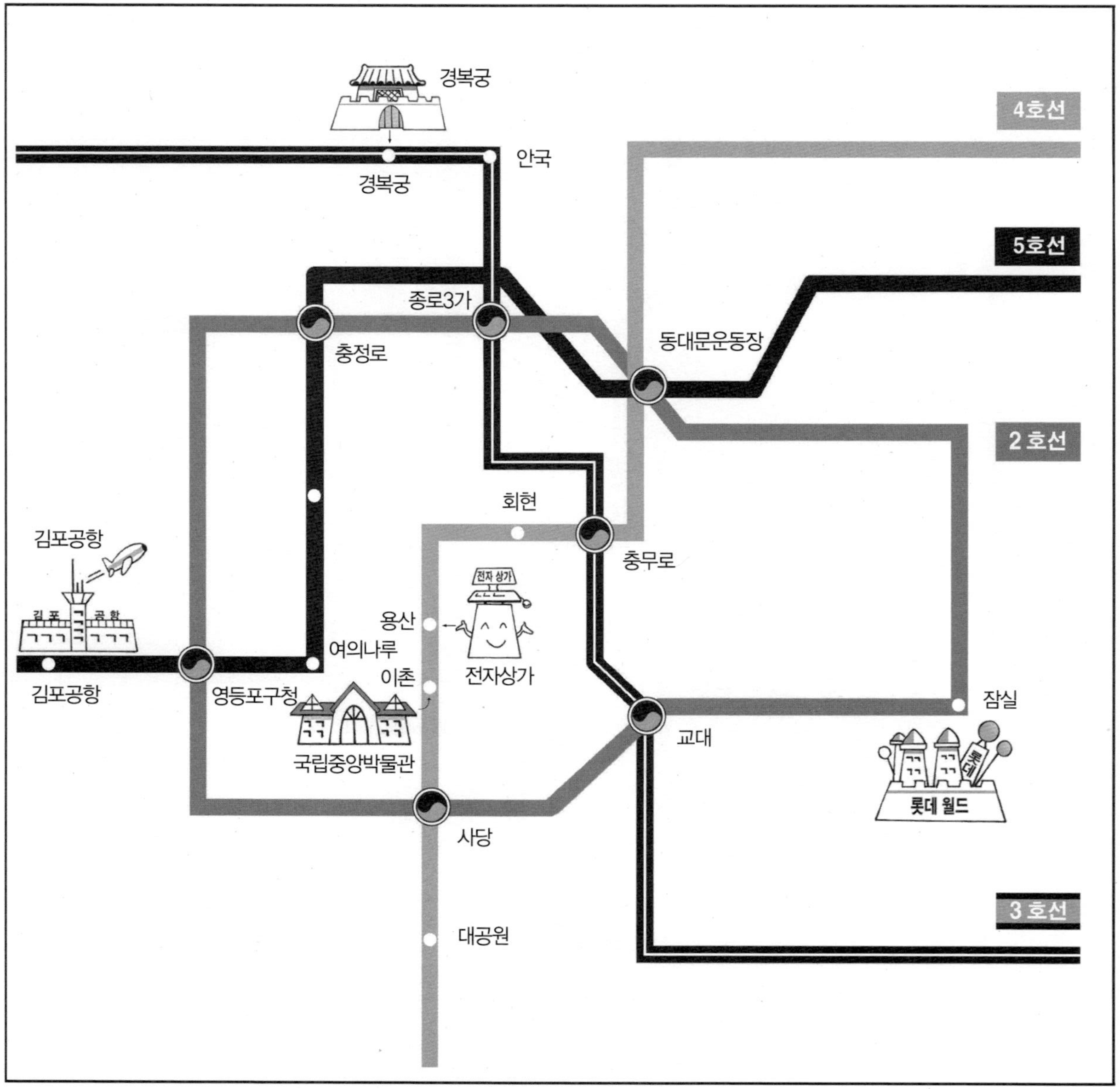

①
동대문 시장
②
남산타워
③
인사동
인사동
④
서울랜드
서울랜드
⑤
63 빌딩
한강 공원

4호선
5호선
2 호선
3 호선
경복궁
경복궁
안국
종로3가
충정로
동대문운동장
회현
충무로
김포공항
김포공항
용산
여의나루
이촌
영등포구청
국립중앙박물관
전자상가
전자상가
교대
잠실
롯데 월드
사당
대공원

다음은 여러분이 가고 싶은 곳과 서울의 지하철입니다. 여러분 주변의 지하철 역이나 출발역을 정하십시오. 여러분이 가고 싶은 곳에 어떻게 가야 하는지 친구에게 물어 보고 친구의 질문에 답하십시오.

①
롯데
롯데 월드
롯데월드

②
경복궁

③
국립 중앙 박물관
국립중앙박물관

④
전자 상가
전자 상가

⑤
김 포 공 항
김포공항

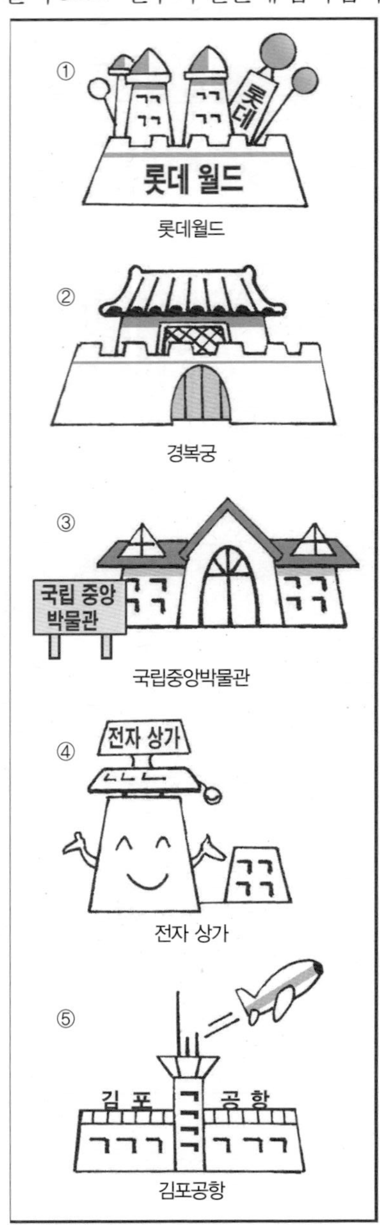

4호선
5호선
2 호선
3 호선
인사동
안국
경복궁
동대문 시장
충정로
종로3가
동대문운동장
회현
충무로
용산
남산타워
영등포구청
여의나루
이촌
김포공항
잠실
한강 공원
사당
대공원
서울랜드

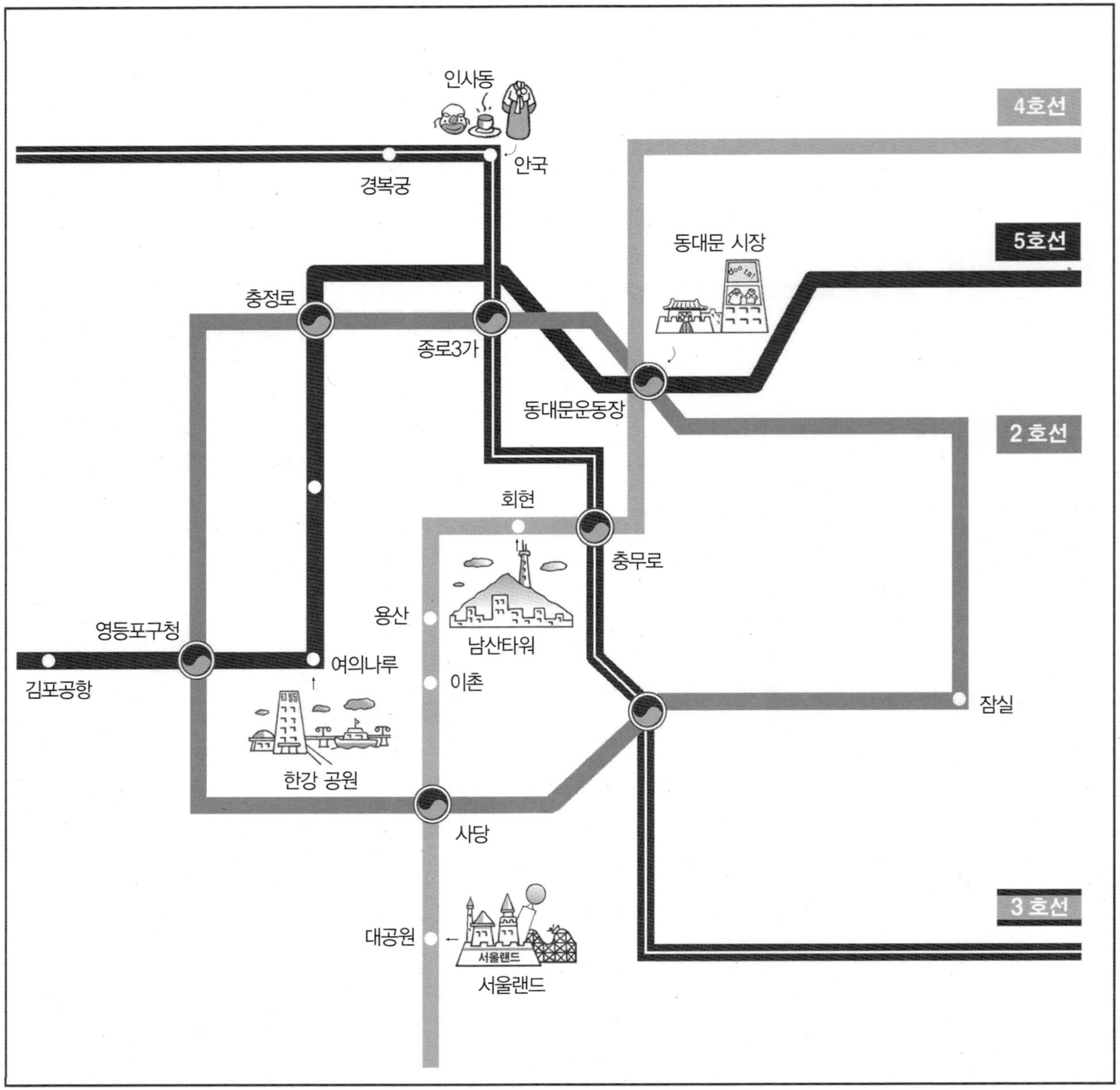

다음을 읽고, 그 곳이 어디인지 찾아 지도를 만들어 보십시오.

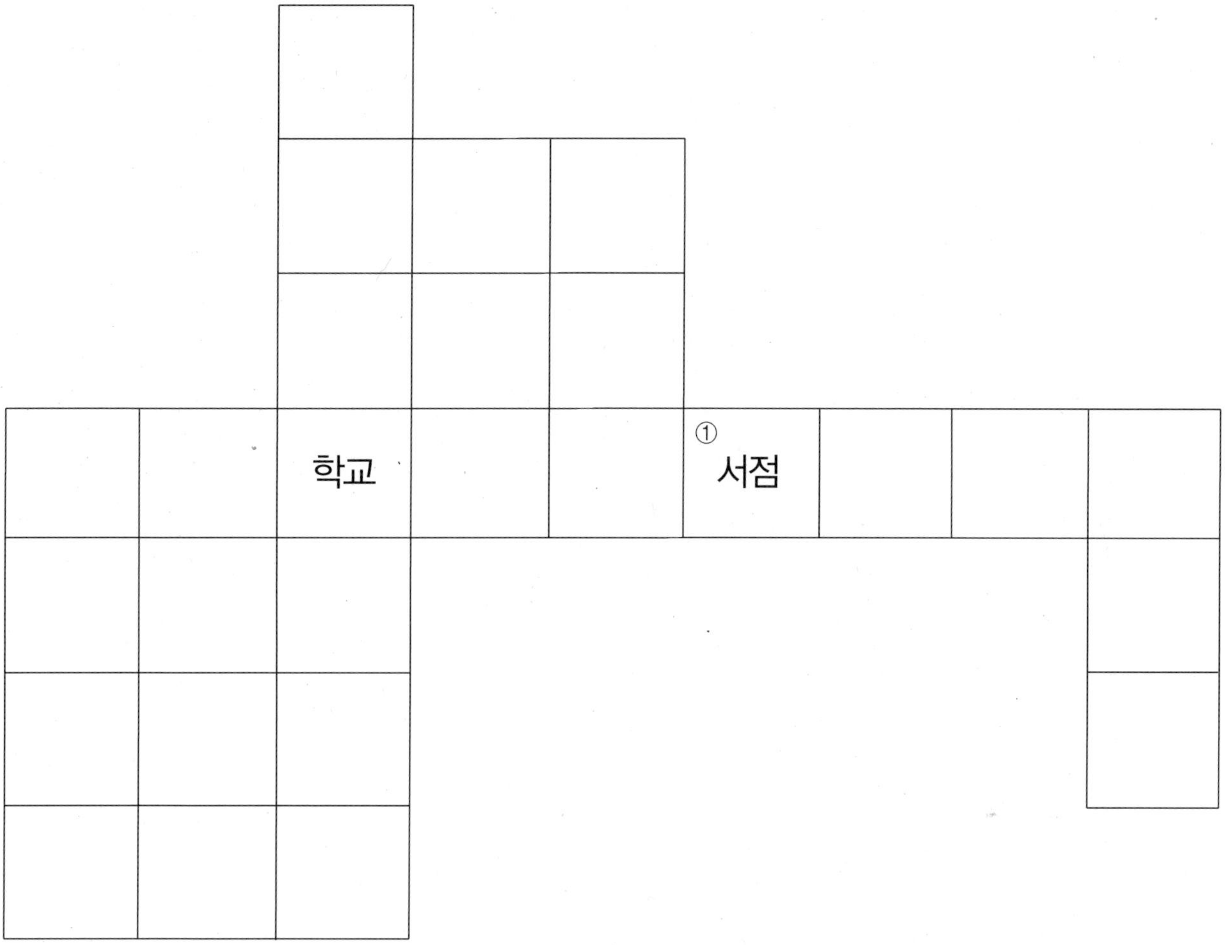

학교

① 서점

1. 학교에서 오른쪽으로 세 칸 가면 ①이/가 나와요. 책을 살 수 있는 곳이에요.
2. ①번에서 왼쪽으로 한 칸, 위로 두 칸 가면 ②이/가 나와요. 편지나 소포를 부칠 수 있는 곳이에요.
3. ②에서 왼쪽으로 두 칸, 위로 한 칸 가면 ③이/가 나와요. 자동차에 기름을 넣을 수 있는 곳이에요.
4. ③에서 아래로 두 칸 내려오면 ④이/가 나와요. 하숙집을 구하거나 집을 찾을 때 도와주는 곳이에요.
5. ④에서 아래로 두 칸, 왼쪽으로 한 칸 가면 ⑤이/가 나와요. 예쁜 꽃을 살 수 있는 곳이에요.
6. ⑤에서 왼쪽으로 한 칸, 밑으로 한 칸 가면 ⑥이/가 나와요. 머리를 자르거나 파마를 할 수 있는 곳이에요.
7. ⑥에서 아래로 한 칸, 오른쪽으로 두 칸 가면 ⑦이/가 나와요. 여행을 예약하거나 비행기 표를 살 수 있는 곳이에요.
8. ⑦에서 위로 세 칸, 오른쪽으로 한 칸 가면 ⑧이/가 나와요. 돈을 찾을 수도 있고 맡길 수도 있는 곳이에요.
9. ⑧에서 오른쪽으로 다섯 칸 가면 ⑨이/가 나와요. 책을 읽을 수도 있고 빌릴 수도 있는 곳이에요.
10. ⑨에서 아래로 두 칸 내려가면 ⑩이/가 나와요. 종이, 가위, 풀, 공책 등을 살 수 있는 곳이에요.

도서관 주유소 부동산 꽃집 미용실 서점 여행사 은행 문구점 우체국

〈활동지 A〉

㉮ 여러분은 피자를 주문했습니다. 하지만 배달원이 집의 위치를 다시 확인하려고 전화를 했습니다. 집의 위치를 다시 설명해 주십시오.

㉯ 여러분은 잡지에서 '유명 식당' 에 대한 기사를 보았습니다. 지금 그 '유명 식당' 에 가려고 합니다. 그런데 길을 찾기가 어렵습니다. 식당에 전화를 해서 위치를 물어 보십시오.

한국아파트
B
00 극장
꽃집
나
서점
지하철역
C
약국
A
00 주유소
D
E

〈활동지 B〉

㉮ 여러분은 피자 '배달원' 입니다. 지금 피자를 배달하려고 합니다. 그런데 길을 찾기가 어렵습니다. 피자를 주문한 집에 전화를 걸어서 집의 위치를 확인하십시오.

㉯ 여러분은 '유명 식당' 의 '주인' 입니다. 식당에 찾아 올 손님에게 식당의 위치를 친절하게 설명해 주십시오.

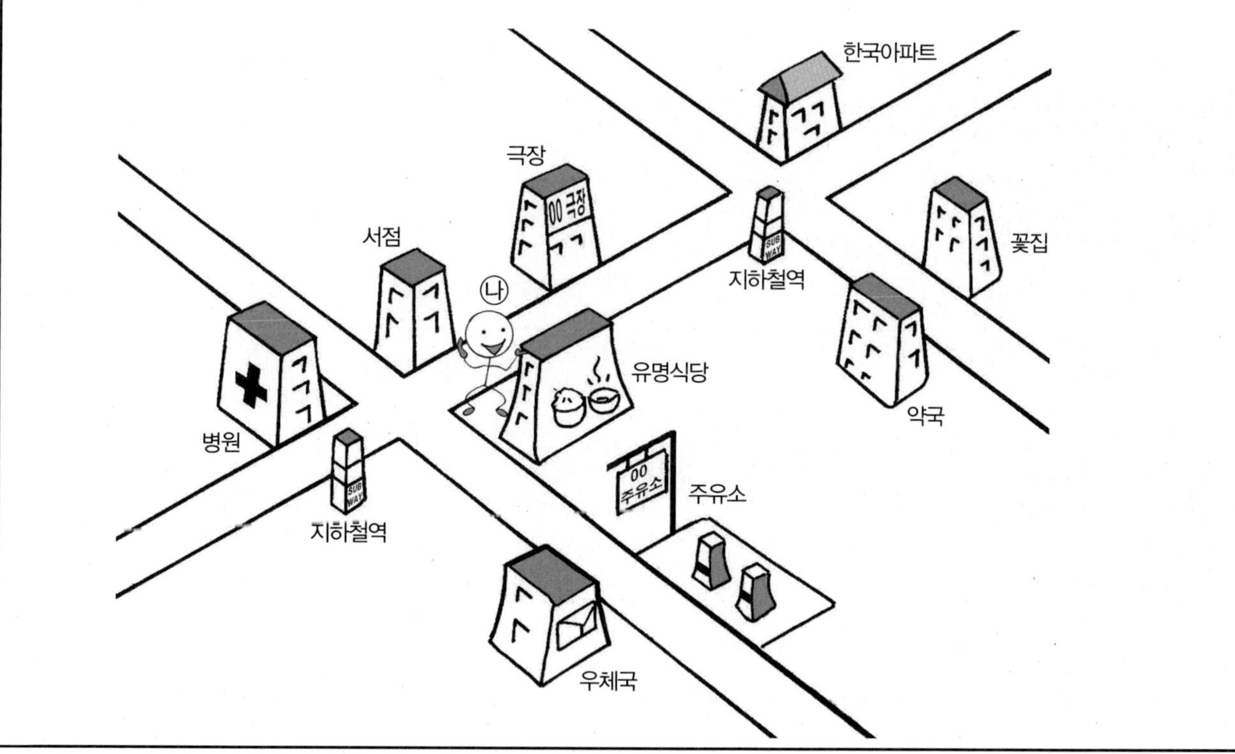

〈활동지A〉

㉮ 다음 사진을 보고 이야기를 만드십시오. 누구십니까? 어떤 분이십니까? 무슨 일을 하십니까? 상상해서 이야기를 만들어서 **'-(으)세요'** 를 사용하여 친구들에게 대답해 주십시오.

㉯ 사진을 보고 **'-(으)세요'** 를 사용하여 질문하십시오.

질문	
누구세요?	한국 음식을 좋아하세요?
성함이 어떻게 되세요?	어디에서 사세요?
연세가 어떻게 되셨습니까?	무슨 일을 하세요?
결혼하셨어요?	무엇을 좋아하세요?
아이는 있으세요?	무엇을 싫어하세요?
누구와 같이 사세요?	평일에 보통 무엇을 하세요?
운동을 좋아하세요?	주말에 보통 무엇을 하세요?
한국어를 아세요?	취미가 뭐세요?

〈활동지 B〉

㉮ 사진을 보고 **'-(으)세요'** 를 사용하여 질문하십시오.

질문	
누구세요?	한국 음식을 좋아하세요?
성함이 어떻게 되세요?	어디에서 사세요?
연세가 어떻게 되셨습니까?	무슨 일을 하세요?
결혼하셨어요?	무엇을 좋아하세요?
아이는 있으세요?	무엇을 싫어하세요?
누구와 같이 사세요?	평일에 보통 무엇을 하세요?
운동을 좋아하세요?	주말에 보통 무엇을 하세요?
한국어를 아세요?	취미가 뭐세요?

㉯ 다음 사진을 보고 이야기를 만드십시오. 누구십니까? 어떤 분이십니까? 무슨 일을 하십니까? 상상해서 이야기를 만들어서 **'-(으)세요'** 를 사용하여 친구들에게 대답해 주십시오.

여러분의 어머니는 어떤 분이십니까? **'-(으)시'** 를 사용하여 친구들에게 소개하십시오.

저희 어머니는……

저희 어머니의 성함은 ______________________________(이)십니다.

저희 어머니께서는 ______________________________을/를 좋아하십니다.

저희 어머니께서는 ______________________________을/를 싫어하십니다.

저희 어머니께서는 ______________________________을/를 잘 하십니다.

저희 어머니께서는 ______________________________을/를 잘 못하십니다.

저희 어머니의 직업은 ______________________________.

저희 어머니의 취미는 ______________________________.

저희 어머니는 평일 아침에 ______________________________.

저희 어머니는 평일 오후에 ______________________________.

저희 어머니는 토요일 오전에는 ______________________________.

저희 어머니는 토요일 오후에는 ______________________________.

저희 어머니는 일요일 오전에는 ______________________________.

저희 어머니는 일요일 오후에는 ______________________________.

저는 보통 12시에 밥을 먹어요.
저는 컴퓨터로 친구에게 이메일을 보내요.
저는 보통 주말에 친구와 같이 커피를 마시고 영화를 봐요.
저는 오후에는 보통 집에서 쉬어요.
제 생일은 4월 6일이에요.
죄송하지만, 몇 살이에요?
죄송하지만, 이름이 뭐예요?
저는 지금 한국에서 살아요.
전화번호가 몇 번이에요?
죄송하지만, 어디에 살아요?
저는 회사원입니다.
저는 월요일에는 보통 집에서 드라마를 봐요.
저는 보통 11시에 자요.
집에 여동생 1명과 남동생 1명이 있어요.
저는 지하철에서 음악을 들어요.
우리 집은 서울에 있어요.
저는 한국 음식을 아주 좋아해요.

저는 보통 아침에 밥을 안 먹어요.

저는 주말에 친구에게 전화해요.

저는 보통 주말에 친구와 같이 공원에서 운동을 해요.

저는 오후에는 보통 집에서 책을 읽어요.

생일이 언제예요?

저는 45살이에요.

제 이름은 령령이에요.

제 동생은 지금 일본에서 살아요.

제 전화번호는 02) 343-3423이에요.

제 취미는 노래 부르기예요.

직업이 뭐예요?

월요일 오후에 보통 뭐해요?

보통 몇 시에 자요?

가족은 누가 있어요?

저는 밤에 음악을 들어요.

제 방에는 컴퓨터가 있어요.

저는 요리를 아주 싫어해요.

여러분은 기억에 남는 선물이 있습니까? 언제 받았습니까? 무슨 선물을 받아 봤습니까? 또 무슨 선물을 다른 사람에게 줬습니까? 언제 주었습니까? 여러분이 주고 받아본 선물에 대하여 **'주다/드리다/주시다'** 를 사용하여 이야기해 보십시오.

가 : 어머니의 생신 때 **제가 어머니께** 꽃을 **드렸어요.**
나 : **어머니께서** 좋아하셨겠군요!

가 : 초등학교 입학식날 **어머니께서 저에게** 시계를 사 **주셨어요.**
나 : 참 기뻤겠군요.

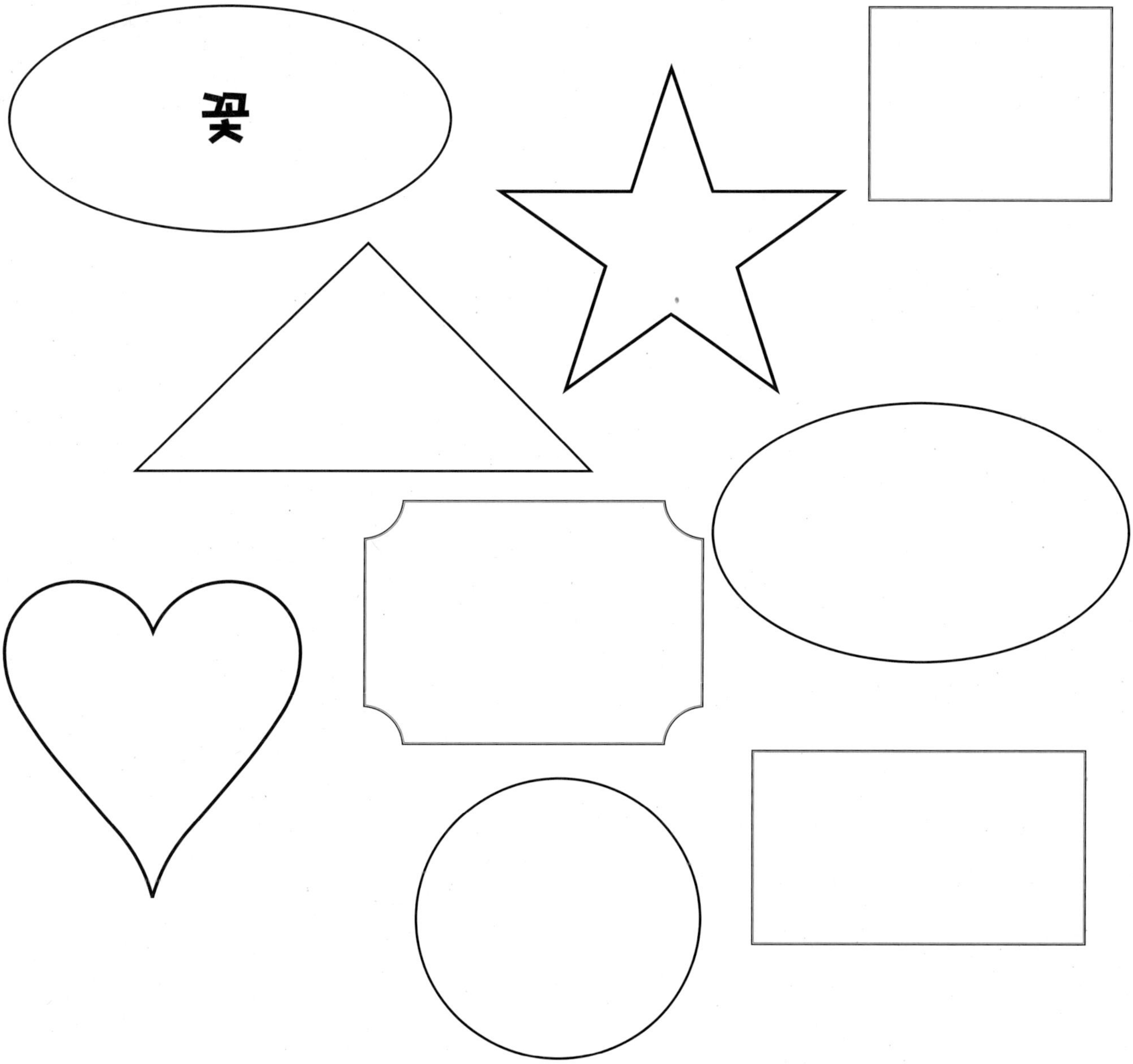

꽃

여러분은 한국어로 일기를 써 본 적이 있습니까? **'-ㄴ/는/다'** 를 사용하여 여러분의 일기를 써 봅시다.

나의 일기

날짜	년 월 일	날씨	☀ ☁ ☂ ☃

내가 좋아하는 것은..........

세상에서 가장 소중한 것은.........

지금 갖고 싶은 것은...........

지금 먹고 싶은 것은............

이번 방학(휴가)에 하고 싶은 것은..........

내 물건들 중에서 팔고 싶은 것은........

내가 싫어하는 것은...........

동물 중에서 내가 가장 좋아하는 것은..........

한국어를 배운 후에 하고 싶은 것은..........

남자/여자 친구와 하고 싶은 것은..........

내가 가장 자주 먹는 것은...............

한국 생활에서 가장 재미있는 것은........

한국에서 가장 이해할 수 없는 것은.........

고향에 돌아가기 전에 가장 하고 싶은 것은............

한국에 온 후에 할 수 없는 것은............

여러분은 무슨 일을 좋아하고, 무슨 일을 싫어합니까? 다음 그림을 보고 내가 좋아하는 것과 싫어하는 것의 번호를 써 보십시오. 친구들은 어떻습니까? **'-는 것'** 을 사용하여 이야기해 보십시오.

나		이름 :	
좋아하는 일	싫어하는 일	좋아하는 일	싫어하는 일
이름 :		이름 :	
좋아하는 일	싫어하는 일	좋아하는 일	싫어하는 일

가 : 수진 씨는 무엇을 좋아해요?
나 : 저는 **혼자 영화 보는 것**을 좋아해요. 그리고 **혼자 집에 있는 것**을 좋아해요.

한국어 책	컴퓨터
사전	밥
옷	컵
숙제	빵
커피	책상
우산	볼펜
안경	휴대전화
꽃	카메라
비행기	지하철
양말	돈

선물	버스
택시	연필
반지	목걸이
구두	운동화
칠판	지도
생일 카드	케이크
물	지갑
가방	시계
텔레비전	영화
드라마	공책

여러분이 좋아하는 것은 무엇입니까? **'-는 것'** 을 사용하여 생활에서 '내가 좋아하는 것' 이 무엇인지 쓰고 발표해 보십시오.

내가 좋아하는 것

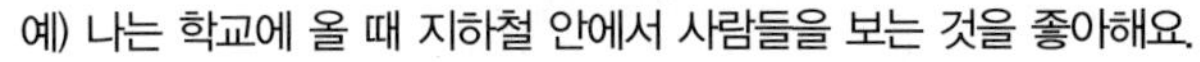
예) 나는 학교에 올 때 지하철 안에서 사람들을 보는 것을 좋아해요.

1. 나는 학교에 올 때

2. 나는 아침에

3. 나는 일요일에

4. 나는 저녁에

5. 나는 비 오는 날에

6. 나는 눈 오는 날에

7. 나는 애인을 만날 때

8. 나는 한국어를 공부하면서

9. 나는 시간이 있을 때

10. 나는 쉴 때

다음 그림을 잘 보고 이 방에 살고 있는 사람에 대해 **'-는/(으)ㄴ/(으)ㄹ 것 같다'** 를 사용하여 추측하여 말해 보십시오.

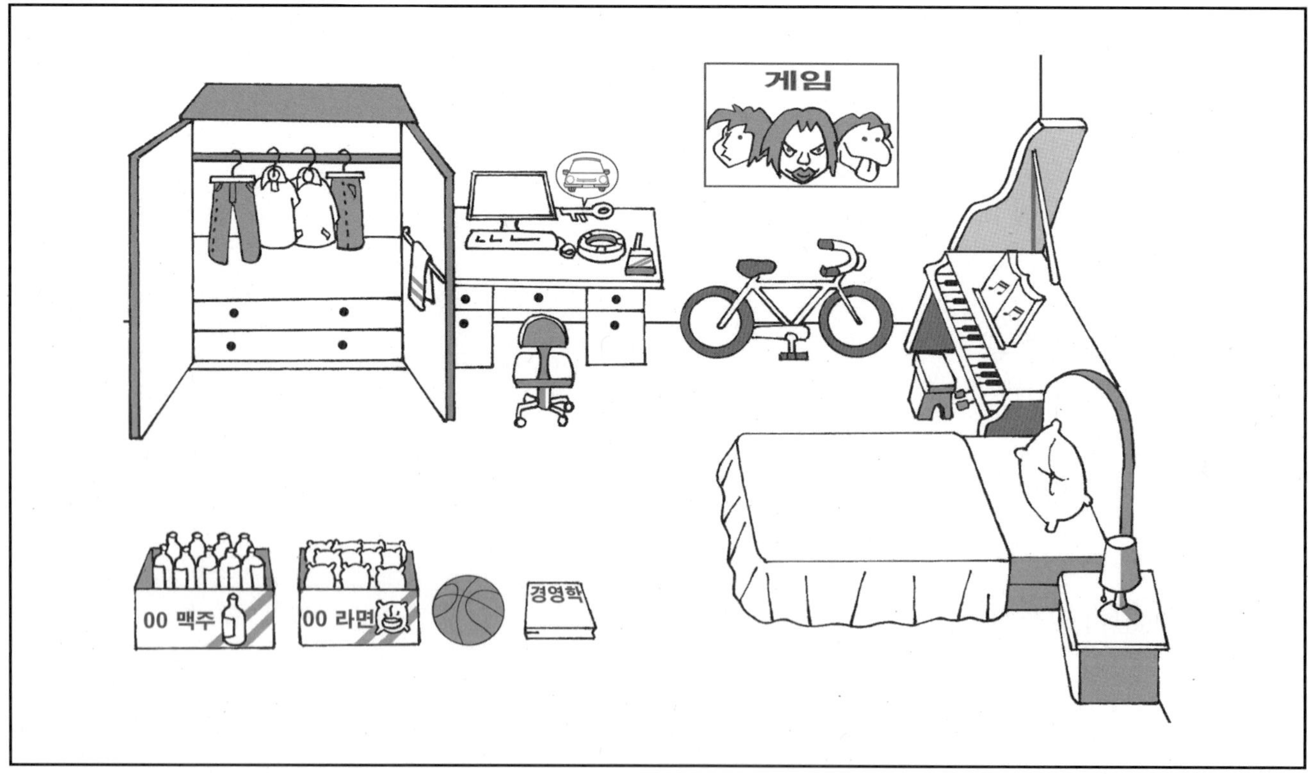

〈활동지 A〉

다음은 수진 씨의 일주일입니다. 수진 씨는 월요일부터 일요일까지 어디에서 무엇을 합니까? 친구와 이야기하며 수진 씨의 일과표를 완성해 보십시오. **'-고'** 를 사용하여 이야기하십시오.

	월	화	수	목	금	토	일
오전	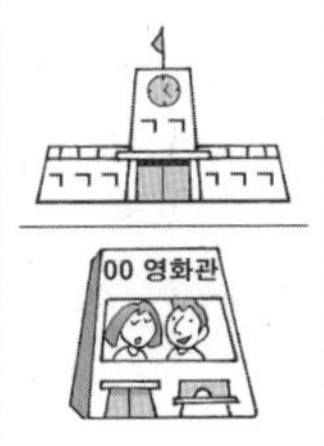	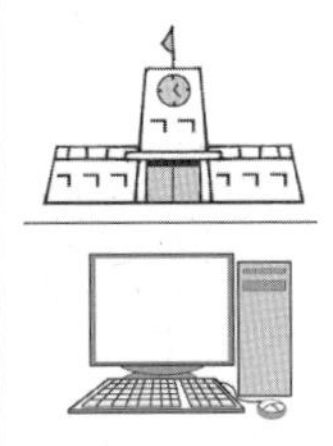					
오후							

〈활동지 B〉

다음은 수진 씨의 일주일입니다. 수진 씨는 월요일부터 일요일까지 어디에서 무엇을 합니까? 친구와 이야기하며 수진 씨의 일과표를 완성해 보십시오. **'-고'** 를 사용하여 이야기하십시오.

	월	화	수	목	금	토	일
오전			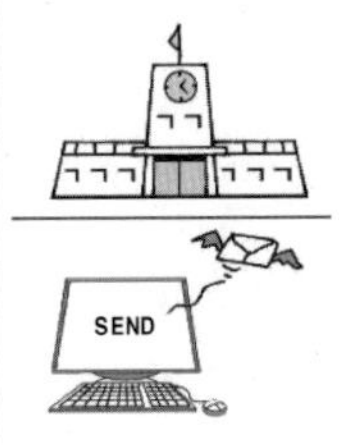				
오후							

여러분은 아들 '마이클'의 부모입니다. 아래의 그림은 '마이클'의 생활 모습입니다. 그림을 잘 보고 '마이클'이 어떤 아들인지 친구들과 이야기해 봅시다.

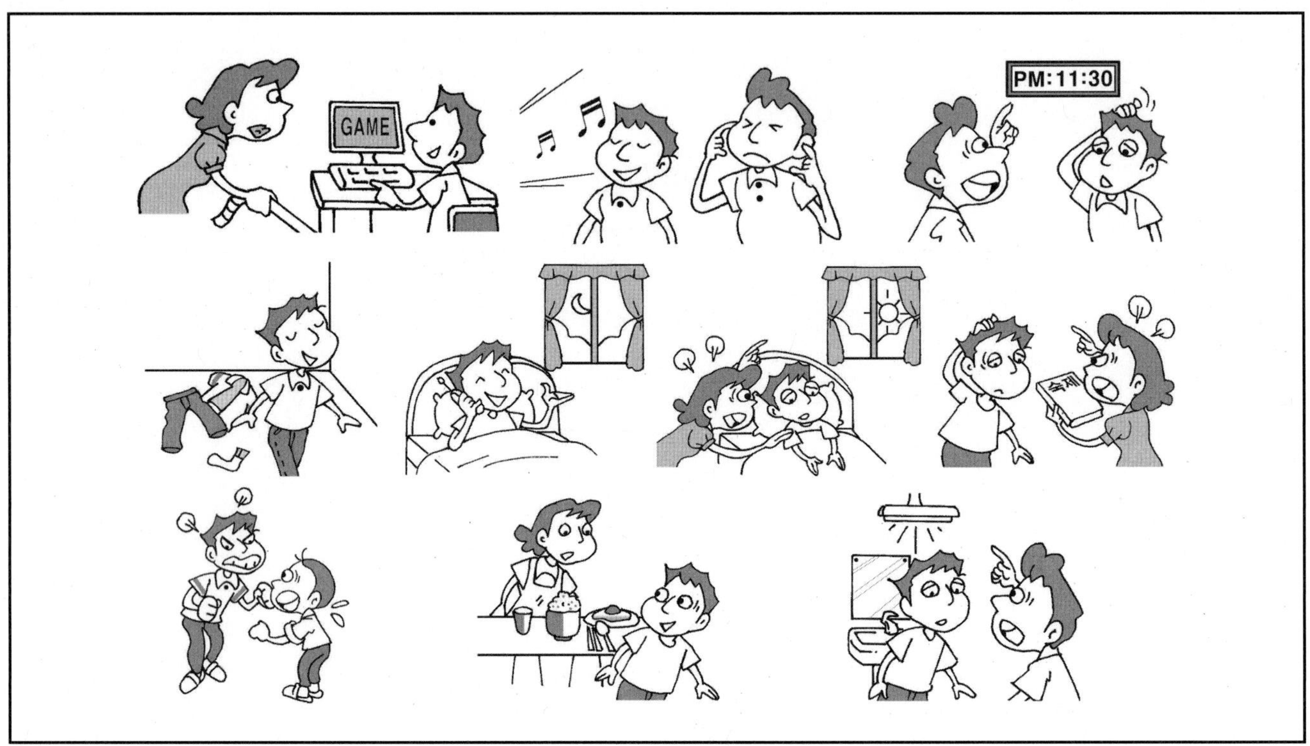

여러분이 마이클의 부모라면 어떻게 하겠습니까? 아들과 함께 잘못된 생활 습관을 고칠 것을 약속하는 '서약'을 **'-기'**를 사용하여 만들어 보십시오.

약속

예) 매일 아침 식사하기.

1.
2.
3.
4.
5.
6.
7.
8.
9.
10.

저는 위의 약속을 꼭 지키겠습니다.

년 월 일

마이클

〈활동지 B〉

다음 장소는 어디에 있습니까? 친구에게 질문하십시오. 그리고 친구의 질문에 지도를 보고 답하십시오.

〈장소〉

빵집
슈퍼마켓
경찰서
약국
운동장
전자상가
PC방
지하철역
버스정류장
아파트

가 : 공원이 어디에 있어요?

나 : 쭉 가세요. 그리고 두 번째 사거리에서 왼쪽으로 가세요. 그럼, 오른쪽에 있어요.

다음은 여러분이 가고 싶은 곳과 서울의 지하철입니다. 여러분 주변의 지하철 역이나 출발역을 정하십시오. 여러분이 가고 싶은 곳에 어떻게 가야 하는지 친구에게 물어 보고 친구의 질문에 답하십시오.

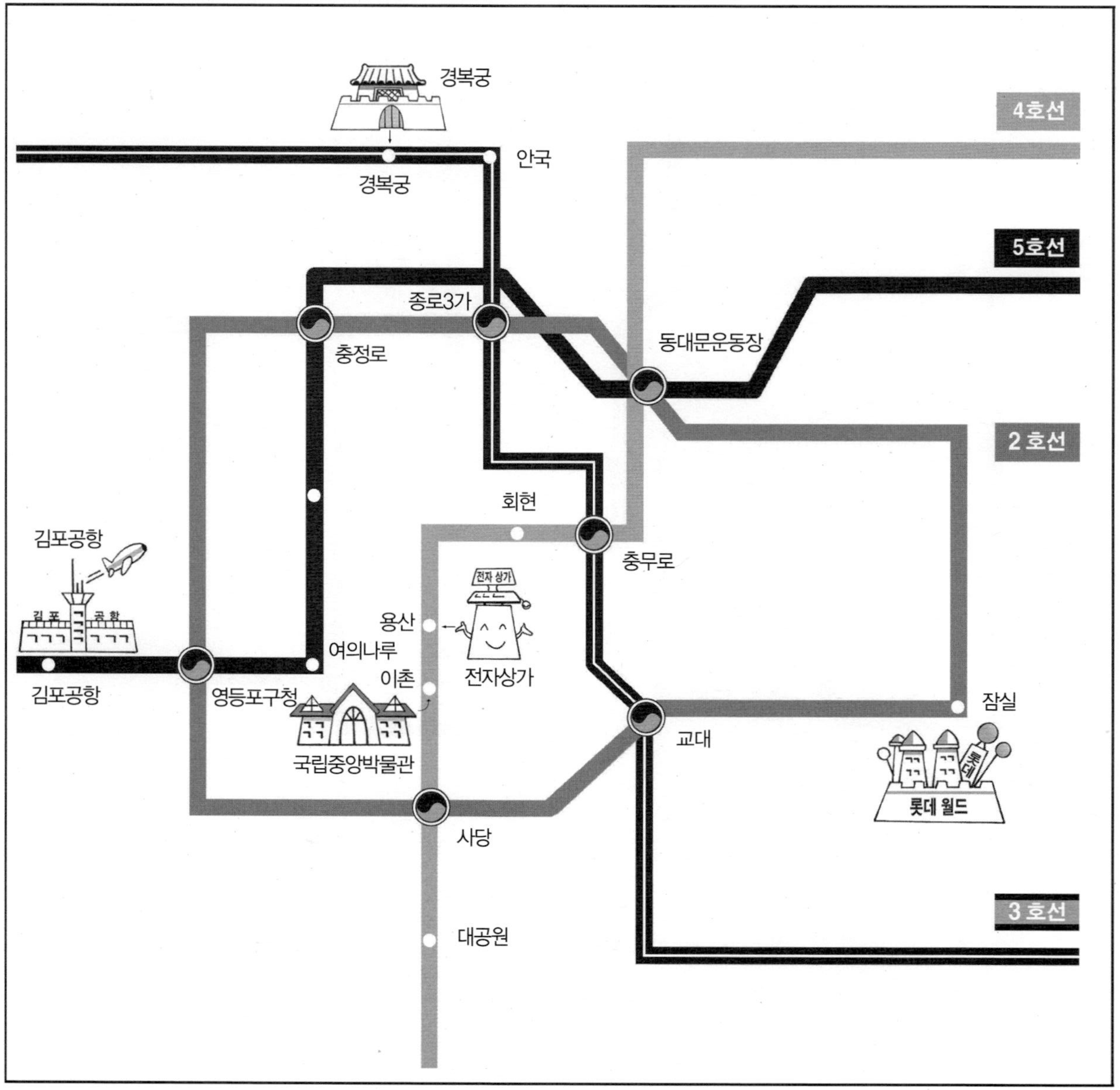

4호선
5호선
2 호선
3 호선
경복궁
경복궁
안국
종로3가
충정로
동대문운동장
회현
충무로
김포공항
김포공항
용산
여의나루
이촌
전자상가
전자상가
영등포구청
국립중앙박물관
교대
잠실
롯데 월드
사당
대공원

다음은 여러분이 가고 싶은 곳과 서울의 지하철입니다. 여러분 주변의 지하철 역이나 출발역을 정하십시오. 여러분이 가고 싶은 곳에 어떻게 가야 하는지 친구에게 물어 보고 친구의 질문에 답하십시오.

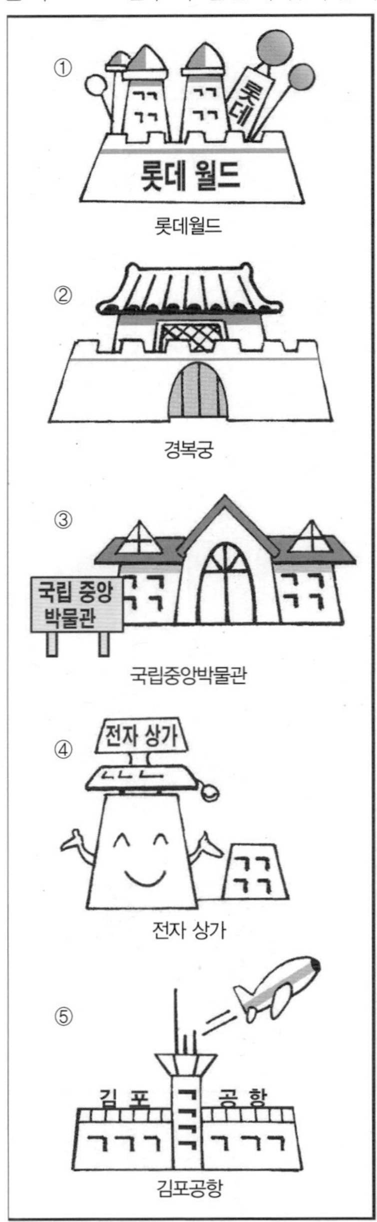

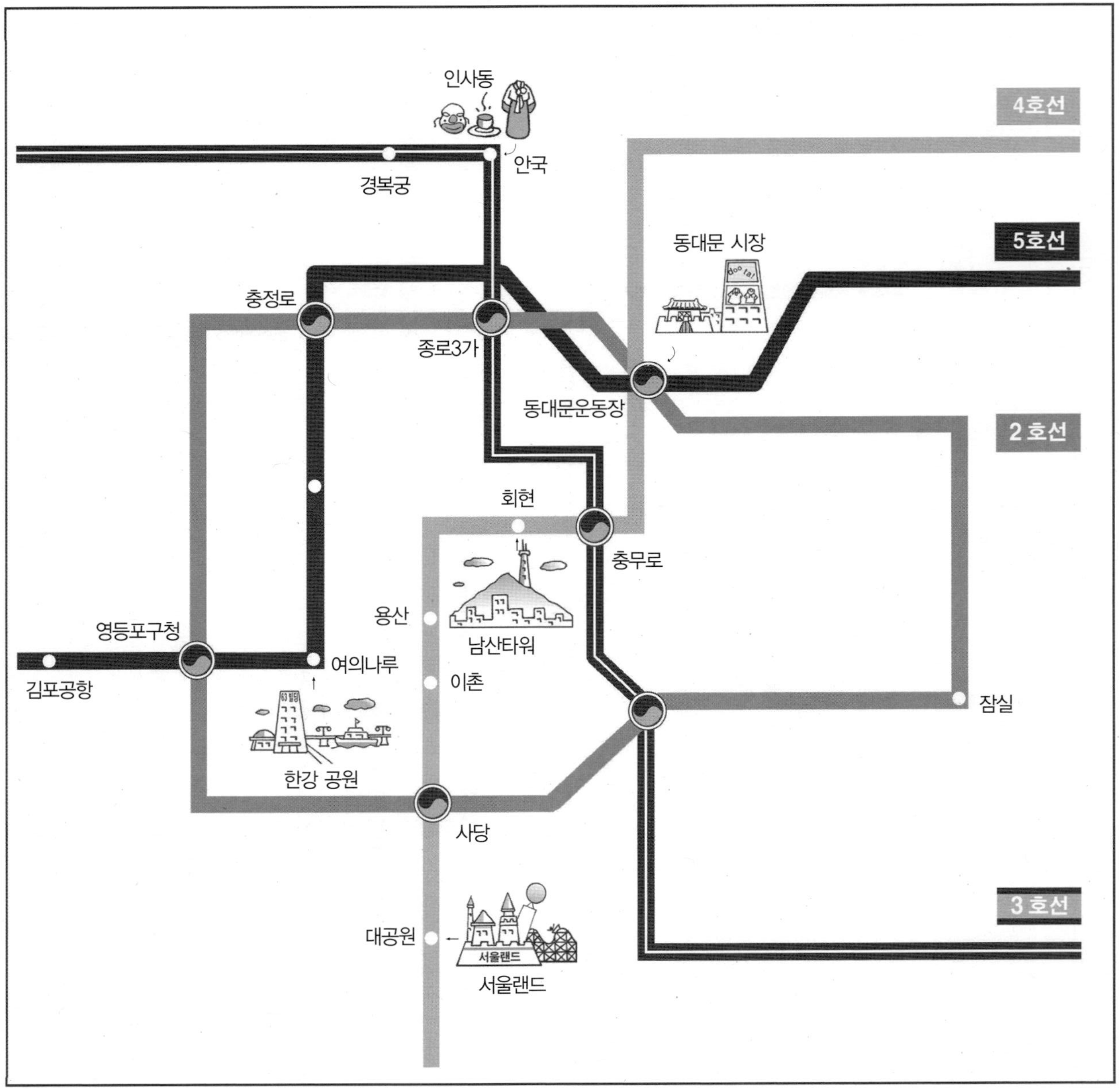

①
롯데
롯데 월드
롯데월드
②
경복궁
③
국립 중앙 박물관
국립중앙박물관
④
전자 상가
전자 상가
⑤
김 포 공 항
김포공항

4호선
5호선
2 호선
3 호선
인사동
안국
경복궁
동대문 시장
충정로
종로3가
동대문운동장
회현
충무로
용산
남산타워
영등포구청
여의나루
김포공항
이촌
잠실
한강 공원
사당
대공원
서울랜드

〈활동지 B〉

㉮ 여러분은 피자 '배달원' 입니다. 지금 피자를 배달하려고 합니다. 그런데 길을 찾기가 어렵습니다. 피자를 주문한 집에 전화를 걸어서 집의 위치를 확인하십시오.

㉯ 여러분은 '유명 식당' 의 '주인' 입니다. 식당에 찾아 올 손님에게 식당의 위치를 친절하게 설명해 주십시오.

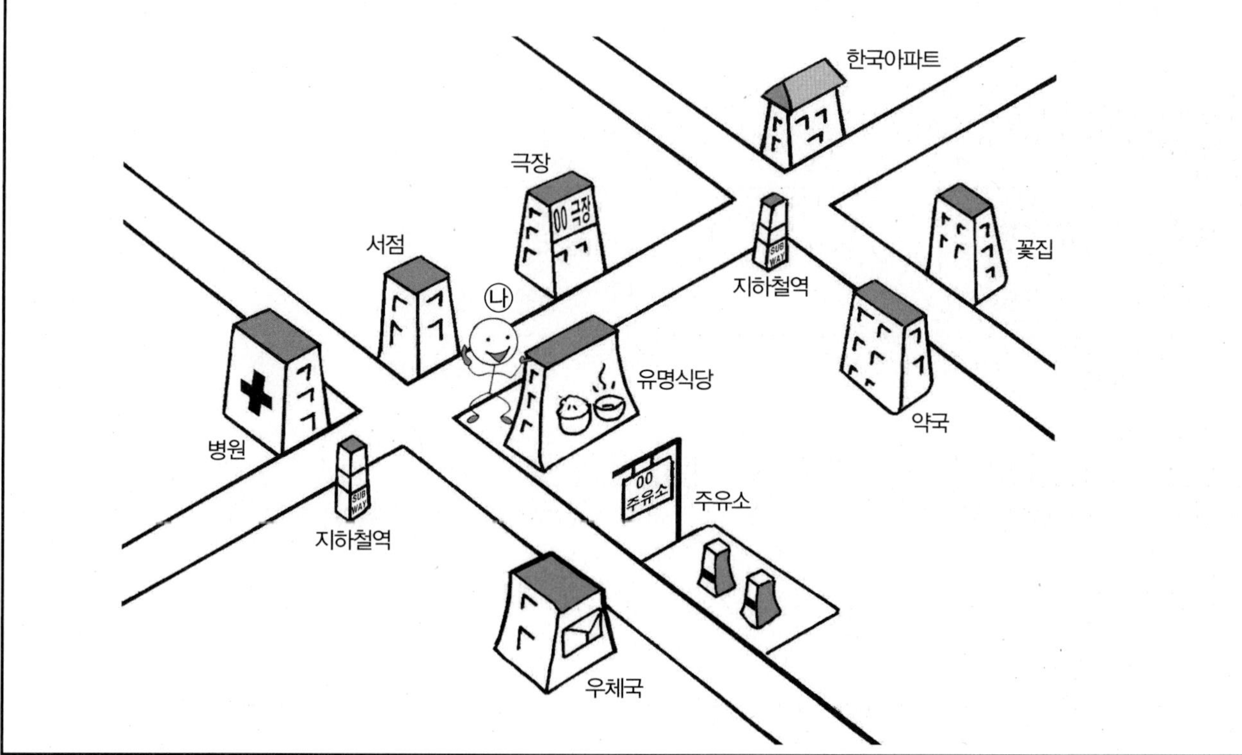

〈활동지A〉

㉮ 다음 사진을 보고 이야기를 만드십시오. 누구십니까? 어떤 분이십니까? 무슨 일을 하십니까? 상상해서 이야기를 만들어서 **'-(으)세요'** 를 사용하여 친구들에게 대답해 주십시오.

㉯ 사진을 보고 **'-(으)세요'** 를 사용하여 질문하십시오.

질문	
누구세요?	한국 음식을 좋아하세요?
성함이 어떻게 되세요?	어디에서 사세요?
연세가 어떻게 되셨습니까?	무슨 일을 하세요?
결혼하셨어요?	무엇을 좋아하세요?
아이는 있으세요?	무엇을 싫어하세요?
누구와 같이 사세요?	평일에 보통 무엇을 하세요?
운동을 좋아하세요?	주말에 보통 무엇을 하세요?
한국어를 아세요?	취미가 뭐세요?

〈활동지 B〉

㉮ 사진을 보고 **'-(으)세요'** 를 사용하여 질문하십시오.

질문	
누구세요?	한국 음식을 좋아하세요?
성함이 어떻게 되세요?	어디에서 사세요?
연세가 어떻게 되셨습니까?	무슨 일을 하세요?
결혼하셨어요?	무엇을 좋아하세요?
아이는 있으세요?	무엇을 싫어하세요?
누구와 같이 사세요?	평일에 보통 무엇을 하세요?
운동을 좋아하세요?	주말에 보통 무엇을 하세요?
한국어를 아세요?	취미가 뭐세요?

㉯ 다음 사진을 보고 이야기를 만드십시오. 누구십니까? 어떤 분이십니까? 무슨 일을 하십니까? 상상해서 이야기를 만들어서 **'-(으)세요'** 를 사용하여 친구들에게 대답해 주십시오.

여러분의 어머니는 어떤 분이십니까? **'-(으)시'** 를 사용하여 친구들에게 소개하십시오.

저희 어머니는……

저희 어머니의 성함은 ______________________________ (이)십니다.

저희 어머니께서는 ______________________________ 을/를 좋아하십니다.

저희 어머니께서는 ______________________________ 을/를 싫어하십니다.

저희 어머니께서는 ______________________________ 을/를 잘 하십니다.

저희 어머니께서는 ______________________________ 을/를 잘 못하십니다.

저희 어머니의 직업은 ______________________________.

저희 어머니의 취미는 ______________________________.

저희 어머니는 평일 아침에 ______________________________.

저희 어머니는 평일 오후에 ______________________________.

저희 어머니는 토요일 오전에는 ______________________________.

저희 어머니는 토요일 오후에는 ______________________________.

저희 어머니는 일요일 오전에는 ______________________________.

저희 어머니는 일요일 오후에는 ______________________________.

내가 좋아하는 것은..........

세상에서 가장 소중한 것은.........

지금 갖고 싶은 것은............

지금 먹고 싶은 것은.............

이번 방학(휴가)에 하고 싶은 것은..........

내 물건들 중에서 팔고 싶은 것은........

내가 싫어하는 것은............

동물 중에서 내가 가장 좋아하는 것은..........

한국어를 배운 후에 하고 싶은 것은..........

남자/여자 친구와 하고 싶은 것은..........

내가 가장 자주 먹는 것은................

한국 생활에서 가장 재미있는 것은.........

한국에서 가장 이해할 수 없는 것은.........

고향에 돌아가기 전에 가장 하고 싶은 것은.............

한국에 온 후에 할 수 없는 것은.............

여러분은 무슨 일을 좋아하고, 무슨 일을 싫어합니까? 다음 그림을 보고 내가 좋아하는 것과 싫어하는 것의 번호를 써 보십시오. 친구들은 어떻습니까? **'-는 것'** 을 사용하여 이야기해 보십시오.

나		이름 :	
좋아하는 일	싫어하는 일	좋아하는 일	싫어하는 일
이름 :		이름 :	
좋아하는 일	싫어하는 일	좋아하는 일	싫어하는 일

가 : 수진 씨는 무엇을 좋아해요?
나 : 저는 **혼자 영화 보는 것**을 좋아해요. 그리고 **혼자 집에 있는 것**을 좋아해요.

한국어 책	컴퓨터
사전	밥
옷	컵
숙제	빵
커피	책상
우산	볼펜
안경	휴대전화
꽃	카메라
비행기	지하철
양말	돈

선물	버스
택시	연필
반지	목걸이
구두	운동화
칠판	지도
생일 카드	케이크
물	지갑
가방	시계
텔레비전	영화
드라마	공책

여러분이 좋아하는 것은 무엇입니까? **'-는 것'** 을 사용하여 생활에서 '내가 좋아하는 것' 이 무엇인지 쓰고 발표해 보십시오.

내가 좋아하는 것

예) 나는 학교에 올 때 지하철 안에서 사람들을 보는 것을 좋아해요.

1. 나는 학교에 올 때

2. 나는 아침에

3. 나는 일요일에

4. 나는 저녁에

5. 나는 비 오는 날에

6. 나는 눈 오는 날에

7. 나는 애인을 만날 때

8. 나는 한국어를 공부하면서

9. 나는 시간이 있을 때

10. 나는 쉴 때

다음 그림을 잘 보고 이 방에 살고 있는 사람에 대해 **'-는/(으)ㄴ/(으)ㄹ 것 같다'** 를 사용하여 추측하여 말해 보십시오.

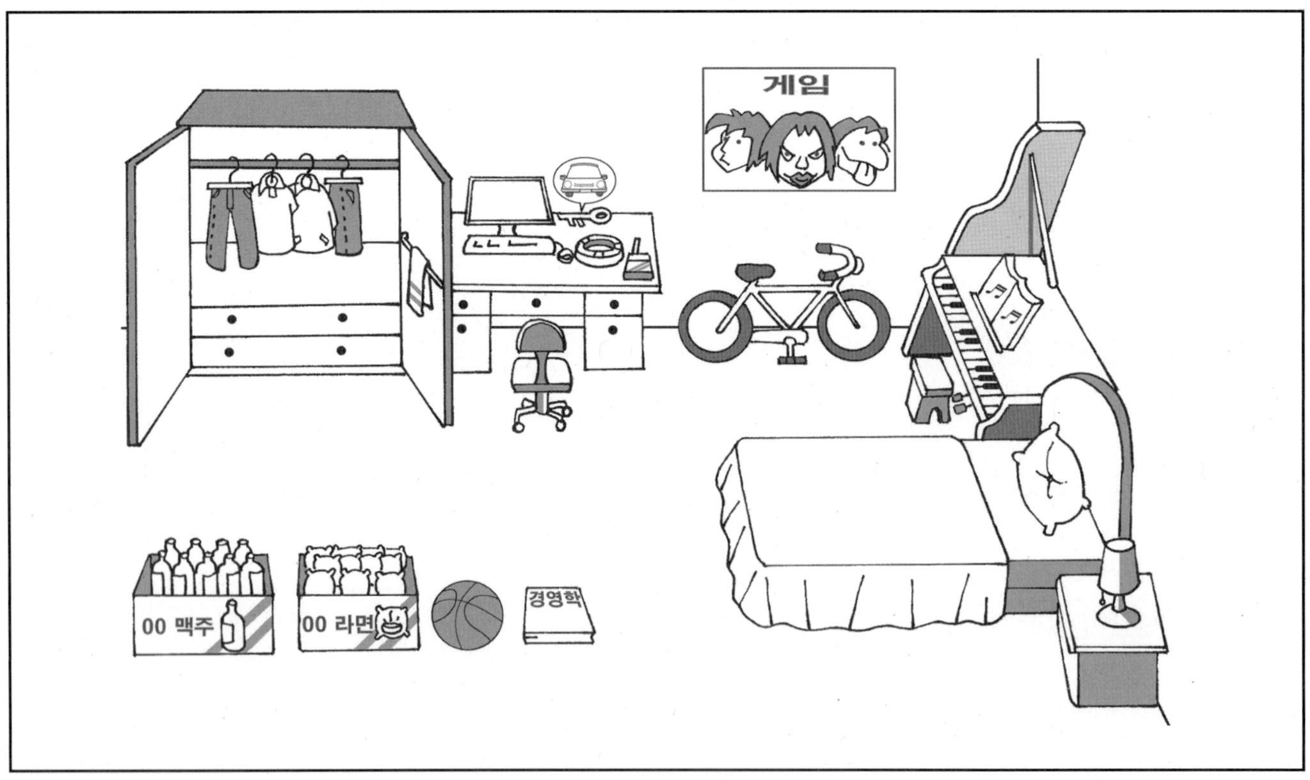

〈활동지 A〉

여러분은 다음 경험들을 해 봤습니다. 다음 경험이 어땠는지에 대해 **'-는데'** 를 사용하여 친구들과 이야기해 보십시오.

〈보기〉

가 : **작년에 중국과 몽골 여행을 했어요.**
나 : 어땠어요?

가 : **중국과 몽골 여행을 했는데 정말 재미있었어요.**
나 : 저도 가 보고 싶네요.

가 : **어제 된장찌개를 처음 먹었어요.**
나 : 어땠어요?
가 :
나 :

가 : **어제 데이트를 했어요**
나 : 어땠어요?
가 :
나 :

가 : **영어를 6년 동안 공부 했어요.**
나 : 어땠어요?
가 :
나 :

가 : **지난 방학에 고향에 갔다 왔어요.**
나 : 어땠어요?
가 :
나 :

가 : **한국 친구를 만났어요.**
나 : 어땠어요?
가 :
나 :

가 : **길에서 한국 영화배우를 봤어요.**
나 : 어땠어요?
가 :
나 :

〈활동지 B〉

여러분은 다음 경험들을 해 봤습니다. 다음 경험이 어땠는지에 대해 **'-는데'** 를 사용하여 친구들과 이야기해 보십시오.

〈보기〉

가 : **작년에 중국과 몽골 여행을 했어요.**
나 : 어땠어요?

가 : **중국과 몽골 여행을 했는데 정말 재미있었어요.**
나 : 저도 가 보고 싶네요.

가 : **한국 영화를 봤어요.**
나 : 어땠어요?
가 :
나 :

가 : **작년에 동해에 갔어요.**
나 : 어땠어요?
가 :
나 :

가 : **작년에 처음 한국 드라마를 봤어요.**
나 : 어땠어요?
가 :
나 :

가 : **2년 전에 김치를 처음 먹었어요.**
나 : 어땠어요?
가 :
나 :

가 : **1년 전에 처음 한국 음악을 들었어요.**
나 : 어땠어요?
가 :
나 :

가 : **1년 전에 남자/여자 친구와 헤어졌어요.**
나 : 어땠어요?
가 :
나 :

여러분은 '투덜이 친구' 가 있습니까? '투덜이' 는 모든 것에 불평을 하는 사람을 말합니다. 오늘은 여러분이 '투덜이' 가 되어서 불평을 하며 **'-는/(으)ㄴ데'** 를 사용하여 이야기해 봅시다.

가 : 이 옷 참 예쁘지요?
나 : (예쁘다/비싸다) **예쁜데 좀 비싸요.**

가	나
저 남자 정말 잘생겼어요!	잘 생기다 / 성격이 안 좋다
이 불고기 정말 맛있어요!	맛있다 / 좀 짜다
이 자동차 정말 멋있어요!	멋있다 / 작다
이 노트북, 정말 가벼워요!	가볍다 / ?
이 커피 정말 맛있어요!	맛있다 / ?
이 반지, 예쁘지요?	예쁘다 / ?
하숙집/기숙사 방이 정말 깨끗하네요!	깨끗하다 / ?
이 옷 정말 예쁘지요?	예쁘다 / ?
이 가방, 정말 멋있지요?	멋있다 / ?
이 사과, 정말 달지요?	달다 / ?
그 바지 정말 편하지요?	편하다 / ?

여러분은 다음과 같은 상황일 때 어떻게 합니까? 어떻게 해야 합니까? **'-는/(으)ㄴ데'** 를 사용하여 대처 방법을 이야기하고 도와 주십시오.

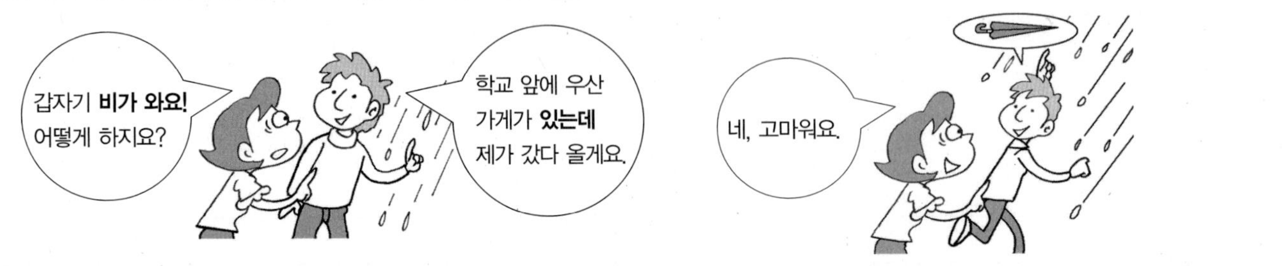

상황	대처 방안	
	이름 :	이름 :
갑자기 비가 오다		
지갑을 안 가져왔다		
길이 너무 막히다		
한국 음식을 먹고 싶다		
너무 덥다		
너무 춥다		
갑자기 배가 아프다		
사전을 안 가져오다		
한국말을 잘 하고 싶다		
한국 친구를 사귀고 싶다		

A	B
텔레비전을 보다	반 친구가 텔레비전에 나오다
화장을 안 했다	첫 사랑을 만나다
도서관에서 열심히 시험공부를 하다	고향에서 전화가 오다
지하철을 타다	누가 내 이름을 부르다
수업 후에 집에 돌아가다	한국어 선생님과 만나다
택시를 타고 학교에 오다	차 사고가 나다
지난 방학 때 고향에 돌아갔다	한국 친구를 만나다
슈퍼마켓에 가다	갑자기 머리가 아프다
지하철에서 자다	좋아하는 여자/남자 친구를 만나다
친구와 술을 마시다	갑자기 너무 졸리다
여자/남자 친구와 데이트를 하다	첫눈이 오다
한국어 수업을 하다	배가 고프다
코트를 안 입고 나왔다	날씨가 너무 춥다
시험을 보다	갑자기 배가 아프다
쉬는 시간에 잠깐 화장실에 갔다 왔다	지갑이 없어지다
영화관에서 혼자 영화를 보다	반 친구를 만나다
컴퓨터로 이메일을 쓰다	갑자기 컴퓨터가 고장나다
혼자 산책을 하다	비가 오다

한국과 여러분의 나라는 무엇이 다릅니까? **'-는/(으)ㄴ데'** 와 **'-고'**, **'비슷하다'** 를 적절하게 사용하여 차이점을 이야기해 보십시오.

맛있다	맛없다	예쁘다	안 예쁘다
재미있다	재미없다	귀엽다	안 귀엽다
친절하다	불친절하다	잘생겼다	못생겼다
편하다	불편하다	멋있다	안 멋있다
깨끗하다	더럽다	빠르다	느리다
많다	적다	복잡하다	한가하다
크다	작다	싸다	비싸다

	한국	고향
음식		
버스		
택시		
식당		
영화관		
남자		
여자		
인터넷		

가 : **한국음식**과 **중국음식**은 뭐가 달라요?
나 : **한국 음식은 매운데 중국 음식은 안 매워요.**

우리 반 친구들은 어떤 장점이 있습니까? 우리 반 친구들의 장점을 2개씩 쓰십시오. 그리고 그 장점들을 **'-는/(으)ㄴ데다가 -(도)'**를 사용하여 이야기해 봅시다.

한국어를 잘하다	부지런하다	말을 잘하다	성실하다
재미있다	학교에 일찍 오다	숙제를 매일 하다	성격이 좋다
친구들을 잘 도와주다	밥을 잘 사주다	항상 웃다	노래를 잘하다
그림을 잘 그리다	춤을 잘 추다	운동을 잘하다	컴퓨터를 잘하다
적극적이다	활발하다	친구가 많다	요리를 잘하다
청소를 잘하다	옷을 잘 입다		

친구 이름	장점1	장점2

가 : **수미 씨**는 어떤 장점이 있어요?
나 : **수미 씨는 예쁜데다가 성격도 좋아요.**

밑줄 친 부분에 먼저 여러분 반 친구들의 이름을 임의로 쓰십시오. 그 친구에 대해 **'-는/(으)ㄴ데다가 -(도)'** 를 사용하여 바꿔서 이야기해 보십시오.

> 예) 미라 씨는 한국어도 배우지 않았**고**, 영어도 배우지 않았어요.
> → 미라 씨는 한국어도 배우지 않**은데다가** 영어**도** 배우지 않았어요.

1) ______________ 은/는 미국에서 오지 않았고, 영어도 할 줄 몰라요.

2) (남자) _________ 은/는 어제 여자 친구에게 줄 반지를 샀고, 목걸이도 샀지요?

3) ______________ 은/는 한국어를 잘 할 수 있고, 영어도 잘 하니까 좋은 회사에서 일할 수 있을 거예요.

4) ______________ 은/는 요즘 밥을 거의 안 먹고, 수업 시간에 잠을 많이 자네요. 무슨 일 있어요?

5) 내일은 정말 ______________을/를 만날 수 없어요. 오전에는 시험이 있고, 오후에는 데이트 약속이 있어요.

6) ______________ 은/는 우리 반에서 제일 빨리 결혼 할 거예요. 왜냐하면 머리가 좋고, 성격도 좋으니까요.

7) ______________ 은/는 한국어를 빨리 배울 거예요. 한국어를 좋아하고, 한국을 좋아하니까요.

8) ______________ 은/는 책을 많이 읽지요? 말도 잘하고, 아는 것도 많은 것 같아요.

9) ______________ ! 날씨가 흐리고 바람이 많이 부는데 집에 빨리 갈까요?

10) ______________ 은/는 요리를 잘하지요? 요리 이름도 많이 알고, 맛있는 식당도 많이 아네요!

여러분은 어떤 장점과 단점이 있습니까? 맞는 것에 모두 √ 하십시오. 그리고 **'-는/(으)ㄴ데다가 -(도)'**를 사용하여 이야기해 보십시오.

	단점		장점	
성격	불친절하다	☐	친절하다	☐
	잘 울다	☐	잘 웃다	☐
	친구를 쉽게 사귀지 못 하다	☐	친구를 쉽게 잘 사귀다	☐
	재미있는 말을 잘 못 하다	☐	재미있는 말을 많이 하다	☐
	말을 거의 안 하다	☐	말을 많이 하다	☐
	친구에게 전화를 안 하다	☐	친구에게 전화를 자주 하다	☐
	부모님과 이야기를 잘 안 하다	☐	부모님과 이야기를 많이 하다	☐
평소 생활태도	친구들에게 관심이 없다	☐	친구들을 잘 도와주다	☐
	가끔 안 씻다	☐	매일 씻다	☐
	가끔 쓰레기를 길에 버리다	☐	쓰레기는 쓰레기통에 버리다	☐
	늦게 자다	☐	일찍 자다	☐
	부모님께 자주 전화하지 않다	☐	부모님께 자주 전화 드리다	☐
식습관	좋아하는 음식만 먹다	☐	모든 음식을 잘 먹다	☐
	기름진 음식을 좋아하다	☐	기름진 음식은 잘 안 먹다	☐
	밤에 음식(야식)을 잘 먹다	☐	밤에는 음식을 안 먹다	☐
	과자나 초콜릿을 많이 사 먹다	☐	단 음식은 잘 안 먹다	☐
	아이스크림을 자주 사 먹다	☐	야채나 과일을 많이 먹다	☐
	식사를 자주 안 하다	☐	매일 같은 시간에 식사하다	☐
	술을 많이 마시다	☐	술을 (거의) 안 마시다	☐

가 : 미가 씨는 어떤 단점이 있어요?
나 : 저는 **밤에 늦게 자는 데다가 기름진 음식을 좋아해요.**
가 : 그러면 어떤 장점이 있어요?
나 : 저는 **잘 웃는데다가 술을 거의 안 마셔요.**

다음 그림을 보고 무슨 상황인지 친구들과 함께 추측해 보고 **'-는/(으)ㄴ/(으)ㄹ 모양이다'** 를 사용하여 이야기해 봅시다.

다음 그림을 보고 무슨 상황인지 **'-는/(으)ㄴ/(으)ㄹ 모양이다'** 를 사용하여 친구들과 이야기해 보십시오.

5년 전 : 요즘 **읽다 – 책**	지난 방학 : 이번 방학 **보다 – 영화**
3개월 전 : 요즘 **듣다 – 음악**	2년 전 : 5년 후 **배우다 – 외국어**
지난 학기 : 이번 학기 **보다 – 시험**	1년 전 : 내년 **여행하다 – 나라**
작년 : 올해 **가다 – 여행지**	그저께 : 모레 **만나다 – 친구**
지난주 : 다음 주 **만들다 – 음식**	10년 전 : 요즘 **좋아하다 – 음료수**
3년 전 : 요즘 **배우다 – 운동**	어제 저녁 : 오늘 아침 **전화하다 – 사람**
10년 전 : 10년 후 **사랑하다 – 사람**	전 : 3년 후 **다니다 – 학교**

다음 〈보기〉의 동사를 아래 표에 한 칸에 한 개씩 쓰십시오. 그리고 **'-(으)ㄴ'** 의 형태로 바꿔 쓰십시오. 친구들과 서로 한 개씩 번갈아 가며 읽으면서 √표 하십시오. 먼저 5줄을 만든 사람은 "빙고!"라고 하십시오.

<보기>

살았다　잃어버렸다　닮았다　찍었다　주문했다　불렀다
배웠다　봤다　마셨다　들었다　여행했다　세웠다　받았다
떠났다　만났다　잊어버렸다　시작했다　예약했다　잘랐다
썼다　결혼했다　그렸다　만들었다　바꿨다　사용했다

			예) 살았다 → 산	

〈활동지 A〉

다음의 표를 보고 내용에 맞는 친구를 찾아 이름을 쓰십시오. 그리고 '-(으)ㄴ'을 사용하여 발표해 보십시오.

1 한국 여행을 해 보다 이름 :______	2 어제 한국 음악을 듣다 이름 :______	3 어제 운동하다 이름 :______	4 어제 숙제를 안하다 이름 :______	5 아침에 커피를 마시다 이름 :______
6 어제 슈퍼마켓에 가다 이름 :______	7 아침 식사를 하다 이름 :______	8 어제 숙제를 하다 이름 :______	9 아침에 샤워하다 이름 :______	10 어제 텔레비전을 보다 이름 :______
11 아침에 버스를 타다 이름 :______	12 어제 술을 마시다 이름 :______	13 어제 방청소를 하다 이름 :______	14 아침에 제일 일찍오다 이름 :______	15 지난주에 부모님께 전화하다 이름 :______

가 : 수진 씨, **한국 여행을 해 봤어요?**
나 : 네, **해봤어요.**
(인터뷰 후 발표하기)
가 : **한국여행을 해 본 사람**은 **수진 씨**입니다.

〈활동지 B〉

다음 아래의 표를 보고 내용에 맞는 친구를 찾아 이름을 쓰십시오. 그리고 '-(으)ㄴ'을 사용하여 발표해 보십시오.

1 한국 여행을 해 보다 이름 :____	2 어제 한국 드라마를 보다 이름 :____	3 어젯밤에 샤워하다 이름 :____	4 아침에 제일 늦게 오다 이름 :____	5 아침에 물을 마시다 이름 :____
6 카메라를 갖고 오다 이름 :____	7 지난주에 극장에서 영화를 보다 이름 :____	8 아침에 컴퓨터를 하다 이름 :____	9 어제 집에서 요리를 하다 이름 :____	10 아침에 늦게 일어나다 이름 :____
11 아침에 텔레비전을 보다 이름 :____	12 아침에 빵을 먹다 이름 :____	13 어제 한국 사람과 이야기하다 이름 :____	14 지난주에 은행에 가다 이름 :____	15 어제 책을 읽다 이름 :____

가 : **수진 씨, 한국 여행을 해 봤어요?**
나 : **네, 해봤어요.**
(인터뷰 후 발표하기)
가 : **한국여행을 해 본 사람**은 **수진 씨**입니다.

2시에 친구를 만날 거예요. **그 친구**가 약속을 취소했어요.	주말에 사람들이 등산을 해요. **그런 사람들**이 많아요.
어제 학교에서 문법을 공부했어요. **그 문법**을 잘 이해할 수 없어요.	어제 친구를 만났어요.. **그 친구**는 저와 같은 반에서 공부해요.
지금 음악을 듣고 있어요. **그 음악**은 한국의 전통 음악이에요.	요즘 극장에서 공포영화를 해요. **그 공포영화**를 꼭 보고 싶어요.
학생들은 곧 한국을 떠날 거예요. **그 학생들**과 함께 파티를 했어요..	문법 문제를 이해할 수 없어요. **그 문법 문제**를 친구가 도와주었어요.
3년 전에 처음 한국 영화를 봤어요. **그 한국 영화**의 배우가 너무 잘 생겼었어요.	어제 공원에서 사진을 찍었어요. **그 사진**이 잘 나왔어요.
축구를 할 거예요. **그 사람들**은 5시까지 운동장으로 나오세요.	학생들은 부산 여행을 갈 수 없어요. **그 학생들**은 저에게 말씀해 주세요.
어제 극장에서 영화를 봤어요. **그 영화**는 참 재미있었어요.	5년 전에 처음 외국어를 배웠어요. **그 외국어**가 한국어예요.
숙제를 해야 해요. **그 숙제**가 너무 많아요.	학생들이 태권도 수업을 신청할 거예요. **그 학생들**은 신청서를 써 주세요.
어제 신발을 샀어요. **그 신발**이 마음에 안 들어요.	어제 서점에서 책을 샀어요. **그 책**을 오늘 읽을 거예요.
설날에 가족들과 함께 음식을 먹어요. **그 음식**이 떡국이에요.	어제 백화점에서 옷을 샀어요. **그 옷**을 오늘 입을 거예요.
어제 식당에 갔어요. **그 식당**의 음식이 참 맛있었어요.	학교 앞에 슈퍼마켓이 있어요. **그 슈퍼마켓**에서 물을 샀어요.
지금 케이크를 만들어요. **그 케이크**를 선생님께 드릴 거예요.	집 앞에 미용실에 갈 거예요. **그 미용실**에서 머리를 자를 거예요.
어제 수업에서 노래를 배웠어요. **그 노래**를 노래방에서 부를 거예요.	어제 책을 읽었어요. **그 책**을 오늘 친구에게 줄 거예요.

여러분 친구는 여러분에 대해 얼마나 알고 있습니까? 친구에게 '**-는/(으)ㄴ/(으)ㄹ지 알다/모르다**'를 사용하여 질문해 보십시오. 친구의 나에 대한 관심도를 알아 봅시다.

관심도 테스트

질문	○ / ×
내가 보통 학교에 오는 시간	
내가 보통 몇 시에 학교에 오는지 알아요?	
내가 보통 자는 시간	
?	
내가 보통 일어나는 시간	
?	
내가 밥을 먹는 장소	
?	
나의 고향	
?	
나와 가장 친한 친구	
?	
내가 한국어를 공부하는 이유	
?	
내가 가장 좋아하는 음식	
?	
내가 사랑하는 사람	
?	
내가 좋아하는 음악	
?	

> 나에 대한 친구의 관심도 <

○가 7개 이상 : 이 친구는 나에게 관심이 아주 많다.
○가 4–6개 : 이 친구는 나에게 관심이 조금 있다.
○가 3개 이하 : 이 친구는 나에게 관심이 별로 없다.

여러분은 못하는 것들이 있습니까? 여러분이 할 수 없는 일 10개를 **'못'** 을 사용하여 써 보십시오.

내가 못하는 것들

- 나는 일본어를 못합니다.

1.

2.

3.

4.

5.

6.

7.

8.

9.

10.

나는 누구일까요?

여러분의 친구는 어떤 능력을 가지고 있을까요? 친구 한 명을 선택하여 그 친구의 능력을 추측해 보십시오. 그리고 그 친구에게 **'-(으)ㄹ 수 있다/없다'** 를 사용하여 질문하고 확인하십시오.

내 친구 ________은/는 이것을 할 수 있다!

맞아요 √

1. 자전거를 ____________________. ☐
2. 비빔밥을 ____________________. ☐
3. 태권도를 ____________________. ☐
4. 고향의 전통 춤을 ____________________. ☐
5. 한국 사람과 한국어로 ____________________. ☐
6. 컴퓨터로 그림을 ____________________. ☐
7. 한국 노래를 ____________________. ☐
8. 혼자 한국 여행을 ____________________. ☐
9. 운전을 ____________________. ☐
10. 휴대전화로 한국어 메시지를 ____________________. ☐

몇 개 맞았어요? : ________개/10개

추다 하다 그리다 타다 부르다 만들다 보내다 이야기하다 여러분의 친구들은 무엇을 잘하고, 무엇을 잘 못합니까? **'-(으)ㄹ 수 있다'** 를 사용하여 친구들에게 묻고, 얼마나 잘하는지 점수를 써 보십시오.

예) 1: 한국어를 전혀 못해요. 2: 한국어를 잘 못해요. 3: 보통이에요.
4: 한국어를 잘할 수 있어요. 5: 한국어를 아주 잘할 수 있어요.

질문	이름	이름	이름	이름
한국어를 하다				
한국 요리를 하다				
한국 노래를 부르다				
달리기를 하다				
농구를 하다				
축구를 하다				
탁구를 치다				
피아노를 치다				
그림을 그리다				
컴퓨터를 하다				
운전을 하다				
한국 신문을 읽다				
한국어 책을 읽다				

돈이 없어서 고향에 못 가는데 부모님이 많이 편찮으시다.
한국 음식이 입에 맞지 않다
고향에 돌아가고 싶어서 밤에 잠이 안 오다
룸메이트가 매일 새벽에 들어오거나 시끄럽게 하다
1년 동안 한국어를 배웠는데 한국어를 아직 잘 못하다
한국에 온 후부터 배가 자주 아프다
한국에 와서 잠을 안 자고 컴퓨터 게임을 많이 하게 되다
한국에서 혼자 사는 것이 너무 외롭다
하숙집에서 강아지를 키우고 싶다
사랑하는 사람이 생겼는데 그 사람은 이미 애인이 있다
겨울이 너무 추워서 힘들다
하숙집의 음식이 맛이 없다
일과 숙제가 너무 많다
한국에 온 후에 살이 너무 많이 빠졌다
병원에 가고 싶은데 한국말을 못해서 못 가다.
스트레스를 많이 받아서 머리카락이 빠지다
한국 친구를 많이 사귀고 싶다
한국어를 배운 후에 한국 회사에 들어가고 싶다
어제 지하철에서 여권을 잃어버리다
이번 방학에 고향에 가고 싶은데 비행기 표가 없다

여러분은 지금 남자/여자 친구가 있습니까? 남자/여자 친구가 있다면 어떤 사랑을 하고 싶습니까? 연인에게 서로 지켜야할 약속을 하는 '서약서'를 **'-도록 하겠습니다'**를 사용하여 써 보십시오.

사랑의 서약서

예) 매일 전화하도록 하겠습니다.

1.

2.

3.

4.

5.

6.

7.

8.

9.

10.

다음의 경우에 어떤 조언이 좋을까요? 그 조언에 ○표 하십시오. 친구의 생각은 어떻습니까? 친구와 서로의 생각을 비교하고 그 이유를 이야기해 보십시오.

1) 좋아하는 남자/ 여자가 생겼어요.
- 빨리 고백하도록 하십시오.
- 그 사람 옆에서 많이 도와주도록 하십시오.
- 친구에게 그 사람도 좋아하는지 물어 보도록 하십시오.
- 예쁘게/멋있게 하고 다니도록 하십시오.

2) 밤에 잠이 너무 안 옵니다.
- 빨리 병원에 가도록 하십시오.
- 일을 너무 많이 하지 않도록 하십시오.
- 낮에 일을 더 열심히 하고 운동도 열심히 하도록 하십시오.
- 잠을 자기 전에 우유를 한 잔 마시도록 하십시오.

3) 윗집에 사는 아이가 너무 뛰어서 시끄럽습니다.
- 윗집 아주머니에게 가서 이야기하도록 하십시오.
- 이사를 가도록 하십시오.
- 윗집 아이를 만나면 이야기하도록 하십시오.
- 그냥 이해해 보도록 하십시오.

4) 감기가 심하게 걸렸습니다.
- 빨리 병원에 가도록 하십시오.
- 빨리 약국에 가서 약을 사 먹도록 하십시오.
- 잠을 많이 자고 쉬도록 하십시오.
- 배를 끓여서 배물과 꿀을 같이 먹어 보도록 하십시오.

5) 이를 매일 닦지만 입에서 냄새가 납니다.
- 빨리 병원에 가 보도록 하십시오.
- 이를 더 자주 닦도록 하십시오.
- 소금물로 양치질을 하도록 하십시오.
- 이와 혀 그리고 잇몸을 모두 잘 닦도록 하십시오.

A	B
1 친구가 주말에 당신과 약속을 하려고 합니다. 그런데 당신은 토요일과 일요일 오전에는 늦게까지 자고 싶습니다.	1 친구와 주말에 한국 영화를 보고 싶습니다. 친구와 약속을 정해 보십시오. (요일, 시간, 장소, 영화 제목)
2 여러분은 이번 주에 친구와 같이 도서관에서 공부를 하고 싶습니다. 친구와 만날 약속을 정하십시오. (요일, 시간, 장소 등)	2 여러분은 친구가 이번 주에 도서관에 가자고 합니다. 그런데 당신은 이번 주에 몸이 안 좋아서 집에서 쉬고 싶습니다.
3 친구와 한국 음식점에 갔습니다. 친구는 한국 식당에 처음입니다. 친구와 함께 무엇을 먹을지 정하십시오.	3 여러분은 친구와 함께 한국 식당에 왔습니다. 그런데 당신은 한국 식당에 처음입니다. 친구와 함께 무엇을 먹을지 정하십시오.
4 여러분은 한 아이의 부모입니다. 아이가 오늘 영화를 보러 가자고 합니다. 그런데 오늘은 너무 바쁘고 날씨도 안 좋아서 갈 수 없습니다. 아이에게 이야기하십시오.	4 여러분은 초등학교 아이입니다. 오늘은 크리스마스라서 부모님과 같이 영화를 꼭 보고 싶습니다. 부모님과 이야기하십시오.
5 여러분은 학교의 한국어 선생님입니다. 한 학생이 수업 시간에 계속 자기 나라의 말로 이야기를 합니다. 그 학생을 불러서 주의를 하십시오.	5 여러분은 한국어 반 학생입니다. 한국어를 잘 모릅니다. 그리고 한국어가 재미없습니다. 선생님께 이야기하십시오.

여러분은 남자/여자 친구가 있습니까? 사랑하는 사람에게 부탁할 것이 있으면 어떻게 하겠습니까? **'반말'** 을 사용하여 사랑하는 사람에게 부탁하고 싶은 말을 써 보십시오.

________________에게

________________아/야, 부탁이 있는데 좀 들어주면 좋겠어.

예) 술을 많이 마시면 안 돼, 우리 자주 만나자…

-
-
-
-
-
-
-

내가 정말 사랑하는 것 알지? 꼭 부탁해!

년 월 일

세상에서 당신을 가장 사랑하는 __________가

한국과 여러분의 나라를 **'보다 (더)'** 와 **'비슷하다'** 를 사용하여 비교해 보십시오. 그리고 '<, >, ≑' 로 표기하십시오.

가 : 한국의 인구가 **더 많아요? 아니면** 몽골의 인구가 **더 많아요?**
나 : 한국의 인구가 몽골의 인구**보다 더 많아요. (한국 > 몽골)**
한국의 인구가 몽골의 인구**보다 더 적어요. (한국 < 몽골)**
한국의 인구와 몽골의 인구**가 비슷해요. (한국 ≑ 몽골)**

	비교	한국 : ________(고향)	한국 : ________(고향)
인구	많다/적다		
면적	크다/작다		
길	복잡하다/한가하다		
시장	복잡하다/한가하다		
교통	편하다/불편하다		
교통비	비싸다/싸다		
집 값	비싸다/싸다		
물건 값	비싸다/싸다		
인터넷 속도	빠르다/느리다		

☆ 참고 ☆

◀────────┼────────▶

많다	비슷하다	적다
비싸다		싸다
넓다		좁다
크다		작다
복잡하다		한가하다
편하다		불편하다
빠르다		느리다

우리는 살면서 경험했던 것을 서로 비교합니다. 친구들과 다음 주제에 대한 구체적인 비교 대상을 정하고 **'보다 (더)'** 를 사용하여 이야기해 보십시오.

식당: ______식당과 ______식당

예) 한국 식당이 학교 식당 보다 더 싸요.

-
-
-

사람: ______와/과 ______

-
-
-
-

학교: ______와/과 ______

-
-
-
-

나라: ______와/과 ______

-
-
-
-

영화: ______와/과 ______

-
-
-
-

교통 수단: ______와/과 ______

-
-
-
-

크다	작다	빠르다	느리다	친절하다	불친절하다
예쁘다	못생기다	편하다	불편하다	재미있다	재미없다
많다	적다	비싸다	싸다	게으르다	부지런하다
길다	짧다	춥다	덥다	맛있다	맛없다
맵다/달다/쓰다/시다		시원하다	따뜻하다	뚱뚱하다	날씬하다
짜다/ 싱겁다		무섭다	슬프다	어렵다	쉽다
복잡하다	한가하다	좋다	나쁘다		

㉮ 여러분은 '과자' 회사의 사장입니다. 여러분 나라에서 '한국의 과자' 를 팔려고 합니다. 어떤 과자가 좋을까요? 다음 과자들의 맛을 보고 **'보다 (더)'** 를 사용하여 비교해 보십시오.
(1점: ♥♡♡♡♡ 2점: ♥♥♡♡♡ 3점: ♥♥♥♡♡ 4점: ♥♥♥♥♡ 5점: ♥♥♥♥♥)

	과자 이름 : ________	과자 이름 : ________	과자 이름 : ________
모양 (예쁘다)	♡♡♡♡♡	♡♡♡♡♡	♡♡♡♡♡
색깔 (예쁘다)	♡♡♡♡♡	♡♡♡♡♡	♡♡♡♡♡
맛 (맛있다)	♡♡♡♡♡	♡♡♡♡♡	♡♡♡♡♡
향 (좋다)	♡♡♡♡♡	♡♡♡♡♡	♡♡♡♡♡
가격 (싸다)	♡♡♡♡♡	♡♡♡♡♡	♡♡♡♡♡
합계	♥ = _____개	♥ = _____개	♥ = _____개

㉯ 여러분 나라에 어떤 과자를 팔겠습니까? 위의 평가를 보고 보고서를 쓰십시오.

보고서

(예) '★★' 과자의 모양은 다른 과자보다 더 예쁩니다.

____

____

____

____

____

____

____

그러니까, 우리 나라에서는 ________을/를 파는 것이 좋겠습니다.

다음은 한국 생활에 대한 질문입니다. 친구들에게 질문하고 그 대답을 '正' 자로 표시하십시오. 어떤 의견이 더 많습니까? '**ㅂ불규칙**' 에 유의하여 이야기해 봅시다.

설문조사

1. 한국 생활이 어때요?
   ① 재미있다 ( ) ② 재미없다 ( )

2. 한국의 여름 날씨가 어때요?
   ① 따뜻하다 ( ) ② 덥다 ( ) ③ 시원하다 ( ) ④ 춥다 ( )

3. 한국의 겨울 날씨가 어때요?
   ① 따뜻하다 ( ) ② 덥다 ( ) ③ 시원하다 ( ) ④ 춥다 ( )

4. 한국의 물이 어때요?
   ① 깨끗하다 ( ) ② 더럽다 ( )

5. 한국어 사람이 어때요?
   ① 친절하다 ( ) ② 불친절하다 ( )

6. 한국의 남자가 어때요?
   ① 귀엽다 ( ) ② 보통이다 ( ) ③ 잘생겼다 ( )

7. 한국 여자가 어때요?
   ① 귀엽다 ( ) ② 보통이다 ( ) ③ 아름답다 ( )

8. 한국 음식이 어때요?
   ① 맛있다 ( ) ② 보통이다 ( ) ③ 맛없다 ( )

9. 한국 김치가 어때요?
   ① 안 맵다 ( ) ② 조금 맵다 ( ) ③ 아주 맵다 ( )

10. 한국어 공부가 어때요?
    ① 쉽다 ( ) ② 보통이다 ( ) ③ 어렵다 ( )

쉽다	좋다	–아/어서	–다고 하다
어렵다	달다	–(으)니까	–(으)면
춥다	팔다	–고	–아/어야
줍다	다르다	–지만	–(으)십시오
입다	오르다	–(으)ㄴ/는	–(으)ㄹ
좁다	고르다	–(으)ㄴ데/ 는데	–았/었었
잡다	모르다	–스(ㅂ)니다	–아/어야 하다
접다	나르다	–아/어요	–(으)ㄹ까요?
맵다	마르다	–았/었어요	–(으)ㅂ시다
가늘다	부르다	–(으)ㄹ 거예요	–(으)ㄴ/는다/다

놀다	자르다	**-(으)ㄹ게요**	**-(으)ㄴ/는데요**
말다	흐르다	**-거나**	**-고 나서**
밀다	묻다	**-거든요**	**-고 있다**
울다	싣다	**-게 되다**	**-아/어 있다**
알다	걷다	**-겠-**	**-구나/는 구나**
듣다	짓다	**-기**	**-기 시작하다**
닫다	씻다	**-(으)ㅁ**	**-기 전에**
묻다(땅에)	웃다	**-(으)ㄴ 후에**	**-기로 하다**
믿다	빼앗다	**-네**	**-기에**
아프다	빗다	**-는 길이다**	**-네요!**

쓰다	벗다	-(으)ㄴ 가/는가 보다	-(으)ㄴ/는지 알다
크다	그렇다	-다가	-도록 하다
예쁘다	까맣다	-아/어 가지고	-아/어 달라고 하다
슬프다	하얗다	-(으)ㄴ/는 것 같다	-(으)ㄹ 때
바쁘다	빨갛다	-(으)려고	-(으)ㄹ 텐데
고프다	어떻다	-(으)ㄹ지 모르다	-아/어(반말)
긋다	낳다	-(으)ㄴ/는 줄 알다/모르다	-(으)세요
낫다		-(는)구나	-(으)ㄹ 겁니다
붓다		-다고 생각하다	-(으)ㄴ/는 것
젓다		-다!	-는 중이다

〈학생용〉

〈교사용〉

02) 578-2190	010-290-6828	080-300-1482	031) 654-8459	043) 342-6820
010-4728-5981	011-3400-5047	02) 752-2875	5300-2654	080-3423-5432
011-5300-2814	02) 328-4500	032) 920-2848	016-5200-9404	070-3428-1928
032) 841-6592	1588-3200	010-2653-7856	017-8730-4015	3948-4325
010-234-3452	016-394-4937	017-234-3256	011-2353-4562	023)3456-3423

〈활동지 A〉

다음은 전화번호 책입니다. 친구에게 전화번호를 묻고 전화번호를 쓰십시오. 그리고 친구의 질문에 답하십시오.

예) 한국 대학교 6354-1179
현대 마트 (   )
핫 피자 5811-7575
선 꽃집 (   )
나리 미용실 759-9230
제일 서점 (   )
한일 식당 3574-2487
꼬꼬 치킨 (   )
좋은 노래방 830-2953
파리 빵집 (   )
과일 과게 231-6734
한국 서점 (   )
대한 약국 340-3045

〈활동지 B〉

다음은 전화번호 책입니다. 친구에게 전화번호를 묻고 전화번호를 쓰십시오. 그리고 친구의 질문에 답하십시오.

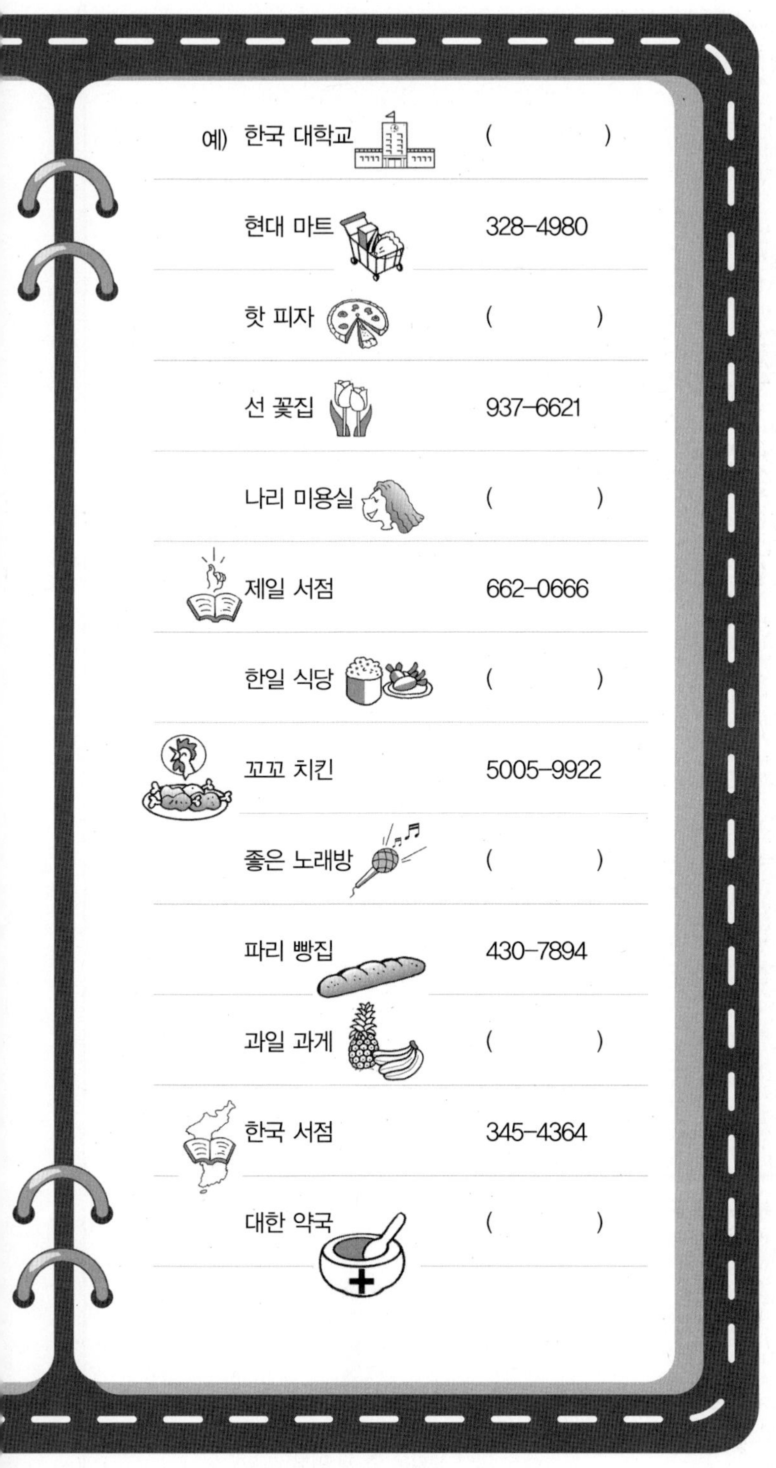

예)	한국 대학교	(　　　)
	현대 마트	328-4980
	핫 피자	(　　　)
	선 꽃집	937-6621
	나리 미용실	(　　　)
	제일 서점	662-0666
	한일 식당	(　　　)
	꼬꼬 치킨	5005-9922
	좋은 노래방	(　　　)
	파리 빵집	430-7894
	과일 과게	(　　　)
	한국 서점	345-4364
	대한 약국	(　　　)

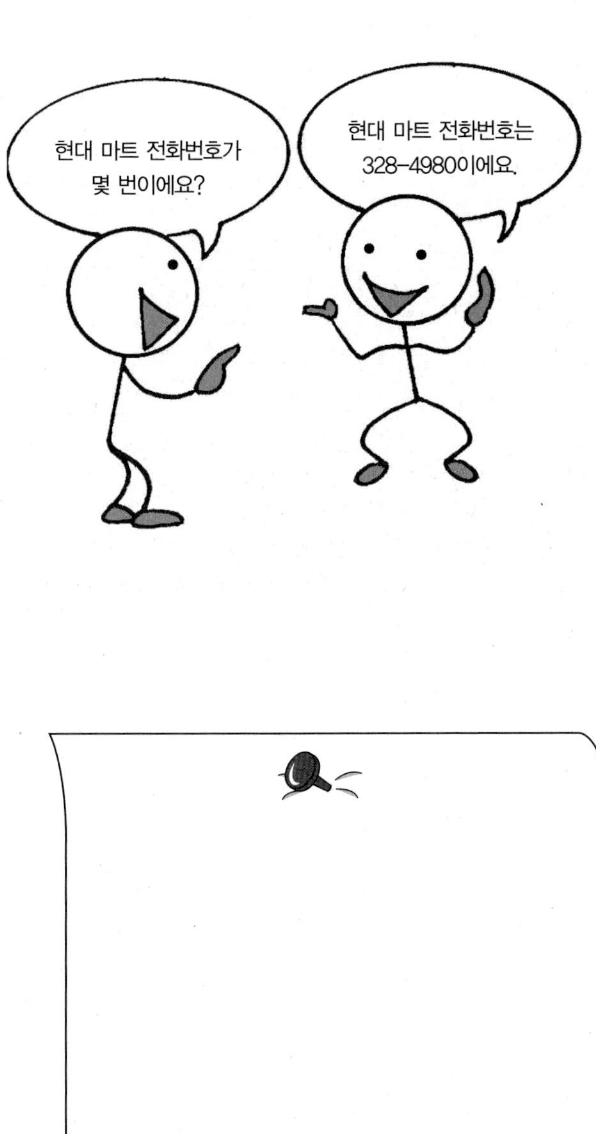

친구들의 생일이 언제입니까? 묻고 답하십시오.

		생일
겨울 ___명	12월	예) 11일 (김민호)
	1월	
	2월	
봄 ___명	3월	
	4월	
	5월	
여름 ___명	6월	
	7월	
	8월	
가을 ___명	9월	
	10월	
	11월	

가 : 수진 씨는 **생일이 언제입니까?**
나 : **제 생일은 3월 23일입니다.**

가 : 수진 씨의 **생일은 몇 월 며칠입니까?**
나 : **제 생일은 3월 23일입니다.**

〈활동지 A〉

여러분은 한국의 공휴일을 알고 있습니까? 다음 표에 있는 날들이 언제인지 그리고 쉬는 날인지 친구에게 묻고 쓰십시오.

	날짜	요일	쉬는 날(∨)	1월~5월	날짜	요일	쉬는 날(∨)
신정				식목일			
설(구정)				석가탄신일			
대보름				어린이날			
3·1절				어버이날			

가 : 신정은 **며칠입니까?**
나 : 1월 1일입니다.

가 : **무슨 요일입니까?**
나 : 월요일입니다.

가 : 신정**에 쉽니까?**
나 : 네, 쉽니다.

〈활동지 B〉

여러분은 한국의 공휴일을 알고 있습니까? 다음 표에 있는 날들이 언제인지 그리고 쉬는 날인지 친구에게 묻고 쓰십시오.

	날짜	요일	쉬는 날(∨)	5월~12월	날짜	요일	쉬는 날(∨)
스승의 날				추석			
현충일				개천절			
광복절				성탄절			
한글날				동지			

가 : 신정은 **며칠입니까?**
나 : 1월 1일입니다.

가 : **무슨 요일입니까?**
나 : 월요일입니다.

가 : 신정**에 쉽니까?**
나 : 네, 쉽니다.

〈학생 A〉

다음 그림을 보고 친구에게 가격을 묻고 쓰십시오. 그리고 친구의 질문에 대답하십시오.

가방 35,000원	사과 ________원	세탁기 980,000원	휴대전화 ________원
볼펜 ________원	책 11,500원	신문 600원	우유 ________원
햄버거 2,600원	물 ________원	사탕 ________원	양말 3,700원
냉장고 ________원	구두 64,000원	비누 ________원	선풍기 34,100원

〈학생 B〉

다음 그림을 보고 친구에게 가격을 묻고 쓰십시오. 그리고 친구의 질문에 대답하십시오.

가방 ________원	사과 700원	세탁기 ________원	휴대전화 143,000원
볼펜 1,200원	책 ________원	신문 ________원	우유 2,400원
햄버거 ________원	물 1,150원	사탕 1,500원	양말 ________원
냉장고 1,250,000원	구두 ________원	비누 3,800원	선풍기 ________원

〈활동지 A〉

A

오늘은 나의 생일입니다. **친구 5명**이 집에 옵니다. 필요한 음식과 물건을 사십시오. **돈은 20,000원이 있습니다.**

〈필요한 물건 목록〉

- 콜라 ________ 병
- 맥주 ________ 병
- 과자 ________ 봉지
- 케이크 ________ 개
- 종이컵 ________ 개
- 사과 ________ 개
- 배 ________ 개
- 수박 ________ 개
- 오징어 ________ 마리
- 땅콩 ________ 봉지

가격 : ________________ 원

B

가게 아주머니입니다. 물건을 파십시오.

〈물품 목록〉

- 콜라 500원/병
- 맥주 500원/병
- 과자 800원/봉지
- 케이크 7,000원/개
- 종이컵 20원/개
- 사과 700원/개
- 배 600원/개
- 수박 8,000원/개
- 오징어 2,500원/마리
- 땅콩 1,500원/봉지

가격 : ________________ 원

〈활동지 B〉

A

가게 아주머니입니다. 물건을 파십시오.

〈물품 목록〉

- 콜라 400원/병
- 맥주 600원/병
- 과자 200원/봉지
- 케이크 5,000원/개
- 종이컵 60원/개
- 사과 900원/개
- 배 300원/개
- 수박 9,000원/개
- 오징어 1,200원/마리
- 땅콩 1,000원/봉지

가격 : ________________ 원

B

오늘은 나의 생일입니다. **친구 5명**이 집에 옵니다. 필요한 음식과 물건을 사십시오. **돈은 20,000원이 있습니다.**

〈필요한 물건 목록〉

- 콜라 ________ 병
- 맥주 ________ 병
- 과자 ________ 봉지
- 케이크 ________ 개
- 종이컵 ________ 개
- 사과 ________ 개
- 배 ________ 개
- 수박 ________ 개
- 오징어 ________ 마리
- 땅콩 ________ 봉지

가격 : ________________ 원

교사용

12 : 00	2 : 40	3 : 15	11 : 20	4 : 25
8 : 30	8 : 40	7 : 25	2 : 50	1 : 45
4 : 35	5 : 55	6 : 50	7 : 35	7 : 00
8 : 45	6 : 10	5 : 00	9 : 15	11 : 45
10 : 10	12 : 55	10 : 05	4 : 05	1 : 00

카드1

4 : 25	11 : 20	2 : 40	8 : 45	6 : 10
8 : 40	12 : 00	2 : 50	4 : 35	5 : 00
3 : 15	8 : 30	7 : 25	6 : 50	9 : 15
1 : 45	5 : 55	7 : 35	7 : 00	10 : 05
11 : 45	10 : 10	12 : 55	4 : 05	1 : 00

카드2

1 : 45	7 : 00	2 : 50	5 : 55	11 : 20
9 : 15	5 : 00	6 : 10	6 : 50	4 : 25
11 : 45	3 : 15	2 : 40	7 : 35	4 : 35
4 : 05	10 : 05	8 : 30	8 : 40	12 : 00
7 : 25	1 : 00	8 : 45	12 : 55	10 : 10

카드3

11 : 20	4 : 25	5 : 55	7 : 00	8 : 45
12 : 00	2 : 50	8 : 40	10 : 10	6 : 10
4 : 35	6 : 50	8 : 30	4 : 05	10 : 05
7 : 35	3 : 15	9 : 15	2 : 40	1 : 00
7 : 25	1 : 45	5 : 00	12 : 55	11 : 45

카드4

8 : 40	5 : 55	8 : 30	4 : 35	12 : 00
7 : 00	8 : 45	7 : 35	3 : 15	11 : 20
10 : 05	6 : 10	2 : 50	4 : 25	7 : 25
4 : 05	12 : 55	10 : 10	9 : 15	5 : 00
2 : 40	1 : 00	11 : 45	1 : 45	6 : 50

카드5

4 : 35	8 : 30	5 : 55	7 : 00	2 : 40
7 : 25	1 : 45	2 : 50	6 : 10	8 : 45
11 : 20	7 : 35	12 : 00	9 : 15	5 : 00
3 : 15	4 : 25	12 : 55	8 : 40	10 : 05
6 : 50	11 : 45	10 : 10	4 : 05	1 : 00

카드6

8 : 30	2 : 50	7 : 25	11 : 20	3 : 15
6 : 50	7 : 35	1 : 45	5 : 55	4 : 35
9 : 15	2 : 40	7 : 00	4 : 25	8 : 45
12 : 55	10 : 05	10 : 10	5 : 00	11 : 45
1 : 00	4 : 05	8 : 40	6 : 10	12 : 00

카드7

7 : 25	4 : 35	7 : 00	11 : 45	8 : 30
5 : 55	8 : 45	9 : 15	6 : 10	10 : 10
1 : 45	4 : 25	2 : 50	10 : 05	4 : 05
6 : 50	7 : 35	3 : 15	11 : 20	1 : 00
8 : 40	5 : 00	2 : 40	12 : 55	12 : 00

카드8

7 : 25	4 : 35	2 : 40	4 : 25	8 : 40
7 : 00	3 : 15	5 : 55	2 : 50	1 : 45
6 : 10	8 : 30	11 : 20	7 : 35	8 : 45
1 : 00	9 : 15	12 : 00	11 : 45	5 : 00
12 : 55	4 : 05	10 : 05	10 : 10	6 : 50

카드9

5 : 00	10 : 10	7 : 00	1 : 00	10 : 05
4 : 35	2 : 40	9 : 15	12 : 55	4 : 05
2 : 50	5 : 55	4 : 25	3 : 15	1 : 45
8 : 30	11 : 20	7 : 35	8 : 45	6 : 10
8 : 40	12 : 00	6 : 50	11 : 45	7 : 25

카드10

2 : 40	4 : 05	5 : 00	4 : 35	1 : 45
10 : 05	1 : 00	5 : 55	7 : 35	7 : 00
10 : 10	12 : 55	4 : 25	11 : 20	2 : 50
11 : 45	8 : 30	7 : 25	12 : 00	9 : 15
3 : 15	6 : 10	8 : 45	6 : 50	8 : 40

카드11

4 : 25	4 : 35	2 : 50	6 : 10	2 : 40
1 : 45	12 : 00	7 : 25	8 : 45	3 : 15
5 : 55	11 : 20	5 : 00	8 : 30	9 : 15
7 : 00	7 : 35	12 : 55	11 : 45	10 : 10
8 : 40	6 : 50	4 : 05	1 : 00	10 : 05

〈학생용〉

〈교사용〉

11 : 15	5 : 35	2 : 10	4 : 20	9 : 50
3 : 45	12 : 05	10 : 45	7 : 05	11 : 25
6 : 30	6 : 00	8 : 25	6 : 40	4 : 40
9 : 25	7 : 15	4 : 35	12 : 35	10 : 50
11 : 55	2 : 40	1 : 30	10 : 05	5 : 55

반 친구들의 생일은 언제입니까? 나이는 몇 살입니까? 생년월일과 나이를 묻고 답하십시오.

이 름		생 일	몇 살입니까? (한국 나이)
1		년 월 일	
2		년 월 일	
3		년 월 일	
4		년 월 일	
5		년 월 일	
6		년 월 일	
7		년 월 일	
8		년 월 일	
9		년 월 일	
10		년 월 일	
11		년 월 일	
12		년 월 일	
13		년 월 일	
14		년 월 일	
15		년 월 일	

나이		몇 명입니까?
10대	10살~19살	
20대	20살~29살	
30대	30살~39살	
40대	40살~49살	
50대	50살~59살	

가 : **생년월일이 어떻게 되세요?**
나 : **1989**년 **3**월 **12**일입니다.

가 : **몇 살입니까?**
나 : **스무** 살입니다.

〈활동지 A〉

㉮ 다음은 '나'의 가족입니다. 내 가족의 나이를 친구에게 이야기해 주십시오.

㉯ 다음은 여러분 '친구 가족' 입니다. 친구 가족의 나이를 묻고 답을 쓰십시오.

나이를 말할 때

10	20	30	40	50	60	70	80	90	100
열	스물	서른	마흔	쉰	예순	일흔	여든	아흔	백

가 : 할아버지**께서는 연세가 어떻게 되셨습니까?**
나 : 아흔 하나 **되셨습니다.**

가 : 여동생은 **몇 살입니까?**
나 : 열 두 **살입니다.**

〈활동지 B〉

㉮ 다음은 여러분 '친구 가족' 입니다. 친구 가족의 나이를 묻고 답을 쓰십시오.

㉯ 다음은 '나' 의 가족입니다. 내 가족의 나이를 친구에게 이야기해 주십시오.

나이를 말할 때

10	20	30	40	50	60	70	80	90	100
열	스물	서른	마흔	쉰	예순	일흔	여든	아흔	백

가 : 할아버지**께서는 연세가 어떻게 되셨습니까?**
나 : 아흔 **되셨습니다.**

가 : 여동생은 **몇 살입니까?**
나 : 열 여덟 **살입니다.**

여러분은 일요일에 무엇을 합니까? 친구들은 무엇을 합니까? **'-(스)ㅂ니까?'** 를 사용하여 질문하고, '네' 면 '○', '아니요' 면 '×' 표 하십시오.

일요일에 하는 일

하는 일	나	이름	이름	이름
일찍 일어나다	○ / ×			
아침 식사를 하다				
텔레비전을 보다				
쇼핑을 하다				
한국어 공부를 하다				
컴퓨터를 하다				
책을 읽다				
점심 식사를 하다				
친구를 만나다				
영화를 보다				
빨래를 하다				
한국 음식을 먹다				
청소를 하다				
운동을 하다				
커피를 마시다				
음악을 듣다				
일찍 잠을 자다				

가 : **일찍 일어납니까?**
나 : 네, **일찍 일어납니다.**

가 : **일찍 일어납니까?**
나 : 아니요, **일찍 안 일어납니다.**
(아니요, **일찍 일어나지 않습니다.**)

다음 문장을 읽고, **'-(스)ㅂ니까?'** 를 사용해 질문을 써 보십시오.

퀴즈

점 수(각1점)

1. ☺ ______________________________? ______
   ● 아니요, 술을 마시지 않습니다.
2. ☺ ______________________________? ______
   ● 네, 한국어 책이 있습니다.
3. ☺ ______________________________? ______
   ● 아니요. 컴퓨터가 아닙니다. 텔레비전입니다.
4. ☺ ______________________________? ______
   ● 식당에서 먹습니다.
5. ☺ ______________________________? ______
   ● 아니요. 아침에 운동하지 않습니다.
6. ☺ ______________________________? ______
   ● 아니요. 은행에 가지 않습니다. 시장에 갑니다.
7. ☺ ______________________________? ______
   ● 일본어를 가르칩니다.
8. ☺ ______________________________? ______
   ● 네. 일요일에는 집에서 쉽니다.
9. ☺ ______________________________? ______
   ● 커피를 마십니다.
10. ☺ ______________________________? ______
    ● 아니요. 학생이 아닙니다. 선생님입니다.
11. ☺ ______________________________? ______
    ● 아니요. 의사가 아닙니다. 간호사입니다.
12. ☺ ______________________________? ______
    ● 신문을 읽습니다.
13. ☺ ______________________________? ______
    ● 도서관에 갑니다.
14. ☺ ______________________________? ______
    ● 아니요. 주말에는 한국어 수업이 없습니다.
15. ☺ ______________________________? ______
    ● 네, 아침에 빵을 먹습니다.

총 ____/15

여러분은 반복적으로 하는 행동이나 일이 있습니까? **'씩'** 을 사용하여 친구들과 생활 속의 습관에 대하여 서로 이야기 해 봅시다.

단위	반복적으로 하는 행동	이름 :	이름 :
일주일	친구에게 이메일을 보내다	번	번
하루	커피를 마시다	잔	잔
하루	과자를 먹다	봉지	봉지
한 달	책을 읽다	권	권
일 년	병원에 가다	번	번
하루	컴퓨터를 하다	시간	시간
하루	물을 마시다	잔	잔
일 년	여행을 하다	번	번
하루	잠을 자다	시간	시간
하루	한국어를 공부하다	시간	시간
하루	텔레비전을 보다	시간	시간
한 달	부모님께 전화를 걸다	번	번

가 : 하루**에 몇 번씩** 밥을 먹어요?
나 : 저는 하루**에 두 번씩** 밥을 먹어요.

〈활동지 A〉

오늘 저녁에 여러분 아들의 돌잔치가 있습니다. 무엇을 준비해 놓았습니까? 돌잔치를 준비한 아내/남편과 체크리스트를 보면서 **'-아/어 놓다'** 를 사용하여 모두 준비했는지 확인하십시오.

체크 리스트	준비 (O,X)
떡을 사다	
음식을 준비하다	
쌀을 사다	
아이의 한복을 준비하다	
활을 사다	
돌 반지를 준비하다	
실을 준비하다	
붓을 준비하다	

〈활동지 B〉

오늘 저녁에 여러분 딸의 생일파티가 있습니다. 무엇을 준비해 놓았습니까? 생일 파티를 준비한 아내/남편과 체크리스트를 보면서 **'-아/어 놓다'** 를 사용하여 모두 준비했는지 확인하십시오.

체크 리스트	준비 (O,×)
선물을 준비하다	
케이크를 사다	
과일을 사다	
생일 카드를 쓰다	
풍선을 불다	
꽃을 사다	
사진기를 준비하다	
음료수를 준비하다	
아이의 파티 드레스를 사다	

〈활동지 C〉

여러분은 한 달 동안 유럽 여행을 가기로 했습니다. 무엇을 준비해 놓았습니까? 친구와 체크리스트를 보면서 **'-아/어 놓다'**를 사용하여 모두 준비했는지 확인하십시오.

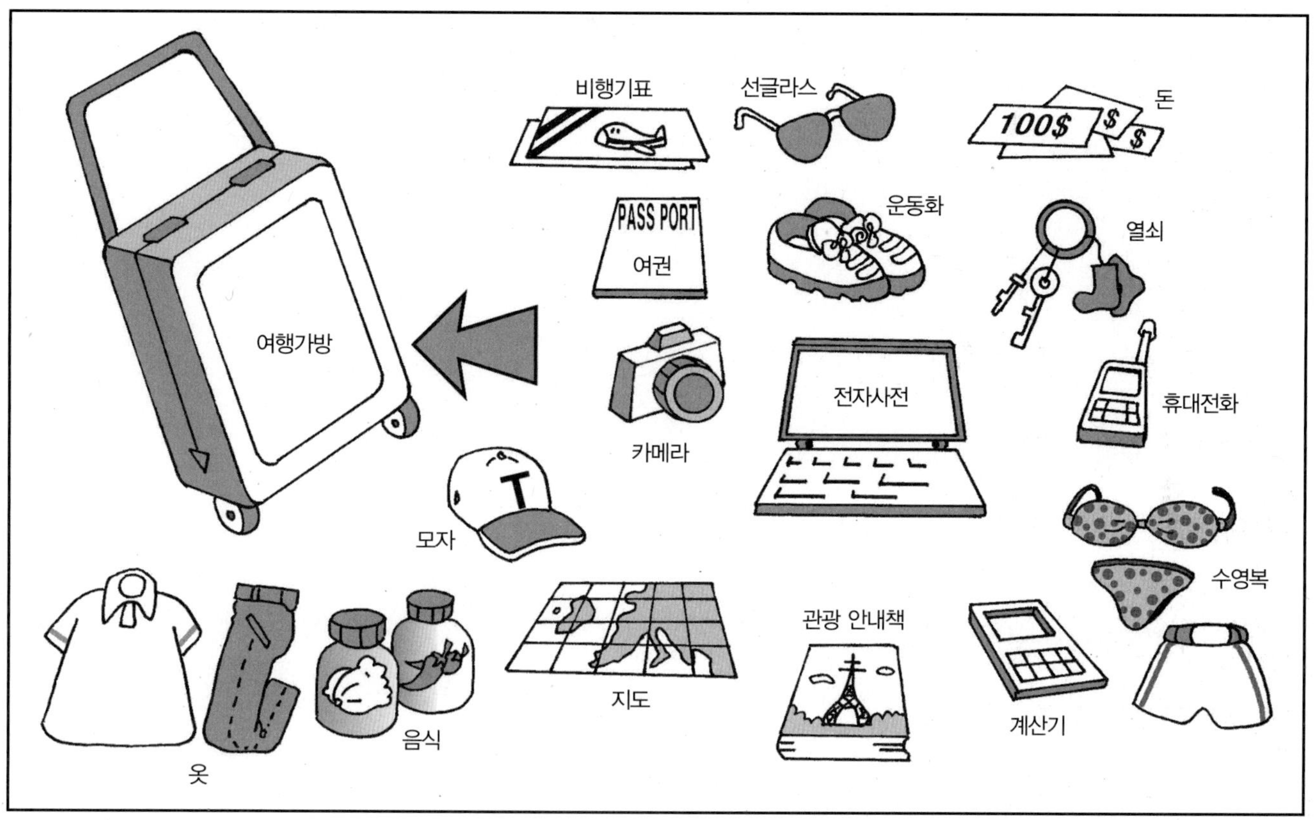

체크 리스트	준비 (O,×)
비행기표를 예약하다	
지도와 관광 안내책을 사다	
카메라를 준비하다	
환전을 하다	
여권과 비자를 받다	
모자와 선글라스를 사다	
옷과 수영복을 준비하다	
운동화를 사다	
전자사전을 준비하다	

다음의 행동들을 해도 되는 지 **'-아/어도 되다'** 와 **'-(으)면 안 되다'** 를 사용하여 이야기하십시오. 해도 되면 ○, 안 되면 × 하십시오. 그리고 한국에서는 해도 되는지 혹은 하면 안 되는지 친구들과 추측하여 이야기해 보십시오.

행 동	나 나라: _____	친구 나라: _____	친구 나라: _____	한국
교실에서 껌을 씹다				
교실에서 모자를 쓰다				
빨간색으로 이름을 쓰다				
양말을 안 신고 다른 사람의 집에 가다				
밥그릇, 국그릇을 손으로 들고 먹다				
다리를 떨다				
식사하면서 신문, 책, TV를 보다				
식탁에서 턱을 괴고 먹다				
밤늦게 다른 사람 집에 전화하다				
어른보다 먼저 음식을 먹다				
어른 앞에서 담배를 피우다				
어른 앞에서 다리를 꼬고 앉다				
어른을 만날 때 반바지를 입다				

가 : 미나 씨 나라에서는 교실에서 껌을 **씹어도 돼요?**
나 : 네, **씹어도 돼요.**

가 : 제인 씨 나라에서는 극장에서 술을 **마셔도 돼요?**
나 : 아니요, 술을 **마시면 안 돼요.**

다음 상황에서 '해도 되는 것'과 '하면 안 되는 것'에 대해 **'-아/어도 되다'** 와 **'-(으)면 안 되다'** 를 사용하여 이야기해 보십시오.

상 황	질 문	대 답	
교실에서	- 잠을 자다 - 음료수나 간식을 먹다 - 모자를 쓰다	네 네 네	아니요 아니요 아니요
비행기 안에서	- 코를 골면서 잠을 자다 - 담배를 피우다 - 자리를 바꾸다	네 네 네	아니요 아니요 아니요
데이트할 때	- 화장이나 면도를 안 하고 가다 - 약속 시간에 늦다 - 친구와 같이 만나다	네 네 네	아니요 아니요 아니요
하숙집/기숙사에서	- 친구들을 자주 데려 오다 - 음식을 만들다 - 음악을 크게 듣다	네 네 네	아니요 아니요 아니요
운전하면서	- 핸드폰으로 통화하다 - 여자(남자) 친구와 손을 잡다 - 친구와 이야기하다	네 네 네	아니요 아니요 아니요
결혼한 후에	- 옛날 여자/남자 친구를 만나다 - 밤에 늦게 집에 들어가다 - 친구들을 집에 자주 초대하다	네 네 네	아니요 아니요 아니요

가 : 하숙집에서 음식을 **만들어도 돼요?**
나 : 네, 음식을 **만들어도 돼요?**

가 : 결혼 후에 옛날 남자 친구를 **만나도 돼요?**
나 : 아니요, 옛날 남자 친구를 **만나면 안 돼요.**

여러분은 다음의 것들을 해 보았습니까? **'-아/어 보다'** 를 사용하여 친구들에게 묻고 답하십시오.

가 : 동해에 **가 봤어요?**
나 : **네, 가 봤어요.**

가 : **어땠어요?**
나 : 아름다웠어요.

가 : 동해에 **가 봤어요?**
나 : **아니요, 아직 안 가 봤어요.**

가 : 그럼, 한번 **가 보세요.**
나 : 네, 그럴게요.

 제주도에 가다	 인삼차를 마시다	 한복을 입다
 설악산에 가다	 노래방에서 한국노래를 부르다	 김치를 만들다
 소주를 마시다	 떡볶이를 먹다	 찜질방에 가다

여러분은 다음 경험을 해 봤습니까? 친구들에게 **'-아/어 보다'** 를 사용하여 다음 경험을 해 보았는지 질문하십시오. 안 해 봤다면 해 보고 싶은지 질문하십시오.

-아/어 보다	○	×	
		-아/어 보고 싶어요	-아/어 보고 싶지 않아요
1) 오토바이를 타다	☐	☐	☐
2) 번지점프를 하다	☐	☐	☐
3) 뱀을 만지다	☐	☐	☐
4) 혼자 산에 가다	☐	☐	☐
5) 자전거로 여행을 하다	☐	☐	☐
6) 롤러코스터를 타다	☐	☐	☐
7) 텔레비전에 출연하다	☐	☐	☐
8) 말을 타다	☐	☐	☐
9) 자기 머리를 자르다	☐	☐	☐

가 : 오토바이를 **타 봤어요?**
나 : **네, 타 봤어요.**

가 : 오토바이를 **타 봤어요?**
나 : **아니요, 안 타 봤어요.**

가 : 오토바이를 **타 보고 싶어요?**
나 : **네, 타 보고 싶어요. / 아니요, 타 보고 싶지 않아요.**

여러분은 친구들의 고향에 가 보려고 합니다. 친구들의 고향은 어디입니까? 어디에 가 봐야 합니까? 무엇을 먹어 봐야 합니까? 무엇을 해야 합니까? **'-아/어 보다'** 를 사용하여 친구들에게 물어 보십시오.

친구 이름	고향	유명한 장소	유명한 요리	할 일
		• •	• •	• •
		• •	• •	• •
		• •	• •	• •

가 : **고향이 어디예요?**
나 : 제 고향은 프랑스 파리예요.

가 : 제가 이번 방학에 프랑스에 가려고 해요. 프랑스 **어디에 가 봐야 해요?**
나 : 프랑스 파리에 **가 보세요.** 에펠탑도 있고 박물관도 많이 있어요.

남 : 프랑스에서는 **무엇을 먹어 봐야 해요?**
여 : 달팽이 요리를 **먹어 보세요.** 프랑스에서 제일 유명해요.

남 : 그리고 프랑스에서는 **무엇을 해 봐야 해요?**
여 : 에펠탑 위에 올라 **가 보세요.** 파리를 모두 볼 수 있을 거예요.

다음 사람들의 기분은 어떻습니까? 사람들의 감정을 추측하여 친구들과 **'-어/아 보이다'** 를 사용하여 이야기해 보십시오.

슬프다 기쁘다 즐겁다 심심하다 화가 나다 피곤하다 무섭다 외롭다
화가 나다 피곤하다 행복하다 힘들다 불안하다 재미있다 재미없다

〈활동지 A〉

친구에게 중요한 일이 있습니다. 친구에게 어울리는 옷차림을 **'-아/어 보이다'** 를 사용하여 조언해 보십시오.

가 : 내일 소개팅을 해요. 어떤 옷을 입을까요?
나 : 노란색 세로 줄 무늬 원피스를 입으세요.
귀여워 보일 거예요. 그리고 이 구두를 신으세요.
키가 커 보일 거예요.

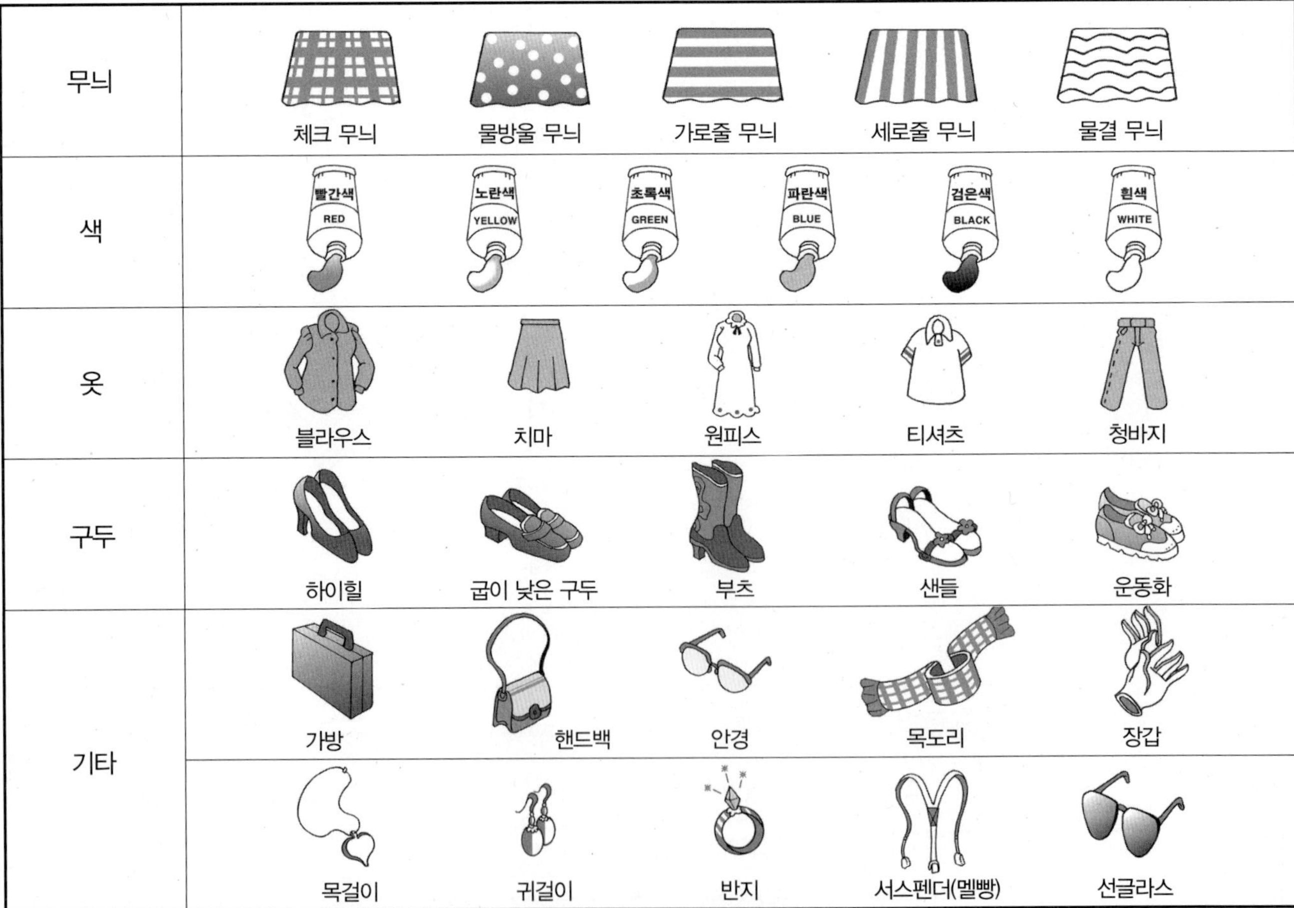

무늬	체크 무늬	물방울 무늬	가로줄 무늬	세로줄 무늬	물결 무늬	
색	빨간색 RED	노란색 YELLOW	초록색 GREEN	파란색 BLUE	검은색 BLACK	흰색 WHITE
옷	블라우스	치마	원피스	티셔츠	청바지	
구두	하이힐	굽이 낮은 구두	부츠	샌들	운동화	
기타	가방	핸드백	안경	목도리	장갑	
	목걸이	귀걸이	반지	서스펜더(멜빵)	선글라스	

〈활동지 B〉

친구에게 중요한 일이 있습니다. 친구에게 어울리는 옷차림을 **'-아/어 보이다'** 를 사용하여 조언해 보십시오.

가 : 내일 소개팅을 해요. 어떤 옷을 입을까요?
나 : 파란색 세로 줄 무늬 정장을 입으세요.
멋있어 보일 거예요. 그리고 이 구두를 신으세요.
키가 커 보일 거예요.

무늬	체크 무늬	물방울 무늬	가로줄 무늬	세로줄 무늬	물결 무늬	
색	빨간색 RED	노란색 YELLOW	초록색 GREEN	파란색 BLUE	검은색 BLACK	흰색 WHITE
옷	티셔츠	와이셔츠	청바지	정장	운동복	
구두	구두	부츠	슬리퍼	운동화		
기타	넥타이	가방	안경	목도리	장갑	
	모자	벨트	서스펜더(멜빵)	선글라스		

여러분은 다음과 같은 상황에서 어떤 이유를 말하겠습니까? **'-아/어서'** 를 사용하여 말해 보십시오.

가 : **왜** 오늘 수업에 늦었어요?
나 : 아침에 늦게 **일어나서** 늦었어요.

상황	이름 :	이름 :
기분이 안 좋다		
매일 수업에 늦다		
요즘 매일 숙제를 안 하다		
매일 수업 시간에 자다		
어제 전화를 안 받았다		
어제 약속 시간에 늦었다		
어제 약속 장소에 안 왔다		
같이 영화를 못 보다		
같이 식사하러 안 가다		
시험을 못 봤다		
고향으로 돌아가다		
술을 많이 마셨다		
주말에는 만날 수 없다		
옷을 많이 입었다		

<참고> 술을 많이 마시다 부모님이 한국에 오다 비가 오다 밤에 늦게까지 못 자다 감기에 걸리다 바쁘다 여자/남자 친구와 약속이 있다 몸이 너무 안 좋다 차가 막히다 시험이 있다 배가 아프다 돈/시간이 없다 부모님이 보고 싶다 시험이 어렵다 기분이 안 좋다

시간이 없다	전화가 오다
목이 마르다	한국에 오다
배가 고프다	힘이 없다
할 일이 많다	혼자 살다
머리가 아프다	술을 마시다
결혼을 하다	눈이 아프다
돈이 없다	숙제가 많다
한국어를 배우다	친구가 없다
약을 먹다	밥을 먹다
결혼을 안 하다	배가 부르다
비가 오다	날씨가 춥다
배가 아프다	운동을 하다
택시를 타다	친구와 싸우다
버스가 안 오다	눈이 많이 오다
약속 시간이 늦다	쇼핑을 하다
잠을 많이 자다	책을 안 가져오다
커피를 마시다	친구를 만나다

다음의 문장들은 맞습니까? 틀립니까? **'-아/어서'** 와 **'-니까'** 에 유의하면서 틀린 문장이 있는지 찾아보십시오. 틀렸으면 바르게 고쳐 써 보십시오.

맞아요? / 틀려요?	○ / ×
1. 배가 아파서 약국에 갈 거예요.	
2. 시간이 있어서 같이 서점에 갈까요?	
3. 비가 많이 와서 추워요.	
4. 동생이 없어서 외로워요.	
5. 택시가 비싸서 버스를 탔어요.	
6. 싸서 또 오세요.	
7. 음식이 뜨거워서 천천히 드세요.	
8. 극장에 사람들이 많아서 영화를 보기가 어려워요.	
9. 시간이 많지 않아서 열심히 공부해라.	
10. 시간이 없어서 먼저 가는 게 어때요?	
몇 개 맞았어요?	

여러분은 다음과 같은 일들을 어떻게 합니까? 답의 번호를 쓰십시오. 그리고 친구들과 어떻게 다른지 비교하십시오.

	나	친구
1) 나는 과일을 ____________ 먹습니다. ① 깎다　　② 씻다	______	______
2) 나는 사과를 ____________ 먹습니다. ① 오른쪽으로 깎다　　② 왼쪽으로 깎다	______	______
3) 나는 ____________ 커피를 마십니다. ① 아침에 일어나다　　② 학교에 도착하다	______	______
4) 나는 영화를 ____________ 봅니다. ① 컴퓨터로 다운로드하다　　② 극장에 가다	______	______
5) 나는 남자/여자 친구의 선물을 보통 ____________ 줍니다. ① 만들다　　② 사다	______	______
6) 나는 커피에 ____________ 마십니다. ① 설탕만 넣다　　② 설탕과 크림을 넣다	______	______
7) 나는 보통 밥을 ____________ 먹습니다. ① 사다　　② 하다	______	______
8) 나는 텔레비전을 ____________ 봅니다. ① 앉다　　② 눕다	______	______
9) 나는 책을 ____________ 읽습니다. ① 앉다　　② 눕다	______	______

가 : 미카 씨는 과일을 **어떻게** 먹어요?
나 : 저는 과일을 깨끗이 **씻어서** 먹어요.

다음 글을 읽으십시오. 그림을 보고 **'-아/어서'** 를 사용해서 이야기를 완성하십시오.

오늘은 날씨가 참 좋았어요. 친구와 함께 놀고 싶었지만 다음 주부터 시험이에요.

그래서 친구를 1) ________________ 함께 도서관에 갔어요. 도서관에는 학생들이 아주 많았어요. 문 옆에 있는

자리에 2) ________________ 공부를 하기 시작했어요. 2시간 동안 공부하고 3) ________________

친구와 함께 식당에 갔어요. 식당에도 4) ________________ 사람이 아주 많았어요. 그래서 우리는 줄을

5) ________________ 기다렸어요. 점심을 먹고, 주스를 두 병 6) ________________ 친구와 마셨어요.

우리는 다시 도서관에 7) ________________ 공부를 더 했어요. 오후 5시쯤 친구와 도서관에서

8) ________________ 버스를 탔어요. 함께 백화점에 9) ________________ 신발을 샀어요.

10) ________________ 신발을 싸게 살 수 있었어요. 예쁜 신발을 싸게 11) ________________

기분이 아주 좋았어요. 집에 12) ________________ 저녁 식사를 준비했어요. 저녁을 먹고 소파에

13) ________________ 텔레비전을 봤어요. 그런데 오늘 숙제를 잊어버렸어요. 친구에게 전화를

14) ________________ 숙제를 물어 봤어요. 다시 1시간 동안 숙제를 하고 잤어요. 오늘도 아주 바쁜 하루였어요.

다음 상황에서 준비해야 할 것들에 대해 **'-아/어야 하다(되다)'** 를 사용하여 친구와 이야기해 보십시오.

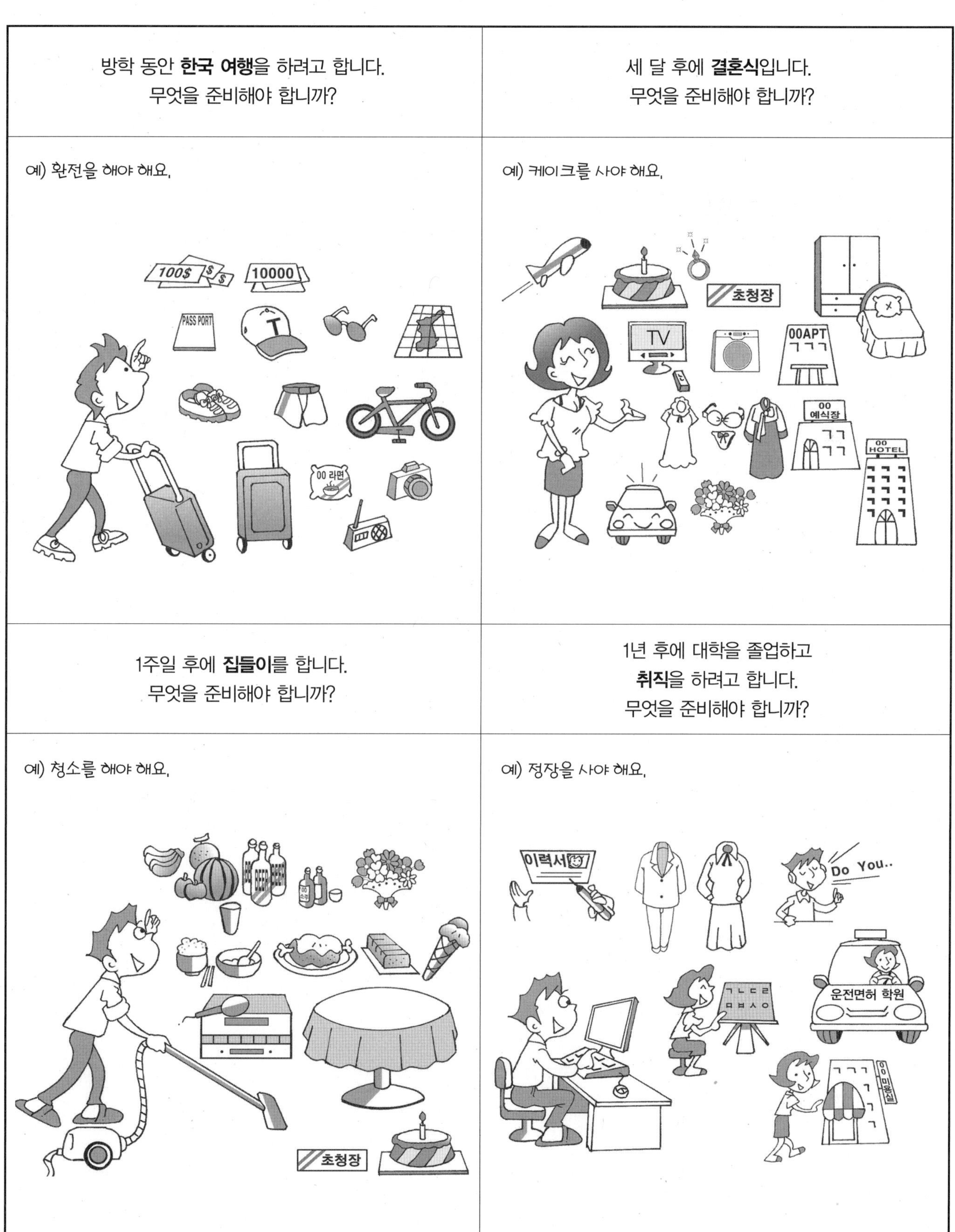

여러분은 건강한 생활을 합니까? 건강한 생활을 하기 위해서는 무엇이 중요합니까? 1번부터 '순서'를 써 보십시오. 그리고 **'-아/어야 하다'**를 사용하여 이야기하면서 친구와 비교해 보십시오.

	내 생각	친구 생각	우리 생각
과일을 많이 먹다			
8시간 이상 잠을 자다			
많이 걷다			
술을 마시지 말다			
담배를 피우지 말다			
너무 많이 먹지 말다			
일을 많이 하지 말다			
운동을 많이 하다			
손을 자주 씻다			
야채를 많이 먹다			
텔레비전을 조금 보다			
물을 많이 마시다			
많이 웃다			
산이나 바다에 자주 가다			

가 : 건강해지려면 무엇이 중요해요?
나 : 먼저 과일을 많이 **먹어야 해요.** 그리고 물을 많이 **마셔야 해요.**

〈활동지 A〉

여러분은 친구에 대하여 무엇을 알고 있나요? 친구 한 명을 선택해서 맞는다고 생각하는 것에 √하고 **'-아/어요'**를 사용하여 맞는지 확인해 보십시오.

내 친구 이름 : ________________

	네	아니요	맞아요?
1. 동물을 좋아하다	☐	☐	☐
2. 텔레비전을 많이 보다	☐	☐	☐
3. 일찍 일어나다	☐	☐	☐
4. 수영을 잘 하다	☐	☐	☐
5. 친구가 많다	☐	☐	☐
6. 한국 음식을 잘 먹다	☐	☐	☐
7. 책을 많이 읽다	☐	☐	☐
8. 음식을 잘 만들다	☐	☐	☐
9. 부모님께 편지를 자주 보내다	☐	☐	☐
10. 컴퓨터 게임을 잘하다	☐	☐	☐
11. 피아노를 잘 치다	☐	☐	☐
12. 휴대폰이 있다	☐	☐	☐

〈활동지 B〉

여러분은 친구에 대하여 무엇을 알고 있나요? 친구 한 명을 선택해서 맞는다고 생각하는 것에 √하고 **'-아/어요'**를 사용하여 맞는지 확인해 보십시오.

내 친구 이름 : ________________

	네	아니요	맞아요?
1. 집이 멀다	☐	☐	☐
2. 영화관에 자주 가다	☐	☐	☐
3. 커피를 자주 마시다	☐	☐	☐
4. 부모님께 자주 전화하다	☐	☐	☐
5. 사진을 잘 찍는다	☐	☐	☐
6. 꽃을 좋아하다	☐	☐	☐
7. 자주 운동하다	☐	☐	☐
8. 피아노를 치다	☐	☐	☐
9. 고기를 많이 먹다	☐	☐	☐
10. 그림을 잘 그리다	☐	☐	☐
11. 춤을 잘 추다	☐	☐	☐
12. 동생이 없다	☐	☐	☐

여러분은 다음과 같은 일들을 얼마나 자주 합니까? 친구에게 다음 일들을 얼마나 자주 하는지 **'-아/어요?'** 를 사용하여 묻고, 아래의 표에 √표 하십시오. 그리고 친구의 질문에 **'-아/어요'** 를 사용하여 답하십시오.

가 : 일찍 일어나요?
나 : **거의** 일찍 **안** 일어나요.

1. **매일** 일찍 일어나요.
2. **자주** 일찍 일어나요.
3. **가끔** 일찍 일어나요.
4. **거의** 일찍 **안** 일어나요.
5. 일찍 **안** 일어나요.

	이름 :					이름 :				
	1 매일	2 자주	3 가끔	4 거의 -안	5 안	1 매일	2 자주	3 가끔	4 거의 -안	5 안
일찍 일어나다										
아침 식사를 하다										
산책을 하다										
신문을 보다										
식당에서 밥을 먹다										
요리를 하다										
목욕을 하다										
미용실에 가다										
쇼핑을 하다										
영화를 보다										
데이트를 하다										
부모님께 전화를 하다										
운동을 하다										
숙제를 하다										
일찍 자다										

다음 문장을 읽고 **'-아/어요?'**를 사용해 질문을 만들어 보십시오.

퀴즈

O/×

1. ☺ ________________________? ______
   ● 아니요. 음악을 들어요.
2. ☺ ________________________? ______
   ● 네. 매워요.
3. ☺ ________________________? ______
   ● 노래방에 가요.
4. ☺ ________________________? ______
   ● 병원에서 일해요.
5. ☺ ________________________? ______
   ● 아니요. 집이 멀어요.
6. ☺ ________________________? ______
   ● 책을 사요.
7. ☺ ________________________? ______
   ● 네, 신촌에서 살아요.
8. ☺ ________________________? ______
   ● 버스를 타고 가요.
9. ☺ ________________________? ______
   ● 한국어가 어려워요.
10. ☺ ________________________? ______
    ● 선생님은 아주 친절해요.
11. ☺ ________________________? ______
    ● 학생이 8명이에요.
12. ☺ ________________________? ______
    ● 네. 일본어를 가르쳐요.
13. ☺ ________________________? ______
    ● 아니요. 영어 선생님이에요.
14. ☺ ________________________? ______
    ● 영화를 봐요.
15. ☺ ________________________? ______
    ● 아침에 커피를 마셔요.

몇 개 맞았어요? : ______

〈활동지 A〉

여러분의 그림과 여러분의 친구가 가지고 있는 그림은 다른 점이 있습니다. 친구에게 자신의 그림을 보여 주지 말고, **'-아/어 있다'** 를 사용하여 말하면서 무엇이 다른지 찾아보십시오.

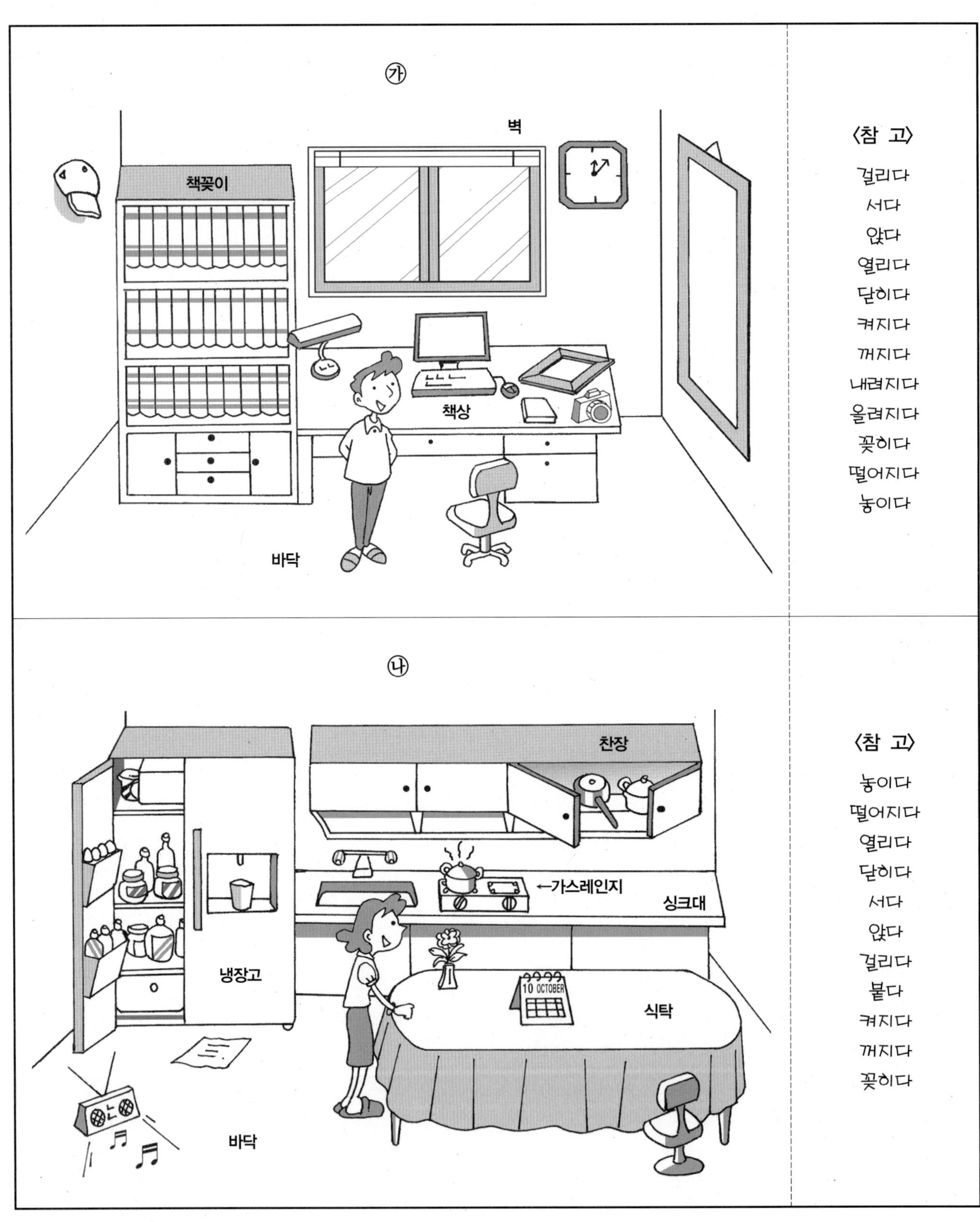

〈활동지 B〉

여러분의 그림과 여러분의 친구가 가지고 있는 그림은 다른 점이 있습니다. 친구에게 자신의 그림을 보여 주지 말고, '-아/어 있다'를 사용하여 말하면서 무엇이 다른지 찾아보십시오.

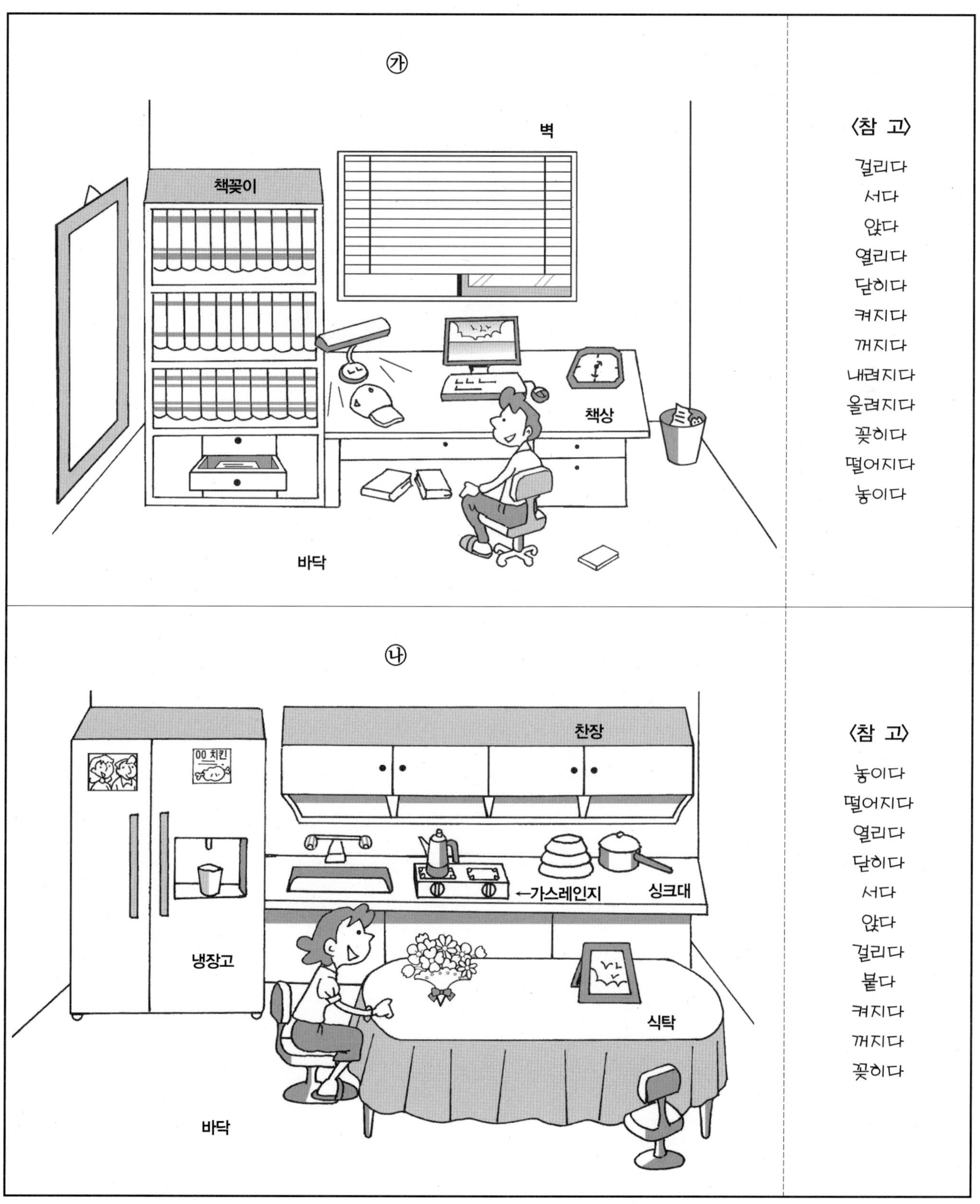

다음 빈 방에 여러분의 방을 그리고 나서 친구에게 여러분의 방을 **'-아/어 있다'**를 사용하여 설명해 보십시오. 또 친구의 이야기를 들으면서 아래에 친구의 방을 그려 보십시오.

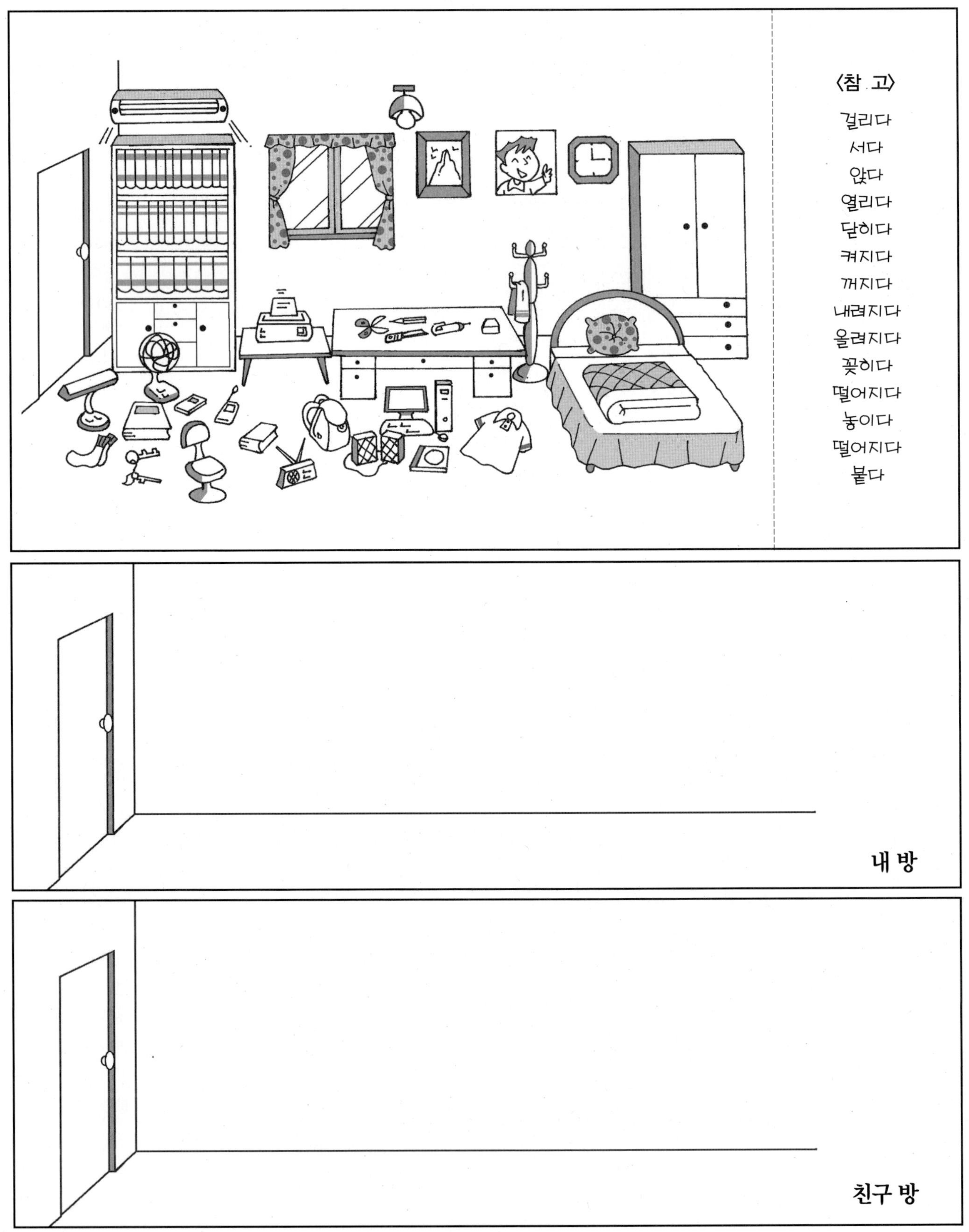

창문을 열다	지우개를 주다
문을 열다	창문을 닫다
불을 켜다	문을 닫다
컴퓨터를 켜다	불을 끄다
여기로 오다	컴퓨터를 끄다
저기로 가다	공책에 이름을 쓰다
책을 읽다	커피를 사다
책을 펴다	휴지를 주다
책을 빌려 주다	가방을 들다
나를 보다	쓰레기를 버리다
선생님을 보다	영어를 가르치다
선생님께 전화를 하다	이름을 말하다
잠깐 기다리다	전화번호를 말하다
잠깐 저기를 보다	일어나다
사전을 빌려주다	앉다
볼펜을 주다	물을 주다

여러분은 반 친구들에게 어떤 도움을 줄 수 있어요? 그 친구에게 **'-아/어 줄까요?(드릴까요?)'**를 사용하여 도움이 필요한지 안 필요한지를 물어 보십시오. 도움이 필요하다면 도와줘 보십시오.

친구 이름	내가 도와주고 싶은 것	정말 도움이 필요해요?
수미	사전을 빌려 줄까요?	○ ×
		○ ×
		○ ×
		○ ×
		○ ×
		○ ×
		○ ×
		○ ×
		○ ×
		○ ×
		○ ×
		○ ×

가 : 사전을 **빌려 줄까요?**
나 : 네, **빌려 주세요.**

가 : 사전을 **빌려 줄까요?**
나 : 아니요, **괜찮아요. 고맙습니다.**

여러분은 '비밀 친구 게임'을 압니까?

〈게임 방법〉

가. 선생님과 나의 비밀 친구를 정하세요.
나. 나의 비밀 친구의 이름을 다른 친구들에게 말하지 마세요.
다. 일주일 동안 친구를 많이 도와주세요.
라. 일주일 후에 그 친구에게 줄 작은 선물과 카드를 준비하세요.
마. 일주일 후에 비밀 친구에게 작은 선물과 카드를 전해 주세요.

여러분의 '비밀 친구'는 누구입니까? 무엇을 도와주었습니까? **'-아/어 주었습니다.'**를 사용하여 일주일 동안 무엇을 도와주었는지를 써 보십시오.

나는 '나의 비밀 친구'를 위하여

예) 나는 수진 씨를 위하여 창문을 열어 주었습니다.

1.

2.

3.

4.

5.

다음의 그림에서 무엇이 달라졌습니까? **'-아/어지다'**를 사용하여 이야기해 봅시다.

길다 짧다 높다 낮다 크다 작다 많다 적다 예쁘다 멋있다
복잡하다 한가하다 조용하다 시끄럽다 밝다 어둡다 넓다 좁다
깨끗하다 더럽다 켜다 끄다 생기다(있다) 없다 뚱뚱하다 날씬하다

여러분은 여러분만이 알고 있는 특별한 방법이 있습니까? 아래의 표를 보고 **'-아/어지다'** 를 사용하여 친구들과 이야기해 보십시오.

질 문	이름:	이름:
건강해질 수 있는 방법	예) 담배를 안 피우다	
날씬해질 수 있는 방법		
부지런해질 수 있는 방법		
똑똑해질 수 있는 방법		
돈이 많아질 수 있는 방법		
반 친구와 친해질 수 있는 방법		
친구들에게 인기가 많아질 수 있는 방법		
한국어 공부가 재미있어질 수 있는 방법		

가 : **날씬해 질 수 있는 방법이 뭐예요?**
나 : **매일 운동을 하면 날씬해질 거예요.**

가 : **어떻게 하면** 수미 씨와 **친해질까요?**
나 : **매일 집에 같이 가면 친해질 거예요.**

여러분은 건강한 생활을 하고 있습니까? 친구들에게 다음을 질문 하십시오. 그리고 ✓표하십시오. 누가 가장 건강한 생활을 합니까?

건강한 친구 찾기

하는 일	나	이름:	이름:	이름:	이름:
	네 ✓	네 ✓	네 ✓	네 ✓	네 ✓
일찍 일어나다					
아침 식사를 하다					
운동을 하다					
담배를 안 피우다					
술을 안 마시다					
과일과 야채를 많이 먹다					
많이 걷다					
손을 자주 씻다					
잘 웃다					
일찍 자다					

〈활동지 A〉

다음은 친구들의 지난 주 활동들입니다. 몇 시에 어디에서 무엇을 했는지 **'-았/었-'** 을 사용하여 묻고 답하십시오. 그리고 친구와 다른 내용을 찾으십시오.

수진

월요일 : 3시 수영장에서 수영하다
6시 친구와 저녁 식사하다
화요일 : 2시 반 우체국에서 편지 보내다
수요일 : 커피숍에서 숙제하다
목요일 : 5시 영화관에서 영화보다
금요일 : 2시 수업 후에 PC 방에서 이메일 보내다
토요일 : 11시 학교 도서관에서 공부하다
일요일 : 집에서 시험 공부하다

미미

월요일 : 3시 학교 도서관에서 공부하다
화요일 : 2시 운동장에서 친구와 축구하다
수요일 : 태권도를 배우다
목요일 : 3시 커피숍에서 친구를 만나다
9시 노래방에서 노래하다
금요일 : 부모님께 전화하다
토요일 : PC방에서 게임하다
일요일 : 4시 친구 결혼식에 가다
9시 친구와 술을 마시다

다니엘

월요일 : 2시 롯데월드에 가다
화요일 : 아침 운동하다
수요일 : 학교 식당에서 선생님과 점심 식사하다
목요일 : 친구 생일 파티를 하다
금요일 : 3시 동대문 시장에서 쇼핑하다
토요일 : 10시 병원에 가다
일요일 : 2시 학교 운동장 농구하다

다나카

월요일 : 슈퍼마켓에서 쇼핑하다
화요일 : 청소하다, 빨래하다
수요일 : 시험 공부하다
목요일 : 4시 공원에서 산책하다
금요일 : 2시 경복궁에 가다
토요일 : 집에서 영화보다
일요일 : 책을 읽다

가 : 다니엘 씨는 **월요일에 무엇을 했습니까?**
나 : **2시에서 롯데월드에 갔습니다.**

〈활동지 B〉

다음은 친구들의 지난 주 활동들입니다. 몇 시에 어디에서 무엇을 했는지 **'-았/었-'** 을 사용하여 묻고 답하십시오. 그리고 친구와 다른 내용을 찾으십시오.

수진

월요일 : 3시 수영장에서 수영하다
6시 친구와 저녁 식사하다
화요일 : 2시 반 은행에 가다
수요일 : 커피숍에서 숙제하다
목요일 : 5시 영화관 영화보다
금요일 : 2시 수업 후에 PC 방에서 이메일 보내다
토요일 : 11시 학교 도서관에서 공부하다
일요일 : 데이트 하다

미미

월요일 : 3시 학교 도서관에서 공부하다
화요일 : 2시 운동장에서 친구와 축구하다
수요일 : 태권도 배우다
목요일 : 3시 커피숍에서 친구를 만나다
금요일 : 청소하다
토요일 : PC방에서 게임하다
일요일 : 4시 친구 결혼식에 가다
9시 친구와 술을 마시다

다니엘

월요일 : 2시 롯데월드에 가다
화요일 : 아침 운동하다
수요일 : 학교 식당에서 선생님과 점심 식사하다
목요일 : 친구 생일 파티하다
금요일 : 3시 동대문 시장에서 쇼핑하다
토요일 : 10시 병원에 가다
일요일 : 2시 부모님께 전화하다

다나카

월요일 : 슈퍼마켓에서 쇼핑하다
화요일 : 청소하다, 빨래하다
수요일 : 2시 음악회에 가다
목요일 : 4시 공원에서 산책하다
금요일 : 2시 경복궁에 가다
토요일 : 집에서 영화보다
일요일 : 영화관에서 영화보다

가 : 다니엘 씨는 월요일에 **무엇을 했습니까?**
나 : **2시에 롯데월드에 갔습니다.**

〈활동지 A〉

㉮ 다음은 여러분의 사진입니다. 언제, 어디에서 찍었습니까? 무엇을 했습니까? 무엇을 보았습니까? 그 날의 일을 친구들에게 '**-았/었-**'을 사용하여 이야기해 주십시오.

㉯ 여러분 친구들의 사진을 보십시오. 언제, 어디에서 찍었습니까? 그 친구에게 '**-았/었-**'을 사용하여 질문하십시오.

- 어디에 갔습니까?
- 언제입니까?
- 날씨가 어땠습니까?
- 누구와 같이 갔습니까?
- 누구입니까? 무슨 일을 합니까?
- 무엇을 했습니까? 어땠습니까?
- 기분이 어땠습니까?
- 무엇을 보았습니까?
- 왜 갔습니까?
- 다시 가고 싶습니까?

〈활동지 B〉

㉮ 여러분 친구들의 사진을 보십시오. 언제, 어디에서 찍었습니까? 그 친구에게 **'-았/었-'** 을 사용하여 질문하십시오.

- 어디에 갔습니까?
- 언제입니까?
- 날씨가 어땠습니까?
- 누구와 같이 갔습니까?
- 누구입니까? 무슨 일을 합니까?
- 무엇을 했습니까? 어땠습니까?
- 기분이 어땠습니까?
- 무엇을 보았습니까?
- 왜 갔습니까?
- 다시 가고 싶습니까?

㉯ 다음은 여러분의 사진입니다. 언제, 어디에서 찍었습니까? 무엇을 했습니까? 무엇을 보았습니까? 그 날의 일을 친구들에게 **'-았/었-'** 을 사용하여 이야기해 주십시오.

2008년 7월 동해 바다에서

2008년 12월 스키장에서

2010년 3월 결혼식에서

2009년 1월 졸업식에서

〈활동지 A〉

㉮ 다음은 여러분 가족들의 사진입니다. 언제, 어디에서 찍었습니까? 그날의 일을 친구들에게 **'-았/었-'** 과 **'-(으)셨-'** 을 사용하여 이야기해 주십시오.

2004년 3월 한국 제주도에서

2006년 할머니 생신 잔치에서

2007년 3월 한강 공원에서 할아버지와 할머니

2008년 2월 고등학교 졸업식 날

㉯ 여러분 친구들의 사진을 보십시오. 무슨 사진입니까? 언제입니까? 어디입니까? 친구에게 **'-았/었-'** 과 **'-(으)셨-'** 을 사용하여 질문하십시오.

- 언제입니까?
- 어디입니까?
- 누구와 같이 갔습니까?
- 누구입니까? 무슨 일을 합니까?
- 할머니/할아버지/ 아버지/어머니는 무엇을 하셨습니까?
- 할머니/할아버지/ 아버지/어머니께서는 그 날 또 무엇을 하셨습니까?
- 날씨가 어땠습니까?
- 할머니/할아버지/ 아버지/어머니께서는 기분이 어떠셨습니까?
- 할머니/할아버지/ 아버지/어머니께서는 무엇을 보셨습니까?
- 할머니/할아버지/ 아버지/어머니께서는 왜 가셨습니까?

〈활동지 B〉

㉮ 여러분 친구들의 사진을 보십시오. 무슨 사진입니까? 언제입니까? 어디입니까? 친구에게 **'-았/었-'** 과 **'-(으)셨-'** 을 사용하여 질문하십시오.

- 언제입니까?
- 어디입니까?
- 누구와 같이 갔습니까?
- 누구입니까? 무슨 일을 합니까?
- 할머니/할아버지/ 아버지/어머니께서는 무엇을 하셨습니까?
- 할머니/할아버지/ 아버지/어머니께서는 그 날 또 무엇을 하셨습니까?
- 날씨가 어땠습니까?
- 할머니/할아버지/ 아버지/어머니께서는 기분이 어떠셨습니까?
- 할머니/할아버지/ 아버지/어머니께서는 무엇을 보셨습니까?
- 할머니/할아버지/ 아버지/어머니께서는 왜 가셨습니까?

㉯ 다음은 여러분 가족들의 사진입니다. 언제, 어디에서 찍었습니까? 그날의 일을 친구들에게 **'-았/었-'** 과 **'-(으)셨-'** 을 사용하여 이야기해 주십시오.

2009년 8월 동해에서

2009년 2월 한강 공원에서

2007년 3월 북한산에서

2010년 5월 인천공항에서

〈활동지 A〉

다음 사람들은 어디에 갑니까? 친구들에게 **'〈장소〉에 가다'** 를 사용하여 질문하십시오. 그리고 장소를 쓰십시오.

〈활동지 B〉

다음 사람들은 어디에 갑니까? 친구들에게 **'〈장소〉에 가다'** 를 사용하여 질문하십시오. 그리고 장소를 쓰십시오.

여러분은 친구에 대하여 얼마나 알고 있습니까? 친구의 하루를 써 봅시다. 그리고 나의 생각이 맞는지 **'〈시간〉에'** 를 사용하여 친구에게 확인해 봅시다.

________ 씨의 하루

〈시간〉		네	아니요
:	일어납니다.	☐	☐
:	________	☐	☐
:	________	☐	☐
:	________	☐	☐
:	________	☐	☐
:	________	☐	☐
:	________	☐	☐
:	________	☐	☐
:	________	☐	☐
:	잠을 잡니다.	☐	☐

일어나다 (아침/점심/저녁)식사하다 읽다 가다 오다 먹다 보다 듣다
공부하다 배우다 쇼핑하다 만나다 숙제하다 사다 자다

몇 개 맞았습니까?

8–10개 : 이 친구를 잘 알고 있습니다.
5–7개 : 이 친구를 조금 알고 있습니다.
3–5개 : 이 친구를 잘 모릅니다.
0–2개 : 이 친구를 전혀 모릅니다.

문장	맞아요?○ 틀려요?×	바르게 고치세요.	점수(1)
1. 오늘은 6월 15일에 입니다.			
2. 아침 8시에 학교에 갑니다.			
3. 도서관에서 학생들이 있습니다.			
4. 다음 주에 고향에서 갑니다.			
5. 우리 교실은 2층에서 있어요.			
6. 지금은 12시에 20분입니다.			
7. 월요일에서 만납니다.			
8. 우리 반에 학생들이 12명에 있습니다.			
9. 오늘에 비가 옵니다.			
10. 저는 매일 아침 운동을 합니다.			
11. 한국어 수업은 1시에 끝납니다.			
12. 식당에서 사람들이 많습니다.			
13. 부모님께서 한국에서 옵니다.			
14. 집에서 잠을 잡니다.			
15. 도서관에 책을 읽습니다.			
총점	/ 점		

잠을 자다

아침 식사를 하다

데이트를 하다

술을 마시다

영화를 보다

커피를 마시다

텔레비전을 보다

점심 식사를 하다

식료품을 사다

빨래를 하다

운동을 하다
제4과 어디입니까?
한국어를 공부하다
인터넷
컴퓨터를 하다
편지/소포를 보내다
MENU
비빔밥
냉면
저녁 식사를 하다
샤워하다 / 목욕하다
과일을 사다
숙제를 하다
친구를 만나다
SALE
옷을 사다

여러분은 어디에서 다음 일들을 합니까? 친구들과 **'에서'** 를 사용하여 이야기해 보십시오.

하는 일	이름 :	이름 :
한국어를 공부하다		
편지를 보내다		
숙제를 하다		
점심 식사하다		
저녁 식사하다		
쇼핑하다		
노래를 부르다		
약을 사다		
영화를 보다		
컴퓨터를 하다		
책을 사다		

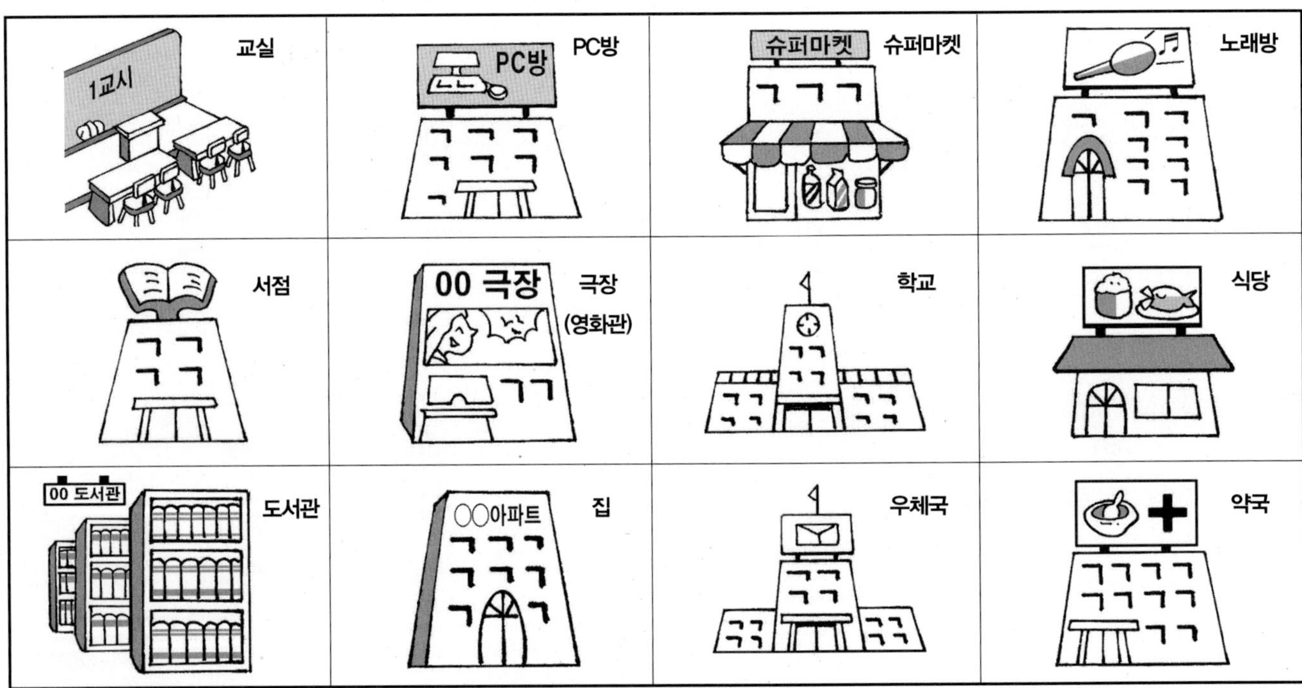

다음 〈보기〉의 형용사들을 아래 표에 한 칸에 한 개씩 쓰십시오. 그리고 '-(으)ㄴ' 의 형태로 바꿔 쓰십시오. 친구들과 서로 한 개씩 읽으면서 √표 하십시오. 먼저 5줄을 만들면 '빙고!' 라고 하십시오.

짧다	맛있다	재미없다	길다	춥다
맵다	싸다	비싸다	깨끗하다	더럽다
느리다	빠르다	높다	낮다	많다
나쁘다	예쁘다	아름답다	적다	좋다
어렵다	쉽다	바쁘다	한가하다	덥다

			예) 좋다 → 좋은	

여러분은 어떤 사랑을 하고 싶습니까? **'-(으)ㄴ'** 을 사용하여 친구들과 이야기해 보십시오.

질 문	이름:	이름:
1. 어떤 사람을 만나고 싶어요? ① 친절하다 → 친절한 사람 ② 재미있다 ③ 돈이 많다 ④ 예쁘다/멋있다		
2. 어떤 곳에서 데이트하고 싶어요? ① 조용하다 → 조용한 곳 ② 유명하다 ③ 사람이 많다 ④ 나무와 꽃이 아름답다		
3. 어떤 곳으로 여행을 가고 싶어요? ① 산이 있다 → 산이 있는 곳 ② 바다가 있다 ③ 쇼핑센터가 많다 ④ 사람이 적다		
4. 어떤 선물을 주고 싶어요? ① 비싸다 → 비싼 선물 ② 싸다 ③ 예쁘다/귀엽다 ④ 멋있다		
5. 어떤 날씨에 데이트를 하고 싶어요? ① 덥다 → 더운 날씨 ② 춥다 ③ 시원하다 ④ 흐리다		
6. 어떤 영화를 같이 보고 싶어요? ① 재미있다 → 재미있는 영화 ② 무섭다 ③ 슬프다 ④ 인기있다		
7. 어떤 음식을 같이 먹고 싶어요? ① 맵다 ② 달다 ③ 비싸다 ④ 건강에 좋다		

여러분 반 친구는 어떤 사람입니까? **'-(으)ㄴ'** 을 사용하여 우리반 친구에 대하여 써 봅시다.

(키/눈/코/입/귀)이/가 크다	(키/눈/코/입/귀)이/가 작다
여성적이다	남성적이다
재미있다	재미없다
말이 빠르다	말이 느리다
친절하다	불친절하다
적극적이다	소극적이다
마음이 넓다	마음이 좁다
목소리가 크다	목소리가 작다
부지런하다	게으르다

아름답다 예쁘다 귀엽다
멋있다 잘 생기다
머리가 좋다 (눈, 코, 입...)이/가 예쁘다/멋있다

이름:

나는 어떤 사람이에요?

예) 마음이 넓은 사람이에요.

〈활동지 A〉

다음과 같은 경험을 한 친구들은 누구일까요? 친구들에게 **'-(으)ㄴ 적이 있다'** 를 사용하여 질문하고 다음과 같은 경험을 한 친구를 찾아보십시오. 그리고 친구의 질문에 **'-(으)ㄴ 적이 있다/없다'** 를 사용하여 답하십시오.

친구 찾기

-(으)ㄴ 적이 있다	이름
해외여행을 하다	
아르바이트를 하다	
남자/여자 친구를 사귀다	
학교에서 1등을 하다	
영화를 보고 울다	
한국 음식을 만들다	
지갑을 잃어버리다	
한국에서 여행을 하다	
부모님께 편지를 쓰다	
다이어트를 하다	

가 : 해외여행을 **한 적이 있어요?**
나 : 네, 해외여행을 **한 적이 있어요.**

가 : 해외여행을 **한 적이 있어요?**
나 : 아니요, **한 적이 없어요.**

〈활동지 B〉

다음과 같은 경험을 한 친구들은 누구일까요? 친구들에게 **'-(으)ㄴ 적이 있다'** 를 사용하여 질문하고 다음과 같은 경험을 한 친구를 찾아보십시오. 그리고 친구의 질문에 **'-(으)ㄴ 적이 있다/없다'** 를 사용하여 답하십시오.

친구 찾기

-(으)ㄴ 적이 있다	이름
해외여행을 하다	
회사에 다니다	
한국 친구를 사귀다	
사랑하는 사람과 헤어지다	
춤을 배우다	
텔레비전 드라마를 보고 울다	
컴퓨터 게임을 하다	
한국에서 병원에 가다	
기차 여행을 하다	
혼자 여행을 하다	

가 : 해외여행을 **한 적이 있어요?**
나 : 네, 해외여행을 **한 적이 있어요.**

가 : 해외여행을 **한 적이 있어요?**
나 : 아니요, **한 적이 없어요.**

㉮ 친구에게 다음을 해 보았는지 **'-(으)ㄴ 적이 있다/없다'** 를 사용하여 질문하십시오. 그리고 공통적으로 한 경험이 무엇이 있는지 알아보십시오.

둘 다 해 본 경험	이름 :	이름 :
먹어 본 한국 음식		
본 영화		
들어 본 음악		
배워 본 외국어		
읽어 본 책/잡지		
해 본 운동		
만나 본 사람		

가 : 김치 찌개를 **먹어 본 적이 있어요?**
나 : 아니요, **먹어 본 적이 없어요.**

가 : 그러면, 김치를 **먹어 본 적이 있어요?**
나 : 네, **먹어 본 적이 있어요.**

㉯ 친구에게 다음을 해 보았는지 **'-(으)ㄴ 적이 있다/없다'** 를 사용하여 질문하십시오. 그리고 공통적으로 한 경험이 무엇이 있는지 알아보십시오.

둘 다 해 본 경험	이름 :	이름 :
만들어 본 음식		
만나 본 사람		
사 본 물건		
마셔 본 음료수		
본 드라마		
가 본 장소		
가 본 식당		

가 : 김치 찌개를 **먹어 본 적이 있어요?**
나 : 아니요, **먹어 본 적이 없어요.**

가 : 그러면, 김치를 **먹어 본 적이 있어요?**
나 : 네, **먹어 본 적이 있어요.**

여러분은 다음 일들이 언제 있었습니까? **'-(으)ㄴ 지 (시간)이/가 되다'** 를 사용하여 친구와 이야기해 봅시다.

	몇 년? 몇 달? 며칠? 이름 : ________	몇 년? 몇 달? 며칠? 이름 : ________
한국에 오다		
신발을 사다		
머리를 자르다		
부모님께 전화하다		
고등학교를 졸업하다		
컴퓨터를 배우다		
고향에 갔다 오다		
고향 음식을 못 먹다		
혼자 잠을 자다		
우리 반 선생님을 알다		
고향 친구와 전화하다		
한국어를 배우다		
혼자 살다		
노래방에 가다		

가 : 한국에 **온 지 얼마나 (몇 년) 됐어요?**
나 : 한국에 **온 지 2년이 되었어요.**

㉮ 여러분은 다음 일들이 언제 일어났는지 알고 있습니까? 다음 일들이 언제 일어났는지 찾아보고 **'-(으)ㄴ 지 (시간) 이/가 되다'** 를 사용하여 세계적인 사건에 대하여 이야기해 봅시다.

누가?	역사	얼마나 됐어요?
칼 벤츠	자동차를 만들다	
라이트 형제	비행기를 만들다	
싸쓴	디지털 카메라를 만들다	
모토롤라	휴대전화를 만들다	
2차 세계대전	일어나다	
한국 전쟁	끝나다	
중국	개방되다	

훈민정음 (1443년)

자전거 (1790년대)

인터넷 (1969년대 초)

태극기 (1882년)

컵라면 (1971년)

텔레비전 (1925년)

올림픽 (1988년)

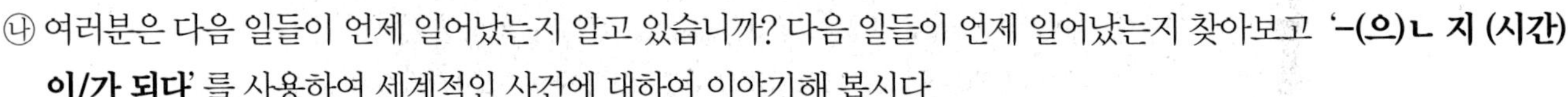

㉯ 여러분은 다음 일들이 언제 일어났는지 알고 있습니까? 다음 일들이 언제 일어났는지 찾아보고 **'-(으)ㄴ 지 (시간) 이/가 되다'** 를 사용하여 세계적인 사건에 대하여 이야기해 봅시다.

누가?	역사	얼마나 됐어요?
세종대왕	한글을 만들다	
닛신 식품	컵라면을 만들다	
꽁뜨 드 시브락	자전거를 만들다	
알파넷	인터넷을 만들다	
한국 사람들	태극기를 만들다	
존 조지 베어드	텔레비전을 만들다	
한국	올림픽 경기를 하다	

자동차 (1886년)

비행기 (1903년)

2차 세계대전 (1939-1945년)

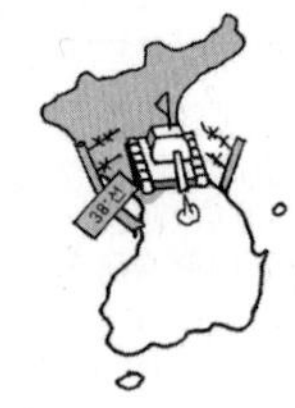
한국 전쟁 (1950-1953년)

중국 개방 (1970년대 말)

휴대전화 (1983년)

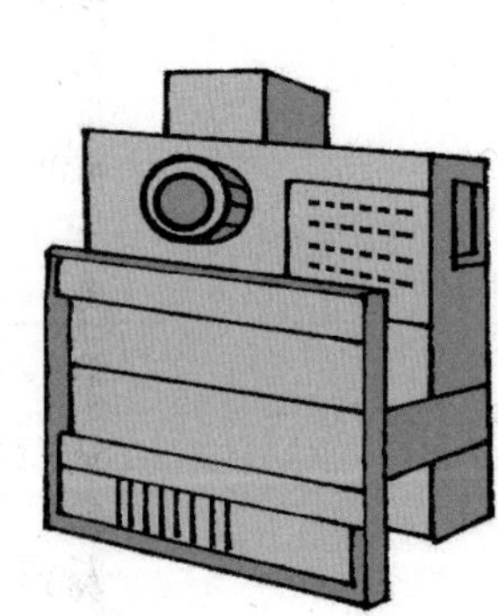
디지털 카메라 (1975년)

〈활동지 A〉

다음 일들의 이유를 **'-(으)니까'** 를 사용하여 이야기하고 대화를 만들어 봅시다.

가 : (택시를 타다) 택시를 탈까요?
나 : 왜요?
가 : 시간이 없으니까 택시를 탑시다.
나 : 네 그래요.

가 : (창문을 닫다) ______________?
나 : 왜요?
가 : ______________________
나 : 네, 좋아요.

가 : (조용히 하다) ______________.
나 : 왜요?
가 : ______________________
나 : 네, 알았어요.

가 : (우산을 가져가다) ______________?
나 : 왜요?
가 : ______________________
나 : 네 그래요.

가 : (에어컨을 켜다) ______________?
나 : 왜요?
가 : ______________________
나 : 네, 좋아요.

가 : (저 영화를 보다) ______________?
나 : 왜요?
가 : ______________________
나 : 네, 그래요.

〈활동지 B〉

다음 일들의 이유를 **'-(으)니까'** 를 사용하여 이야기하고 대화를 만들어 봅시다.

가 : (택시를 타다) 택시를 탈까요?
나 : 왜요?
가 : 시간이 없으니까 택시를 탑시다.
나 : 네, 그래요.

가 : (저 음식을 먹다) ______________?
나 : 왜요?
가 : ______________________________.
나 : 네, 좋아요.

가 : (청소하다) ______________?
나 : 왜요?
가 : ______________________________
나 : 네, 그래요.

가 : (도서관에 가다) ______________?
나 : 왜요?
가 : ______________________________
나 : 네 그럽시다.

가 : (쉬다) ______________?
나 : 왜요?
가 : ______________________________
나 : 네 그래요.

가 : (창문을 열다) ______________?
나 : 왜요?
가 : ______________________________
나 : 네 그래요.

오늘	편지	보내다
수업 후	친구	전화하다
내일	머리	자르다
여름 방학	제주도	여행가다
2년 후	미국	살다
오늘 저녁	비	오다
조금 후	음악	듣다
겨울 방학	부모님	오다
주말	집	쉬다
오후	친구 선물	사다
식사 후	시장	가다
저녁	불고기	만들다
1시간 후	친구	만나다
수요일	시간	없다
2달 후	학교 앞	이사 오다
내년	회사	일하다
시험 후	사무실	기다리다
내일 아침	시험	보다

〈활동지 A〉

다음은 미나 씨와 폴 씨의 다음 주 계획입니다. **'-(으)ㄹ 거예요'** 를 사용하여 다음 주 계획을 질문하십시오. 그리고 빈칸을 채우십시오.

미나 씨의 다음 주 계획

22 월요일	23 화요일	24 수요일	25 목요일	26 금요일	27 토요일	28 일요일
오후 7:00 테니스 치기 PM:7:00		오후 3:00 커피숍 PM:3:00		오후 7:00 친구 생일에 가다		12:00 식당 PM:12:00

폴 씨의 다음 주 계획

22 월요일	23 화요일	24 수요일	25 목요일	26 금요일	27 토요일	28 일요일
	오후 5:00~ 오후6:30 태권도 하기 PM:5:00		오후 8:00~ 오후10:00 극장(영화관) PM:8:00		오전 9:00 등산을 하다 AM:9:00	

가 : 미나 씨는 25일 목요일에 **뭐 할거예요?**
나 : 오전 10시 30분에 **병원에 갈 거예요.**

〈활동지 B〉

다음은 미나 씨와 폴 씨의 다음 주 계획입니다. **'-(으)ㄹ 거예요'** 를 사용하여 다음 주 계획을 질문하십시오. 그리고 빈칸을 채우십시오.

미나 씨의 다음 주 계획

22 월요일	23 화요일	24 수요일	25 목요일	26 금요일	27 토요일	28 일요일
	오전 9:00~12:00 한국어 수업		10:30 병원		오전 9:00 수영 오후 2:00 도서관	

폴 씨의 다음 주 계획

22 월요일	23 화요일	24 수요일	25 목요일	26 금요일	27 토요일	28 일요일
오후 1:00 식당		오전 4:00 우체국		오전 10:00~ 오후 1:00 영어 공부		오후1:00~ 오후 3:00 청소 세탁

가 : 미나 씨는 22일 월요일에 **뭐 할 거예요?**
나 : 오후 7시에 **테니스를 칠 거예요.**

여러분은 100년 후의 미래에 대해 생각해 본 적이 있습니까? 우리의 생활은 어떻게 달라질까요? '**-(으)ㄹ 거예요**'를 사용하여 100년 후의 모습에 대하여 이야기해 보십시오.

100년 후에 우리는

- 어떤 음식을 먹을까요?
- 무엇을 타고 다닐까요?
- 어떤 옷을 입을까요?
- 어떤 집에서 살까요?
- 어떤 컴퓨터를 사용할까요?
- 어떤 전화를 사용할까요?
- 비행기는 어떻게 달라질까요?
- 100년 후의 자연은 어떨까요?
- 사람들은 어떤 생활을 할까요?
- 어떤 직업들이 있을까요?

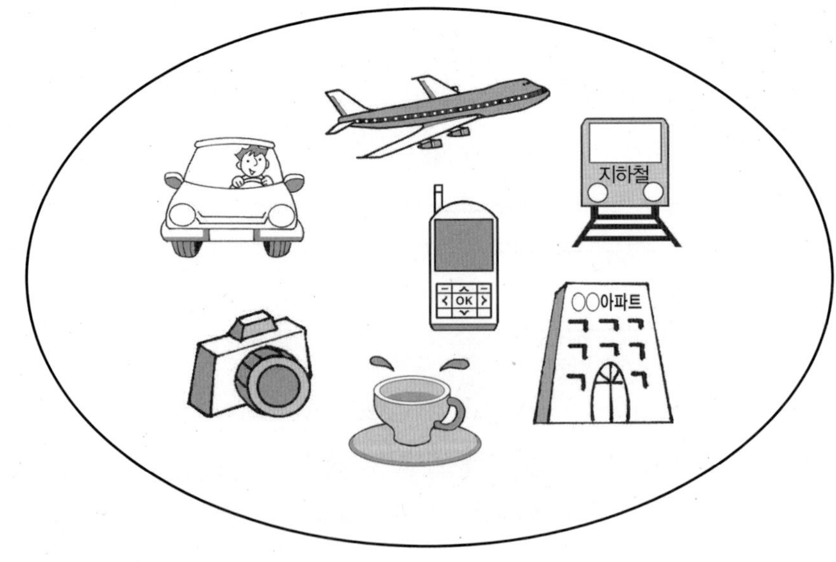

여러분은 다음과 같은 상황에서 어떤 약속을 하겠습니까? **'-(으)ㄹ게요'** 를 사용하여 친구와 약속을 하십시오.

선생님 : 왜 늦게 왔어요?
학생 : 죄송합니다. ____________

아내 : 왜 어제 집에 안 들어왔어요?
남편 : 미안해요. ____________

친구들 : 왜 늦게 왔어요?
나 : 미안해요. ____________

선생님 : 왜 숙제를 안 했어요?
학생 : 죄송해요. ____________

친구들 : 왜 지갑을 안 가져왔어요?
나 : 미안해요. ____________

경비 아저씨 : 왜 여기에서 담배를 피워요?
남자 : 죄송합니다. ____________

학생 : 좀 조용히 하세요!
나 : 죄송해요. ____________

선생님 : 친구 것을 보지 마세요!
학생 : 죄송합니다. ____________

다음에는 제가 낼게요.
내가 도와줄게.
제가 도와 드릴게요.
제가 열어 드릴게요.
제가 빌려 드릴게요.
제가 나중에 다시 전화할게요.
화장실 좀 갔다 올게요.
죄송하지만 저 먼저 갈게요.
죄송해요. 조금 후에 갈게요.
제가 할게요.
내가 가르쳐 줄게.
제가 고쳐 줄게요.
제가 해 줄게요.
제가 갈게요.
제가 들게요.

〈활동지 A〉

고향에서 부모님이 오셨습니다. 다음 그림을 보고 부모님과 어디에 가고 싶은지 무엇을 먹고 싶은지 **'-(으)ㄹ까요?, -(으)ㅂ시다, -(으)니까'** 를 사용하여 결정하십시오.

가고 싶은 곳 :
이유 : ____________________

타고 싶은 것 :
이유 : ____________________

먹고 싶은 것 :
이유 : ____________________

〈활동지 B〉

여러분은 친구들과 쉬는 날 무엇을 할지 결정하려고 합니다. 다음 그림을 보고 어디에 가고 싶은지 무엇을 먹고 싶은지 **'-(으)ㄹ까요?, -(으)ㅂ시다, -(으)니까'** 를 사용하여 결정하십시오.

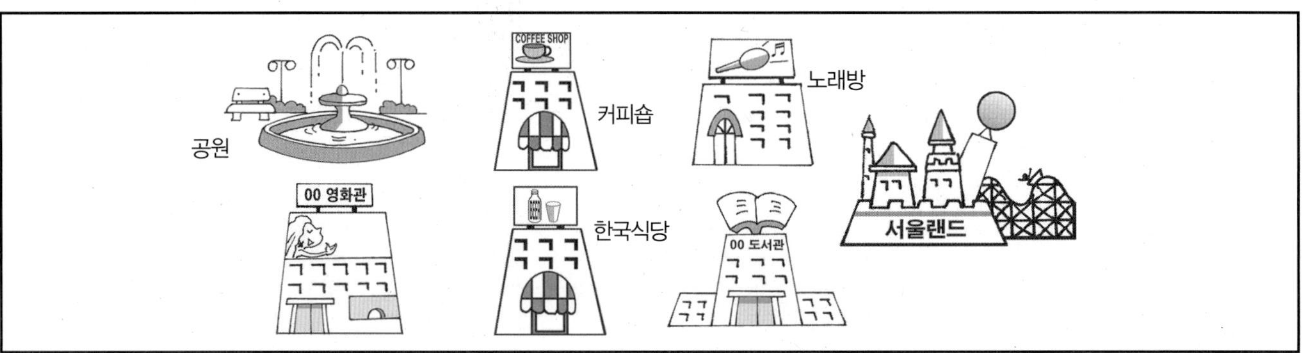

가고 싶은 곳 :

이유 : ______

먹고 싶은 것 :

이유 : ______

마시고 싶은 것 :

이유 : ______

우리 반 친구들은 10년 후에 어떤 모습일까요? 무엇을 하고 있을까요? **'-(으)ㄹ까요? / -(으)ㄹ거예요'** 를 사용하여 상상하여 이야기해 봅시다.

뚱뚱하다 / 통통하다 / 날씬하다	한국(고향)에서 살다 / 해외 유학을 가다
예쁘다 / 잘생기다	컴퓨터(미술, 춤 등)을 배우다
(사람)와/과 결혼했다/결혼을 안 했다	집에 일찍(늦게) 들어가다
(아이/아들/딸)이/가 있다/없다	일이 많다/ 적다
직장이 있다/ 없다	데이트를 하다 / 소개팅을 하다
학교에 다니다 / 여행을 다니다	행복하다 / 즐겁다
영화를 보다/ 음악회를 가다	다른 외국어를 배우다

친구 이름	어떤 모습일까요?	무슨 일을 할까요?	어떤 생활을 할까요?

가 : 수진 씨는 10년 후에 **어떤 모습일까요?**
나 : 10년 후에는 지금보다 **통통할 거예요.**
가 : **무슨 일을 할까요?**
나 : 아마 한국어 **선생님일 거예요 .**

여러분은 언제 다음과 같은 감정을 갖습니까? **'-(으)ㄹ 때'** 를 사용하여 문장을 만들어 보십시오.

가 : 수잔 씨는 **언제 슬퍼요?**
나 : 저는 **혼자 있을 때** 슬퍼요.

감정	이름:	이름:
행복하다		
기분이 좋다		
기분이 나쁘다		
즐겁다		
슬프다		
무섭다		
외롭다		
화가 나다		
스트레스를 받다		

<언제?>
① 선물을 받았다
② 부모님께서 편찮으시다
③ 잠을 잘 못 잤다
④ 한국어를 잘못 말했다
⑤ 좋아하는 사람과 헤어졌다
⑥ 다른 사람이 내 말을 이해하지 못하다
⑦ 다른 사람이 내 물건을 말없이 사용하다
⑧ 혼자 있다
⑨ 꿈에서 귀신을 봤다
⑩ 밤에 혼자 길을 걷다
⑪ 사랑하는 사람과 같이 있다
⑫ 아픈데 혼자 집에 있다
⑬ 일이 너무 많다
음식이 맛있어요

다음은 언제 사용하는 물건들입니까? **'-(으)ㄹ 때'** 를 사용하여 '보기' 와 같이 대답해 보십시오.

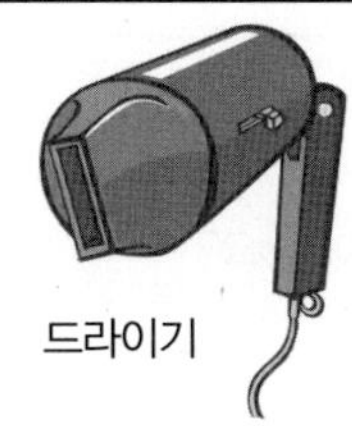

(보기)

가 : 드라이기는 언제 사용하는 물건입니까?
나 : **머리를 말릴 때** 사용하는 물건입니다.

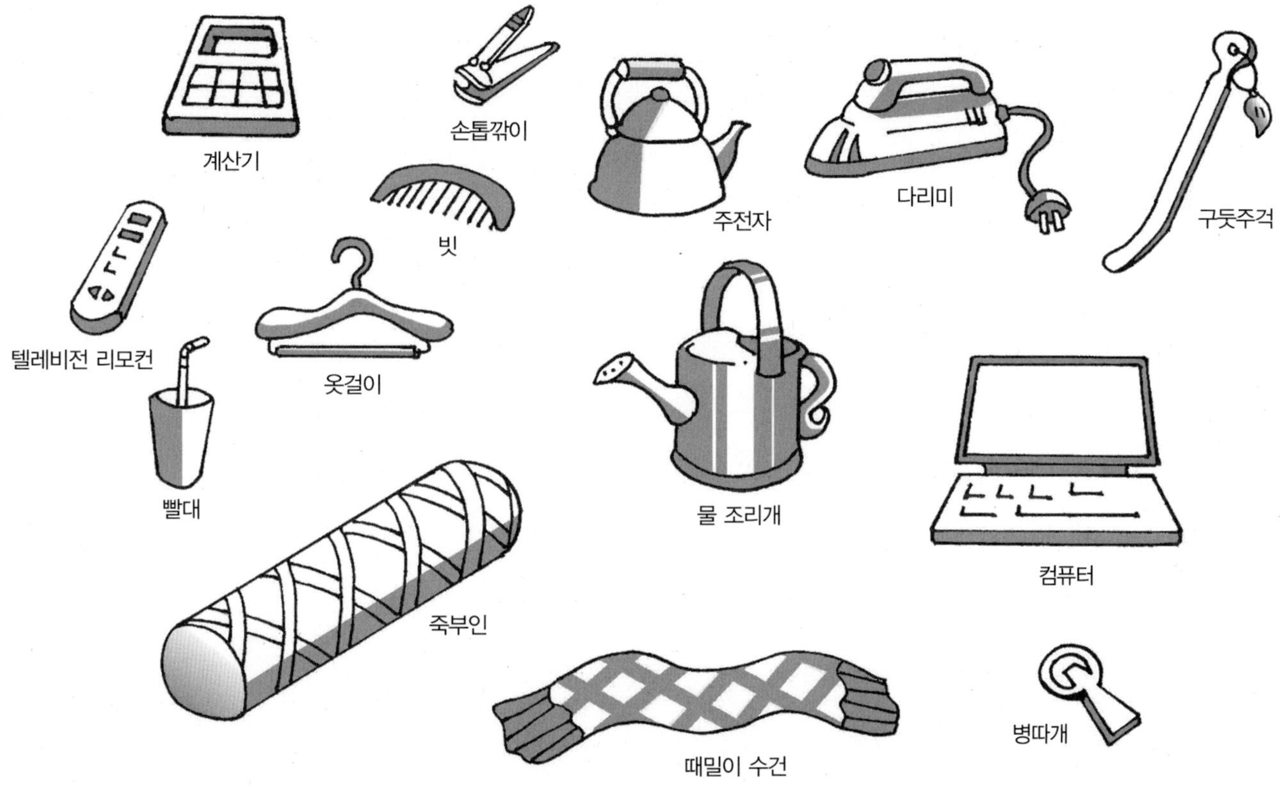

<참고>

손톱을 깎다	구두를 신다	옷을 다리다	텔레비전을 켜다/끄다
목욕을 하다	병뚜껑을 열다	계산을 하다	옷을 다리다
꽃에 물을 주다	옷을 걸다	머리를 빗다	음료수를 마시다
머리를 말리다	병을 따다	잠을 자다	물을 끓이다

다음 물건들은 언제 필요합니까? **'-(으)ㄹ 때'** 와 **'명사+때'** 를 사용하여 이야기해 보십시오.

가 : 언제 학생증이 필요해요?
나 : **도서관에 갈 때** 필요해요.

물건	**이름:**	**이름:**
학생증		
돈		
여권		
컴퓨터		
신용카드		
자동차		
휴대 전화		
외국인 등록증		
한국어 사전		
교통카드		
지도		
내 사진		
MP3		

친구들이 무엇을 할 줄 아는지 **'-(으)ㄹ 줄 알다/모르다'** 를 사용하여 질문하십시오. 그리고 재능있는 친구들을 찾아 보십시오.

가 : **외국어를 할 줄 알아요?**
나 : **네, 할 줄 알아요.**

가 : **영어를 할 줄 알아요?**
나 : **아니요, 영어를 할 줄 몰라요.**

가 : **일본어를 할 줄 알아요?**
나 : **네, 일본어를 할 줄 알아요.**

	이것을 할 줄 알아요?	이름 :	이름 :
외국어를 하다	① 한국어 ② 일본어 ③ 러시아 가나다라~~ あいうえお. A. Б. В. Г. Д.	① ○ → ____ ② ×	① ○ → ____ ② ×
외국 노래를 하다	① 한국 노래 ② 중국 노래 ③ 일본 노래 사랑하는~ 我愛的~ あいくるしさ~	① ○ → ____ ② ×	① ○ → ____ ② ×
운동을 하다	① 축구 ② 수영 ③ 태권도	① ○ → ____ ② ×	① ○ → ____ ② ×
한국 음식을 만들다	① 김치찌개 ② 비빔밥 ③ 불고기	① ○ → ____ ② ×	① ○ → ____ ② ×
악기를 연주하다	① 피아노 ② 바이올린 ③ 장구	① ○ → ____ ② ×	① ○ → ____ ② ×
춤을 추다	① 한국 춤 ② 발레 ③ 고향 전통춤	① ○ → ____ ② ×	① ○ → ____ ② ×
운전하다	① 오토바이 ② 자동차 ③ 버스 5712	① ○ → ____ ② ×	① ○ → ____ ② ×

여러분은 미래의 일을 잘 몰라서 걱정한 적이 있습니까? **'-(으)ㄹ지 모르겠다'** 를 사용하여 걱정하는 것을 이야기해 봅시다.

예)
A : 손님, 어디에 가세요?
B : 인천 공항이요. 아저씨, 빨리 가 주세요.
A : 글쎄요. 지금 길이 막혀서 **빨리 갈 수 있을지 모르겠어요.**

A : 미미 씨, 주말에 시간 있어요?
B : 좀 바쁜데 왜요?
A : 일요일에 같이 만날 수 있어요?
B : 글쎄요. ________________아/어서 ________________ .

비행기표

A : 미키 씨, 이번 방학 때 뭐 할 거예요?
B : 고향에 가려고 해요.
A : 언제 갈 거예요?
B : 글쎄요. ________________아/어서 ________________ .

A : 요코 씨, 내일 같이 영화 볼 수 있어요?
B : 영화요? 좋아요. 그런데 영화표는 예매했어요?
A : 아니요.
B : 음...내일이 ________________아/어서________________ .

A : 리나 씨, 일기예보 봤어요?
B : 아니요.
A : 내일 우리 등산 갈 수 있을까요?
B : 글쎄요.________________아/어서 ________________ .

A : 토니 씨, 부탁한 일 다 했어요?
B : 아니요. 아직 못 했습니다.
A : 그럼, 이 일을 주말까지 끝낼 수 있겠지요?
B : 글쎄요. ________________아/어서 ________________ .

A : 어서 오세요.
B : 네. 초대해 주셔서 감사합니다.
왜! 이 음식을 혼자 다 준비하셨어요?
A: 네. 그런데 ________________아/어서 ________________ .

A : 왕영 씨, 생일 축하해요.
B : 이렇게 좋은 선물을... 정말, 감사합니다.
A : 그런데 마음________________________ .

〈활동지 A〉

A. 여러분은 곧 태어날 아기를 기다리고 있는 '엄마(아빠)' 입니다. 기쁜 마음도 있지만 불안한 마음도 있을 것입니다. 친구에게 그 걱정들을 말해 보십시오.	B. 여러분은 곧 새 회사에 입사할 것입니다. 기쁜 마음도 있지만 불안한 마음도 있을 것입니다. 친구에게 그 걱정들을 말해 보십시오.
나의 걱정 • • •	나의 걱정 • • •

〈활동지 B〉

A. 여러분은 한 달 뒤면 결혼을 할 것입니다. 기쁜 마음도 있지만 불안한 마음도 있을 것입니다. 친구에게 그 걱정들을 말해 보십시오.	B. 여러분은 가족들과 함께 3개월 동안 세계 여행을 하려고 합니다. 기쁜 마음도 있지만 불안한 마음도 있을 것입니다. 친구에게 그 걱정들을 말해 보십시오.
나의 걱정 • • •	나의 걱정 • • •

〈활동지 C〉

A. 여러분은 곧 대학교에 입학을 할 것입니다. 기쁜 마음도 있지만 불안한 마음도 있을 것입니다. 친구에게 그 걱정들을 말해 보십시오.	B. 여러분은 친구에게서 소개받은 사람을 처음 만나려고 합니다. 기쁜 마음도 있지만 불안한 마음도 있을 것입니다. 친구에게 그 걱정들을 말해 보십시오.
나의 걱정 • • •	나의 걱정 • • •

여러분은 교실에서 친구의 생일파티를 친구들과 함께 계획하려고 합니다. 여러분은 무엇을 준비하고, 친구들은 무엇을 준비할 지 **'-(으)ㄹ 테니까'** 를 사용해 이야기해 보십시오.

사진을 찍다 춤을 추다 음악을 틀다

편지를 읽다 꽃을 사 오다 교실 등을 끄다

케이크를 만들어 오다 노래를 부르다

음료수를 사 오다 촛불을 켜다 선물을 준비하다

폭죽을 터뜨리다 의자를 정리하다 청소하다

아래 주어진 문장을 **'-(으)ㄹ 테니까'** 를 사용하여 상황에 맞는 문장을 만들어 보십시오.

	-(으)ㄹ 테니까	○ / ×
1	(내 생각에) 내일은 눈이 많이 오다	
2	(내 생각에) 시험 때문에 바쁘다	
3	(내 생각에) 시험 때라서 도서관에 사람이 많다	
4	(내 생각에) 다음 주부터 백화점이 세일을 하다	
5	(내 생각에) 주말에는 극장에 사람이 많다	
6	(내 생각에) 내일은 비가 많이 오다	
7	(내 생각에) 오늘 저녁에 술을 마시다	
8	(내 생각에) 출퇴근 시간이라 길이 막히다	
9	(내 생각에) 날씨가 덥다	
10	(내 생각에) 지금은 은행에 사람이 많다	
	합계	/ 10

여러분의 친구가 아래와 같은 걱정을 하고 있습니다. 친구의 걱정을 듣고 조언해 주십시오.

걱정(A)	조언(B)
예) 어떻게 하면 살을 뺄 수 있을까요?	예) 적게 먹고 많이 운동하면 뺄 수 있을 테니까 걱정하지 마세요.

A : 음…… ________________(으)ㄹ 수 있을까요?
B : _______(으)면 ___________(으)ㄹ 수 있을 테니까 걱정하지 마세요.

여러분의 친구가 아래와 같은 걱정이 있습니다. 친구의 걱정을 듣고 조언해 주십시오.

걱정(A)	조언(B)
예) 어떻게 하면 살을 뺄 수 있을까요?	예) 적게 먹고 많이 운동하면 뺄 수 있을 테니까 걱정하지 마세요.

A : 음…… ________________(으)ㄹ 수 있을까요?
B : _______(으)면 ___________(으)ㄹ 수 있을 테니까 걱정하지 마세요.

여러분은 다음과 같은 상황에서 어떻게 하면 좋겠습니까? **'-(으)ㄹ 텐데'**를 사용하여 걱정스러운 상황을 표현해 보고, 어떻게 하면 좋을지 제안해 봅시다. 그리고 친구의 질문에 답해 주십시오.

상황	어떻게 하면 좋을까요?
가방이 무겁다	예) 같이 들다
운동을 많이 해서 피곤하다	
배가 고프다	
음식이 뜨겁다	
일이 힘들다	
컴퓨터가 필요하다	
그 옷을 입고 나가면 감기에 걸리다	
출근 시간이어서 길이 막히다	
내일이 시험이다	
아직 몸이 안 좋다	
내일 고향에 돌아가서 바쁘다	
밖이 춥다	
교실 안이 덥다	
학교까지 멀다	
한국어가 어렵다	

가 : 가방이 무거울 **텐데** 같이 들까요?
나 : **네, 고맙습니다.**

가 : 가방이 무거울 **텐데** 같이 들까요?
나 : **아니요, 괜찮아요.**

〈활동지 A〉

㉮ 1) 다음을 읽고 조언해 보십시오. 답은 아래 ㉯의 [ ]에 쓰십시오.

1. 음식이 뜨거울 텐데, ______________________________.
2. 많이 피곤할 텐데, ______________________________.
3. 잠을 많이 못 잤을 텐데, ______________________________.
4. 날씨가 추울 텐데, ______________________________.
5. 한국어가 어려울 텐데, ______________________________.

2) 다음 조언을 읽고 **–(으)ㄹ 텐데'** 를 사용하여 걱정스러운 상황을 추측해 보십시오. 답은 아래 ㉯의 [ ]에 쓰십시오.

1. ______________________________, 같이 갑시다.
2. ______________________________, 일찍 일어나세요.
3. ______________________________, 고향으로 돌아가세요.
4. ______________________________, 선생님께 전화하세요.
5. ______________________________, 앉아서 쉬세요.

✂- -

㉯ 1) 친구가 쓴 조언을 읽고 **'–(으)ㄹ 텐데'** 를 사용하여 걱정스러운 상황을 추측해 보십시오.

1. ______________________________, [ ]
2. ______________________________, [ ]
3. ______________________________, [ ]
4. ______________________________, [ ]
5. ______________________________, [ ]

2) 친구의 걱정을 읽고 조언해 보십시오.

1. [ ] ______________________________.
2. [ ] ______________________________.
3. [ ] ______________________________.
4. [ ] ______________________________.
5. [ ] ______________________________.

〈활동지 B〉

㉮ 1) 다음을 읽고 조언해 보십시오. 답은 아래 ㉯의 [ ]에 쓰십시오.

1. 거기는 시끄러울 텐데, ________________.
2. 지금 길이 막힐 텐데, ________________.
3. 부모님이 많이 보고 싶을 텐데, ________________.
4. 혼자 쇼핑하면 심심할 텐데, ________________.
5. 날씨가 더울 텐데, ________________.

2) 다음 조언을 읽고 **-(으)ㄹ 텐데**'를 사용하여 걱정스러운 상황을 추측해 보십시오. 답은 아래 ㉯의 [ ]에 쓰십시오.

1. ________________, 같이 만납시다.
2. ________________, 일찍 집에 가세요.
3. ________________, 부모님께 말씀하세요.
4. ________________, 선생님께 질문하세요.
5. ________________, 빨리 주무세요.

㉯ 1) 친구가 쓴 조언을 읽고 '**-(으)ㄹ 텐데**'를 사용하여 걱정스러운 상황을 추측해 보십시오.

1. ________________, [ ]
2. ________________, [ ]
3. ________________, [ ]
4. ________________, [ ]
5. ________________, [ ]

2) 친구의 걱정을 읽고 조언해 보십시오.

1. [ ] ________________.
2. [ ] ________________.
3. [ ] ________________.
4. [ ] ________________.
5. [ ] ________________.

다음 문장들은 맞습니까? 틀립니까? 틀렸으면 바르게 고쳐 써 보십시오. **'-(으)ㄹ텐데, -(으)ㄹ테니까, -(으)ㄴ/는데, -아/어서'** 에 주의하십시오.

맞아요? / 틀려요?	점수(○ / ×)
1. 배가 아플 텐데 약국에 갔어요.	
2. 혼자 외국 생활하면 힘들 텐데 많이 도와 주세요.	
3. 지금은 길이 막힐 텐데 이따가 가는 것이 어때요?	
4. 우리 아버지는 키가 크실 텐데 저는 작아요.	
5. 운동을 하면 목이 마를 텐데 물을 갖고 갑시다.	
6. 5,000원 깎아 드릴 텐데 또 오세요.	
7. 산에 가면 많이 걸었을 텐데 운동화를 신고 오세요.	
8. 내일은 바쁠 텐데 모레 만날까요?	
9. 이 음식이 매울 텐데 다른 것을 시켰어요.	
10. 이 책을 빌려 줄 텐데 다음 주 월요일까지 주세요.	
11. 주말에는 극장에 사람이 많을 걸 텐데 평일 저녁에 가요.	
12. 시험이 어려웠을 텐데 공부를 많이 해야 해요.	
합계	/ 12

여러분은 어떤 목표를 갖고 있습니까? 그것을 위해 어떻게 준비하고 있습니까? 다음 표를 완성해 보십시오. 그리고 **'-(으)려고'** 를 사용하여 이야기해 보십시오.

	목 표	지금 하고 있는 일
1		돈을 모으다
2	한국 회사에 들어가다	
3		열심히 외국어를 공부하다
4	담배를 끊다	
5		케이크를 만들다
6	부자가 되다	
7		기다리다
8	사업(비즈니스)을 하다	
9		컴퓨터를 하다
10	한국 여행을 하다	
11		도서관에 가다
12	결혼을 하다	
13		일찍 자다
14	행복해지다	
15		매일 아침 식사를 하다

가 : 왜 돈을 모읍니까?
나 : **여행을 하려고** 돈을 모읍니다.

다음 문장들은 맞습니까? 틀렸으면 바르게 고쳐 써 보십시오. '**-(으)려고, -(으)러, -아/어서, -(으)려면**' 에 주의하십시오.

맞아요? / 틀려요?	점수(○ / ×)
1. 한국어를 공부하려고 서점에서 한국어 책을 한 권 샀어요.	
2. 머리가 아프려고 병원에 갔어요.	
3. 영어를 배우려고 미국에 갈 거예요.	
4. 지하철을 4호선으로 갈아타려고 서울역에서 내렸어요.	
5. 스키를 타려고 강원도에 가고 싶어요.	
6. 다음 주가 시험인데 공부하려고 도서관에 갈까요?	
7. 기차를 놓치지 않으려고 빨리 뛰어 가세요.	
8. 아침마다 수영장에 다니려고 수영 수업을 등록했어요.	
9. 민호 씨가 담배를 끊으려고 건강해졌어요.	
10. 의사가 되려고 공부했지만 시험에 합격하지 못했어요.	
11. 배고픈데 밥 먹으려고 식당에 갑시다.	
12. 친구 생일 때 주려고 음악 CD를 하나 샀어요.	
합계	/ 12

여러분은 인생의 계획을 세워 본 적이 있습니까? 여러분은 20, 30, 40, 50, 60대에 무엇을 하려고 합니까? 미래의 모습을 생각하면서 '**-(으)려고 하다**'를 사용하여 계획을 세워 봅시다.

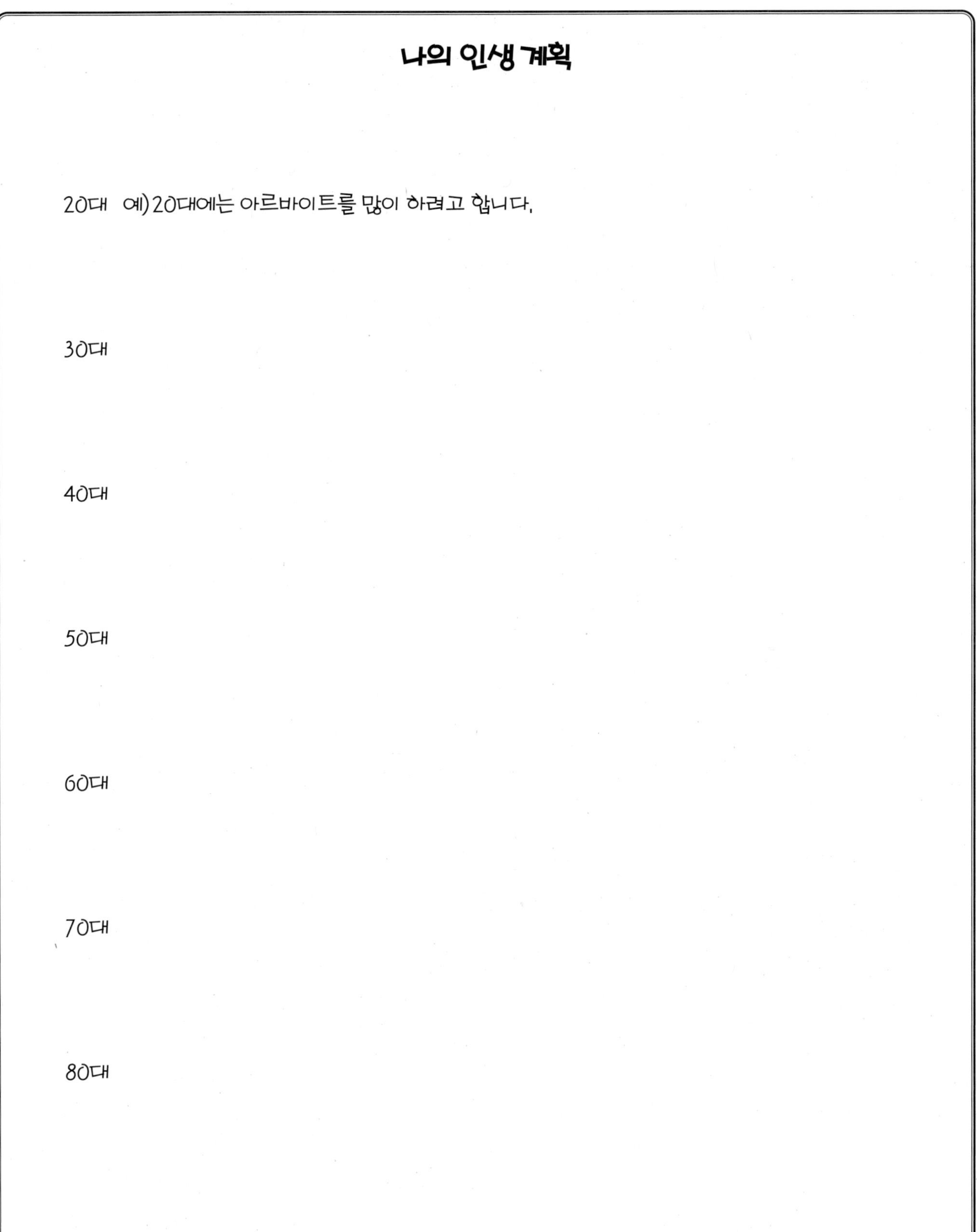

여러분은 이루고 싶은 목표가 있습니까? 그것을 이루려면 어떻게 해야 합니까? **'-(으)려면'** 을 사용하여 친구에게 조언을 구해 보십시오. 그리고 친구에게 **'-(으)려면'** 을 사용하여 조언하십시오.

가 : 요리를 잘 **하려면** 어떻게 해요?
나 : 매일 요리를 해야 해요.

질문	이름 :	이름 :
1. 요리를 잘하다		
2. 아침에 일찍 일어나다		
3. 컴퓨터 게임을 안 하다		
4. 부자가 되다		
5. 한국의 대학에 들어가다		
6. 한국 회사에 들어가다		
7. 세계일주를 하다		
8. 사업을 하다		
9. 옷을 싸게 사다		
10. 건강해지다		

다음 대답을 읽고 **'-(으)려면'** 또는 **'-(으)면'** 을 사용하여 질문을 완성하십시오.

질문	대답	○ / ×
한국어를 배우다 ?	한국 회사에 들어가고 싶어요.	
세계 여행을 하다 ?	돈을 많이 벌어야 해요.	
한국에서 살다 ?	한국에서 여행을 많이 하고 싶어요.	
결혼하다 ?	아이를 많이 낳을 거예요.	
1억 원이 있다 ?	집과 자동차를 사고 싶어요.	
건강해지다 ?	적게 먹고 운동해야 해요.	
명동에 가다 ?	지하철 4호선을 타야 해요.	
비다 오다 ?	기분이 좋아져요.	
옷을 사다 ?	동대문 시장에 가 보세요.	
한국어를 잘하다	한국 사람을 많이 만나야 해요.	
	합계	/ 10

친구의 질문을 잘 듣고 **'-(으)로'** 를 사용하여 답하십시오.

질문	-(으)로	이름 :	이름 :
고향에 어떻게 갑니까?	비행기, 배, 기차, 버스		
삼계탕은 무엇으로 만듭니까?	닭, 소, 돼지, 생선		
여러분의 나라에서는 어떻게 식사를 합니까?	숟가락, 젓가락		
수업 시간에 어떤 말로 이야기해야 해요?	중국어, 한국말, 영어, 일어		
부모님께 쓴 편지를 어떻게 보냅니까?	우편, 이메일		
화장실에 가려면 어디로 가야합니까?	오른쪽, 왼쪽, 앞, 뒤		
숙제를 할 때 무엇으로 씁니까?	연필, 볼펜		
학교에 올 때 어떻게 옵니까?	버스, 택시, 지하철, 걸어서		
은행에서 무슨 돈을 무슨 돈으로 바꿉니까?	달러, 엔, 위엔, 한국 돈		
제주도는 무엇으로 유명합니까?	귤, 여자, 바람, 해산물, 돌		
두부는 무엇으로 만듭니까?	콩, 소고기, 돼지고기, 생선		
이번 방학에는 어디로 여행을 가고 싶어요?	산, 바다, 강, 도시		
여러분이 자주 가는 식당은 무엇으로 유명합니까?	?		
한국은 무엇으로 유명합니까?	?		

〈활동지 A〉

여러분의 나라에 대한 친구의 질문에 **'-(으)로'** 를 사용하여 대답하십시오.

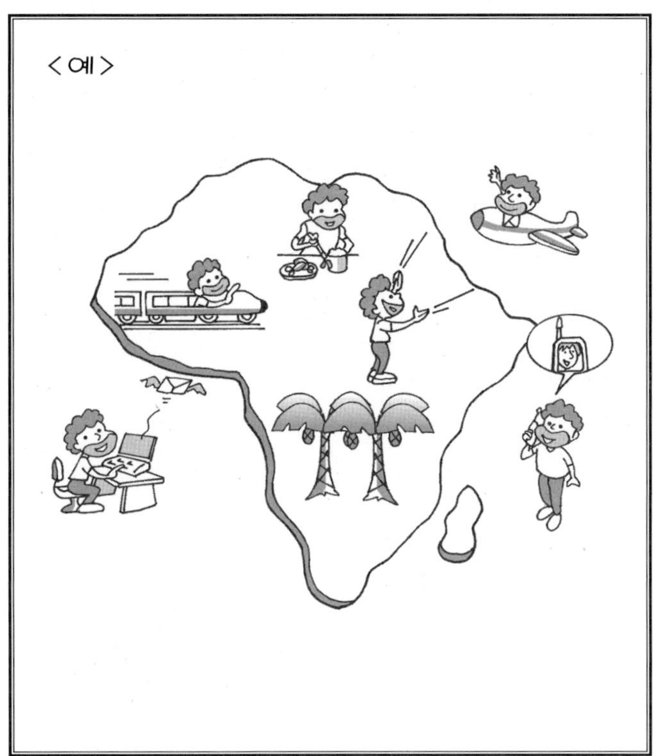

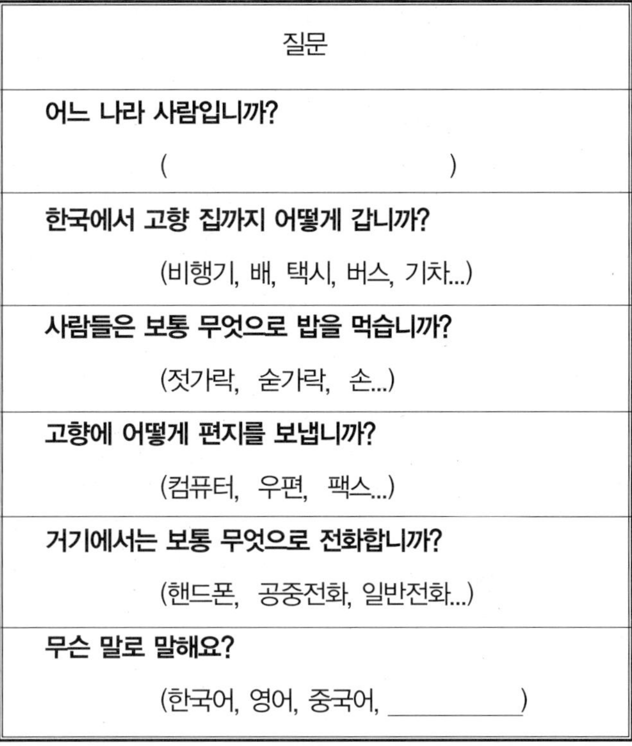

질문
어느 나라 사람입니까? (　　　　　　　　　　)
한국에서 고향 집까지 어떻게 갑니까? (비행기, 배, 택시, 버스, 기차...)
사람들은 보통 무엇으로 밥을 먹습니까? (젓가락, 숟가락, 손...)
고향에 어떻게 편지를 보냅니까? (컴퓨터, 우편, 팩스...)
거기에서는 보통 무엇으로 전화합니까? (핸드폰, 공중전화, 일반전화...)
무슨 말로 말해요? (한국어, 영어, 중국어, ________)

〈활동지 B〉

여러분의 나라에 대한 친구의 질문에 **'-(으)로 '**를 사용하여 대답하십시오.

질문
어느 나라 사람입니까? (　　　　　　　　　　)
한국에서 고향 집까지 어떻게 갑니까? (비행기, 배, 택시, 버스, 지하철...)
사람들은 보통 무엇으로 밥을 먹습니까? (젓가락, 숟가락, 손...)
고향에 어떻게 편지를 보냅니까? (컴퓨터, 우편, 팩스...)
거기에서는 보통 무엇으로 전화합니까? (핸드폰, 공중전화, 일반전화...)
무슨 말로 말해요? (한국어, 영어, 중국어, ________)

여러분은 다음과 같은 경우 무엇을 합니까? 어떻게 합니까? **'-(으)면'** 을 사용하여 친구들과 이야기해 보십시오.

상황	이름 :	이름 :
스트레스를 받다		
눈이 많이 오다		
배가 너무 부르다		
돈이 없고 배가 너무 고프다		
주말에 시간이 있다		
비가 많이 오다		
수업 시간에 자고 싶다		
감기에 걸리다		
한국 생활이 힘들다		
부모님이 보고 싶다		
너무 외롭다		
밤 늦게 배가 고프다		
고향에 돌아가고 싶다		

가 : 스트레스를 **받으면** 어떻게 해요?
나 : 저는 스트레스를 **받으면** 자요.

〈활동지 A〉

㉮ 1) 여러분은 다음과 같은 상황에서 어떻게 할 겁니까? ㉯의 [ ]에 쓰십시오.

1. 숙제를 모르면, ____________________.
2. 비가 오면, ____________________.
3. 내가 좋아하는 사람을 만나면, ____________________.
4. 피곤하면, ____________________.
5. 오늘 저녁에 친구를 만나면, ____________________.

2) 여러분은 어떤 상황에서 다음과 같이 하겠습니까? ㉯의 [ ]에 쓰십시오.

1. ____________________, 친구를 안 만날 거예요.
2. ____________________, 해외여행을 할 거예요.
3. ____________________, 잠을 잘 거예요.
4. ____________________, 등산을 안 할 거예요.
5. ____________________, 영화배우가 될 거예요.

㉯ 1) 친구가 쓴 문장을 읽고 **'(으)면'** 을 사용하여 어떤 상황인지 추측해 보십시오.

1. ____________________, [ ]
2. ____________________, [ ]
3. ____________________, [ ]
4. ____________________, [ ]
5. ____________________, [ ]

2) 여러분은 다음과 같은 상황에서 어떻게 할 겁니까? 친구가 쓴 상황을 읽고 쓰십시오.

1. [ ] ____________________.
2. [ ] ____________________.
3. [ ] ____________________.
4. [ ] ____________________.
5. [ ] ____________________.

〈활동지 B〉

㉮ 1) 여러분은 다음과 같은 상황에서 어떻게 할 겁니까? ㉯의 [ ]에 쓰십시오.

1 가방을 잃어버리면, ______________________________.

2. 시험을 잘 보면, ______________________________.

3. 한국어를 잘하면, ______________________________.

4. 눈이 오면, ______________________________.

5. 돈이 많으면, ______________________________.

2) 여러분은 어떤 상황에서 다음과 같이 하겠습니까? ㉯의 [ ]에 쓰십시오.

1. ______________________________, 고향으로 돌아갈 거예요.

2. ______________________________, 기분이 나쁠 거예요.

3. ______________________________, 한국 요리를 배울 거예요.

4. ______________________________, 부모님께서 좋아하실 거예요.

5. ______________________________, 밤에 잠을 못 잘 거예요.

✂- -

㉯ 1) 친구가 쓴 문장을 읽고 **'(으)면'** 을 사용하여 어떤 상황인지 추측해 보십시오.

1. ______________________________, [ ]

2. ______________________________, [ ]

3. ______________________________, [ ]

4. ______________________________, [ ]

5. ______________________________, [ ]

2) 여러분은 다음과 같은 상황에서 어떻게 할 겁니까? 친구가 쓴 상황을 읽고 쓰십시오.

1. [ ] ______________________________.

2. [ ] ______________________________.

3. [ ] ______________________________.

4. [ ] ______________________________.

5. [ ] ______________________________.

a. 나와 결혼할 사람은 (으)면 좋겠다

예) 요리를 잘하면 좋겠다.

b. 내가 10년 후에 다닐 회사는 (으)면 좋겠다

예) 휴가가 많으면 좋겠다.

c. 내가 20년 후에 살 나라는 (으)면 좋겠다

예) 공기가 좋으면 좋겠다.

d. 내가 30년 후에 탈 자동차는 (으)면 좋겠다.

예) 차 안에서 집처럼 생활할 수 있으면 좋겠다.

e. 내가 10년 후에 다닐 학교는 (으)면 좋겠다

예) 시험이 없으면 좋겠다.

f. 내가 살 집은 (으)면 좋겠다

예) 정원이 있으면 좋겠다.

여러분은 두 가지 행동을 동시에 할 수 있습니까? 다음 그림의 사람들은 무엇을 하고 있는지 **'-(으)면서'** 를 사용하여 친구와 이야기해 봅시다.

커피를 마시다	춤을 추다
창문을 열다	담배를 피우다
술을 마시다	음악을 듣다
텔레비전을 보다	밥을 먹다
책을 읽다	문 밖에 나가다
빨리 걷다	신문을 보다
졸다	친구를 만나다
문을 닫다	친구에게 이야기하다
문을 열다	불을 켜다
창문을 닫다	옷을 벗다
옷을 입다	가방을 들다
휴대 전화를 하다	책을 덮다
교실에 들어오다	뛰다
신발을 벗다	신발을 신다

여러분은 두 가지 일을 같이 할 수 있습니까? 어떤 일을 같이 합니까? **'-(으)면서'** 를 사용하여 친구들과 이야기해 보십시오.

	이름	이름
	같이 할 수 있는 일	같이 할 수 있는 일
학교에 오다		
밥을 먹다		
한국어 숙제를 하다		
텔레비전을 보다		
집에 가다		
전화를 하다		
운동을 하다		
컴퓨터를 하다		
요리를 하다		
친구와 이야기를 하다		
커피를 마시다		
술을 마시다		
운전을 하다		

가 : 학교에 **오면서** 무엇을 할 수 있어요?
나 : 학교에 **오면서** 음악을 들을 수 있어요.

여러분은 다음과 같은 표지를 본 적이 있습니까? 다음 표지의 의미는 무엇입니까?
'-(으)세요' 와 **'-(으)지 마세요'** 를 사용하여 이야기하고, **'-(으)십시오'** 와 **'-(으)지 마십시오'** 를 사용하여 그 의미를 쓰십시오.

횡단금지		통행금지	
	입산금지	CCTV앞에서 모자를 쓰지 마십시오	
		햇볕에 널지 마십시오	

길을 건너다　사진을 찍다　들어가다　전화를 하다　담배를 피우다　문에 기대다
햇볕에 널다　옷을 짜다　쓰레기를 버리다　조용히 하다　손조심하다
장애인이나 임산부가 앉다　모자를 쓰다　등산하다　자전거를 타다　주차하다

소리 내어 먹다　　음료수를 흘리다　　전화를 하다　　뽀뽀하다　　울다
큰 소리로 이야기하다　　사진을 찍다　　담배를 피우다　　코를 골다

지각하다　　자기 나라말로 이야기하다　　껌을 씹다　　딴 생각을 하다
이야기를 하다　　음식을 먹다　　졸다　　똑바로 앉다　　모자를 쓰다

채을 훔치다 담배를 피우다 큰 소리로 이야기하다 음악을 크게 듣다 눕다
책을 찢다 책에 음료수를 흘리다 책에 쓰다 전화하다 음식을 먹다

큰 소리로 전화하다 담배를 피우다 술을 마시다 코를 골다
자리를 양보하다 음식을 먹다 음악을 크게 듣다 뽀뽀하다

여러분은 어떤 바람이 있습니까? 여러분의 바람을 밑에서 골라 쓰십시오. 그리고 친구에게 **'-(으)세요'**, **'-지 마세요'** 를 사용해 조언을 해 주십시오.

- 너무 뚱뚱해요. 살을 빼고 싶어요.
- 남자(여자) 친구를 만나고 싶어요.
- 빨리 부자가 되고 싶어요.
- 담배를 끊고 싶어요.
- 한국어를 잘하고 싶어요.
- 한국 회사에서 일하고 싶어요.
- 건강하게 살고 싶어요.
- 요리를 잘하고 싶어요.
- 컴퓨터 게임을 조금만 하고 싶어요.
- 술을 안 마시고 싶어요.

이 름 : ____________

바 람 : ________________________________

1. ____________(으)세요.	1. ____________지 마세요.
2. ____________(으)세요.	2. ____________지 마세요.
3. ____________(으)세요.	3. ____________지 마세요
4. ____________(으)세요.	4. ____________지 마세요.
5. ____________(으)세요.	5. ____________지 마세요

여러분의 가족은 누가 있습니까? 이름이 무엇입니까? 무슨 일을 합니까? 여러분의 가족을 그리고 **'의'** 를 사용하여 친구들에게 소개해 주십시오.

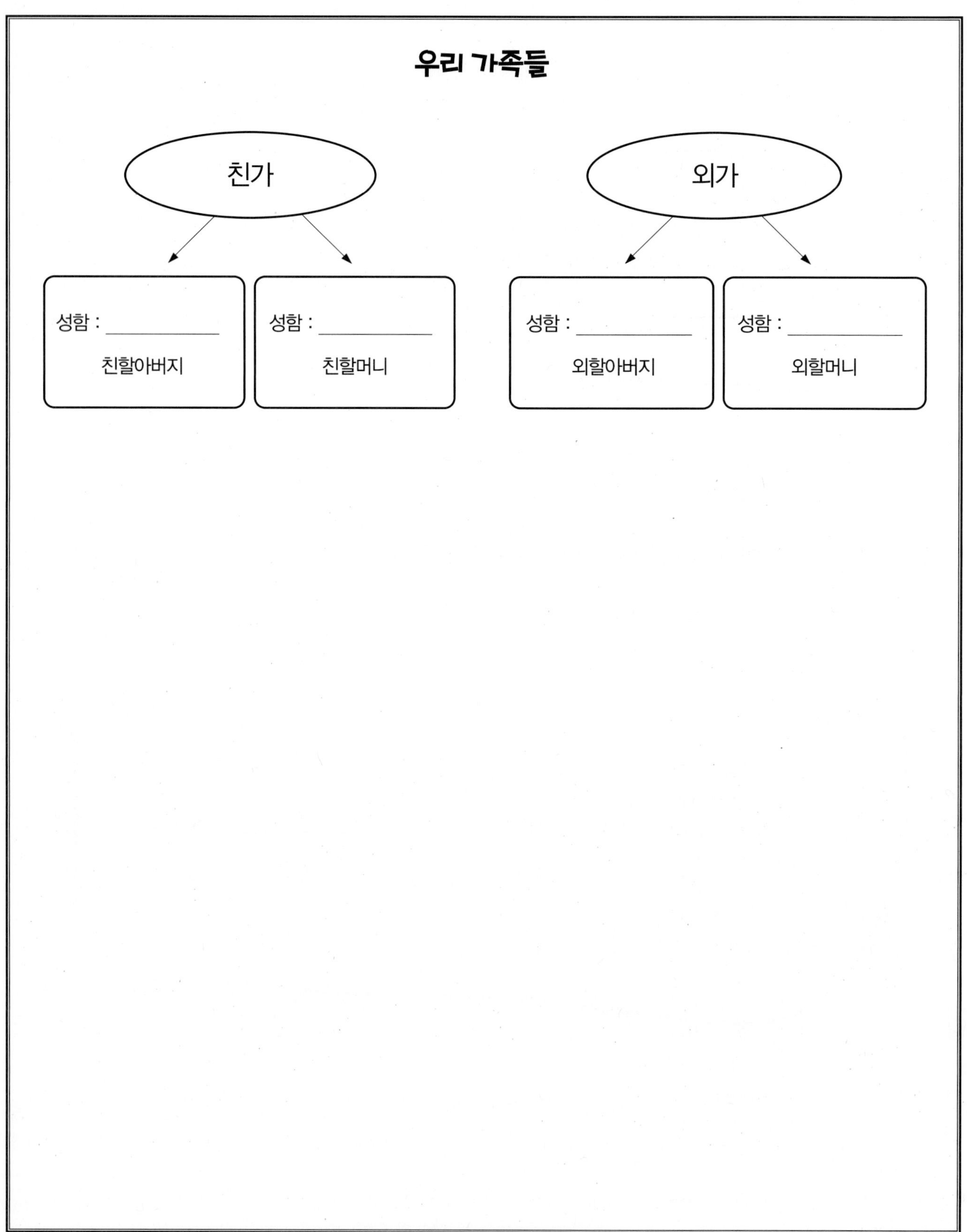

다음은 '가계도' 입니다. 다음 카드를 보고 이름과 직업을 써서 '가계도'를 완성하십시오.

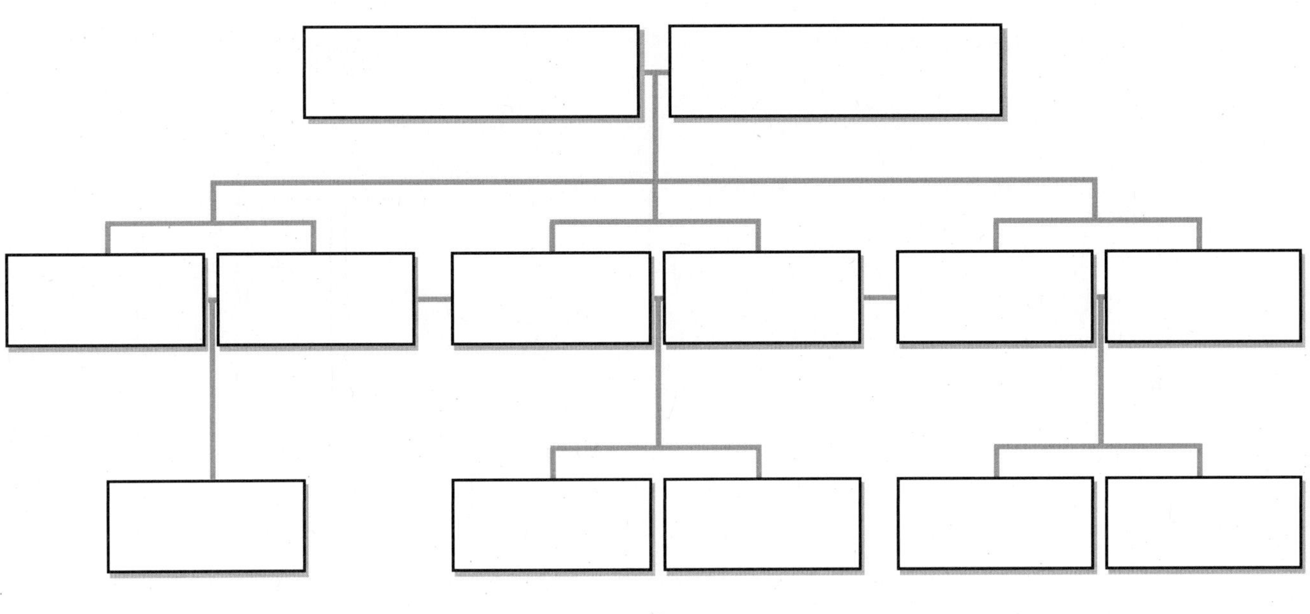

• **톰**의 할아버지의 성함은 **마이클**입니다. • **사라**의 남편은 회사원입니다. • **안나**는 아들이 두 명 있습니다. • **릴리**는 **피터**의 딸입니다.	• **에밀리**의 어머니는 간호사이십니다. • **피터**는 딸이 두 명 있습니다. • **사카**의 아들의 아내는 의사입니다. • **데일**은 **피터**의 형입니다.
• **데일**은 우체국 직원과 결혼했습니다. • **마크**는 **에밀리**의 아버지입니다. • **제인**은 **릴리**의 여동생입니다. • **마이클**은 아들 두 명과 딸 한 명이 있습니다.	• **사라**는 **밥**의 아버지의 누나입니다. • **밥**은 **피터**의 형의 아들입니다. • **데일**은 **안나**와 결혼했습니다. • **에밀리**는 형제가 없습니다.
• **제인**의 아버지는 선생님입니다. • **사카**는 할머니입니다. • **니나**는 **피터**의 아내입니다. • **마크**는 **사카**의 딸의 남편입니다.	• **피터**는 **사카**의 아들입니다. • **사라**는 두 명의 남동생이 있습니다. • **데일**은 대학교 교수입니다. • **밥**은 **톰**의 형입니다.

〈활동지 A〉

다음 그림을 잘 보십시오. 무엇이 있습니까? 몇 개 있습니까? **'몇'** 을 사용하여 친구에게 질문하여 친구의 그림과 다른 곳을 찾아보십시오.

〈활동지 B〉

다음 그림을 잘 보십시오. 무엇이 있습니까? 몇 개 있습니까? **'몇'** 을 사용하여 친구에게 질문하여 친구의 그림과 다른 곳을 찾아보십시오.

〈활동지 A〉

다음 사람들은 몇 살입니까? 어느 나라 사람입니까? 직업이 무엇입니까? 친구에게 질문하십시오. 그리고 친구의 질문에 답하십시오.

마이클	사카	다니엘	환환	리나	지영
세	27세	세	42세	세	19세
	일본		중국		한국
	선생님		요리사		학생
알리	사라	케리	아서	마리아	제인
세	22세	세	38세	세	53세
	몽골		인도네시아		필리핀
	회사원		대사관 직원		간호사

〈활동지 B〉

다음 사람들은 몇 살입니까? 어느 나라 사람입니까? 직업이 무엇입니까? 친구에게 질문하십시오. 그리고 친구의 질문에 답하십시오.

마이클	사카	다니엘	환환	리나	지영
38세	세	51세	세	45세	세
미국		호주		이탈리아	
회사원		의사		주부	
알리	사라	케리	아서	마리아	제인
26세	세	49세	세	12세	세
베트남		태국		러시아	
의사		교수		운동선수	

'무엇, 어느, 몇, 어디, 언제' 를 사용하여 우리반 친구들의 연락처를 만들어 봅시다.

이름	국적	생일	사는 곳	전화번호

여러분의 친구들은 무엇을 좋아합니까? 친구가 무엇을 좋아하는지 추측해 보십시오. 그리고 친구에게 **'무슨/어떤+명사'** 를 사용하여 묻고 확인해 보십시오.

내 친구 __________ 는 …

1. 좋아하는 음식
   ① 매운 음식 ② 단 음식 ③ 짠 음식
2. 좋아하는 책
   ① 잡지 ② 소설 ③ 시 ④ 만화
3. 좋아하는 요일
   ① 월요일 ② 화요일 ③ 수요일 ④ 목요일 ⑤ 금요일 ⑥ 주말
4. 싫어하는 영화
   ① 공포 영화 ② 액션 영화 ③ 애정 영화
5. 좋아하는 친구
   ① 친절한 친구 ② 멋있는/예쁜 친구 ③ 재미있는 친구
6. 좋아하는 음악
   ① 조용한 음악 ② 시끄러운 음악 ③ 모두 좋아해요.
7. 좋아하는 책
   ① 재미있는 책 ② 무서운 책 ③ 슬픈 책
8. 좋아하는 음식
   ① 중국음식 ② 한국음식 ③ 일본음식 ④ 태국음식 ⑤ 베트남 음식
9. 좋아하는 계절
   ① 봄 ② 여름 ③ 가을 ④ 겨울
10. 좋아하는 영화
   ① 재미있는 영화 ② 무서운 영화 ③ 슬픈 영화

몇 개 맞았어요? : ____________________ 개 / 10개

〈활동지 A〉

㉮ 다음 그림을 친구에게 1분 동안 보여 주십시오.

㉯ 친구의 그림을 1분간 보십시오. 그리고 그 그림을 보지 말고 다음 질문에 답하십시오.

	있다	없다		있다	없다
1. 방에 컵이 있어요?	☐	☐	8. 방에 전화가 있어요?	☐	☐
2. 방에 책상이 있어요?	☐	☐	9. 방에 종이가 있어요?	☐	☐
3. 방에 연필이 있어요?	☐	☐	10. 방에 선풍기가 있어요?	☐	☐
4. 방에 바지가 있어요?	☐	☐	11. 방에 침대가 있어요?	☐	☐
5. 방에 컴퓨터가 있어요?	☐	☐	12. 방에 사람이 있어요?	☐	☐
6. 방에 고양이가 있어요?	☐	☐	13. 방에 꽃이 있어요?	☐	☐
7. 방에 의자가 있어요?	☐	☐	14. 방에 책이 있어요?	☐	☐

합계 ________ / 14점

〈활동지 B〉

㉮ 친구의 그림을 1분간 보십시오. 그리고 그 그림을 보지 말고 다음 질문에 답하십시오.

	있다	없다		있다	없다
1. 냉장고에 물이 있어요?	☐	☐	8. 냉장고에 사과가 있어요?	☐	☐
2. 냉장고에 계란이 있어요?	☐	☐	9. 냉장고에 야채가 있어요?	☐	☐
3. 냉장고에 치즈가 있어요?	☐	☐	10. 냉장고에 주스가 있어요?	☐	☐
4. 냉장고에 수박이 있어요?	☐	☐	11. 냉장고에 닭고기가 있어요?	☐	☐
5. 냉장고에 생선이 있어요?	☐	☐	12. 냉장고에 아이스크림이 있어요?	☐	☐
6. 냉장고에 맥주가 있어요?	☐	☐	13. 냉장고에 케이크가 있어요?	☐	☐
7. 냉장고에 김치가 있어요?	☐	☐	14. 냉장고 옆에 고양이가 있어요?	☐	☐

합계 ________ / 14점

㉯ 다음 그림을 친구에게 동안 1분 보여 주십시오.

〈활동지 A〉

다음 그림을 잘 보십시오. 무엇이 있습니까? 친구의 그림과 무엇이 다릅니까? **'이/가 있다, 없다'** 를 사용하여 질문을 하십시오. 다른 곳을 찾으십시오.

〈활동지 B〉

다음 그림을 잘 보십시오. 무엇이 있습니까? 친구의 그림과 무엇이 다릅니까? **'이/가 있다, 없다'** 를 사용하여 질문을 하십시오. 다른 곳을 찾으십시오.

〈활동지 A〉

㉮ 여러분은 하숙집을 찾고 있습니다. 신문에서 하숙집 광고를 보았습니다. 전화를 해서 어떤 물건들이 있는지 **'이/가 있다, 없다'** 를 사용하여 물어 보십시오.

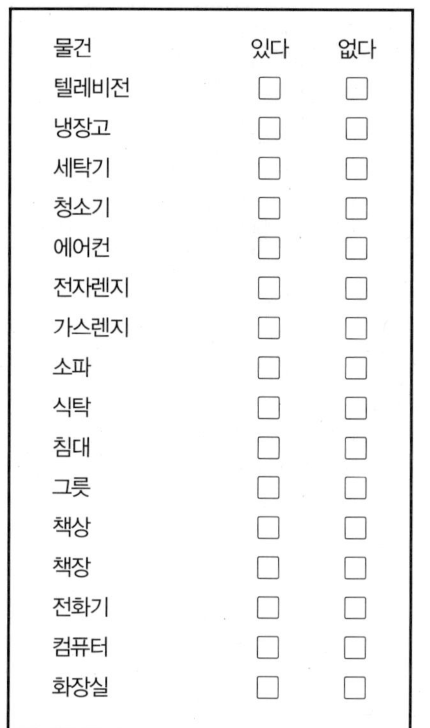

물건	있다	없다
텔레비전	☐	☐
냉장고	☐	☐
세탁기	☐	☐
청소기	☐	☐
에어컨	☐	☐
전자렌지	☐	☐
가스렌지	☐	☐
소파	☐	☐
식탁	☐	☐
침대	☐	☐
그릇	☐	☐
책상	☐	☐
책장	☐	☐
전화기	☐	☐
컴퓨터	☐	☐
화장실	☐	☐

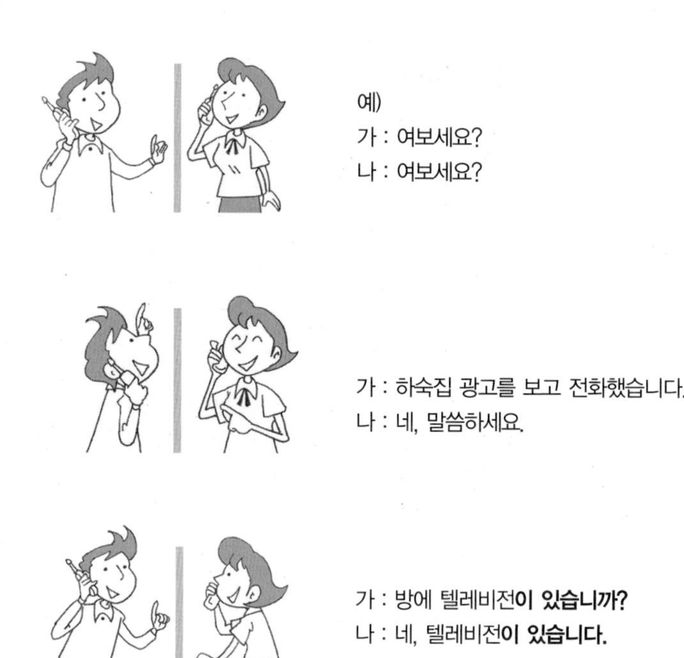

㉯ 여러분은 하숙집 주인입니다. 다음 그림을 보고, 집에 어떤 물건이 있는지 **'이/가 있다, 없다'** 를 사용하여 말해 주십시오.

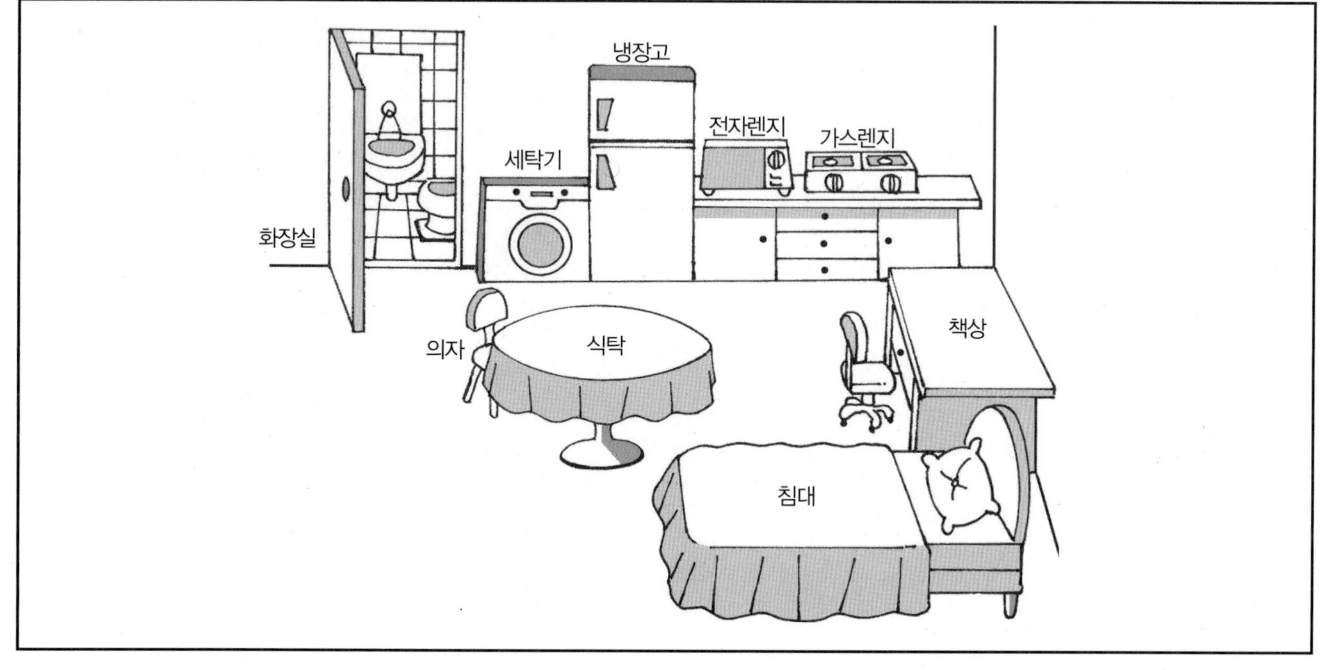

〈활동지 B〉

㉮ 여러분은 하숙집 주인입니다. 다음 그림을 보고, 집에 어떤 물건이 있는지 **'이/가 있다, 없다'** 를 사용하여 말해 주십시오.

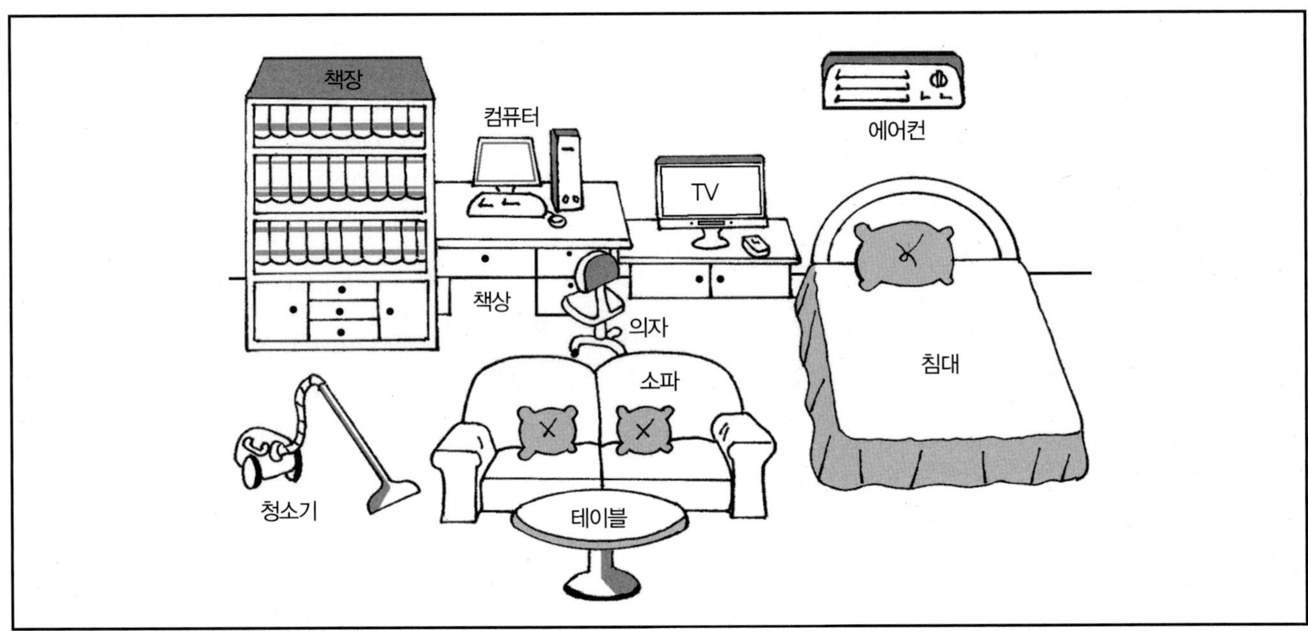

㉯ 여러분은 하숙집을 찾고 있습니다. 신문에서 하숙집 광고를 보았습니다. 전화를 해서 어떤 물건들이 있는지 **'이/가 있다/없다'** 를 사용하여 물어 보십시오.

물건	있다	없다
텔레비전	☐	☐
냉장고	☐	☐
세탁기	☐	☐
청소기	☐	☐
에어컨	☐	☐
전자렌지	☐	☐
가스렌지	☐	☐
소파	☐	☐
식탁	☐	☐
침대	☐	☐
그릇	☐	☐
책상	☐	☐
책장	☐	☐
전화기	☐	☐
컴퓨터	☐	☐
화장실	☐	☐

예)
가 : 여보세요?
나 : 여보세요?

가 : 광고를 보고 전화했습니다.
나 : 네, 말씀하세요.

가 : 방에 텔레비전**이 있습니까?**
나 : 네, 텔레비전**이 있습니다.**

다음 문장들은 맞습니까? 틀립니까? 틀렸으면 바르게 고치십시오.

문장	○, ×	바르게 고치세요	점수
1. 한국어 책을 어렵습니다.			
2. 옷을 비쌉니다.			
3. 비가 옵니다.			
4. 가방이 큽니다.			
5. 시계를 있습니다.			
6. 한국 노래가 합니다.			
7. 날씨가 춥습니다.			
8. 친구가 만납니다.			
9. 한국음식이 좋아합니다.			
10. 빵가 비싸요.			
11. 우유가 맛있습니다.			
12. 옷이 싸요.			
		합 계	

여러분들의 한국에 대한 생각을 친구들과 이야기해 보십시오. 다음 형용사를 사용하여 답하십시오.

어떻습니까?

질문	생각	이름 :	이름 :
한국의 날씨	따뜻하다, 덥다, 시원하다, 춥다		
한국의 음식	맛있다, 보통이다, 맛없다		
한국의 버스	느리다, 보통이다, 빠르다		
한국의 지하철	편하다, 불편하다		
한국 생활	편하다, 불편하다		
한국 사람	친절하다, 불친절하다		
한국 남자	잘생겼다, 멋있다		
한국 여자	예쁘다, 아름답다, 귀엽다		
한국의 인터넷 속도	느리다, 보통이다, 빠르다		
한국의 집	좁다, 보통이다, 넓다		
한국의 물건	싸다, 비싸다		
한국 영화/드라마	재미있다, 재미없다		
한국어 공부	쉽다, 어렵다		
한국의 핸드폰	좋다, 나쁘다		

가 : 한국 날씨**가 어떻습니까?**
나 : 날씨**가 따뜻합니다.**

크리스마스	6월
설날	12월
1시	수업
숙제	목욕/샤워
쉬는 시간	방학
생일	소개팅
결혼	데이트
운동	쇼핑
추석	10시
12시	입학
졸업	주말
공휴일	출근
퇴근	아침 식사
산책	점심 식사
여름	저녁 식사

일어나다
식사를 하다
요리를 하다
쇼핑을 하다
샤워를 하다
이를 닦다
세수를 하다
옷을 입다
학교에 가다
잠을 자다
친구를 만나다
집에서 쉬다
제4과 어디 입니까?
한국어 공부하다
텔레비전을 보다
음악을 듣다
빨래를 하다
컴퓨터를 하다
책을 읽다
운동을 하다
숙제
숙제를 하다

〈활동지 A〉

여러분은 어디를 여행했습니까? 다음 그림을 보고 **'동사+-기 전에'** 와 **'동사+-(으)ㄴ후에'** 를 사용하여 여행 일정을 친구들에게 이야기해 주십시오.

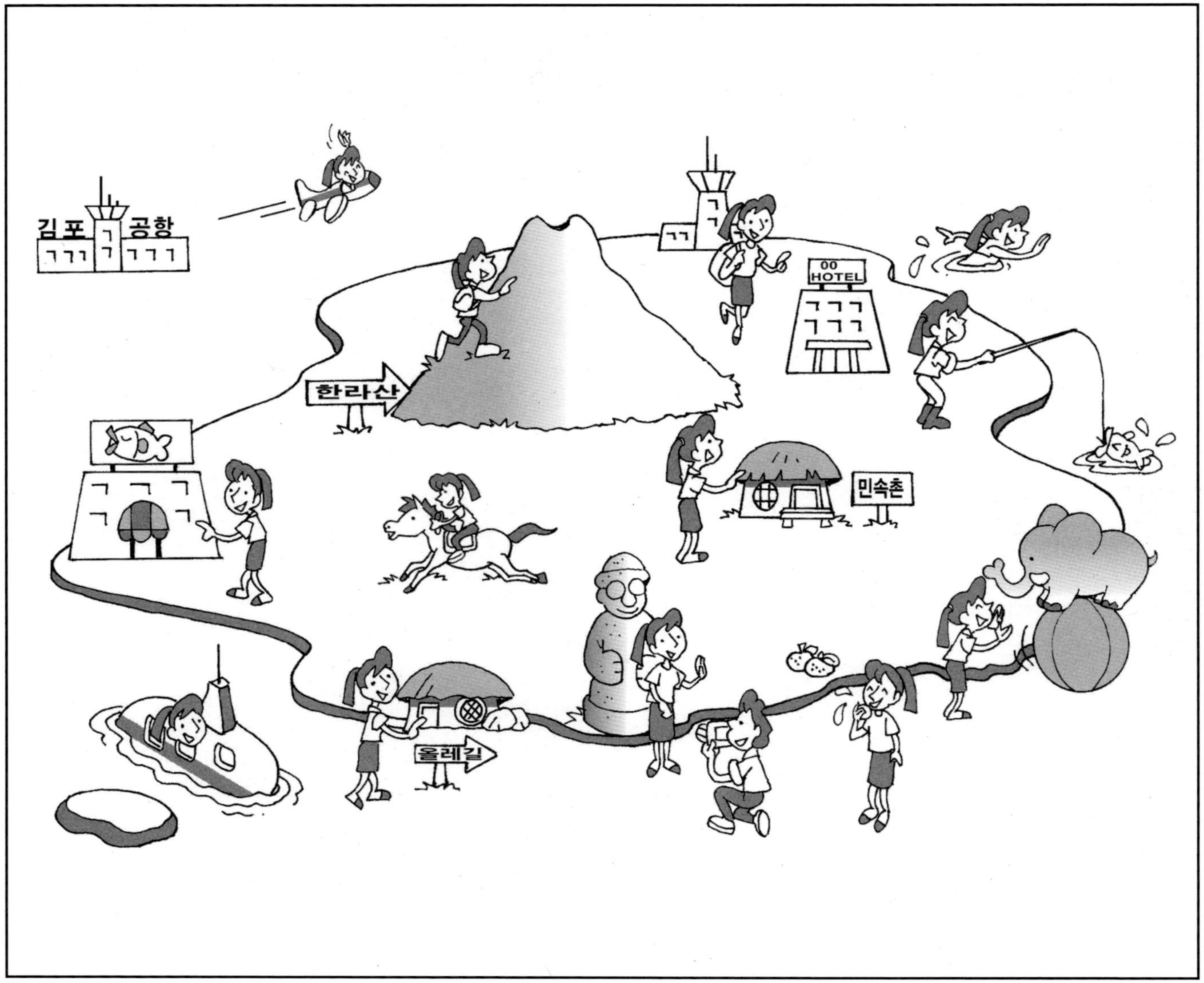

① 김포 공항을 출발하다

☐ 회를 먹다

☐ 산책을 하다

☐ 제주 민속촌에 가다

☐ 돌하르방과 사진을 찍다

☐ 호텔에 가다

☐ 귤을 사서 먹다

☐ 말을 타다

☐ 코끼리 공연을 보다

☐ 바다에서 수영을 하다

☐ 한라산에 가다

☐ 바다 낚시를 하다

☐ 잠수함을 타다

☐ 제주 공항에 도착하다

〈활동지 B〉

여러분은 어디를 여행했습니까? 다음 그림을 보고 **'동사+-기 전에'** 와 **'동사+-(으)ㄴ후에'** 를 사용하여 여행 일정을 친구들에게 이야기해 주십시오.

① 새벽에 고속터미널에서 출발하다

☐ 절 구경을 하다

☐ 낚시를 하다

☐ 보트를 타다

☐ 설악산에서 등산을 하다

☐ 설악산 정상에 오르다

☐ 옥수수를 먹다

☐ 약수를 마시다

☐ 감자를 사다

☐ 수영을 하다

☐ 텐트에서 자다

☐ 모래 찜질을 하다

길이 많이 막혔어요.	지하철을 탔어요.
비가 와요.	우산이 없어요.
음식을 주문했어요.	나오지 않았어요.
동전을 여기에 넣으세요.	커피가 나올 거예요.
내일은 휴일이에요.	학교에 오지 마세요.
수영을 했어요.	테니스도 쳤어요.
날씨가 너무 추웠어요.	따뜻한 음식을 먹고 싶었어요.
백화점 앞은 복잡해요.	은행 앞에서 만납시다.
설거지를 해요.	방을 청소해요.
내일 부모님께서 한국에 오실 거예요.	공항에 나가야 해요.
날씨가 너무 더워요.	에어컨이 고장났어요.

친구를 만났어요.	영화를 봤어요.
음식 값을 내야 해요.	지갑을 안 갖고 왔어요.
이 오른쪽 버튼을 누르세요.	뜨거운 물이 나올 거예요.
해리 씨는 외국 사람이에요.	한국말을 잘 해요.
오늘 시험이 끝났어요.	영화 보러 갑시다.
오늘은 일찍 자고 싶어요.	숙제를 해야 해요.
학생증을 보여 주세요.	책을 빌릴 수 있어요.
그리고	그러면
그래서	그렇지만
하지만	그러니까
그런데	

식사하다	자다	옷을 벗다	컴퓨터를 하다
공부하다	산책하다	전화하다	요리하다
일하다	음악을 듣다	영화를 보다	데이트를 하다
꿈을 꾸다	조깅하다	세수하다	목욕하다
커피를 마시다	밥을 먹다	라면을 먹다	술을 마시다
그림을 그리다	수영하다	운전하다	쇼핑하다
등산하다	자전거를 타다	지하철을 타다	요리하다
옷을 다리다	세탁하다	옷을 입다	화장하다
신발을 신다	신발을 벗다	담배를 피우다	신문을 보다
친구와 싸우다	시험 공부를 하다		

여러분은 무엇을 제일 좋아합니까? 아래의 그림를 보고 친구와 이야기해 보십시오.

가 : 과일 **중에서 무슨** 과일을 **제일** 좋아해요?
나 : 저는 과일 **중에서** 바나나를 **제일** 좋아해요.

과일	이름	이름
귤 감 수박 사과 딸기 참외 바나나 배		
한국 음식		
김치찌개 냉면 비빔밥 불고기 김밥		
계절		
봄 여름 가을 겨울		
색		
빨간색 주황색 노란색 초록색 파랑색 남색 보라색		
여행지		
산 바다 강 박물관 공원 놀이공원 (서울랜드)		

다른 나라에 대해 얼마나 알고 있습니까? **'제일'** 을 사용하여 아래의 질문에 답해 보세요.

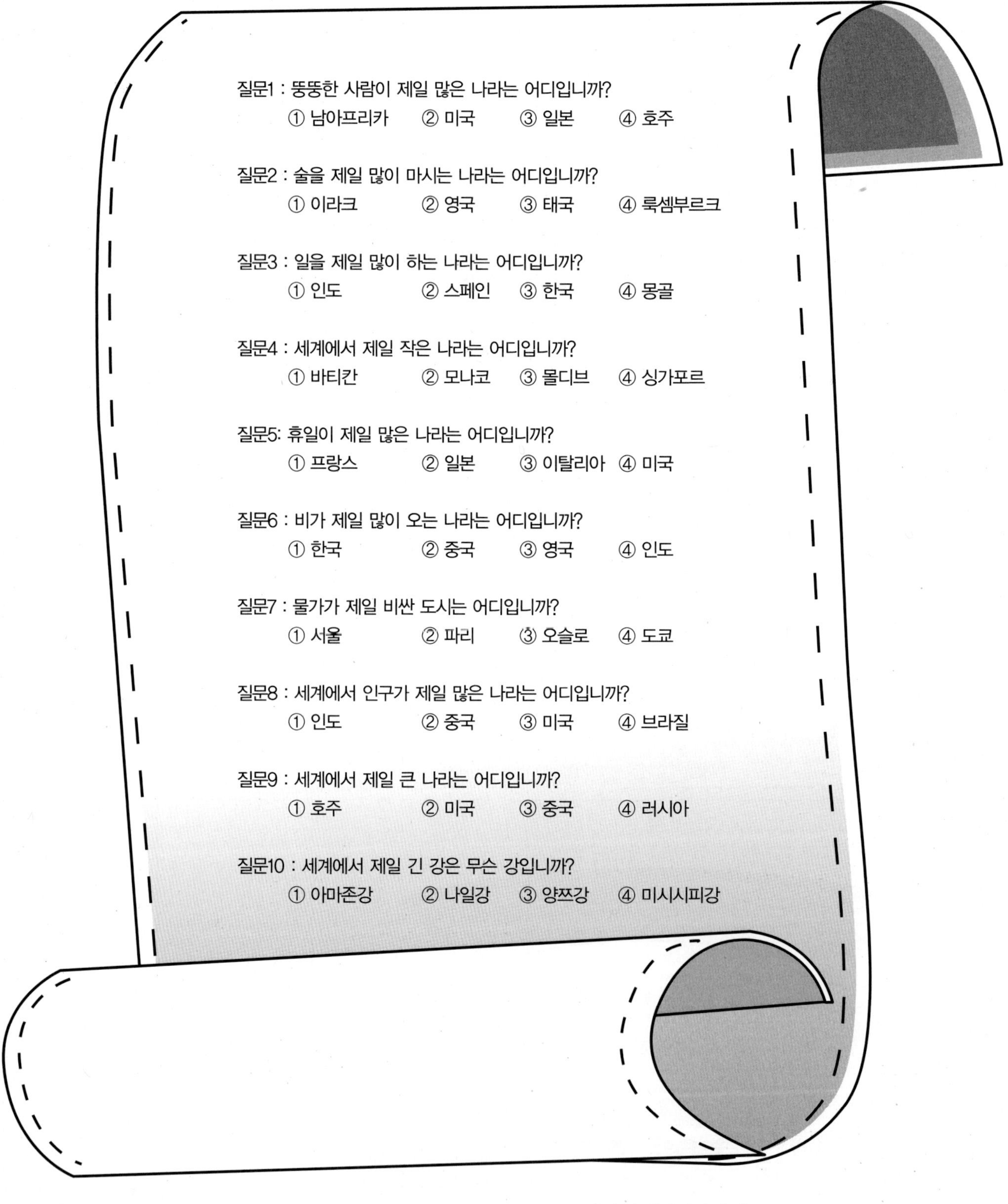

정답 : 2, 4, 3, 1, 1, 4, 3, 2, 4, 2

다음 내용을 읽고, **'에서 가장/제일'** 을 사용하여 아래에 문장을 완성해 보십시오.

미국 코네티컷 주에 사는 캐시 정은 허리가 15인치이다.

(허리가 가늘다)
이 사람은 세상에서 ___가장 허리가 가는 여자입니다___.

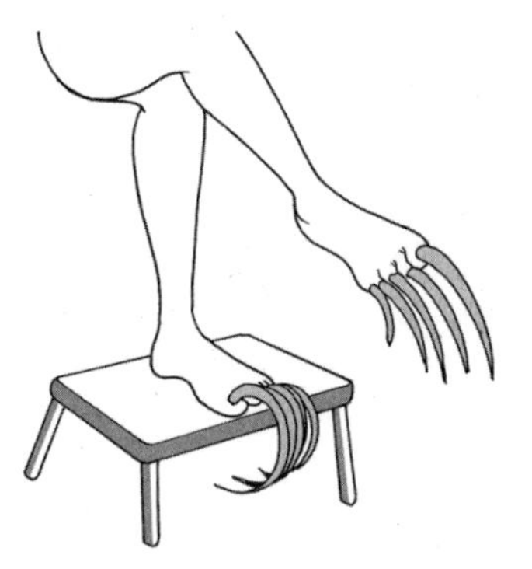

미국 캘리포니아에 사는 루이스 홀리의 발톱은 2m 21cm이다.
그녀가 발톱을 기르는 이유는 여름에 샌들을 신을 때 예쁘게 보이고 싶어서이다.

(발톱이 길다)
______________________________.

아프리카 수단에서 사는 15살 이 소년은 키가 250cm이다.

(키가 크다)
______________________________.

마이크로 소프트사의 빌게이츠 회장은
세계 최고의 부자이다.
가장 돈이 많았을 때는 92.5 억 달러까지 있었다.

(돈이 많다)

______________________________.

이 모델의 이름은 나이나 아우어만이다.
키가 180cm인데 다리 길이만 127cm이다.

(다리가 길다)

______________________________.

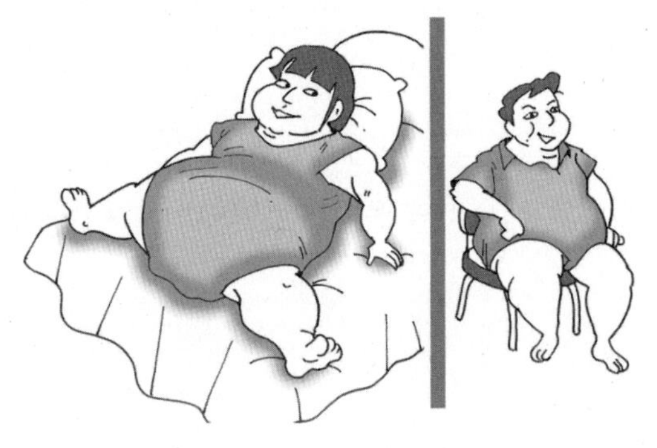

미국 시애틀에서 사는 미노치는 체중이 635kg이다.
또한 2년 동안 419kg을 빼기도 했다.

(뚱뚱하다)

______________________________.

인도에서 사는 모하메드는 키가 57cm이다.
앉은 키는 22.5cm이다.

(키가 작다)

____.

독일에서 살고 있는 이 개는
2살이다. 한쪽 귀 길이가 33.2cm이다.

(귀가 크다)

____.

미국에 사는 이 여성은 한번도 손톱을 잘라 본 적이 없다. 왼쪽 엄지 손톱의 길이는 80cm이며 다른 손톱도 평균 73cm이다.

(손톱이 길다)

____.

하숙집이 좁다	잠을 많이 자다
요리를 못 하다	한국어 공부를 열심히 하다
친구 생일이다	한국어 숙제를 하다
부모님께 메일을 보내다	컴퓨터를 좋아하다
한국 생활이 어렵다	게임을 좋아하다
나는 키가 작다	한국에 오다
집에 책이 많다	외국 여행을 가고 싶다
날씨가 덥다	쇼핑을 좋아하다
한국 신문을 읽을 수 있다	몸이 아프다
여행 가고 싶다	남자/여자 친구가 없다
결혼하고 싶다	밥을 많이 먹다
한국 음식을 좋아하다	다이어트를 하다
백화점 물건이 비싸다	뚱뚱하다
친구가 많다	늦게 자다
다음 주부터 시험이다	일찍 자다
아침에 일찍 일어나다	한국 친구가 있다
비가 오다	주말이다
목이 마르다	쉬는 시간이다
신발을 사다	**을/를 사랑하다
집에 에어컨이 없다	**을/를 좋아하다
시험 점수가 안 좋다	부모님이 보고 싶다

한국 생활은 어떻습니까? 친구들에게 한국 생활에 대해 묻고, **'-지만'** 또는 **'-고'**를 사용해 답하십시오.

비교	이름:		이름:	
한국 생활	☐ 재미있다	☐ 재미없다	☐ 재미있다	☐ 재미없다
	☐ 즐겁다	☐ 외롭다	☐ 즐겁다	☐ 외롭다
한국 버스	☐ 비싸다	☐ 싸다	☐ 비싸다	☐ 싸다
	☐ 편하다	☐ 불편하다	☐ 편하다	☐ 불편하다
한국 지하철	☐ 비싸다	☐ 싸다	☐ 비싸다	☐ 싸다
	☐ 편하다	☐ 불편하다	☐ 편하다	☐ 불편하다
한국 핸드폰	☐ 비싸다	☐ 싸다	☐ 비싸다	☐ 싸다
	☐ 편하다	☐ 불편하다	☐ 편하다	☐ 불편하다
한국 음식	☐ 맵다	☐ 짜다	☐ 맵다	☐ 짜다
	☐ 맛있다	☐ 맛없다	☐ 맛있다	☐ 맛없다
한국 사람	☐ 재미있다	☐ 재미없다	☐ 재미있다	☐ 재미없다
	☐ 친절하다	☐ 불친절하다	☐ 친절하다	☐ 불친절하다
한국 남자	☐ 멋있다	☐ 그저 그렇다	☐ 멋있다	☐ 그저 그렇다
	☐ 친절하다	☐ 불친절하다	☐ 친절하다	☐ 불친절하다
한국 여자	☐ 예쁘다	☐ 귀엽다	☐ 예쁘다	☐ 귀엽다
	☐ 친절하다	☐ 불친절하다	☐ 친절하다	☐ 불친절하다
한국 인터넷	☐ 빠르다	☐ 느리다	☐ 빠르다	☐ 느리다
	☐ 싸다	☐ 비싸다	☐ 싸다	☐ 비싸다
한국 물건	☐ 좋다	☐ 나쁘다	☐ 좋다	☐ 나쁘다
	☐ 싸다	☐ 비싸다	☐ 싸다	☐ 비싸다
한국어 공부	☐ 재미있다	☐ 재미없다	☐ 재미있다	☐ 재미없다
	☐ 쉽다	☐ 어렵다	☐ 쉽다	☐ 어렵다

여러분은 반 친구들에 대하여 무엇을 기억하고 있습니까? 여러분이 기억하고 있는 사실이 모두 맞습니까? 여러분 친구들에 대한 기억이 맞는지 **'-지요?'** 를 사용하여 확인해 보십시오.

친구 이름	내가 기억하는 것	맞아요? ✓
		☐
		☐
		☐
		☐
		☐
		☐
		☐
		☐
		☐
		☐
		☐
		☐
		☐

가 : 미나 씨, 남자 친구 **있지요**?
나 : 네, 있어요. / 아니요, 없어요.

가깝다	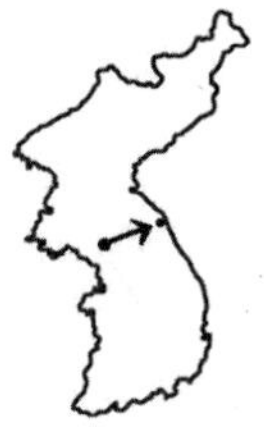
가르치다	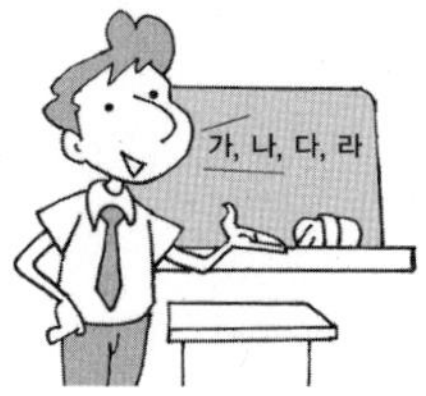
가볍다	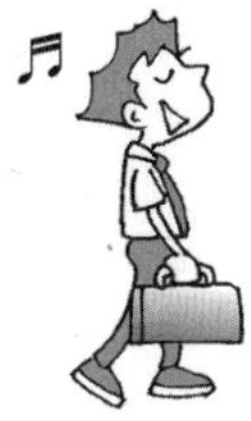
걷다	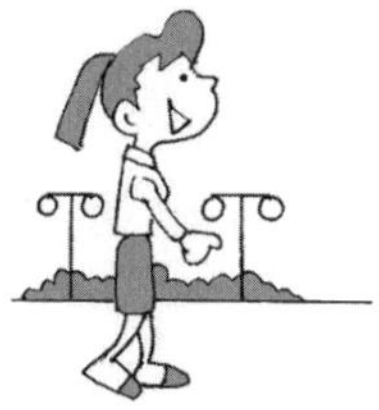
고르다	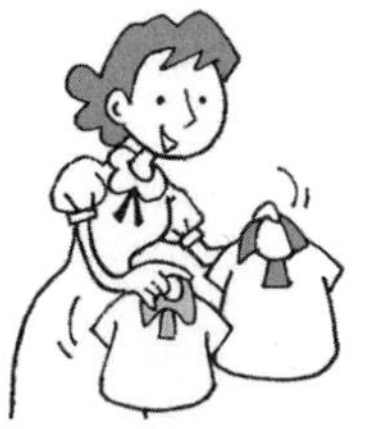
공부하다	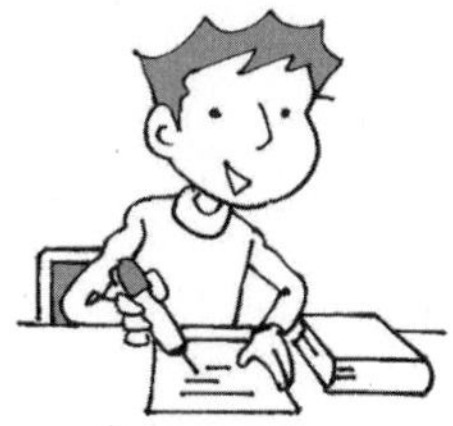
기다리다	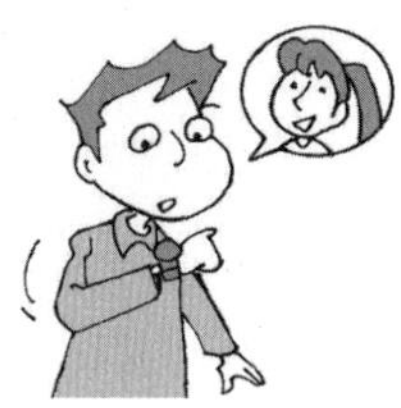

끄다

내다

내리다

놀다

닦다

닫다

덥다

듣다	
마시다	
만나다	
만들다	
먹다	
멀다	
무겁다	

받다

배우다

보내다

보다

부르다

비싸다

사다

살다

쉬다

싸다

쓰다

열다

예쁘다

운동하다

운전하다	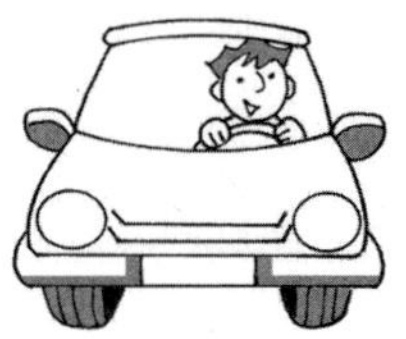
읽다	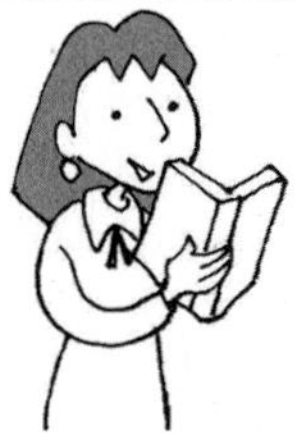
입다	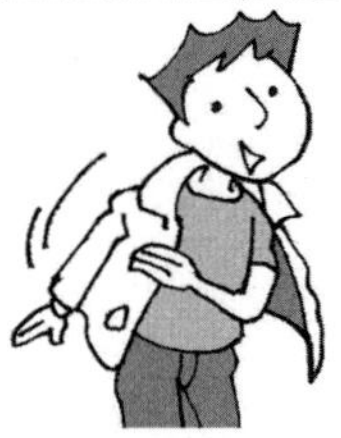
자다	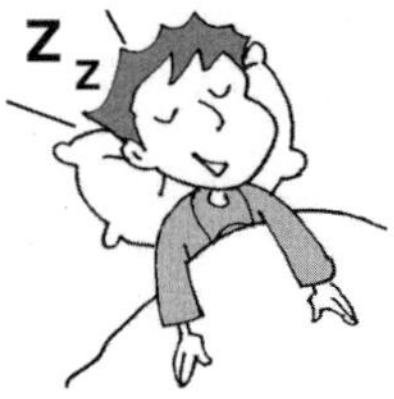
주다	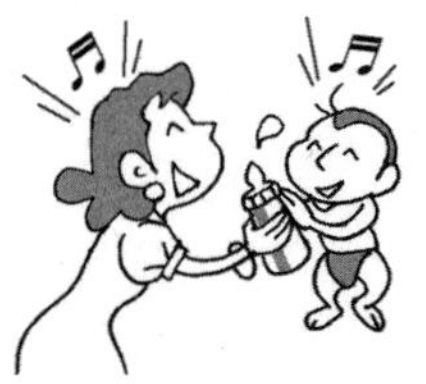
지우다	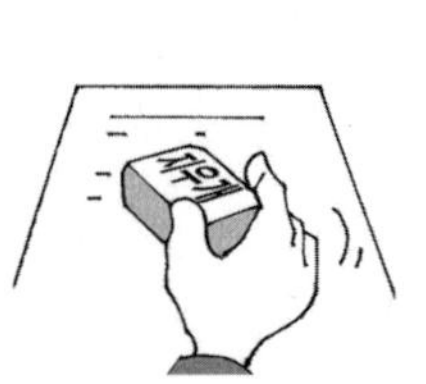
찍다	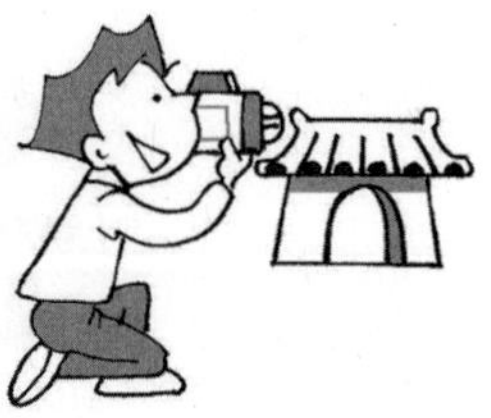

찾다

추다

춥다

켜다

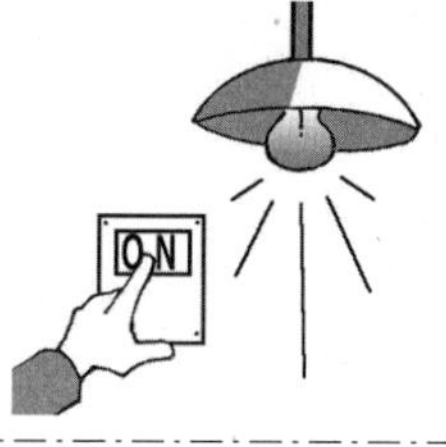

타다

팔다

피우다

한국어 수업을 위한 **문법활동집** - 초급

초판발행	2009년 11월 30일
초판10쇄	2021년 6월 10일
저자	구본관, 박성원, 이지욱, 이창용, 이향
책임편집	권이준, 양승주
펴낸이	엄태상
콘텐츠 제작	김선웅, 김현이
마케팅	이승욱, 전한나, 왕성석, 노원준, 조인선, 조성민
경영기획	마정인, 조성근, 최성훈, 정다운, 김다미, 오희연
물류	정종진, 윤덕현, 양희은, 신승진
펴낸곳	한글파크
주소	서울시 종로구 자하문로 300 시사빌딩
주문 및 교재 문의	1588-1582
팩스	0502-989-9592
홈페이지	www.sisabooks.com
이메일	book_korean@sisadream.com
등록일자	2000년 8월 17일
등록번호	제1-2718호

ISBN 978-89-5518-820-2 13710

* 한글파크는 랭기지플러스의 임프린트사이며, 한국어 전문 서적 출판 브랜드입니다.